Die Entscheidungszuständigkeit in Arbeitssachen im europäischen Zivilverfahrensrecht

Studien zum vergleichenden und internationalen Recht -
Comparative and International Law Studies

Herausgeber: Bernd von Hoffmann, Erik Jayme
und Heinz-Peter Mansel

Band 123

PETER LANG
Frankfurt am Main · Berlin · Bern · Bruxelles · New York · Oxford · Wien

Anne Winterling

Die Entscheidungszuständigkeit in Arbeitssachen im europäischen Zivilverfahrensrecht

PETER LANG
Europäischer Verlag der Wissenschaften

Bibliografische Information Der Deutschen Bibliothek
Die Deutsche Bibliothek verzeichnet diese Publikation in der Deutschen Nationalbibliografie; detaillierte bibliografische Daten sind im Internet über <http://dnb.ddb.de> abrufbar.

Zugl.: Heidelberg, Univ., Diss., 2005

D 16
ISSN 0930-4746
ISBN 3-631-54342-5

www.peterlang.de

Vorwort

Die vorliegende Arbeit hat der Juristischen Fakultät der Ruprecht-Karls-Universität Heidelberg im Wintersemester 2004/2005 als Dissertation vorgelegen. Die in der Druckfassung berücksichtigte Gesetzgebung, Literatur und Rechtsprechung entspricht dem Stand August 2005.

Mein herzlicher und aufrichtiger Dank gilt Herrn Prof. Dr. Heß für die freundliche, engagierte Betreuung der Arbeit, seine zahlreichen Anregungen und die Anfertigung des Erstgutachtens. Für die Beschäftigung an seinem Lehrstuhl während der Erstellung dieser Arbeit bin ich ihm sehr dankbar.

Ferner bin ich Herrn Prof. Dr. Krebber für die Erstellung des Zweitgutachtens zu Dank verpflichtet. Den Herren Prof. Dr. von Hoffmann, Prof. Dr. Dr. Jayme und Prof. Dr. Mansel danke ich für die Aufnahme der Dissertation in die Reihe „Studien zum vergleichenden und internationalen Recht".

Für die kritische Durchsicht des Manuskripts, stete Diskussionsbereitschaft und technische Unterstützung am Computer möchte ich Herrn Dr. Michael Hölzl, MBR, ganz besonders danken.

Gewidmet ist die Arbeit meinen Eltern, die mich immer in großartiger Weise unterstützt haben. Ihnen gebührt mein herzlichster Dank.

München, im August 2005 Anne Winterling

Inhaltsverzeichnis

Abkürzungsverzeichnis

AJP .... Aktuelle Juristische Praxis

All ER .... All England Law Report

C.J.Q. .... Civil Justice Quarterly

CML Rev. .... Common Market Law Review

I.C.L.Q. .... International and Comparative Law Quarterly

R.L.R. .... Ritsumeikan Law Review

Rev. crit. dr. internat. privé ...... Revue critique de droit international privé

W.L.R. .... Weekly Law Reports

YbEuL .... Yearbook of European Law

Im Übrigen wird auf das Abkürzungsverzeichnis der Rechtssprache von Hildebert *Kirchner* (4. Aufl. 1993) hingewiesen.

Einführung

Der gemeinsame Binnenmarkt führt zur wachsenden Mobilität von Arbeitnehmern innerhalb Europas. Die wirtschaftlichen Beziehungen zwischen den Mitgliedstaaten, aber auch zu den EFTA-Staaten bringen für die Beschäftigten immer häufiger Auslandseinsätze mit sich. Das Brüsseler Übereinkommen (EuGVÜ) regelt(e) zuständigkeitsrechtliche Fragen der grenzüberschreitenden Beschäftigung. Nach über 30 Jahren wurde dieses völkerrechtliche Übereinkommen in eine gemeinschaftsrechtliche Verordnung, die EuGVVO, überführt, welche am 1.3.2002 in Kraft getreten ist. Die EuGVVO ersetzt grundsätzlich das EuGVÜ. Nur gegenüber Dänemark gelangt weiterhin das EuGVÜ zur Anwendung.

Die bisherige Rechtsprechung des *EuGH* erfasst die zuständigkeitsrechtliche Problematik grenzüberschreitender Arbeitsverhältnisse nicht umfänglich. Auch in der in- und ausländischen Literatur bleiben in dieser Hinsicht einige Fragen ungeklärt.

Ziel der vorliegenden Arbeit ist es, die zuständigkeitsrechtlichen Probleme von grenzüberschreitenden Arbeitsverhältnissen im Rahmen des europäischen Zivilverfahrensrechts systematisch zu analysieren. Dazu wurde ein Aufbau gewählt, der zwischen originärem europäischen Zivilprozessrecht einerseits und sonstigem Sekundärrecht andererseits unterscheidet. Innerhalb des ersten Teils bildet die EuGVVO den Gegenstand der Untersuchung. Auf die Vorschriften des EuGVÜ wird insoweit Bezug genommen, als dessen Auslegung und Entstehungsgeschichte auch für die neu geschaffene EuGVVO maßgeblich ist. In einem zweiten Schritt widmet sich die Arbeit sekundärrechtlichen Gerichtsstandsregelungen in Arbeitssachen, die sich außerhalb der EuGVVO finden. Hierbei wird neben der Entsende-Richtlinie auf die Richtlinien über den Europäischen Betriebsrat und über die Arbeitnehmerbeteiligung in der Europäischen Aktiengesellschaft einzugehen sein.

Teil 1: Grundlagen

A. Internationale Zuständigkeit

I. Begriff der internationalen Zuständigkeit

Der Begriff der internationalen Zuständigkeit umfasst zwei Aspekte:[1] Die internationale *Entscheidungs*zuständigkeit (oder auch *direkte* Zuständigkeit) betrifft die Frage, unter welchen Voraussetzungen die Gerichte eines bestimmten Staates zur Entscheidung von Rechtsstreitigkeiten mit Auslandsberührung berechtigt und i.S. einer Amtspflicht verpflichtet sind. Demgegenüber regeln die Bestimmungen über die *Anerkennungs*zuständigkeit (oder auch *indirekte* Zuständigkeit) die Frage, unter welchen Voraussetzungen ein im Ausland gefälltes Urteil in einem anderen Staat anerkannt wird.

Gegenstand der vorliegenden Arbeit bildet die internationale Entscheidungszuständigkeit in Arbeitssachen. Fragen der Anerkennungszuständigkeit werden nicht behandelt. Soweit daher im Folgenden der Begriff „internationale Zuständigkeit" verwendet wird, ist stets die internationale Entscheidungszuständigkeit gemeint.

II. Bedeutung der internationalen Zuständigkeit

Die herausragende Bedeutung der internationalen Zuständigkeit erklärt sich einerseits aus den gravierenden Unterschieden, die sich in tatsächlicher Hinsicht aus der Rechtsverfolgung in dem einen oder anderen Staat ergeben. Dabei manifestiert sich der räumliche Unterschied nicht nur in der Entfernung, den Kosten, der Verfahrensgeschwindigkeit, der fremden Sprache und dem andersartigen sozialen Umfeld.[2] Vielmehr gelangt auch eine fremde Prozessordnung zur Anwendung, welche beispielsweise andere Beweisregeln oder eine andere Besetzung des Gerichts[3] vorsieht. Andererseits wird mit der internationalen Zuständigkeit auch die Sachentscheidung maßgeblich beeinflusst. Denn das internationale Privatrecht des angerufenen Gerichts entscheidet über das in der Sache anzuwendende materielle Recht.[4] Sind mehrere Gerichte international zuständig, so darf der Kläger den Klageort wählen. Da jedes international zuständige Gericht sein eigenes Kollisionsrecht anwendet, kann der Kläger über die Wahl des zuständigen Gerichts gleichzeitig das anzuwendende materielle

---

1 *Geimer*, S. 105; *Schröder*, S. 83, Fn. 1; *Pfeiffer*, S. 5, Fn. 13.
2 *Kropholler*, Internationales Privatrecht, 5. Aufl. 2004, S. 564.
3 Nicht mit Berufsrichtern, sondern mit Laienrichtern besetzt.

Recht mittelbar beeinflussen. Die berechnende Ausnutzung dieser Folgen durch eine Gerichtsstandswahl wird als „forum shopping“ bezeichnet.[5] Freilich kommt dem Phänomen des forum shopping angesichts der kollisionsrechtlichen Vereinheitlichung durch das EVÜ[6] im europäischen Kontext für vertragliche Ansprüche keine praktische Bedeutung mehr zu. Das auf arbeitsvertragliche Ansprüche anzuwendende Recht beurteilt sich hier einheitlich nach Art. 6 EVÜ bzw. nach der deutschen Umsetzung des Art. 30 EGBGB.

III. Lex fori

Das Gericht hat bei der Bestimmung seiner Zuständigkeit nach der lex fori vorzugehen.[7] Zur lex fori sind auch die Zuständigkeitsregelungen internationalen Ursprungs wie EuGVÜ, LugÜ oder EuGVVO zu rechnen. Sie verdrängen in ihrem Anwendungsbereich autonomes Zivilprozessrecht. Während dem EuGVÜ als völkerrechtlichem Vertrag Vorrang gegenüber den innerstaatlichen Bestimmungen zukommt,[8] genießt die EuGVVO als gemeinschaftsrechtlicher Sekundärakt Anwendungsvorrang gegenüber den nationalen Zuständigkeitsvorschriften. Die vorliegende Arbeit beschränkt sich auf die Auseinandersetzung mit den Zuständigkeitsnormen der EuGVVO; diejenigen des EuGVÜ werden erwähnt, soweit sie zum Verständnis der Gerichtsstandsregelungen in der EuGVVO im Hinblick auf deren Entstehungsgeschichte relevant sind.[9] Darüber hinaus werden in Teil 3 einzelne gemeinschaftsrechtliche Sekundärregelungen untersucht.

---

4 A.a.O., S. 565.

5 Wenngleich das forum shopping rechtspolitisch unerwünscht ist, so ist es doch legal; vgl. dazu *Kropholler*, FS Firsching, 165 ff.

6 Römisches Schuldvertragsübereinkommen vom 19.6.1980 (EVÜ), ABl. EG 1980 Nr. L 266/1 ff.

7 Vgl. dazu *Heldrich*, S. 14 ff.

8 Abweichend von der Regel „lex posterior derogat legi priori“ ist bei einem später erlassenen Gesetz die Absicht zu unterstellen, dass die Normen völkerrechtlichen Ursprungs dadurch nicht beeinträchtigt werden sollen, *Schack*, Internationales Zivilverfahrensrecht, 3. Aufl. 2002, Rz. 62.

9 Die Zuständigkeitsvorschriften des Parallelübereinkommens von Lugano werden nur erwähnt, soweit dort Abweichungen bestehen.

B. Bedeutung arbeitsrechtlicher Zuständigkeitsregelungen

Zwischen den Parteien des Arbeitsvertrags besteht typischerweise ein Machtungleichgewicht, welches durch die wirtschaftlich und sozial schwächere Stellung des Arbeitnehmers bedingt ist. Häufig steht dem Arbeitgeber für die Vertragsverhandlungen, aber auch für sonstige arbeitsvertragliche Angelegenheiten eine Personal- oder Rechtsabteilung zur Seite. Auf diese Weise wird es dem Arbeitgeber leichter fallen, seine Interessen durchzusetzen. Darüber hinaus bildet der Verdienst aus dem Arbeitsverhältnis die wirtschaftliche Existenzgrundlage für den Arbeitnehmer. Er ist deshalb stärker als der Arbeitgeber auf Eingehung und Aufrechterhaltung des Arbeitsverhältnisses angewiesen, was oftmals dazu führt, dass die Arbeitsbedingungen einseitig vom Arbeitgeber bestimmt werden.

Daraus erklärt sich die besondere Schutzbedürftigkeit des Arbeitnehmers. Schutz ist jedoch nicht nur auf materiell-rechtlicher und kollisionsrechtlicher Ebene erforderlich. Vielmehr bedarf es auch im Rahmen der Rechtsdurchsetzung eines effektiven Schutzes. Gerade im internationalen Bereich multiplizieren sich die Auswirkungen unausgewogener Zuständigkeitsregelungen. Deshalb müssen bereits bei der Bestimmung der lex fori die Interessen des Arbeitnehmers hinreichend berücksichtigt werden, um ihm als schwächerer Vertragspartei die Rechtsverfolgung zu erleichtern. Im Folgenden soll untersucht werden, inwieweit das europäische Zuständigkeitssystem in der EuGVVO den Arbeitnehmerschutz auf prozessualer Ebene verwirklicht.

C. Vom EuGVÜ zur EuGVVO

I. Das EuGVÜ

Das Übereinkommen über die gerichtliche Zuständigkeit und die Vollstreckung gerichtlicher Entscheidungen in Zivil- und Handelssachen vom 27.9.1968 (EuGVÜ)[10] trat in seiner ursprünglichen Fassung am 1.2.1973 für die damaligen Mitgliedstaaten der Europäischen Gemeinschaft[11] in Kraft.[12] In der Zwischenzeit wurden vier Beitrittsübereinkommen[13] ratifiziert, wodurch nicht nur die Anzahl der Vertragsstaaten[14] anwuchs, sondern auch einige inhaltliche Änderungen erfolgten. Die EFTA-Staaten[15] haben im Lugano-Übereinkommen (LugÜ)[16] vom 16.9.1988 das Regelungskonzept des EuGVÜ weitgehend deckungsgleich übernommen.[17] Mit dem EuGVÜ wird ein Auftrag des Art. 220 EG-Vertrag (jetzt Art. 293 EG) erfüllt, in welchem sich die Mitgliedstaaten der EG verpflichtet haben, „die Vereinfachung der Förmlichkeiten für die gegenseitige Anerkennung und Vollstreckung richterlicher Entscheidungen und Schiedssprüche sicherzustellen". Die Präambel formuliert als Ziel des EuGVÜ das „Bestreben, innerhalb der Gemeinschaft den Rechtsschutz der dort ansässigen Personen zu verstärken". Aufgrund dieses Ziels war es geboten, auch die internationale Zuständigkeit der Vertragsparteien festzuschreiben.[18] Das Übereinkommen verdrängt aufgrund seines völkerrechtlichen Vorrangs autonomes Zivilprozessrecht.[19]

---

10 Übereinkommen über die gerichtliche Zuständigkeit und die Vollstreckung gerichtlicher Entscheidungen in Zivil- und Handelssachen (EuGVÜ) vom 27.9.1968 in der Fassung vom 26.5.1989, ABl. EG 1989 Nr. L 285/1 ff, BGBl. II 1994, 518 ff.

11 Belgien, Bundesrepublik Deutschland, Frankreich, Italien, Luxemburg und die Niederlande.

12 ABl. EG 1972 Nr. L 299/32 ff; BGBl. II 1972, 774 ff; vgl. dazu den erläuternden Bericht von *Jenard*, BT-Drucks. VI/1973, 52 ff, ABl. EG 1979 Nr. C 59/1 ff.

13 Erstes Beitrittsübereinkommen vom 9.10.1978, ABl. EG 1978 Nr. L 304/1 ff; BGBl. II 1983, 802 ff; vgl. dazu den erläuternden Bericht von *Schlosser*, ABl. EG 1979 Nr. C 59/71 ff, BT-Drucks. 10/61, 31 ff. – Zweites Beitrittsübereinkommen vom 25.10.1982, ABl. EG 1982 Nr. L 388/1 ff, BGBl. II 1989, 214 ff; vgl. dazu den erläuternden Bericht von *Evrigenis/Kerameus*, ABl. EG 1986 Nr. C 298/1 ff. – Drittes Beitrittsübereinkommen vom 26.5.1989, ABl. EG 1989 Nr. L 285/1 ff; BGBl. II 1994, 518; vgl. dazu den erläuternden Bericht von *Almeida Cruz/Desantes Real/Jenard*, ABl. EG 1990 Nr. C 189/35 ff. – Viertes Beitrittsübereinkommen vom 29.11.1996, ABl. EG 1997 Nr. C 15/1 ff, BGBl. II 1998, 1411 ff.

14 Mittlerweile sind folgende Vertragsstaaten hinzugetreten: Dänemark, Irland, Großbritannien, Griechenland, Spanien, Portugal, Österreich, Finnland und Schweden. Das EuGVÜ galt als „geschlossene Konvention", d.h., der Beitritt daran war den EG-Mitgliedstaaten vorbehalten, *Grolimund*, Rz. 2, Fn. 7.

15 Mit Ausnahme Liechtensteins. Das LugÜ hat durch den Beitritt der vormaligen EFTA-Staaten Österreich, Finnland und Schweden zum EuGVÜ nicht an Bedeutung verloren, nachdem es gegenüber den EFTA-Staaten Island, Norwegen sowie der Schweiz weiter Geltung beansprucht.

16 Übereinkommen von Lugano vom 16.9.1988, ABl. EG 1988 Nr. L 319/9 ff; vgl. dazu den erläuternden Bericht von *Jenard/Möller*, ABl. EG 1990 Nr. C 189/57 ff.

17 Daher gelten die nachfolgenden Ausführungen entsprechend für das LugÜ, soweit nicht ausdrücklich auf Abweichungen hingewiesen wird.

18 Siehe dazu Fn. 27.

19 *Schack*, Internationales Zivilverfahrensrecht, 3. Aufl. 2002, Rz. 62.

II. Art. 65 EG als Rechtsgrundlage für die EuGVVO

Mit dem Amsterdamer Vertrag[20] wurde die justizielle Zusammenarbeit in Zivilsachen, bis dahin in der dritten Unionssäule in Form der intergouvernementalen Zusammenarbeit[21] verankert, in die erste Säule der Europäischen Union, den EG-Vertrag, überführt.[22] In Art. 65 EG wurde erstmals ausdrücklich eine originäre Gemeinschaftszuständigkeit für diesen Bereich geschaffen. Die Aufzählung der Tätigkeitsbereiche in Art. 65 EG ist nicht abschließend. Art. 65 lit. a EG nennt die grenzüberschreitende Zustellung,[23] die Beweisaufnahme[24] und die Anerkennung und Vollstreckung gerichtlicher und außergerichtlicher Entscheidungen in Zivil- und Handelssachen.[25] Art. 65 lit. b EG ermöglicht die Vereinheitlichung des Internationalen Privatrechts,[26] während Art. 65 lit. c EG allgemein zu Maßnahmen zur Beseitigung von Hindernissen für eine reibungslose Abwicklung von Zivilverfahren ermächtigt. Damit stehen der Europäischen Gemeinschaft für die grenzüberschreitende Zivilrechtspflege die gemeinschaftsrechtlichen Rechtsetzungsakte Verordnung und Richtlinie zur Verfügung. Zwar bleibt mit Art. 293 EG der frühere Art. 220 EG-Vertrag unverändert bestehen, doch der Abschluss völkerrechtlicher Verträge als Harmonisierungsinstrument wird angesichts der nun bestehenden Umsetzungsmöglichkeiten in den Hintergrund treten. Dementsprechend wurde das EuGVÜ auf der Grundlage des Art. 65 lit. a 3.

---

20 Vertrag von Amsterdam vom 2.10.1997, ABl. EG 1997 Nr. C 340/1 ff.

21 Art. K.1 Nr. 6 EUV.

22 Mit dem Amsterdamer Vertrag wurde ein neuer Titel IV „Visa, Asyl, Einwanderung und andere Politiken betreffend den freien Personenverkehr" in den EG-Vertrag eingefügt, welcher einen Großteil des bisherigen Titels VI des EUV im EG-Vertrag übernimmt; vgl. dazu *Besse*, ZEuP 1999, 107 ff. Die Einreihung der justiziellen Zusammenarbeit in die Rechtsmaterien „Visa, Asyl und Einwanderung" erscheint verwunderlich und kann nur historisch erklärt werden, *Heß*, NJW 2000, 23, 25.

23 Vgl. dazu die Verordnung (EG) Nr. 1348/2000 über die Zustellung gerichtlicher und außergerichtlicher Schriftstücke in Zivil- und Handelssachen in den Mitgliedstaaten vom 29.5.2000, ABl. EG 2000 Nr. L 160/37 ff; vgl. dazu *Heß*, NJW 2001, 15 ff. Die Verordnung ersetzt das entsprechende Übereinkommen vom 26.5.1997, ABl. EG 1997 Nr. C 261/1 ff. Sie ist nach ihrem Art. 20 Abs. 1 vorrangig gegenüber Art. IV des Protokolls zum EuGVÜ von 1968, der bislang die Zustellung nach Maßgabe der zwischen den Vertragsstaaten geltenden Übereinkommen anordnete. Die Verordnung trat am 31.5.2001 in Kraft. Großbritannien und Irland beteiligen sich trotz des von ihnen erklärten Vorbehalts nach Art. 69 EG-Vertrag (siehe dazu unter Fn. 50), so dass sich der Geltungsbereich der Verordnung auch auf diese beiden Staaten erstreckt. Dänemark hingegen macht von seinem erklärten Vorbehalt Gebrauch und beteiligt sich nicht an der Annahme dieser Verordnung. Die Verordnung ist daher gegenüber Dänemark nicht anwendbar, ABl. EG 2000 Nr. L 160/38.

24 Vgl. dazu die Verordnung (EG) Nr. 1206/2001 über die Zusammenarbeit zwischen den Gerichten der Mitgliedstaaten auf dem Gebiet der Beweisaufnahme in Zivil- und Handelssachen vom 28.5.2001, ABl. EG 2001 Nr. L 174/1 ff; vgl. dazu *Heß/Müller*, ZZPInt 6 (2001), 149 ff.

25 Siehe dazu nachfolgend unter Fn. 28.

26 Auch das Römische Schuldvertragsübereinkommen vom 19.6.1980 (EVÜ), ABl. EG 1980 Nr. L 266/1 ff, soll revidiert und in eine Verordnung gekleidet werden; ein offizieller Vorschlag liegt allerdings noch nicht vor, KOM (2000) 167 endg. Zum Bericht über das 11. Treffen der Revisionsgruppe vgl. IPrax 2002, 62 f.

Spiegelstrich[27] i.V.m. Art. 61 lit. c EG in eine Verordnung gekleidet,[28] welche am 1.3.2002 in Kraft trat.[29] Die Bestimmungen der EuGVVO genießen aufgrund ihres gemeinschaftsrechtlichen Charakters Anwendungsvorrang gegenüber dem autonomen Zivilprozessrecht.

Eine Revision des EuGVÜ war schon länger geplant.[30] Unter Beibehaltung der Grundstrukturen des Übereinkommens sollten sprachliche Ungereimtheiten beseitigt und Anpassungen an die Rechtsprechung des *EuGH* vorgenommen werden. 1995 setzte der Rat eine Ad-hoc-Gruppe aus Vertretern der Mitgliedstaaten und der damaligen Lugano-Vertragsstaaten ein.[31] Am 22.12.1997 legte die Kommission erstmals einen Vorschlag für die Ersetzung des EuGVÜ durch eine Verordnung auf Grundlage von Art. K.3 Abs. 2 lit. c EGV (Art. 31 EG) vor,[32] den der Rat am 28.5.1999 grundsätzlich billigte. Nach der Überführung der justiziellen Zusammenarbeit in Zivilsachen in den EGV durch den Amsterdamer Vertrag griff die Kommission die Revisionsarbeiten wieder auf und legte am 14.7.1999 einen Verordnungsvorschlag[33] auf Grundlage von Art. 65 lit. a 3. Spiegelstrich i.V.m. Art. 61 lit. c EG vor. Dieser wurde entsprechend der Stellungnahme durch das Europäische Parlament geändert[34] und schließlich unter weiteren geringfügigen Änderungen vom Rat am 22.12.2000 als „EuGVVO" verabschiedet.

---

[27] Der Bereich der direkten Zuständigkeit, wie ihn das EuGVÜ in seinem Titel II (Art. 2 bis 24) regelt, wird in Art. 65 lit. a 3. Spiegelstrich EG – ebenso wie in Art. 220 4. Spiegelstrich EG-Vertrag (jetzt Art. 293 4. Spiegelstrich EG) – nicht erwähnt. Das angestrebte Ziel des reibungslos funktionierenden Binnenmarktes kann aber nicht allein durch Angleichung des Anerkennungs- und Vollstreckungsverfahrens erreicht werden, vielmehr bedarf es auch der Vereinheitlichung der Vorschriften über die Entscheidungszuständigkeit. Das EuGVÜ konnte diesem Auftrag nur in Form einer „convention double" gerecht werden, vgl. dazu *EuGH* Rs. C-398/92 „Mund & Fester", Slg. 1994, I-467 ff, Tz. 11. Wenn aber der Erlass von (direkten) Zuständigkeitsregeln durch Art. 220 4. Spiegelstrich EG-Vertrag gedeckt ist, so muss dies auch für die Auslegung des neuen Art. 65 EG gelten, *Besse*, ZEuP 1999, 107, 119.

[28] Verordnung (EG) Nr. 44/2001 des Rates über die gerichtliche Zuständigkeit und die Anerkennung und Vollstreckung von Entscheidungen in Zivil- und Handelssachen vom 22.12.2001, ABl. EG 2001 Nr. L 12/1 ff (nachfolgend zitiert als „EuGVVO"; bisweilen in der Literatur auch „Brüssel I VO" bezeichnet).

[29] Art. 76 EuGVVO.

[30] Vgl. dazu *Wagner*, IPrax 1998, 241 ff; *Kerameus/Prütting*, ZZPInt 3 (1998), 265 ff; *Jametti Greiner*, AJP 1999, 1135 ff; *Markus*, SZW 1999, 205 ff.

[31] Ratsdokument 7700/99 JUSTCIV 60 vom 30.4.1999, abgedruckt bei *Gottwald*, S. 125 ff; vgl. dazu auch *Kohler*, Die Revision des Brüsseler und des Luganer Übereinkommens über die gerichtliche Zuständigkeit und die Vollstreckung gerichtlicher Entscheidungen in Zivil- und Handelssachen – Generalia und Gerichtsstandsproblematik -, in: Gottwald, Revision des EuGVÜ – Neues Schiedsverfahrensrecht, 2000, S. 1, 31 ff;

[32] Vorschlag für einen Rechtsakt des Rates über die Ausarbeitung des Übereinkommens über die gerichtliche Zuständigkeit, die Anerkennung und die Vollstreckung gerichtlicher Entscheidungen in Zivil- und Handelssachen in den Mitgliedstaaten der Europäischen Union vom 22.12.1997, KOM (1997) 609 endg.

[33] Vorschlag für eine Verordnung (EG) des Rates über die gerichtliche Zuständigkeit und die Anerkennung und Vollstreckung von Entscheidungen in Zivil- und Handelssachen vom 14.7.1999, KOM (1999) 348 endg.

[34] Geänderter Vorschlag für eine Verordnung des Rates über die gerichtliche Zuständigkeit und die Anerkennung und Vollstreckung von Entscheidungen in Zivil- und Handelssachen vom 26.10.2000, KOM (2000) 689 endg.

III. Kritik am Kompetenztitel des Art. 65 EG

Aufgrund des weit reichenden Einflusses der EuGVVO auf die Grundfreiheiten wird in der Literatur teilweise allein Art. 95 EG als ausreichende Rechtsgrundlage erachtet.[35] Der Rückgriff auf Art. 95 EG bietet freilich den Vorteil, Großbritannien, Irland und Dänemark in Rechtsangleichungsmaßnahmen einzubeziehen. Die überwiegende Meinung sieht jedoch die EuGVVO als von Art. 65 EG gedeckt an.[36] Systematisch betrachtet stellt Art. 65 EG gegenüber Art. 95 EG eine „lex specialis" für die Bereiche des internationalen Zivilverfahrensrechts und des internationalen Privatrechts dar.[37] Es ist zudem nicht einzusehen, warum Art. 95 EG (Art. 100a EGV a.F.) nunmehr als Kompetenztitel für die EuGVVO heranzuziehen ist, obwohl Art. 100a EGV a.F. nach einhelliger Ansicht als Rechtsgrundlage zur Harmonisierung des internationalen Zivilverfahrensrechts ausschied.[38]

Auch verfassungsrechtliche Bedenken werden angesichts der weit reichenden Maßnahmen zur Schaffung eines europäischen Justizraums vorgebracht. Insbesondere wird die Maastricht-Entscheidung des *BVerfG* angeführt, wonach sich das Integrationsprogramm bei der Übertragung von Hoheitsrechten auf die EG mit hinreichender Bestimmbarkeit aus dem Zustimmungsgesetz (Art. 23 Abs. 1 S. 2 GG) entnehmen lassen muss.[39] Es wird bezweifelt, ob die auf Art. 65 EG beruhenden Maßnahmen durch eine hinreichend bestimmbar normierte Ermächtigung gedeckt sind.[40] Im Ergebnis greifen diese Bedenken jedoch nicht durch,[41] da im Rahmen der Ratifikation des Amsterdamer Vertrages dem nach Art. 23 Abs. 1 S. 2 GG zustimmenden Parlament die umfänglichen Harmonisierungsmaßnahmen im Zivilverfahrensrecht aufgrund des klaren Wortlauts von Art. 65 EG hinreichend vorhersehbar waren.[42]

---

35 Kritisch gegenüber Art. 65 EG als Rechtsgrundlage *Kohler*, Rev. crit. dr. internat. privé 1999, 1 ff; *Basedow*, CML Rev. 2000, 687, 699, der die Beschränkung der Mitwirkungsbefugnisse des Parlaments auf ein bloßes Anhörungsrecht (Art. 67 Abs. 1 EG im Vergleich zu Art. 95 EG) bemängelt; ebenso *Jayme/Kohler*, IPrax 2000, 454, 458.

36 *Heß*, JZ 2001, 573, 574; *ders.*, NJW 2000, 23, 27; *Remien*, CML Rev. 2001, 53, 73; *Leible/Staudinger*, EuLF 2001, 225, 232.

37 A.a.O. – Durch den Vertrag von Nizza wurde Art. 67 EG ein neuer Absatz 5 angefügt, der anstelle des bislang geltenden Einstimmigkeitsprinzips das Mitentscheidungsverfahren nach Art. 251 EG – mit Ausnahme familienrechtlicher Aspekte – anordnet. Damit hat sich aber auch die Kritik *Basedows* an der unzureichenden Parlamentsbeteiligung (siehe Fn. 35) erledigt, worauf *Heß*, JZ 2001, 573, 574, Fn. 13, zutreffend verweist.

38 *Remien*, CML Rev. 2001, 53, 73; *Leible/Staudinger*, EuLF 2001, 225, 232.

39 BVerfGE 89, 155, 188.

40 *Kubis*, ZEuP 2001, 737, 748.

41 So mit überzeugenden Argumenten *Heß*, IPrax 2001, 389, 394.

42 A.a.O.

IV. Vorteile der EuGVVO im Vergleich zum völkerrechtlichen Übereinkommen

Die Vorteile der Ablösung des EuGVÜ durch eine Verordnung[43] liegen demgegenüber auf der Hand: Langwierige Ratifikationsverfahren, die in der Vergangenheit dazu führten, dass unterschiedliche Fassungen des EuGVÜ jahrelang parallel in Kraft waren, entfallen.[44] Als Teil des acquis communautaire muss die EuGVVO von allen Staaten unterzeichnet werden, die der Europäischen Union beitreten. Sie trat somit für alle Mitgliedstaaten gleichzeitig in Kraft. Zusätzliche Protokolle, die beispielsweise die Auslegungszuständigkeit des *Gerichtshofs* statuieren, erübrigen sich.[45] Die Einhaltung der Verordnungsvorschriften durch die Mitgliedstaaten ist aufgrund der gemeinschaftsrechtlich vorgesehenen Verfahren abgesichert.[46] Eingeräumt werden muss allerdings, dass nunmehr in Art. 68 EG die Vorlagebefugnis[47] für einen Gemeinschaftsrechtsakt auf letztinstanzliche Gerichte, zumindest für die Übergangsfrist von fünf Jahren, beschränkt ist.[48] Nach dem Auslegungsprotokoll zum EuGVÜ steht jedoch auch den Instanzgerichten ein Vorlagerecht zu. Diese Beschränkung der Vorlageberechtigung wurde in den EG-Vertrag aufgenommen, weil sich der *Gerichtshof* andernfalls einer Flut von Vorlagefragen in Asylsachen ausgesetzt gesehen hätte.[49]

V. Sonderrolle Dänemarks: Fortgeltung des EuGVÜ

Wesentlich schwerer wiegt hingegen, dass die EuGVVO aufgrund des von Großbritannien, Irland und Dänemark nach Art. 69 EG erklärten Vorbehalts für diese Staaten an sich nicht gilt.[50] Großbritannien und Irland machen jedoch von ihrem erklärten Vorbehalt keinen Ge-

---

43 Nach Art. 68 Abs. 1 EuGVVO tritt die EuGVVO im Verhältnis zwischen den Mitgliedstaaten an die Stelle des EuGVÜ.

44 *Heß*, NJW 2000, 23, 24; *Besse* führt als Beispiel die Rolle Belgiens im Zuge des dritten Beitrittsübereinkommens von 1989 an: Belgien hat dieses erst im Jahre 1997 ratifiziert. Infolgedessen fand das EuGVÜ im Verhältnis zwischen Belgien und Spanien bzw. Portugal acht Jahre lang keine Anwendung, *ders.*, ZEuP 1999, 107, 120.

45 Diese ergibt sich dann unmittelbar aus Art. 177 EG-Vertrag (jetzt Art. 234 EG).

46 Vertragsverletzungsverfahren, Art. 169 EG-Vertrag (jetzt Art. 226 EG).

47 Zum Streit, ob Art. 68 Abs. 1 EG eine Vorlagebefugnis oder eine Vorlagepflicht enthält, vgl. *Leible/Staudinger*, EuLF 2001, 225, 227.

48 Dies ist im Grundsatz zu bedauern. Für den Justizgewährungsanspruch des Klägers bedeutet dies allerdings aufgrund der deutlich verkürzten Verfahrensdauer eine Verbesserung, *Geimer*, IPrax 2002, 69, 72.

49 Die Beschränkung von Vorlagefragen in Art. 68 EG bezieht sich auf alle in Titel IV geregelten Materien, also auch Asylangelegenheiten, *Heß*, NJW 2000, 23, 28. Diese Vorlagebeschränkung ist sehr bedauerlich, wird dadurch doch die einheitliche Auslegung und Anwendung der EuGVVO gefährdet sowie das Verfahren für die Parteien über Gebühr verlängert, *Remien*, CML Rev. 2001, 53, 80; *Kohler*, FS Geimer, 462, 467; *Leible/Staudinger*, EuLF 2001, 225, 227. Die Erfahrung hat jedoch bewiesen, dass die Mitgliedstaaten mit ihrer Vorlagebefugnis durchaus verantwortungsvoll umgehen, a.a.O.

50 Eigentliche Ursache für die Vorbehaltserklärungen dieser Staaten ist die systematische Stellung des Art. 65 EG im Titel IV über Visums-, Asyl- und Einwanderungspolitik und der damit verbundenen Teilnahme an *allen* Rechtsakten in diesem Bereich, *Heß*, NJW 2000, 23, 28. Harmonisierungsmaßnahmen im Bereich der justiziellen Zusammenarbeit entfalten somit in diesen Staaten keine Wirkung. Großbritannien und Irland haben aber nach Art. 3 des Protokolls Nr. 4 zum Amsterdamer Vertrag die Möglichkeit, sich

brauch und beteiligen sich an Annahme und Anwendung der EuGVVO,[51] nicht dagegen Dänemark.[52] Gegenüber Dänemark wird das EuGVÜ daher weiter zur Anwendung gelangen.[53] Teilweise wird deshalb befürchtet, dass die bezweckte Rechtsvereinheitlichung einen zersplitterten Rechtsraum zur Folge hat, der bei mangelnder Abhilfe zu unerträglichen Wettbewerbsverzerrungen führen kann.[54] Diese bedauerliche, mitunter undurchsichtige Gemengelage zwischen Gemeinschaftsrecht und völkervertraglichen Übereinkommen muss aber wohl als Folge der mit dem Amsterdamer Vertrag eingeführten Möglichkeit einer abgestuften Integration hingenommen werden.[55] Dennoch sind Art. 65 EG und die EuGVVO als Chance zur weiteren Harmonisierung des Zivilverfahrensrechts zu be- und ergreifen.

VI. Neue Beitrittsstaaten

Für die am 1.5.2004 neu beigetretenen Mitgliedstaaten[56] enthält der Beitrittsvertrag keine Übergangsvorschriften. Daher sind nach Art. 66 Abs. 1 EuGVVO die Regelungen der EuGVVO auf solche Klagen anzuwenden, welche nach dem Inkrafttreten (1.5.2004) erhoben wurden. Wurde vor dem 1.5.2004 Klage erhoben, so gelten die Beitrittsstaaten als „Drittstaaten“.[57]

Was die Anerkennung von Urteilen anbelangt, so werden diejenigen Urteile, die vor dem 1.5.2004 erlassen wurden, nach dem autonomen Zivilprozessrecht der Beitrittsstaaten anerkannt. Soweit eine Klage vor dem 1.5.2004 erhoben wurde, das Urteil hierzu jedoch erst nach diesem Zeitpunkt erging, so gelangt Art. 66 Abs. 2 EuGVVO zur Anwendung.

---

an einzelnen Politiken des IV. Titels zu beteiligen. Für Dänemark besteht diese Möglichkeit der Beteiligung an *einzelnen* Politiken des Titels IV nicht. Allerdings kann Dänemark nach Art. 7 des Protokolls zum Amsterdamer Vertrag jederzeit erklären, von seinem Vorbehalt keinen Gebrauch zu machen. Bei einer zukünftigen Vertragsänderung sollte deswegen der Bereich der justiziellen Zusammenarbeit in Zivilsachen von den politisch heikleren Themen Asyl und Einwanderung getrennt werden, *Leible/Staudinger*, EuLF 2001, 225, 226.

51 Vgl. Erwägungsgrund (20) EuGVVO.

52 Vgl. Erwägungsgrund (21) EuGVVO sowie Art. 1 Abs. 3 EuGVVO: „In dieser Verordnung bedeutet der Begriff ‚Mitgliedstaat‘ jeden Mitgliedstaat mit Ausnahme des Königreichs Dänemarks.“

53 Vgl. Erwägungsgrund (22) EuGVVO. Allerdings ist beabsichtigt, die Geltung der EuGVVO durch völkerrechtliche Vereinbarung mit Dänemark auf diesen Staat zu erstrecken, vgl. *Kohler*, FS Geimer, 462, 470.

54 Kritisch diesbezüglich *Schack*, der das Szenario zahlloser, nebeneinander bestehender Rechtsquellen beschreibt: „Neben der Verordnung als sekundärem Gemeinschaftsrecht gäbe es dann das staatsvertragliche GVÜ, die Überbrückungsübereinkommen, das Luganer Übereinkommen und schließlich das autonome Zivilprozeßrecht der Mitgliedstaaten“, *ders.*, ZEuP 1999, 805, 807.

55 *Leible/Staudinger*, EuLF 2001, 225, 226.

56 Polen, Ungarn, Slowenien, Tschechische Republik, Slowakische Republik, Estland, Lettland, Litauen, Malta und Zypern.

57 Vgl. dazu ausführlich *Heß*, IPrax 2004, 374 ff.

Teil 2: Gerichtsstandsregelungen nach der EuGVVO für arbeitsrechtsrechtliche Streitigkeiten

Soweit Vorschriften des EuGVÜ unverändert in die EuGVVO übernommen wurden, ist die unter dem EuGVÜ geltende Auslegung weiterhin maßgeblich, vorausgesetzt, dass Neuerungen und systematischer Zusammenhang zu anderen EG-Rechtsakten nicht entgegenstehen.[58] Wird auf die Rechtsprechung des *EuGH,* welche noch zum EuGVÜ ergangen ist, Bezug genommen, so wird deren Inhalt auf die EuGVVO übertragen dargestellt, soweit dies möglich ist. Ebenso wird mit der zitierten Literatur zum EuGVÜ verfahren.

A. Anwendungsbereich der EuGVVO

I. Arbeitsrechtliche Streitigkeiten als Zivil- und Handelssachen i.S.d. Art. 1 Abs. 1 S. 1 EuGVVO

1. Begriff der Zivil- und Handelssache

Der sachliche Anwendungsbereich des EuGVVO erstreckt sich nach Art. 1 Abs. 1 S. 1 EuGVVO unverändert auf Zivil- und Handelssachen.[59] Eine positive Umschreibung dieses Begriffs wurde bewusst unterlassen.[60] Nach Art. 1 Abs. 1 S. 1 EuGVVO ist die Art der Gerichtsbarkeit für die Begriffsbestimmung unerheblich. Art. 1 Abs. 1 S. 2 EuGVVO schließt insbesondere Steuer- und Zollsachen sowie verwaltungsrechtliche Angelegenheiten von der Anwendbarkeit des Übereinkommens bzw. der Verordnung aus. Der *EuGH* hat sich für eine autonome Qualifikation des Begriffs entschieden, um sicherzustellen, dass aus der EuGVVO für die Mitgliedstaaten und die betroffenen Personen soweit wie möglich gleiche und einheitliche Rechte und Pflichten erwachsen. Im Urteil „Eurocontrol"[61] führt er aus, dass nicht das Recht irgendeines der beteiligten Staaten maßgeblich ist, sondern es vielmehr auf die Zielsetzungen und die Systematik der EuGVVO sowie die allgemeinen Rechtsgrundsätze, die sich aus der Gesamtheit der innerstaatlichen Rechtsordnungen er-

---

[58] Ebenso *Micklitz/Rott*, EuZW 2001, 325, 327; *Piltz*, NJW 2002, 789, 790; *Wagner*, IPrax 2002, 75, 78. Dies wird durch die Verweisung der Kommission auf die *Jenard-* und *Almeida Cruz/Desantes Real/Jenard*-Berichte sowie auf die Auslegung der einzelnen Regelungen durch den *EuGH* im Verordnungsvorschlag, KOM (1999) 348 endg. bestätigt.

[59] Ebenso *Kennett*, I.C.L.Q. 2001, 725, 726: „The scope of the Regulation *ratione materiae* (Art. 1) remains the same as in the case of the Brussels I Convention"; *Harris*, C.J.Q. 2001, 218, 219: „Its scope (determined by Article 1) is unchanged...". Vgl. dazu auch KOM (2000) 689 endg., S. 12.

[60] *Jenard*-Bericht, BT-Drucks. VI/1973, 52, 59.

[61] *EuGH* Rs. 29/76 „Eurocontrol", Slg. 1979, 1541 ff, Tz. 3.

geben, ankommt. Insbesondere ist die Abgrenzung zu öffentlich-rechtlichen Streitigkeiten entscheidend: Besteht ein unmittelbarer Zusammenhang mit der Ausübung hoheitlicher Befugnisse, so fällt die Streitigkeit nicht unter den sachlichen Anwendungsbereich.

2. Streitigkeiten im Bereich des kollektiven Arbeitsrechts

Seit der Entscheidung „Sanicentral"[62] steht fest, dass das Arbeitsrecht grundsätzlich in den Anwendungsbereich des europäischen Zivilprozessrechts fällt.[63] Dabei ist in erster Linie an das Individualarbeitsrecht zu denken.[64] Schwieriger gestaltet sich die Zuordnung von Fragen des kollektiven Arbeitsrechts. Der *Gerichtshof* hat sich bislang noch nicht mit diesem Problem auseinandersetzen müssen.

Trotz des Fehlens einheitlicher Kollisionsnormen sollten Streitigkeiten auf dem Gebiet des kollektiven Arbeitsrechts nicht grundsätzlich vom Anwendungsbereich ausgenommen werden.[65] Dafür spricht insbesondere, dass individualrechtliche Ansprüche häufig nur unter Berücksichtigung des kollektiven Arbeitsrechts sachgerecht geprüft werden können.[66] Klagt beispielsweise ein deutscher Arbeitnehmer, der nach Frankreich entsandt wurde und für den das deutsche BetrVG aufgrund der Ausstrahlung[67] gilt, gegen seine Kündigung, so kann über die Rechtmäßigkeit der Kündigung nur unter Berücksichtigung des deutschen BetrVG entschieden werden.[68] Ebenso können Tarifverträge nicht generell von der Beurteilung individualrechtlicher Ansprüche ausgeschlossen werden, da diese oftmals durch Tarifvertrag begründet oder konkretisiert werden.[69] Freilich handelt es sich bei den kollektivrechtlichen

---

62 *EuGH* Rs. 25/79 „Sanicentral", Slg. 1979, 3423 ff.

63 Gleiches gilt für das LugÜ, *Jenard/Möller*-Bericht, ABl. EG 1990 Nr. C 189/57, 65.

64 Vgl. dazu auch *Jenard*-Bericht, BT-Drucks. VI/1973, 52, 58 und 71, wo lediglich Fragen in Zusammenhang mit dem Arbeitsvertrag erwähnt werden. Bislang existiert Rechtsprechung des *EuGH* nur zum Individualarbeitsrecht.

65 *Grunsky*, JZ 1973, 641, 642, der das Beispiel bildet, dass eine italienische Gewerkschaft den in der Bundesrepublik beschäftigten italienischen Arbeitern davon abrät, in die deutschen Gewerkschaften aufgrund deren geringer Streikfreudigkeit einzutreten. Die Zuständigkeit für die Entscheidung des Rechtsstreits zwischen den beteiligten Gewerkschaften beurteile sich nach dem europäischen Zivilprozessrecht. Ebenso *Birk*, RdA 1983, 143, 146; *Junker*, ZZPInt 3 (1998), 179, 182; *Hoppe*, S. 51 f; *Trenner*, S. 30; *Geimer/Schütze*, Europäisches Zivilverfahrensrecht, 2. Aufl. 2004, Art. 1, Rz. 27, die auf das Beispiel von *Grunsky* verweisen. Für das LugÜ: *Johner*, S. 40.

66 So insbesondere *Hoppe*, S. 52.

67 Siehe dazu nachfolgend S. 153.

68 Beispiel nach *Hoppe*, S. 52.

69 A.a.O.

Aspekten in den genannten Fallgestaltungen lediglich um Vorfragen,[70] die auf die Zuordnung des Streitgegenstands keinen Einfluss haben.[71]

Nach anderer Ansicht ist deshalb auf den vermögensrechtlichen Charakter des betreffenden Anspruchs abzustellen.[72] Grundsätzlich sollen alle arbeitsrechtlichen Streitigkeiten, die das Arbeitsgericht im Urteilsverfahren nach § 2 ArbGG entscheidet, von der EuGVVO erfasst werden; sollte im Einzelfall kein vermögensrechtlicher Anspruch vorliegen, so bleibt die EuGVVO anwendbar, solange Art. 1 Abs. 2 EuGVVO nicht eingreift und die Systematik der Verordnung nicht entgegensteht.[73] Demnach fallen lediglich Ersatz- und Erstattungsansprüche, die sich aus der Wahrnehmung betriebsverfassungsrechtlicher Funktionen ergeben, sowie Ansprüche aus einem Sozialplan und solche nach § 113 BetrVG in den Anwendungsbereich der EuGVVO.[74] Dagegen sollen alle übrigen betriebsverfassungsrechtlichen Streitigkeiten nach § 2a Abs. 1 Nr. 1 ArbGG sowie die in § 2a Abs. 1 Nr. 2 und 3 ArbGG genannten Fallgruppen ausgeschlossen sein. Ebenso wenig ist nach dieser Ansicht die EuGVVO auf Fragen der Zulässigkeit von Arbeitskämpfen und der unmittelbaren Beurteilung von Tarifverträgen anwendbar. Auch wenn sich diese Fragenkomplexe im Zweifel als Zivilsachen einordnen lassen, so befürchtet *Birk* doch einen „tiefen Eingriff in die Arbeitsbeziehungen und das Sozialsystem“ des jeweiligen Mitgliedstaates.[75]

Im Ergebnis bestehen zwischen diesen beiden Auffassungen keine gravierenden Unterschiede, weil beiderseits die Anwendbarkeitsgrenze dort gezogen wird, wo spezielle Ansprüche der betrieblichen Mitbestimmungsorgane betroffen sind.[76] Denn wo kollektivrechtliche Streitigkeiten einen vermögensrechtlichen Charakter aufweisen, wird es sich um vom kollektiven Arbeitsrecht beeinflusste individualvertragliche Ansprüche handeln. Beide Ansichten zielen darauf ab, nachhaltige Eingriffe in den Wirtschaftsablauf zu vermeiden, was insbesondere bei betriebsverfassungsrechtlichen und tarifvertragsrechtlichen Streitigkeiten sowie solchen im Bereich des Arbeitskampfes droht.

Geht man von der im Urteil „Eurocontrol“[77] dargelegten Grundsystematik des europäischen Zivilprozessrechts aus, so ist – wie eingangs bereits erwähnt – die Abgrenzung zu öffent-

---

70 Ebenso *Trenner*, S. 29, Fn. 127.
71 Es ist unerheblich, ob Vorfragen unter den Anwendungsbereich fallen oder nicht, *Schlosser*-Bericht, BT-Drucks. 10/61, 31, 42.
72 So *Birk*, RdA 1983, 143, 146.
73 A.a.O.
74 A.a.O.
75 A.a.O.
76 *Trenner*, S. 29, Fn. 127.
77 *EuGH* Rs. 29/76 „Eurocontrol“, Slg. 1976, 1551 ff.

lich-rechtlichen Streitigkeiten maßgeblich. Rechtsstreitigkeiten, die in Zusammenhang mit der Ausübung hoheitlicher Befugnisse stehen, fallen nach der Rechtsprechung des *Gerichtshofes* nicht unter die EuGVVO.[78] Das *kollektive Arbeitsrecht* ist jedoch dem *Privatrecht* zuzuordnen.[79] Auch *Johner* verfolgt diesen Ansatz, indem er darauf abstellt, inwieweit eine der streitenden Parteien einseitig auf das Rechtsverhältnis Einfluss nehmen kann.[80] Gerade kollektiv-arbeitsrechtliche Auseinandersetzungen sind jedoch von der Gleichordnung der streitenden Parteien geprägt: Ein Zusammenschluss von Arbeitnehmern steht gegebenenfalls auch einer Mehrzahl von Arbeitgebern gegenüber; keine der Parteien kann das Vertragsverhältnis einseitig, etwa durch Normsetzung, beeinflussen.[81] *Johner* subsumiert daher kollektive Arbeitsrechtsstreitigkeiten unter den Begriff der Zivil- und Handelssachen des wortgleichen Art. 1 Abs. 1 S. 1 LugÜ.[82]

Dass kollektiv-arbeitsrechtliche Streitigkeiten allgemein unter den Anwendungsbereich der EuGVVO fallen, ergibt sich implizit auch aus dem *Jenard/Möller*-Bericht zum LugÜ, was nach dem Konvergenzgedanken für eine entsprechende Geltung im Rahmen des EuGVÜ und damit mittelbar auch im Rahmen der EuGVVO spricht: In Zusammenhang mit Art. 5 Nr. 1 LugÜ wird darauf hingewiesen, dass diese Vorschrift nur auf individuelle Arbeitsverhältnisse anwendbar ist, „nicht (aber) auf die zwischen Arbeitgebern und Arbeitnehmervertretern geschlossenen Kollektivverträge.“[83] Dieser Hinweis wäre obsolet, wenn kollektivrechtliche Arbeitsstreitigkeiten gar nicht unter den Anwendungsbereich fielen.

Nach *Trenner* fallen auch Ansprüche von Betriebsratsmitgliedern unter die EuGVVO.[84] Allerdings verschwimmt bei ihm die Frage der Anwendbarkeit der EuGVVO auf Ansprüche von Betriebsratsmitgliedern mit der Subsumtion unter Art. 18 ff EuGVVO. Er folgt im Ergebnis *Birk* und sieht lediglich vermögensrechtliche Ansprüche, beispielsweise Lohnansprüche eines Betriebsratsmitglieds für die durch die Amtstätigkeit versäumte Arbeitszeit oder die Kündigungsschutzklage eines Betriebsrats, als unter den Anwendungsbereich der EuGVVO fallend an. Streitigkeiten hingegen, die der Arbeitnehmer in seiner Eigenschaft als Betriebsratsmitglied oder als Mitglied eines anderen betriebsverfassungsrechtlichen Mitbestimmungsorgans hinsichtlich seiner Amtstätigkeit, beispielsweise über die Notwendigkeit

---

78 A.a.O., Tz. 2. – Auf die Art der Gerichtsbarkeit kommt es nach Art. 1 Abs. 1 S. 1 EuGVVO nicht an.
79 *Gamillscheg*, S. 46.
80 *Johner*, S. 40. Ebenso *Trenner*, S. 30.
81 *Johner*, S. 40.
82 A.a.O.
83 *Jenard/Möller*-Bericht, ABl. EG 1990 Nr. C 189/57, 73.
84 A.a.O., S. 31, Fn. 134.

einer Freistellung oder des Besuchs einer Schulungsveranstaltung, schließt er vom Anwendungsbereich aus. Unklar bleibt jedoch, ob er letztere Streitigkeiten vom Anwendungsbereich der EuGVVO aus prinzipiellen Erwägungen ausnimmt oder weil er keine Zuständigkeitsregel als einschlägig ansieht.[85] Geht man unter der nachfolgend auf S. 173 näher dargestellten Prämisse des *Jenard*-Berichts davon aus, dass insbesondere nichtvermögensrechtliche Ansprüche vom Anwendungsbereich bewusst ausgeschlossen werden sollten, weil diese grundsätzlich der Parteiautonomie entzogen sind und den ordre public tangieren, dann können nichtvermögensrechtliche Ansprüche von Betriebsratsmitgliedern nicht unter den Anwendungsbereich der EuGVVO fallen.

Anlässlich der Ablösung des EuGVÜ durch die EuGVVO wurde keinerlei Klarstellung im Hinblick auf kollektiv-arbeitsrechtliche Streitigkeiten aufgenommen. Nach wie vor heißt es in den Erwägungsgründen, dass sich der sachliche Anwendungsbereich, von einigen genau festgelegten Rechtsgebieten abgesehen, auf den *wesentlichen* Teil des Zivil- und Handelsrechts erstrecken soll.[86] Dies mag auf den ersten Blick gegen eine Ausdehnung auf das kollektive Arbeitsrecht sprechen. Andererseits darf nicht außer Acht gelassen werden, dass der Begriff der Zivil- und Handelssache bewusst offen gelassen wurde, um eine dem jeweiligen Integrationsstand entsprechende Auslegung durch den *EuGH* zu ermöglichen. Den Entwicklungen auf dem Gebiet der Arbeits- und Sozialpolitik sollte nicht vorweg gegriffen werden. Immerhin wurde das Abkommen über Sozialpolitik des Vertrags von Maastricht in den EG-Vertrag übernommen; einige Maßnahmen wurden bereits ergriffen,[87] zahlreiche stehen noch aus. Angesichts der Zunahme grenzüberschreitender Streitigkeiten in diesem Bereich sollte man sich einer Diskussion um die Fortentwicklung des Begriffs der Zivil- und Handelssache nicht verschließen.

Inwieweit spezielle Materien des kollektiven Arbeitsrechts von der EuGVVO erfasst werden, bedarf noch genauerer wissenschaftlicher Auseinandersetzung. Die vorliegende Arbeit beschäftigt sich näher mit einzelnen ausgewählten Aspekten des kollektiven Arbeitsrechts unter Geltung der EuGVVO. Daher wird nachfolgend auf S. 172 ff und S. 179 ff ausführlich untersucht werden, ob grenzüberschreitende Streitigkeiten mit Bezügen zum Europäischen Betriebsrat bzw. zur Arbeitnehmerbeteiligung im Rahmen der Europäischen Aktiengesell-

---

85 A.a.O., S. 31, Fn. 134 u. S. 93.

86 Erwägungsgrund (7) EuGVVO (Hervorhebung nicht im Original).

87 Beispielsweise die Richtlinie über die Errichtung eines „Europäischen Betriebsrates“, ABl. EG 1994 Nr. L 254/64 ff. Siehe dazu nachfolgend S. 165 ff.

schaft unter den Anwendungsbereich der EuGVVO fallen und welche zuständigkeitsrechtlichen Konsequenzen sich gegebenenfalls daraus ergeben.

II. Sonderfälle

Zusätzlich zur Umschreibung der „Zivil- und Handelssachen" in Art. Abs. 1 EuGVVO enthält Art. 1 Abs. 2 EuGVVO einen Negativkatalog von Rechtsgebieten, die von der Verordnung ausgenommen sind. Die Verfasser wollten den Anwendungsbereich bewusst auf vermögensrechtliche Streitigkeiten beschränken und diejenigen Rechtsgebiete ausschließen, die grundsätzlich der Parteiautonomie entzogen sind und den ordre public berühren.[88] Angesichts des mit der EuGVVO bezweckten umfassenden Rechtsschutzes sind die Ausnahmebereiche des Art. 1 Abs. 2 EuGVVO eng auszulegen. Die Anwendbarkeit der EuGVVO ist nur dann nicht gegeben, wenn die ausgeschlossenen Rechtsgebiete den Gegenstand des Rechtsstreits selbst bilden. Beispielsweise ist die EuGVVO auf Streitigkeiten aus Arbeitsverträgen unter Ehegatten anwendbar, wenngleich auf den ersten Blick ein Ausschluss nach Art. 1 Abs. 2 lit. a EuGVVO („eheliche Güterstände") nahe zu liegen scheint. Gegenstand des Rechtsstreits ist hier aber nicht eine Ehesache an sich – darunter versteht der *EuGH* neben den klassischen Fragen des Güterstands alle vermögensrechtlichen Beziehungen, die sich unmittelbar aus der Ehe oder ihrer Auflösung ergeben[89] –, sondern eine vermögensrechtliche Streitigkeit, die lediglich mittelbaren Bezug zur Ehe aufweist.[90]

1. Sozialrechtliche Ansprüche, Art. 1 Abs. 2 lit. c EuGVVO

Angelegenheiten der sozialen Sicherheit sind vom europäischen Zivilprozessrecht ausgenommen.[91] Eine Definition der „sozialen Sicherheit" enthält die EuGVVO nicht, um die

---

88 *Jenard*-Bericht, BT-Drucks. VI/1973, 52, 59.

89 *EuGH* Rs. 143/78 „De Cavel", Slg. 1979, 1055 ff. Die Verordnung EG Nr. 1347/2000 vom 29.5.2000 über die Zuständigkeit und die Anerkennung und Vollstreckung von Entscheidungen in Ehesachen und in Verfahren betreffend die elterliche Verantwortung für die gemeinsamen Kinder der Ehegatten, ABl. EG 2000 Nr. L 160/19 ff, ergänzt die EuGVVO im Bereich des Familienrechts und trat am 1.3.2002 in Kraft; vgl. dazu *Jayme/Kohler*, IPrax 2000, 454, 457 f; *Heß*, JZ 2001, 573, 575 ff.

90 Ebenso *Kropholler*, Europäisches Zivilprozeßrecht, 7. Aufl. 2002, Art. 1, Rz. 27; *Basedow*, in: Handbuch des Internationalen Zivilverfahrensrechts, Band 1, 1982, Kap. II, Rz. 104; *Johner*, S. 53. – Zur nicht bestehenden Wirkungserstreckung einer ausländischen Lohnpfändung aufgrund eines ausländischen Unterhaltstitels in das Arbeitsentgelt eines in Deutschland ansässigen Arbeitnehmers vgl. *BAG*, NZA 1997, 334 ff.

91 Damit wollte man eventuellen Abgrenzungsschwierigkeiten entgehen, nachdem in einigen Mitgliedstaaten das Recht der sozialen Sicherheit rein öffentlich-rechtlich, in anderen hingegen in der Grauzone zwischen öffentlichem und privatem Recht eingeordnet wird, *Jenard*-Bericht, BT-Drucks. VI/1973, 52, 61. Dementsprechend ist auch der Rechtsweg in den einzelnen Mitgliedstaaten unterschiedlich geregelt. Auch sollen Kollisionen mit Abkommen auf dem Gebiet der sozialen Sicherheit vermieden werden, *Geimer/Schütze*, Europäisches Zivilverfahrensrecht, 2. Aufl. 2004, Art. 1, Rz. 92.

Fortentwicklung dieses Begriffs nicht zu behindern und Überschneidungen mit anderen auf Art. 136 EG beruhenden Maßnahmen zu vermeiden.[92]

a. In der Verordnung Nr. 1408/71 genannte Bereiche

Zur Konkretisierung des Begriffs kann jedoch auf die Verordnung Nr. 1408/71 über die soziale Sicherheit von Wanderarbeitnehmern[93] zurückgegriffen werden. Danach werden insbesondere folgende Bereiche der sozialen Sicherheit zugeordnet: Ärztliche Behandlung, Krankengeld,[94] Leistungen der Mutterschaftsversicherung,[95] der Invalidenversicherung,[96] der Altersversicherung,[97] der Versicherungen gegen Arbeitsunfälle und Berufskrankheiten[98] sowie Leistungen an Hinterbliebene, Familienbeihilfen[99] und Leistungen für den Fall der Arbeitslosigkeit[100]. Auch hier gilt wiederum, dass nur diejenigen Rechtsstreitigkeiten vom Anwendungsbereich der EuGVVO ausgenommen sind, die einen unmittelbaren Bezug zur „sozialen Sicherheit" haben, d.h. solche zwischen Sozialversicherungsträger und Berechtigtem einschließlich etwaiger Rückgriffsklagen.[101] Regressansprüche der Behörden gegenüber Dritten (z.B. Schädigern), die infolge Legalzession auf jene übergangen sind oder die ihnen das Gesetz als eigenständige gewährt, unterfallen hingegen der EuGVVO.[102] Im Übrigen kommt es darauf an, ob es sich um typisch arbeitsrechtliche oder typisch sozialrechtliche Pflichten eines Arbeitsvertrages handelt: Ansprüche aus Arbeitsunfällen gegen den Arbeitgeber oder gegen einen anderen Arbeitnehmer weisen ebenso wie der Anspruch auf Urlaubsgeld arbeitsrechtlichen Charakter auf und werden daher vom Anwendungsbereich der EuGVVO erfasst.[103] Gegenteiliges gilt für die Beitragspflicht des Arbeitgebers an die Sozialversicherung: Hierin liegt eine typisch sozialrechtliche Pflicht.[104]

---

92 So bereits für das EuGVÜ *Jenard*-Bericht, BT-Drucks. VI/1973, 52, 61.

93 Verordnung (EWG) Nr. 1408/71 des Rates zur Anwendung der Systeme der sozialen Sicherheit auf Arbeitnehmer und deren Familien, die innerhalb der Gemeinschaft zu- und abwandern vom 14.6.1971, ABl. EG 1971 Nr. L 149/2 ff. Auch das Übereinkommen Nr. 102 der Internationalen Arbeitsorganisation über die Mindestnormen der sozialen Sicherheit (ILO) vom 28.6.1952, BGBl. II 1957, 1321 ff, kann bei der Bestimmung hilfreich sein.

94 Vgl. §§ 44 ff SGB V im deutschen Recht.

95 Vgl. Mutterschaftsgeld, § 200 RVO, im deutschen Recht.

96 Vgl. Altersrente wegen Berufsunfähigkeit oder Erwerbsunfähigkeit, § 37 SGB VI, im deutschen Recht.

97 Vgl. Rente, §§ 35 ff SGB VI, im deutschen Recht.

98 Vgl. SGB VII im deutschen Recht.

99 Vgl. Erziehungsgeld, § 4 BErzGG, im deutschen Recht.

100 Vgl. Arbeitslosengeld, §§ 117 ff SGB III, Arbeitslosenhilfe, §§ 190 ff SGB III; Kurzarbeitergeld, §§ 169 ff SGB III; Wintergeld und Winterausfallgeld, §§ 209 ff SGB III, im deutschen Recht.

101 Instruktiv zur Einordnung von Rückgriffsklagen *EuGH* Rs. C-271/00 „Gemeente Steenbergen", VersRAI 2003, 19 f.

102 *Schlosser*-Bericht, BT-Drucks. 10/61, 31, 44.

103 *Kropholler*, Europäisches Zivilprozeßrecht, 7. Aufl., 2002, Art. 1, Rz. 38.

104 A.a.O.

b. Altersvorsorge

Ob Altersversorgungsansprüche unter Art. 1 Abs. 2 lit. c EuGVVO zu subsumieren sind, hängt maßgeblich vom Typ des Altersvorsorgesystems ab: Zu unterscheiden sind individuelle Selbstversorgungssysteme (Lebensversicherung etc.), betriebliche Altersversorgungssysteme (Betriebsrente) und gesetzliche Systeme sozialer Sicherheit (gesetzliche Rente). Letztere fallen aufgrund der Nähe des gesetzlichen Rentensystems zum öffentlichen Recht unter den Ausschluss nach Art. 1 Abs. 2 lit. c EuGVVO. Bei Streit in Zusammenhang mit individuellen Selbstversorgungssystemen ist die EuGVVO mangels hoheitlicher Beteiligung anwendbar, zumal ein eigener Zuständigkeitstitel für Versicherungssachen, Art. 8 ff EuGVVO, existiert. Im Rahmen der betrieblichen Altersvorsorge zahlen Arbeitgeber und Arbeitnehmer in einen Sparvertrag ein, durch den dieselben Arbeitnehmer Altersversorgungsleistungen erhalten.[105] Rechtsstreitigkeiten über Betriebsrenten, die der Arbeitgeber selbst schuldet, unterfallen der EuGVVO;[106] denn auch hier handelt es sich um Streitigkeiten zwischen zwei Privatrechtssubjekten ohne hoheitliche Beteiligung.

2. Ansprüche aus Insolvenzsicherung, Art. 1 Abs. 2 lit. b EuGVVO

Mit der Verordnung (EG) Nr. 1346/2000 des Rates vom 29.5.2000 über Insolvenzverfahren[107] (EuInsVO) wurden auf Grundlage von Art. 65 EG Bestimmungen zur Verbesserung der Effizienz und Wirksamkeit grenzüberschreitender Insolvenzverfahren geschaffen. Die Verordnung trat am 31.5.2002 in Kraft.[108] EuInsVO, EuGVÜ, EuGVVO und LugÜ sollen nach dem Willen der Vertrags- bzw. Mitgliedstaaten lückenlos aneinanderschließen. Der Anwendungsbereich der EuInsVO muss daher mit den Ausschlusstatbeständen in Art. 1 Abs. 2 lit. b EuGVVO korrespondieren.

---

105 Ebenso die Definition in der Begründung der Kommission zum Vorschlag für eine Richtlinie des Europäischen Parlaments und des Rates über die Tätigkeiten von Einrichtungen zur betrieblichen Altersversorgung vom 11.10.2000, KOM (2000) 507 endg., S. 2; vgl. dazu auch die Stellungnahme des Wirtschaftsausschusses vom 29.5.2001, ABl. 2001 Nr. C 155/26 ff. Diese Richtlinie soll sämtliche Aufsichtsschranken für die grenzüberschreitende Verwaltung von betrieblichen Altersversorgungssystemen beseitigen, indem sie bestimmte Aufsichtsvorschriften harmonisiert und die gegenseitige Anerkennung nationaler Aufsichtssysteme einführt.

106 *Schlosser*, EU-Zivilprozessrecht, 2. Aufl. 2003, Art. 1, Rz. 22.

107 ABl. EG 2000 Nr. L 160/1 ff (nachfolgend zitiert als „EuInsVO"); vgl. dazu *Huber*, ZZP (114) 2001, 133 ff; *Eidenmüller*, IPRax 2001, 2 ff.

108 Art. 47 EuInsVO. – Großbritannien und Irland beteiligen sich trotz des von ihnen erklärten Vorbehalts nach Art. 69 EG-Vertrag (siehe oben unter Fn. 50) an der Anwendung der EuInsVO. Hingegen macht Dänemark von seinem erklärten Vorbehalt Gebrauch. Die EuInsVO ist daher gegenüber Dänemark nicht verbindlich, vgl. Erwägungsgrund (33) EuInsVO.

Mit der neuen EuInsVO werden jedoch nicht lückenlos sämtliche Konkurs-, Vergleichs- und ähnliche Verfahren erfasst. Nach Erwägungsgrund (6) EuInsVO sollen nur solche Entscheidungen in den Anwendungsbereich der EuInsVO fallen, „die unmittelbar aufgrund des Insolvenzverfahrens ergehen und in engem Zusammenhang damit stehen.“[109] Gemeint sind also in erster Linie Gesamtverfahren als Insolvenzverfahren im eigentlichen Sinne.[110]

Das Insolvenzgeld (§§ 183 ff SGB III) weist keinen originär insolvenzrechtlichen Charakter auf; die Insolvenz ist lediglich das auslösende Moment für die Auszahlung der betreffenden Leistungen.[111] Dementsprechend sind Klagen auf Zahlung von Insolvenzgeld anhand der EuGVVO zu beurteilen. Aus dem gleichen Grund fallen Streitigkeiten um die (privatversicherungsrechtlich organisierte) Insolvenzsicherung der betrieblichen Altersversorgung nach §§ 7 ff BetrAVG nicht unter den Anwendungsbereich der EuInsVO.

B. Systematik der Arbeitsvertragsgerichtsstände

I. Auslegungsgrundsätze

1. Enge Auslegung

Nach der Rechtsprechung des *Gerichtshofs* sind die besonderen Zuständigkeitsregelungen *eng* auszulegen, um so einer Aushöhlung des allgemeinen Gerichtsstands entgegenzuwirken.[112] Dies wird zu Recht kritisiert, weil der *EuGH* bestimmte besondere Gerichtsstandsnormierungen im Gegensatz dazu doch weit auslegt.[113] Ein generelles Regel-Ausnahme-Verhältnis zwischen allgemeinen und besonderen Zuständigkeitsregelungen lässt sich der Systematik des europäischen Zivilprozessrechts ohnehin nicht entnehmen[114] und stellt auch keine geeignete Richtschnur bei Auslegungszweifeln dar.[115]

---

109 In diesem Sinne auch *EuGH* Rs. 133/78 „Gourdain“, Slg. 1979, 733 ff, Tz. 4: „Entscheidungen, die sich auf ein Insolvenzverfahren beziehen, sind nur dann von der Anwendung des Übereinkommens ausgeschlossen, wenn sie unmittelbar aus diesem Verfahren hervorgehen und sich eng innerhalb des Rahmens eines Konkurs- oder Vergleichsverfahrens ... halten.“ – Im *Jenard*-Bericht werden unter Verfahren i.S.d. Art. 1 Abs. 2 EuGVÜ solche verstanden, “die nach dem Recht der Vertragsstaaten auf der Zahlungseinstellung, der Zahlungsunfähigkeit oder der Kreditunwürdigkeit des Schuldners beruhen und ein Eingreifen der Gerichte erforderlich machen, das zur kollektiven zwangsweisen Liquidierung des Vermögens oder lediglich zu einer gerichtlichen Überwachung führt,” *Jenard*-Bericht, BT-Drucks. VI/1973, 61.

110 Zur Abgrenzung zwischen EuInsVO und EuGVVO ausführlich *Haubold*, IPrax 2002, 159, 160.

111 *Birk*, RdA 1983, 143, 147. Nach seiner Ansicht kann das Insolvenzgeld auch nicht unter Art. 1 Abs. 2 Nr. 3 EuGVVO, „soziale Sicherheit“, subsumiert werden.

112 *EuGH* Rs. 189/87 „Kafelis“, Slg. 1988, 5565 ff, Tz. 8 u. 19.

113 Beispielsweise Art. 5 Nr. 3 EuGVÜ, vgl. dazu *EuGH* Rs. 21/76 „Bier“, Slg. 1735 ff, Tz. 19.

114 Vgl. dazu ausführlich und mit überzeugenden Argumenten *Buchner*, S. 5 ff.

115 *Schlosser*, EU-Zivilprozessrecht, 2. Aufl. 2003, vor Art. 5, Rz. 3; *Kropholler*, Europäisches Zivilprozeßrecht, 7. Aufl. 2002, vor Art. 5, Rz. 2.

2. Rechtssicherheit

Im Interesse einer geordneten Rechtspflege muss eine Gerichtsstandshäufung in Bezug auf ein und dasselbe Rechtsverhältnis vermieden werden, um der Gefahr widersprechender Entscheidungen zu begegnen.[116] Eine *Zuständigkeitskonzentration* verhindert eine unwirtschaftliche Zersplitterung der Rechtssache vor verschiedenen Gerichten und dient damit letztlich der *Rechtssicherheit*. Dieses Ziel wird auch mit dem Gebot der *Zuständigkeitsklarheit* verfolgt, welches klare, typisierte Anknüpfungsmomente verlangt.[117] Nur auf diese Weise sind die Parteien im Stande vorherzusehen, vor welchen Gerichten sie ihre Rechte durchsetzen können.[118]

3. Sach- und Beweisnähe

Schließlich ist bei der Ermittlung der maßgeblichen Zuständigkeit darauf zu achten, möglichst dasjenige Gericht zur Entscheidung zu berufen, an dessen Sitz der zu beurteilende Sachverhalt seinen räumlichen Schwerpunkt hat. Denn dieses Gericht ist am besten in der Lage, den Sachverhalt aufzuklären und Beweise zu erheben.[119] Es verfügt über die größte *Sach-* und *Beweisnähe*.[120]

4. Gleichlauf mit anzuwendendem Recht

Neben der Sachnähe wird vielfach die *Rechtsnähe* des Gerichts als Auslegungsmaxime hervorgehoben. Durch parallele Anknüpfungen im Kollisions- und Zuständigkeitsrecht soll ein möglichst weit gehender Gleichlauf von forum und ius erreicht werden. Ein solcher Gleichlauf ist in mehrfacher Hinsicht vorteilhaft: Zum einen wird dem unerwünschten forum shopping entgegengewirkt. Zum anderen wird die Rechtsanwendung im Forumstaat erleichtert; denn jedes Gericht vermag sein eigenes Recht am besten anzuwenden. Zwar ist die Anwendung fremden Rechts nicht unmöglich – das Gericht kann sich anhand von Sachver-

---

116 *EuGH* Rs. C- 125/92 „Mulox“, Slg. 1993, I-4075 ff, Tz. 11; *EuGH* Rs. C-383/95 „Rutten“, Slg. 1997, I-57 ff, Tz. 13. Zum Gebot der Zuständigkeitskonzentration vgl. auch *Heldrich*, S. 118 f

117 Schon *Gamillscheg* hat zutreffend bemerkt, dass „... das Wesen des Verfahrensrechts ... mit der Klarheit und Übersichtlichkeit steht und fällt,“ *ders.*, Bericht der deutschen Gesellschaft für Völkerrecht 1959, 29, 38.

118 *EuGH* Rs. C- 125/92 „Mulox“, Slg. 1993, I-4075 ff, Tz. 11; *EuGH* Rs. C-383/95 „Rutten“, Slg. 1997, I-57 ff, Tz. 13: „... dem Kläger die Feststellung erleichtert wird, welches Gericht er anrufen kann, und dem Beklagten ermöglicht wird, bei vernünftiger Betrachtung vorherzusehen, vor welchem Gericht er verklagt werden kann.“

119 *EuGH* Rs. 266/85 „Shenavai“, Slg. 1987, 239 ff, Tz. 6: „sachgerechte Prozessführung“; *EuGH* Rs. C-383/95 „Rutten“, Slg. 1997, I-57 ff, Tz. 24.

120 Zum Kriterium der Sach- und Beweisnähe vgl. auch *Heldrich*, S. 113.

ständigengutachten kundig machen. Aber die Ermittlung fremden Rechts ist kostspielig und verlängert die Verfahrensdauer.[121]

Doch Rechtsnähe allein ist regelmäßig kein ausreichender Zuständigkeitsgrund.[122] Dem internationalen Verfahrensrecht liegen eigenständige Wertungen zugrunde, die sich von denjenigen des internationalen Privatrechts unterscheiden. Während das Kollisionsrecht nach *dem* Recht sucht, das am besten für die Entscheidung des Sachverhalts geeignet ist, strebt das internationale Zivilprozessrecht danach, Verfahrensgerechtigkeit durch eine angemessene Berücksichtigung der Zuständigkeitsinteressen von Kläger und Beklagtem zu erreichen.[123] Dem Interesse der Rechtssuchenden an erleichterter Rechtsverfolgung dient es aber häufig, *mehrere* Gerichtsstände zur Wahl zu stellen. Dementsprechend verzichtet das europäische Zivilverfahrensrecht darauf, kollisionsrechtliche Erwägungen in die Begründung der internationalen Zuständigkeit einzubeziehen, „weil der Gleichlauf von forum und ius überhaupt nicht zum Wesensgehalt des Brüsseler Übereinkommens gehört."[124] Eine Parallelität von Zuständigkeitsregel und Kollisionsnorm führt darüber hinaus nur dann zu einem wirklichen Gleichlauf von forum und ius, wenn weder Zuständigkeitsnorm noch Rechtsanwendungsvorschrift eine Wahl lassen, d.h. nur ein Gericht international zuständig ist und nur eine anwendbare Rechtsordnung in Betracht kommt. Dem widerspricht aber die grundsätzliche Rechtswahl- und Prorogationsfreiheit der Parteien sowie die prinzipielle Wahlmöglichkeit des Klägers zwischen mehreren Gerichtsständen. Ein strikter Gleichlauf wäre nur durch ausschließliche Zuständigkeitsnormierungen zu erreichen,[125] welche über dieselben Anknüpfungsmerkmale wie das Kollisionsrecht verfügen. Weil aber das internationale Zivilprozessrecht eigenständige Zielsetzungen verfolgt, scheiden durchweg identische Anknüpfungen aus.

Mit der Rechtsnähe als solcher lässt sich daher keine internationale Zuständigkeit begründen. Das in der Sache anwendbare Recht hat keinerlei Auswirkungen auf die Bejahung oder Verneinung der internationalen Zuständigkeit.[126] Ein weit gehender Gleichlauf zwischen forum und ius *kann* sich freilich ergeben (und ist insofern begrüßenswert), soweit von bei-

---

[121] A.a.O., S. 110.

[122] *Hausmann*, in: Wieczorek/Schütze, ZPO, 3. Aufl. 1994, Vor § 12, Rz. 63; *Geimer*, Internationales Zivilprozessrecht, 5. Aufl. 2005, Rz. 1064: „Das Gleichlaufprinzip ist zuständigkeitsrechtlich in jeder Hinsicht untauglich, sowohl zur Zuständigkeitserweiterung als auch zur Zuständigkeitsbegrenzung."

[123] *Heldrich*, S. 63; *Pfeiffer*, S. 113.

[124] *Droz*, S. 235, 240. Ebenso *Geimer/Schütze*, Europäisches Zivilverfahrensrecht, 2. Aufl. 2004, Einl. Rz. 53; *Aull*, S. 51. Kritisch *Kohler*, IPrax 1992, 277, 281, der die „Kollisionsrechtsblindheit" bemängelt.

[125] *Hausmann*, in: Wieczorek/Schütze, ZPO, 3. Aufl. 1994, Vor § 12, Rz. 65.

[126] *Geimer/Schütze*, Europäisches Zivilverfahrensrecht, 2. Aufl. 2004, Einl. Rz. 53.

den Rechtsgebieten aufgrund jeweils eigenständiger Wertung parallele Anknüpfungspunkte gewählt werden, wie dies beispielsweise im Bereich des Arbeitsrechts mit Art. 6 Abs. 2 EVÜ und Art. 19 Nr. 2 EuGVVO der Fall ist. Hier bietet sich ein Blick auf die kollisionsrechtliche Parallele als Auslegungshilfe an, allerdings nur, soweit prozessrechtliche Wertungen im konkreten Fall nicht entgegenstehen.[127] Zu beachten ist dabei, dass der *EuGH* derzeit allein zur Auslegung der EuGVVO, nicht aber zur Auslegung des kollisionsrechtlichen EVÜ berufen ist.[128]

II. Entstehungsgeschichte: Arbeitsvertragsgerichtsstände im EuGVÜ, Art. 5 Nr. 1 2./3.HS EuGVÜ

Erst mit dem dritten Beitrittsübereinkommen von 1989[129] wurde eine besondere Zuständigkeitsbestimmung für arbeitsrechtliche Streitigkeiten in das EuGVÜ eingeführt. Ursprünglich hatten die Verfasser des EuGVÜ auf die Begründung einer speziellen Zuständigkeit[130] auf diesem Gebiet bewusst verzichtet, um die Vereinheitlichungsbemühungen hinsichtlich der arbeitsrechtlichen Vorschriften in den Mitgliedstaaten nicht zu kreuzen. Es wurde für wünschenswert erachtet, Streitigkeiten in Zusammenhang mit einem Arbeitsvertrag vor den Gerichten desjenigen Staates auszutragen zu lassen, dessen Recht für den Vertrag maßgebend ist.[131]

Der *EuGH* hatte auf arbeitsrechtliche Streitigkeiten den Vertragsgerichtsstand des Erfüllungsortes angewandt und dabei – abweichend von seiner sonstigen Handhabung im Rahmen des Vertragsgerichtsstands – nicht auf die jeweils streitige Verpflichtung, sondern auf die das gesamte Vertragsverhältnis prägende, charakteristische Arbeitsleistung abgestellt. Denn die Gerichte des Ortes, an dem die Arbeitsverpflichtung zu erfüllen ist, seien am besten zur Entscheidung für alle Ansprüche aus dem Arbeitsverhältnis in der Lage.[132]

---

127 Ebenso Schlussanträge des *Generalanwalts Jacobs* zu EuGH Rs. C-37/00 „Weber“, Slg. 2002, I-2013 ff, Tz. 47; *Franzen*, EuLF 2001, 296, 298.

128 Das erste Brüsseler Protokoll vom 19.12.1988 betreffend die Auslegung des EVÜ ist noch nicht in Kraft getreten. Zu den Elementen eines europäischen Kollisionsrechts in der Rechtsprechung des *EuGH* zum EuGVÜ vgl. *Kohler*, Die Formung eines europäischen Kollisionsrechts durch den Gerichtshof der Europäischen Gemeinschaften, in: Reichelt, Europäisches Kollisionsrecht, 1993, S. 15, 20 ff.

129 Siehe Fn. 13.

130 Im Vorentwurf zum EuGVÜ war sogar eine ausschließliche Zuständigkeit in Arbeitssachen erwogen worden, *Jenard*-Bericht, BT-Drucks. VI/1973, 71. Siehe dazu nachfolgend S. 122 f.

131 *Jenard*-Bericht, BT-Drucks. VI/1973, 71.

132 *EuGH* Rs. 14/76 „De Bloos“, Slg. 1976, 1497 ff, vgl. dazu *Geimer*, NJW 1977, 492 f, und *Linke*, RIW 1977, 43 ff; *EuGH* Rs. 133/81 „Ivenel“, Slg. 1982, 1891 ff, vgl. dazu *Mezger*, IPrax 1983, 153 ff; *EuGH* Rs. 266/85 „Shenavai“, Slg. 1987, 239 ff, vgl. dazu *Geimer*, NJW 1987, 1132 f, und *Mezger*, IPrax 1987, 346 ff; zur Entwicklung der Rechtsprechung ausführlich *Weiß*, S. 55 ff; *Valloni*, S. 298 ff; *Junker*, ZZPInt 3 (1998), 179, 188 ff; *Rauscher*, FS Schütze, 695, 696 ff.

Art. 5 Nr. 1 EuGVÜ wurde um zwei neue Halbsätze ergänzt, die im Wesentlichen die Rechtsprechung des *Gerichtshofs* bis zur Neufassung kodifizieren. Bei arbeitsvertraglichen Streitigkeiten kann sich der Kläger wahlweise auf den allgemeinen Gerichtsstand des Art. 2 Abs. 1 EuGVÜ am (Wohn-)Sitz des Beklagten oder auf die besonderen Zuständigkeiten nach Art. 5 Nr. 1 2./3. HS EuGVÜ berufen. Der neue zweite Halbsatz von Art. 5 Nr. 1 EuGVÜ begründet für Klagen aus individuellen Arbeitsverträgen eine besondere Zuständigkeit des Gerichts an dem Ort, an dem der Arbeitnehmer gewöhnlich seine Arbeit verrichtet. Dieser Gerichtsstand steht *beiden* Parteien offen. Nach Art. 5 Nr. 1 3. HS EuGVÜ kann der *Arbeitnehmer* seinen Arbeitgeber am Ort der Niederlassung verklagen, die ihn eingestellt hat, wenn er seine Arbeit gewöhnlich nicht in ein und demselben Staat verrichtet. Für Klagen des *Arbeitgebers* ist dieser Gerichtsstand dagegen *nicht* eröffnet. Die entsprechende Vorschrift des LugÜ weicht von dieser Lösung ab, indem sie für beide Vertragsparteien diesen Gerichtsstand vorsieht. Grund für dieses Auseinanderfallen in EuGVÜ und LugÜ ist das Urteil „Six Constructions"[133] des *EuGH*, welches kurze Zeit nach der Unterzeichnung des LugÜ erging. In einem obiter dictum lehnte der *Gerichtshof* eine dem Art. 5 Nr. 1 3. HS LugÜ entsprechende Auslegung von Art. 5 Nr. 1 EuGVÜ mit der Begründung ab, dass eine solche Auslegung das Erfordernis vernachlässigt, die sozial schwächere Vertragspartei, also den Arbeitnehmer, zu schützen. Wählt man als Anknüpfungspunkt den Ort der Niederlassung, die den Arbeitnehmer eingestellt hat, so wird das Gericht am Sitz des Arbeitgebers selbst dann zuständig, wenn dieser Kläger ist. Damit wird aber ein Gerichtsstand des Klägers begründet, obwohl dem Übereinkommen die Absicht zugrunde liegt, die Zahl der Fälle zu beschränken, in denen eine Person vor dem Gerichtsstand des Klägers verklagt werden kann, was sich aus den Art. 2 und Art. 3 EuGVÜ klar ergibt.[134] Mit der Neufassung des Art. 5 Nr. 1 3. HS EuGVÜ wird zwar erkennbar nur der Arbeitnehmer begünstigt, denn der Arbeitgeber kann in Zweifelsfällen nur am Wohnsitz des Arbeitnehmers klagen. Die Ablehnung gegenüber der Schaffung eines Klägergerichtsstands zugunsten des Arbeitgebers führt jedoch auch dazu, dass die mit dem dritten Beitrittsabkommen angestrebte Parallelität zum LugÜ nicht zustande kommt.[135]

---

[133] *EuGH* Rs. 32/88 „Six Constructions", Slg. 1989, 341 ff. Vgl. dazu *Rauscher*, IPrax 1990, 152 ff.
[134] A.a.O., Tz. 13.
[135] *Almeida Cruz/Desantes Real/Jenard*-Bericht, ABl. EG 1990 Nr. C 189/35, 45.

III. Neuordnung der Zuständigkeiten in Arbeitssachen

Die EuGVVO intensiviert den Schutz des Arbeitnehmers.[136] In Parallelität zu den bislang bereits in eigenen Abschnitten geregelten Zuständigkeitsvorschriften über Versicherungs- und Verbrauchersachen werden die Gerichtsstände in Arbeitssachen erstmals in einem eigenen fünften Abschnitt – „Zuständigkeit für Arbeitssachen" – des Kapitels II über die internationale Entscheidungszuständigkeit systematisch zusammengefasst. Diese systematische Neuordnung birgt nicht zuletzt den Vorteil, dass die zugunsten des Arbeitnehmers konzentrierten Normen nicht übersehen und in ihrer wechselseitigen Abhängigkeit besser erkannt werden.[137] Die internationale Zuständigkeit in Arbeitssachen beurteilt sich grundsätzlich nach den Vorschriften dieses fünften Abschnitts (Art. 18 bis 21 EuGVVO). D.h., ein Rückgriff auf die allgemeine Zuständigkeitsregel des Art. 2 Abs. 1 EuGVVO verbietet sich. Vielmehr finden sich die auf den jeweiligen Beklagten (Arbeitgeber bzw. Arbeitnehmer) abgestimmten, dem allgemeinen Gerichtsstand entsprechenden Regelungen in Art. 19 Nr. 1 und Art. 20 Abs. 1 EuGVVO. Ebenso ist die Anwendung des allgemeinen Vertragsgerichtsstands i.S.d. Art. 5 Nr. 1 EuGVVO,[138] des Gerichtsstands für Deliktsklagen gemäß Art. 5 Nr. 3 EuGVVO[139] (beispielsweise bei Arbeitsunfällen oder bei Teilnahme an einem rechtswidrigen Streik[140]) und des Mehrparteiengerichtsstands nach Art. 6 Nr. 1 EuGVVO ausgeschlossen.[141] Damit wird das arbeitsrechtliche Zuständigkeitssystem als weitgehend ausschließlich abgesichert.[142] Lediglich Art. 4 und Art. 5 Nr. 5 EuGVVO sind als zuständigkeitsrechtliche Vorschriften neben den besonderen arbeitsrechtlichen Gerichtsstands-

---

136 Während *Junker*, RIW 2002, 569, 574, *Harris*, C.J.Q. 2001, 218, 221, sowie *Niboyet*, Gazette du Palais 2001, Nr. 161-163, 10, 12, die Neuregelung in Art. 18 ff EuGVVO für eine praktisch unveränderte Umgruppierung der arbeitsrechtlichen Zuständigkeitsvorschriften halten, erkennen *Micklitz/Rott*, EuZW 2001, 325, 333, zutreffend, dass der zivilprozessuale Schutz des Arbeitnehmers mit der EuGVVO erheblich aufgewertet wurde. Vgl. auch Erwägungsgrund (13) EuGVVO. Ebenso *Mankowski*, IPrax 2003, 21, 27: „fundamental anders".

137 *Rauscher*, FS Schütze, 695, 706.

138 So bereits die h.M. unter Geltung des EuGVÜ, vgl. *Birk*, in: Richardi/Wlotzke, Münchener Handbuch zum Arbeitsrecht, Band 1, 2. Aufl. 2000, § 23, Rz. 29; *Johner*, S. 63, 68; *Auer*, in Bülow/Böckstiegel u.a., Internationaler Rechtsverkehr in Zivil- und Handelssachen, 23. EL 2000, Art. 5, Rz. 40. A.A. *Däubler*, DB 1995, 726, 730.

139 Anders noch die h.M. unter Geltung des EuGVÜ: Art. 5 Nr. 3 EuGVÜ wurde neben Art. 5 Nr. 1 2./3. HS EuGVÜ angewandt, stellvertretend *Geimer/Schütze*, Internationale Urteilsanerkennung, Band 1, 1983, S. 622: „Art. 5 Nr. 3 gilt auch für deliktische bzw. quasideliktische Klagen in Zusammenhang mit Arbeitsverhältnissen."

140 Zur kollisionsrechtlichen Einordnung von Arbeitskampfmaßnahmen vgl. *ArbG Bremen*, NZA-RR 2000, 35. Insgesamt sind die Entscheidungen zum internationalen Arbeitskampfrecht „dünn gesät," *Junker*, RIW 2001, 94, 105, was auch auf das internationale Zivilverfahrensrecht in diesem Bereich zutrifft.

141 Ebenso *Droz/Gaudemet-Tallon*, Rev. crit. dr. internat. privé 2001, 601, 633.

142 Siehe dazu nachfolgend S. 127. Ähnlich *Mankowski*, IPrax 2003, 21, 27: „Aus besonderen Gerichtsständen werden ausschließliche Gerichtsstände."

regelungen des fünften Abschnitts anwendbar, Art. 18 Abs. 1 a.E. EuGVVO[143] („*unbeschadet ... des Artikels 5 Nr. 5*“).[144]

1. Verhältnis zum Gerichtsstand am Ort der Zweigniederlassung, Art. 5 Nr. 5 EuGVVO

Gewisse arbeitsrechtliche Streitigkeiten, insbesondere in Fällen mit entsandten Arbeitnehmern, lassen sich auch unter „Streitigkeiten aus dem Betrieb einer Zweigniederlassung, einer Agentur oder einer sonstigen Niederlassung“ subsumieren.[145] Der Verweis in Art. 18 Abs. 1 a.E. EuGVVO auf Art. 5 Nr. 5 EuGVVO, welcher Art. 5 Nr. 5 EuGVÜ inhaltlich entspricht, stellt die bislang umstrittene Frage nach dem Verhältnis zwischen den arbeitsrechtlichen Zuständigkeiten und dem Gerichtsstand der Zweigniederlassung[146] klar. Denn nach einer im Vordringen befindlichen Meinung besaß Art. 5 Nr. 5 EuGVÜ keine eigenständige Relevanz neben Art. 5 Nr. 1 2./3. HS EuGVÜ.[147] Vielmehr wurde Art. 5 Nr. 1 2./3. HS EuGVÜ als einheitlicher Gerichtsstand für sämtliche individualarbeitsrechtlichen Streitigkeiten verstanden.

Die Nennung in Art. 18 Abs. 1 a.E. EuGVVO hat zur Konsequenz, dass Art. 5 Nr. 5 EuGVVO für individualarbeitsvertragliche Streitigkeiten neben den Spezialregelungen in Art. 18 ff EuGVVO zur Anwendung kommen kann. Damit ist keine Schlechterstellung des in einer Zweigniederlassung tätigen Arbeitnehmers gegenüber einem sonstigen Arbeitnehmer, für den ausschließlich die Schutzvorschriften des fünften Abschnitts zur Anwendung gelangen, verbunden, soweit man weiter mit der bislang herrschenden Meinung eine

---

143 Art. 18 EuGVVO lautet:
(1) „Bilden ein individueller Arbeitsvertrag oder Ansprüche aus einem individuellen Arbeitsvertrag den Gegenstand des Verfahrens, so bestimmt sich die Zuständigkeit unbeschadet des Artikels 4 und des Artikels 5 Nummer 5 nach diesem Abschnitt.
(2) Hat der Arbeitgeber, mit dem der Arbeitnehmer einen individuellen Arbeitsvertrag geschlossen hat, im Hoheitsgebiet eines Mitgliedstaats keinen Wohnsitz, besitzt er aber in einem Mitgliedstaat eine Zweigniederlassung, Agentur oder sonstige Niederlassung, so wird er für Streitigkeiten aus ihrem Betrieb so behandelt, wie wenn er seinen Wohnsitz im Hoheitsgebiet dieses Mitgliedstaats hätte.“

144 Im Vergleich dazu fand sich der gleiche Verweis („... unbeschadet des Artikels 4 und des Artikels 5 Nr. 5“) bereits unter dem EuGVÜ in den Vorschriften über Versicherungs- und Verbrauchersachen, Art. 7 und Art. 13 Abs. 1 EuGVÜ.

145 Nach *EuGH* Rs. 33/78 „Somafer“, Slg. 1978, 2183 ff, Tz. 13, fallen unter betriebsbezogene Streitigkeiten ausdrücklich auch personelle Angelegenheiten: „Unter den Begriff ‚aus dem Betrieb‘ fallen zum einen die Rechtsstreitigkeiten, in denen es um vertragliche oder außervertragliche Rechte und Pflichten in bezug auf die eigentliche Führung der Agentur, der Zweigniederlassung oder der sonstigen Niederlassung selbst geht, wie etwa im Zusammenhang ... *mit der am Ort vorgenommenen Einstellung des dort beschäftigten Personals.*“ (Hervorhebung nicht im Original).

146 Stellvertretend für die internationale Zuständigkeit am Ort des „Betriebs einer Zweigniederlassung, einer Agentur oder einer sonstigen Niederlassung“ wird nachfolgend vom „Gerichtsstand am Ort der Zweigniederlassung“ gesprochen.

Anwendung von Art. 5 Nr. 5 EuGVVO für Aktivprozesse des Inhabers der Zweigniederlassung aus teleologischen Erwägungen ablehnt.[148] Andernfalls würde dem Arbeitgeber als Inhaber der Zweigniederlassung die Möglichkeit eröffnet, über Art. 18 Abs. 1 i.V.m. Art. 5 Nr. 5 EuGVVO die Schutzvorschrift des Art. 20 Abs. 1 EuGVVO zu umgehen, wonach der Arbeitgeber nur am Wohnsitz des Arbeitnehmers klagen darf. Dies würde aber das Ziel der EuGVVO, mit ihrem fünften Abschnitt den Arbeitnehmer als schwächere Vertragspartei effektiv zu schützen, konterkarieren. Infolgedessen bezwecken Art. 18 Abs. 1 i.V.m. Art. 5 Nr. 5 EuGVVO ausschließlich, die Klagemöglichkeiten des *Arbeitnehmers* um den Gerichtsstand am Ort der Zweigniederlassung zu erweitern.[149] Zugleich wird mit der Einräumung eines Gerichtsstands am Ort der Zweigniederlassung für solche Streitigkeiten, die während der dortigen Tätigkeit entstanden sind, dem Interesse einer sach- und beweisnahen Prozessführung entsprochen. Darin liegt aber auch dessen Nachteil begründet: Andere Streitigkeiten aus dem Arbeitsverhältnis, die außerhalb der Beschäftigung in der Zweigniederlassung entstanden sind, können an diesem Gerichtsstand nicht verhandelt werden. So kann es zu einer Häufung von Gerichtsständen kommen, die der Arbeitnehmer aber vermeiden kann, indem er an den Gerichtsständen von Art. 19 Nr. 1 EuGVVO oder Art. 19 Nr. 2 lit. a bzw. lit. b EuGVVO *alle* Ansprüche aus dem Arbeitsverhältnis geltend macht.

Abgesehen von der unterschiedlichen Einordnung des Niederlassungsbegriffs[150] kann Art. 5 Nr. 5 EuGVVO nur in zwei Fällen selbstständige Bedeutung neben Art. 19 Nr. 2 EuGVVO erlangen:[151] Einerseits, soweit zwar ein gewöhnlicher Arbeitsort existiert, der Arbeitnehmer jedoch in der Zweigniederlassung vorübergehend tätig wird, die an einem anderen Ort als dem gewöhnlichen Arbeitsort liegt; andererseits, wenn sich kein gewöhnlicher Arbeitsort lokalisieren lässt und sich der Ort der Zweigniederlassung an einem anderen Ort als dem der einstellenden Niederlassung befindet.

---

147 *Hoppe*, S. 69; *Trenner*, S. 55.

148 *Hüßtege*, in: Thomas/Putzo u.a., ZPO, 26. Aufl. 2004, Art. 5 EuGVVO, Rz. 24; *Kropholler*, Europäisches Zivilprozeßrecht, 7. Aufl. 2002, Art. 5, Rz. 90; *Geimer/Schütze*, Europäisches Zivilverfahrensrecht, 2. Aufl. 2004, Art. 5, Rz. 223; *Hausmann*, in: Wieczorek/Schütze, ZPO, 3. Aufl. 1994, Art. 5, Rz. 74; *Stone*, YbEuL 1988 (1989), 105, 111. A.A. *Schumann*, in: Stein/Jonas, Kommentar zur ZPO, Band 1, 21. Aufl. 1993, § 21, Rz. 1: "Von dieser Regelung unterscheidet sich Art. 5 Nr. 5 EuGVÜ, der auch für Klagen des Inhabers der Niederlassung aus den ihr entstehenden Ansprüchen gilt."

149 Ebenso *Kropholler*, Europäisches Zivilprozeßrecht, 7. Aufl. 2002, Art. 5, Rz. 89. A.A. *Müller*, Cornelia, S. 57, die eine Anwendung von Art. 5 Nr. 5 EuGVVO bei individualarbeitsrechtlichen Streitigkeiten generell ausschließt.

150 *Johner*, S. 95 ff, geht im Rahmen von Art. 5 Nr. 5 EuGVVO von einem anderen Niederlassungsbegriff als in Art. 19 Nr. 2 lit. b EuGVVO aus, während vom überwiegenden Teil des Schrifttums ein einheitlicher Niederlassungsbegriff zugrunde gelegt wird, *Trenner*, S. 53, Fn. 246; *Hausmann*, in: Wieczorek/Schütze, ZPO, 3. Aufl. 1994, Art. 5, Rz. 34; *Valloni*, S. 322 m.w.N. Siehe dazu nachfolgend S. 110 ff.

Auf Konzernverhältnisse ist Art. 5 Nr. 5 EuGVVO nicht anwendbar, weil mit der Zweigniederlassung, Agentur oder sonstigen Niederlassung eine rechtlich unselbstständige Einheit vorausgesetzt wird.[152] Ein „zuständigkeitsrechtlicher Durchgriff" auf eine ausländische Muttergesellschaft über eine inländische Tochter ist daher ausgeschlossen.[153]

2. Räumlich-persönlicher Anwendungsbereich, Art. 18 Abs. 2 EuGVVO

In Art. 18 Abs. 2 EuGVVO wird der räumlich-persönliche Anwendungsbereich der Gerichtsstände in Arbeitssachen auf Arbeitgeber mit (Wohn-)Sitz außerhalb der Gemeinschaft, auf die an sich nach Art. 4 EuGVVO das autonome Zivilprozessrecht anzuwenden wäre, ausgedehnt: Ein Arbeitgeber, der im Hoheitsgebiet eines Mitgliedstaates keinen (Wohn-) Sitz i.S.d. Art. 59 f EuGVVO hat, aber eine Zweigniederlassung, Agentur oder sonstige Niederlassung in einem Mitgliedstaat betreibt, wird für Streitigkeiten aus deren Betrieb so behandelt, als hätte er seinen (Wohn-)Sitz in diesem Mitgliedstaat.[154] Damit wird bei Klagen *gegen* den Arbeitgeber die Anwendung autonomer Zuständigkeitsregeln verhindert. Für Klagen in umgekehrter Richtung verbleibt es bei der Grundregel, wonach das nationale Zuständigkeitsrecht und nicht Art. 20 Abs. 1 EuGVVO zur Anwendung gelangt, soweit der Arbeitnehmer nicht in einem Mitgliedstaat wohnt. Eine derartige Regelung bestand bereits in Verbraucher-[155] und Versicherungssachen[156] zum Schutz der schwächeren Vertragspartei. Aufgrund der Schutzbedürftigkeit des Arbeitnehmers als schwächerer Vertragspartei wird mit Art. 18 Abs. 2 EuGVVO nun „gleichgezogen." Art. 18 Abs. 1 a.E. EuGVVO ergänzt mit seinem Verweis auf Art. 5 Nr. 5 EuGVVO die Regelung in Art. 18 Abs. 2 EuGVVO: Nach letzterer Vorschrift werden in Drittstaaten ansässige Beklagte über deren Zweigniederlassung in einem Mitgliedstaat den arbeitsrechtlichen Zuständigkeitsregelungen der EuGVVO unterworfen; Art. 5 Nr. 5 EuGVVO bewirkt hingegen eine zuständigkeitsrechtliche Anknüpfung im Staat der Niederlassung für einen bereits in einem anderen Mitgliedstaat ansässigen Beklagten.[157]

---

151 Vgl. *Johner*, S. 102.

152 Siehe dazu nachfolgend S. 112 f.

153 *Birk*, RdA 1983, 143, 148.

154 Hier kommt es also zu einer „Spaltung des maßgeblichen Kompetenzrechts": Für Klagen, die den Betrieb der Niederlassung betreffen, gilt die EuGVVO, für sonstige Klagen hingegen autonomes Zivilprozessrecht, *Geimer*, Internationales Zivilprozessrecht, 4. Aufl. 2001, Rz. 1877.

155 Art. 13 Abs. 2 EuGVÜ bzw. jetzt Art. 15 Abs. 2 EuGVVO.

156 Art. 8 Abs. 2 EuGVÜ bzw. jetzt Art. 9 Abs. 2 EuGVVO.

157 *Bruneau*, La Semaine Juridique Édition Générale 2001, 533, 537.

Art. 18 Abs. 2 EuGVVO wirkt sich beispielsweise in Fallgestaltungen wie derjenigen, die der Entscheidung „Six Constructions“[158] zugrunde lag, aus. Dort machte der Kläger, der als Deputy Project Manager in verschiedenen Staaten des Nahen Ostens tätig gewesen war, anlässlich seiner Kündigung diverse Ansprüche gegenüber seinem Arbeitgeber, einer Gesellschaft mit Sitz in den Vereinigten Ararbischen Emiraten, vor seinem französischen Wohnsitzgericht geltend. Diese Gesellschaft unterhielt in Brüssel eine Niederlassung, die den Kläger eingestellt hatte. An sich hätte in diesem Fall das autonome Zivilprozessrecht gemäß Art. 4 EuGVÜ zur Anwendung kommen müssen, nachdem, wie soeben erläutert, Art. 5 Nr. 5 EuGVVO bzw. EuGVÜ keinen Niederlassungsgerichtsstand für einen Beklagten mit Sitz außerhalb der Vertragsstaaten bietet.[159] Während aus dem Urteil des *Gerichtshofs* nicht deutlich hervorgeht, worauf er die Anwendbarkeit des EuGVÜ gründete,[160] erweitert nunmehr Art. 18 Abs. 2 EuGVVO den Anwendungsbereich zugunsten des klagenden Arbeitnehmers: Die Vorschrift lässt eine Niederlassung in einem Mitgliedstaat ausreichen und „ersetzt“ auf diese Weise den fehlenden (Wohn-)Sitz des Beklagten in einem Mitgliedstaat. Allerdings enthält Art. 18 Abs. 2 EUGVVO keine Aussage darüber, ob eine teilweise bzw. gänzliche Tätigkeitsverrichtung außerhalb der Mitgliedstaaten unschädlich ist. Insoweit verbleibt es bei dem nachfolgend auf S. 105 ff dargestellten Meinungsstreit.

3. Erfüllungsortvereinbarungen in Arbeitssachen

Fraglich erscheint, ob die arbeitsvertraglichen Gerichtsstände nach Art. 19 Nr. 2 EuGVVO durch eine Erfüllungsortvereinbarung beeinflusst werden können.

Grundsätzlich können die Vertragsparteien den Erfüllungsort einer Leistung festlegen. Dieser Erfüllungsort begründet dann den besonderen Gerichtsstand des Art. 5 Nr. 1 lit. a EuGVVO, wobei die zuständigkeitsbegründende Wirkung nicht von der Einhaltung der Formvorschriften für Gerichtsstandsvereinbarungen nach Art. 23 EuGVVO abhängt.[161] Allerdings darf es sich dabei nicht um eine bloß fiktive Erfüllungsortvereinbarung handeln: Die Parteien müssen mit ihrer Vereinbarung tatsächlich den Leistungsort des Schuldners

---

158 *EuGH* Rs. 32/88 „Six Constructions“, Slg. 1989, 341 ff. Die Entscheidung wird in anderem Zusammenhang erörtert, siehe nachfolgend S. 105 f.

159 Zum Zeitpunkt des Urteils existierte die Regelung in Art. 5 Nr. 1 3. HS EuGVÜ noch nicht, siehe nachfolgend S. 105 f. Aber auch dann hätte es im Hinblick auf die Anwendbarkeit des EuGVÜ am Sitz des Beklagten in einem Vertragsstaat gemangelt.

160 Kritisch daher zu Recht *Rauscher*, IPrax 1990, 152, 156; *Junker*, RIW 2002, 569, 575.

161 *EuGH* Rs. 56/79 „Zelger“, Slg. 1980, 79 ff, Tz. 4. Grund hierfür sind die unterschiedlichen Konzeptionen von Art. 5 Nr. 1 EuGVVO und Art. 23 EuGVVO: Letzterer setzt im Gegensatz zur erstgenannten Vorschrift keinen Zusammenhang zwischen Rechtsstreit und gewähltem Gericht voraus.

definieren wollen und nicht nur eine prozessual gemeinte Bestimmung des Gerichtsstands unter Umgehung der Formvorschriften bezwecken.[162] Ob diesen Grundsätzen entsprechende *arbeitsrechtliche* Erfüllungsortvereinbarungen Einfluss auf die Gerichtsstände nach Art. 19 Nr. 2 EuGVVO haben, hatte der *EuGH* noch nicht zu entscheiden.[163]

Gegen die Beachtlichkeit von Erfüllungsortvereinbarungen in Arbeitssachen spricht der Wortlaut von Art. 19 Nr. 2 EuGVVO. Im Unterschied zu Art. 5 Nr. 1 lit. a EuGVVO wird hier der Erfüllungsort konkret in Form von „gewöhnlichem Arbeitsort" und „einstellender Niederlassung" bezeichnet.[164] Die typisierte Anknüpfung an diese objektiven Kriterien, die nicht direkt durch den Parteiwillen, sondern nur indirekt über die Wahl des Arbeitsortes bzw. der einstellenden Niederlassung beeinflusst werden können, soll einer gerechten Ausgestaltung der Interessen auf Arbeitnehmer- und Arbeitgeberseite dienen. Dem würde es aber widersprechen, wenn die Parteien diese besonderen arbeitsvertraglichen Schutzwertungen durch eine Erfüllungsortvereinbarung unterlaufen könnten.[165] Diese Sichtweise wird durch einen Wertungsvergleich von Art. 19 Nr. 2 EuGVVO mit Art. 21 EuGVVO gestützt. Beide Vorschriften wurden zu Zwecken des Arbeitnehmerschutzes eingeführt. Sie dürfen in ihren Wertungen nicht isoliert voneinander betrachtet werden.[166] Nach Art. 21 EuGVVO sind Gerichtsstandsvereinbarungen zu Lasten des Arbeitnehmers ausdrücklich verboten. Diese Regelung würde aber weitgehend leerlaufen, wenn durch Erfüllungsortvereinbarungen indirekt ein allein den Arbeitgeberinteressen dienender Gerichtsstand begründet werden könnte. Darüber hinaus soll eine Erfüllungsortvereinbarung typischerweise die Gefahrtragung und das Verzögerungsrisiko eines Vertrags regeln. Bei Arbeitsverträgen spielt dieser Aspekt jedoch kaum eine Rolle.[167] Deshalb dürfte den meisten arbeitsrechtlichen Erfüllungsortvereinbarungen lediglich prozessuale Wirkung beizumessen sein. In

---

162 *EuGH* Rs. C-106/95 „MSG, Mainschiffahrts-Genossenschaft", Slg. 1997, I-911 ff, Tz. 33.

163 Auch nicht unter der Geltung von Art. 5 Nr. 1 EuGVÜ a.F. (vor dem dritten Beitrittsübereinkommen).

164 *Trunk*, S. 36 (für das LugÜ; gleiches muss aber nach dem Konvergenzgedanken für das EuGVÜ und entsprechend für die EuGVVO gelten). Anhaltspunkte dafür, dass lediglich eine Regelzuständigkeit gewollt ist, fehlen.

165 Auch würde auf diese Weise der Gleichlauf von Zuständigkeit und anwendbarem Recht (Art. 6 EVÜ bzw. Art. 30 Abs. 2 EGBGB) weiter beeinträchtigt, a.a.O., S. 37.

166 Zwar hat der *EuGH* in der Entscheidung Rs. 56/79 „Zelger", Slg. 1980, 79 ff, Tz. 4, festgestellt, dass die Wertungen des Art. 17 Abs. 5 EuGVÜ (Art. 21 EuGVVO) nicht ohne weiteres auf Art. 5 Nr. 1 EuGVÜ (Art. 5 Nr. 1 EuGVVO) übertragen werden dürfen. Für die Fassung durch das dritte Beitrittsübereinkommen wird jedoch der Wertungszusammenhang von Art. 5 Nr. 1 2./3. HS und Art. 17 Abs. 5 EuGVÜ ausdrücklich hervorgehoben, *Jenard/Möller*-Bericht, ABl. EG 1990 Nr. C 189/57, 77 (für das LugÜ; gleiches muss aber nach dem Konvergenzgedanken für das EuGVÜ und entsprechend für die EuGVVO gelten).

167 *Holl*, WiB 1995, 462, 466.

diesen Fällen handelt es sich dann aber um unzulässige, weil fiktive Erfüllungsortvereinbarungen.

In arbeitsvertraglichen Streitigkeiten sind daher Erfüllungsortvereinbarungen generell unbeachtlich.[168]

4. Vorliegen eines Individualarbeitsvertrags

a. Individualarbeitsvertragliche Ansprüche

Nach Art. 18 Abs. 1 EuGVVO ist das Vorliegen der besonderen Zuständigkeiten in Arbeitsrechtsstreitigkeiten davon abhängig, ob ein *individueller* Arbeitsvertrag oder Ansprüche aus einem individuellen Arbeitsvertrag den Gegenstand des Verfahrens bilden. Auf *kollektivrechtliche* Ansprüche sind die besonderen Gerichtsstände nach Art. 18 ff EuGVVO *grundsätzlich* nicht anwendbar.[169] Wie bereits auf S. 12 ff ausgeführt haben kollektivrechtliche Aspekte keinen Einfluss auf den individualarbeitsvertraglichen Charakter des Streitgegenstands, soweit es sich lediglich um Vorfragen handelt. Vielmehr ist bei der Geltendmachung kollektivrechtlicher Ansprüche in erster Linie zwischen den *streitenden Parteien* zu differenzieren: Geht es um eine Auseinandersetzung zwischen Arbeitgeber und Arbeitnehmer, so liegt eine individualarbeitsvertragliche Streitigkeit vor, auch wenn der geltend gemachte Anspruch auf einem kollektiven Arbeitsvertrag beruht.[170] Dies gilt unabhängig davon, ob die kollektivvertragliche Bestimmung durch Inkorporation Bestandteil des Individualarbeitsvertrags wird,[171] ohne Inkorporation dem Kläger einen subjektiven Anspruch einräumt oder lediglich schuldrechtliche Wirkung entfaltet.[172] Streiten dagegen die Parteien des kollektiven Arbeitsvertrags selbst, also Arbeitgeber- und Arbeitnehmervertreter, so handelt es sich nicht um individualarbeitsvertragliche Streitigkeiten.[173] Ebenso wenig fällt eine Streitigkeit zwischen einem Arbeitnehmer und der Gewerkschaft, bei welcher er

---

168 Ebenso *Trenner*, S. 57; *Trunk*, S. 38 (für das LugÜ; gleiches muss aber nach dem Konvergenzgedanken für das EuGVÜ und entsprechend für die EuGVVO gelten); *Killias*, S. 21; *Hausmann*, in: Wieczorek/Schütze, ZPO, 3. Aufl. 1994, Art. 5, Rz. 35; *Geimer/Schütze*, Europäisches Zivilverfahrensrecht, 2. Aufl. 2004, Art. 5, Rz. 84.

169 *Birk*, in: Richardi/Wlotzke, Münchener Handbuch zum Arbeitsrecht, Band 1, 2. Aufl. 2000, § 23, Rz. 15.

170 Nicht die Rechtsquelle des Anspruchs ist entscheidend, sondern dass der Anspruch aus dem Rechtsverhältnis zwischen Arbeitgeber und Arbeitnehmer entspringt.

171 So beispielsweise in Belgien, Frankreich, Spanien und in den Niederlanden, vgl. *Johner*, S. 77.

172 A.a.O., S. 79.

173 Vgl. *Jenard/Möller*-Bericht, ABl. EG 1990 Nr. C 189/57, 73 (für das LugÜ; gleiches muss aber nach dem Konvergenzgedanken für das EuGVÜ gelten). Ebenso *Kropholler*, Europäisches Zivilprozeßrecht, 7. Aufl. 2002, Art. 19, Rz. 2; *Schlosser*, EU-Zivilprozessrecht, 2. Aufl. 2003, Art. 18 Rz. 1; *Valloni*, S. 303 f.

Mitglied ist, unter die Art. 18 ff EuGVVO;[174] für das gewerkschaftliche Mitgliedschaftsverhältnis ist vielmehr der allgemeine Vertragsgerichtsstand nach Art. 5 Nr. 1 lit. a EuGVVO maßgeblich. In zweiter Linie kommt es bei Streitigkeiten zwischen Arbeitnehmer und Arbeitgeber über kollektivrechtliche Ansprüche auf die Art des betreffenden Anspruchs an: Macht beispielsweise der Arbeitnehmer in seiner Funktion *als Betriebsratsmitglied* Forderungen gegenüber dem Arbeitgeber geltend, so ist die EuGVVO überhaupt nur bei *vermögensrechtlichen* Ansprüchen anwendbar; nichtvermögensrechtliche Ansprüche dieser Art werden bereits nicht vom Anwendungsbereich der EuGVVO erfasst.[175] Aber auch die Geltendmachung vermögensrechtlicher Ansprüche eines Betriebsratsmitglieds unterfällt nicht den Art. 18 ff EuGVVO.[176] Der kollektivrechtliche Bezug der Ansprüche dominiert hier so stark, dass dem Arbeitgeber nicht ein einzelner Arbeitnehmer, sondern vielmehr ein *Betriebspartner* gegenübersteht. In diesem Zusammmenhang sind dann die allgemeine Zuständigkeit nach Art. 2 Abs. 1 EuGVVO und die besondere Zuständigkeit nach Art. 5 Nr. 5 EuGVVO (Gerichtsstand am Ort der Zweigniederlassung) von Bedeutung.[177]

b. Begriff des Arbeitsvertrags

Der für die Zuständigkeit nach Art. 18 EuGVVO maßgebliche Begriff des Arbeitsvertrags ist autonom zu bestimmen.[178] Die kollisionsrechtliche Parallelregelung in Art. 6 EVÜ bzw. Art. 30 EGBGB kann als Auslegungshilfe herangezogen werden.[179] Arbeitsverträge sind danach Vereinbarungen zwischen Arbeitgeber und Arbeitnehmer, die eine abhängige,

---

[174] Vgl. dazu *BGH*, IPrax 2001, 586 ff. Dieser Fall steht zwar nicht im europäischen Kontext, auch fehlt ihm das grenzüberschreitende Moment (ein deutsches Gewerkschaftsmitglied klagt gegen seine deutsche Gewerkschaft). Aufgrund des Sachverhalts sind jedoch Konstellationen vorstellbar, in denen das im Ausland tätige Gewerkschaftsmitglied seine inländische Gewerkschaft wegen unterlassener Rechtsschutzgewährung verklagt.

[175] Siehe oben S. 12 ff.

[176] Ebenso wohl *Trenner*, S. 93, wobei offen bleibt, welche Zuständigkeiten er in diesem Fall als einschlägig erachtet; unklar insoweit *ders.*, a.a.O., S. 31, Fn. 134.

[177] Zu den Gerichtsständen bei grenzüberschreitenden Streitigkeiten mit Bezug zum Europäischen Betriebsrat siehe nachfolgend S. 165 ff;bei solchen, die in Zusammenhang mit der Arbeitnehmerbeteiligung im Rahmen der Europäischen Aktiengesellschaft siehe nachfolgend S. 177 ff.

[178] *EuGH* Rs. C- 383/95 „Rutten", Slg. 1997, I-57 ff, Tz. 12 f; *EuGH* Rs. C-125/92 „Mulox", Slg. 1993, I-4075 ff, Tz. 10.

[179] Der übereinstimmende europäische Ursprung legt es nahe, das Anknüpfungsmerkmal „Arbeitsvertrag" konform auszulegen, *Hoppe*, S. 59. Prozessrechtliche Wertungen, siehe oben S. 22, stehen insoweit nicht entgegen. Ebenso *Geimer/Schütze*, Europäisches Zivilverfahrensrecht, 2. Aufl. 2004, Art. 5, Rz. 74; *Kropholler*, Europäisches Zivilprozeßrecht, 7. Aufl. 2002, Art. 19, Rz. 2; *Hausmann*, in: Wieczorek/Schütze, ZPO, 3. Aufl. 1994, Art. 5, Rz. 30; *Birk*, in: Richardi/Wlotzke, Münchener Handbuch zum Arbeitsrecht, Band 1, 2. Aufl. 2000, § 23, Rz. 16; *Valloni*, S. 302.

weisungsgebundene Tätigkeit gegen Vergütung zum Gegenstand haben.[180] Der *EuGH* charakterisiert Arbeitsverträge als Verträge über eine unselbstständige Tätigkeit, bei welcher sich der Arbeitnehmer auf gewisse Dauer in einer bestimmten Weise in den Betrieb des Arbeitgebers eingliedert, wodurch ein Abhängigkeitsverhältnis begründet wird.[181] Verträge über Dienstleistungen, die in wirtschaftlicher und sozialer Selbstständigkeit erbracht werden, können dagegen nicht als Arbeitsverträge i.S.d. Art. 18 EuGVVO verstanden werden.[182] Wie *Birk* zutreffend feststellt, helfen diese Grundsätze aufgrund ihrer Unbestimmtheit in den problematischen Fällen häufig nicht weiter.[183] Insbesondere gestaltet sich die Abgrenzung zur Selbstständigkeit in Form von freien Mitarbeitern, Franchisenehmern, Absatzmittlern etc. schwierig. Für eine Arbeitnehmereigenschaft spricht in der Regel, dass die Tätigkeit auf Dauer angelegt ist und lediglich für einen Auftraggeber, in eigener Person, ohne Mitarbeiter sowie im Wesentlichen ohne eigenes Kapital und eigene Organisation erfolgt. Kennzeichnend für eine selbstständige Tätigkeit ist demgegenüber die Übernahme des Unternehmerrisikos.[184]

(1) Handelsvertreter

Bei rechtsvergleichender Untersuchung der Einordnung des Handelsvertreters in den europäischen Rechtsordnungen fällt auf, dass insbesondere im romanischen Rechtskreis Vertreter, die in eigener Person und ohne Mitarbeiter tätig sind, häufig als Arbeitnehmer eingestuft werden.[185] Eine einheitliche Einordnung des Handelsvertreters als selbstständig oder abhängig Beschäftigter lässt sich aufgrund der teilweise divergierenden Abgrenzung zwischen Handelsvertretern und Angestellten im Außendienst in den Mitgliedstaaten der Europäischen Union[186] nicht vornehmen.

Der *EuGH* hat sich bislang unterschiedlich zur arbeitsrechtlichen Einordnung von Streitigkeiten, in denen ein Vertreter beteiligt war, geäußert. Mit der Entscheidung „De Bloos"[187] hat der *Gerichtshof* gezeigt, dass ein Alleinvertriebsvertrag i.S. eines agenturähnlichen Verhältnisses nicht als Arbeitsvertrag zu werten ist. Denn andernfalls hätte der *EuGH* bereits in

---

[180] Zum rechtsvergleichenden Überblick hinsichtlich des Arbeitsvertragsbegriffs vgl. *Trenner*, S. 60 ff; *Johner*, S. 73.
[181] *EuGH* Rs. 286/85 „Shenavai", Slg. 1987, 239 ff, Tz. 16.
[182] So der *EuGH* für den Architektenvertrag, a.a.O., Tz. 20.
[183] *Birk*, in: Richardi/Wlotzke, Münchener Handbuch zum Arbeitsrecht, Band 1, 2. Aufl. 2000, § 23, Rz. 16.
[184] A.a.O., Rz. 17.
[185] Vgl. die rechtsvergleichende Darstellung bei *Trenner*, S. 71 ff.
[186] Zur Abgrenzung zwischen angestellten Reisenden und Handelsvertretern im deutschen Recht vgl. *Hunold*, S. 3 ff.
[187] *EuGH* Rs. 14/76 „De Bloos", Slg. 1976, 1497 ff.

diesem Urteil die Besonderheiten für arbeitsvertragliche Streitigkeiten am Gerichtsstand des Erfüllungsorts entwickeln müssen.[188] Ebenso entschied der *Gerichtshof* im Fall „Arcado"[189], in dem ein belgischer Handelsvertreter gegen seinen französischen Lieferanten geklagt hatte. Auch in der Entscheidung „Leathertex"[190] lehnte der *EuGH* es ab, einen agenturähnlichen Handelsvertretervertrag als Arbeitsvertrag zu qualifizieren. Dagegen ordnete der *Gerichtshof* in der Entscheidung „Elefanten Schuh"[191] einen belgischen Handelsvertreter als Arbeitnehmer ein. In der Entscheidung „Ivenel"[192], in der ein französischer Handelsvertreter Kläger war, wurde die Qualifikation des Handelsvertretervertrags als Arbeitsvertrag durch das vorlegende Gericht vom *EuGH* übernommen.

Bei Handelsvertreterverträgen kommt es entscheidend darauf an, ob der Vertreter – es muss sich dabei um eine natürliche Person handeln – selbstständig oder weisungsgebunden tätig wird.[193] *Rauscher* bemängelt, dass die vom *Gerichtshof* aufgestellten Kriterien zur Auslegung des Arbeitnehmerbegriffs zu eng sind, was durch die relativ große Anzahl von Vertragshändlerfällen belegt werde, welche die anerkannte soziale Schutzbedürftigkeit dieser Gruppe in einigen Mitgliedstaaten dokumentiere.[194] Er fordert daher die Einbeziehung von solchen Personen in den prozessualen Arbeitnehmerschutz, „die nicht als Arbeitnehmer tätig sind, aber mit Rücksicht auf ihre wirtschaftliche Abhängigkeit von einem Auftraggeber den besonderen Schutz der Rechtsordnung des Staates genießen, in dem sie hauptsächlich ihre Tätigkeit für diesen Auftraggeber entfalten."[195]

(2) Arbeitnehmerähnliche Personen und Scheinselbstständige

Losgelöst von der Gruppe der Handelsvertreter im Besonderen stellt sich daher die Frage, inwiefern sich auch arbeitnehmerähnliche Personen und (vermeintlich) Selbstständige auf die arbeitsvertraglichen Zuständigkeiten nach Art. 18 ff EuGVVO berufen können. Arbeit-

---

188 Darauf verweist zutreffend *Trenner*, S. 83.

189 *EuGH* Rs. 9/87 „Arcado", Slg. 1988, 1539 ff, Tz. 16: „selbstständige Handelsvertretung...einen Vertrag i.S.d. Art. 5 Nr. 1 EuGVÜ zum Gegenstand hat".

190 *EuGH* Rs. C-420/97 „Leathertex", Slg. 1999, I-6779 ff, Tz. 35. „kein Arbeitsvertrag".

191 *EuGH* Rs. 150/80 „Elefanten Schuh", Slg. 1981, 1671 ff, wobei es hier nicht um den Vertragsgerichtsstand, sondern um die Zulässigkeit einer Gerichtsstandsvereinbarung ging. Insofern brauchte sich der *Gerichtshof* nicht näher mit dem Arbeitsvertragsbegriff auseinandersetzen.

192 *EuGH* Rs. 133/81 „Ivenel", Slg. 1982, 1891 ff, Tz. 19: „nicht selbständige Erwerbstätigkeit"; Tz. 20: „Vertretervertrag ..., der einen Arbeitnehmer an ein Unternehmen bindet".

193 So zutreffend *Hausmann*, in: Wieczorek/Schütze, ZPO, 3. Aufl. 1994, Art. 5, Rz. 30; *Saggio*, S. 177, 180. Zur Frage, ob ein Handelsvertreter als „Agentur" oder „sonstige Niederlassung" i.S.d. Art. 5 Nr. 5 EuGVVO anzusehen ist, vgl. *EuGH* Rs. 139/80 „Blanckaert", Slg. 1981, 819 ff sowie nachfolgend S.113.

194 *Rauscher*, FS Schütze, 695, 708.

195 A.a.O., S. 709.

nehmerähnliche Personen werden aufgrund ihrer (nicht persönlichen, aber) wirtschaftlichen Abhängigkeit in einigen Rechtsordnungen in sozialversicherungs- oder prozessrechtlicher Hinsicht Arbeitnehmern gleichgestellt.[196] Anders verhält es sich dagegen beispielsweise im deutschen Recht bei „Scheinselbstständigen", die zwar im Grunde alle Beschäftigtenmerkmale aufweisen, bei denen jedoch das Tätigwerden als Selbstständige gem. § 7 Abs. 4 S. 1 SGB IV widerlegbar vermutet wird.[197]

Für eine Subsumtion unter die arbeitsvertraglichen Gerichtsstände spricht die vergleichbare sozialen Schutzbedürftigkeit dieser Personengruppen.[198] Der *Gerichtshof* hat den Schutz des sozial Schwächeren wiederholt betont.[199] Darüber hinaus hat er in der Entscheidung „Shevanai" festgestellt, dass „Arbeitsverträge *ebenso wie andere Verträge über eine unselbständige Tätigkeit* im Vergleich zu sonstigen Verträgen auch dann, wenn es sich bei diesen Verträgen um eine Dienstleistung handelt, bestimmte Besonderheiten insoweit aufweisen, als sie eine dauerhafte Beziehung begründen, durch die der Arbeitnehmer in einer bestimmten Weise in den Betrieb eines Unternehmens eingegliedert wird, und als ihr räumlicher Bezugspunkt der Ort der Tätigkeit als der für die Anwendung von Vorschriften zwingenden Rechts und von Tarifverträgen maßgebliche Ort ist."[200]

Dagegen verweist *Trenner* darauf, dass anlässlich des dritten Beitrittsübereinkommens zum EuGVÜ der herkömmliche Arbeitnehmerbegriff weiter zugrunde gelegt wurde, obwohl bekannt war, dass in einigen nationalen Rechtsordnungen eine Ausdehnung des Arbeitsrechts auf bloß wirtschaftlich abhängig Beschäftigte erfolgt.[201] Zudem ist das typisierte, strukturelle Verhandlungsungleichgewicht zwischen Arbeitgeber und Arbeitnehmer maßgeblich für die Regelungen in Art. 18 ff EuGVVO. Besteht dieses im Einzelfall nicht, so bleiben die arbeitnehmerschützenden Gerichtsstände dennoch anwendbar. Die Arbeitnehmereigenschaft entfällt nicht, weil im Einzelfall dem Arbeitnehmer die stärkere Verhandlungs- und Vertragsposition zukommt. Umgekehrt kann aber dann im Einzelfall ein

---

196 Zur Definition arbeitnehmerähnlicher Personen im deutschen Recht vgl. § 5 Abs. 1 S. 2 a.E. ArbGG. Zur Gleichstellung in anderen Rechtsordnungen vgl. Vorträge der 27. Tagung der Gesellschaft für Rechtsvergleichung ZIAS 2000, 233 ff.

197 § 7 Abs. 4 S. 2 SGB IV fingiert sogar die Selbstständigeneigenschaft für die Dauer des Bezugs des Existenzgründungszuschusses (Stichwort „Ich-AG").

198 *Birk*, in: Richardi/Wlotzke, Münchener Handbuch zum Arbeitsrecht, Band 1, 2. Aufl. 2000, § 23, Rz. 18; *Rauscher*, FS Schütze, 695, 708 f.

199 Vgl. *EuGH* Rs. C-125/92 „Mulox", Slg. 1993, I-4075 ff, Tz. 18; *EuGH* Rs. C- 383/95 „Rutten", Slg. 1997, I-57 ff, Tz. 17.

200 *EuGH* Rs. 286/85 „Shenavai", Slg. 1987, 239 ff, Tz. 16 (Hervorhebung nicht im Original); vgl. auch *EuGH* Rs. 32/88 „Six Constructions", Slg. 1989, 341 ff, Tz. 10.

201 *Trenner*, S. 89.

bestehendes Verhandlungsungleichgewicht nicht zur Arbeitnehmereigenschaft führen.[202] Dieser Auffassung ist insoweit zuzustimmen, als eine im Einzelfall am Maßstab des Abhängigkeitsgrad vorzunehmende Auslegung des Arbeitnehmerbegriffs im Rahmen der Zuständigkeitsprüfung zu Rechtsunsicherheit führt. Dem Ziel der EuGVVO, die internationale Zuständigkeit für die Parteien vorhersehbar zu gestalten, wird dadurch nicht gedient.

Ein forum actoris zugunsten arbeitnehmerähnlicher Personen und Scheinselbstständiger wäre zwar angesichts ihrer ähnlichen sozialen Schutzbedürftigkeit wünschenswert, lässt sich aber im Rahmen von Art. 18 ff EuGVVO aus Gründen der Rechtssicherheit nicht etablieren.[203] Insoweit schafft jedoch die Regelung in Art. 5 Nr. 1 lit. b EuGVVO Abhilfe, welcher für Dienstleistungsverträge eine autonome Bestimmung des Erfüllungsorts vorsieht, der unabhängig von der streitigen Verpflichtung für alle aus dem Rechtsverhältnis geltend gemachten Ansprüche gilt. Virulent bleibt damit die Frage nach der Anwendung von Art. 18 ff EuGVVO auf arbeitnehmerähnliche Personen und Scheinselbstständige allein bei Gerichtsstandsvereinbarungen. Dort erschiene ein Einbezug in den Arbeitnehmerschutz jedoch überzogen, weil dieser Personenkreis gegen Zuständigkeitsvereinbarungen und alternative Gerichtsstände kaum geschützt werden muss.

5. Reichweite des Gerichtsstands

Aus dem Wortlaut von Art. 18 Abs. 1 EuGVVO ergibt sich, dass Streitigkeiten über den Bestand des Arbeitsvertrags selbst sowie über einzelne Ansprüche daraus von diesem besonderen Gerichtsstand erfasst werden.

a. Streitiges Zustandekommen des Arbeitsvertrages

Ob die arbeitsvertraglichen Gerichtsstände auch dann eröffnet sind, wenn bereits das Zustandekommen des Arbeitsvertrags streitig ist, mag auf den ersten Blick bedenkenlos zu bejahen sein.[204] Ansonsten könnte der Beklagte durch bloßes Bestreiten des Vertragsschlusses bzw. der Wirksamkeit des Vertrags den Gerichtsstand ausschalten.[205] So hat der *EuGH* jedenfalls zum allgemeinen Vertragsgerichtsstand entschieden. Ob dies auch für

---

202 A.a.O.

203 Dies untermauert die allgemeine Aussage *Pfeiffers*, wonach im Bereich von Gerichtsstandsvorschriften „Zuständigkeitsklarheit kein Gegensatz zu materieller Gerechtigkeit, sondern vielmehr dessen Voraussetzung darstellt," *ders.*, Materialisierung und Institutionalisierung im Recht der Internationalen Zuständigkeit, in: Canaris/Heldrich u.a., 50 Jahre Bundesgerichtshof, Band 3, 2000, S. 617, 629.

204 Bejahend *Trenner*, S. 91.

205 So zum allgemeinen Vertragsgerichtsstand *EuGH* Rs. 38/81 „Effer", Slg. 1982, 834, Tz. 7. Gleiches muss aber auch für das Zustandekommen des Arbeitsvertrags gelten.

Arbeitsverträge gilt, erscheint zweifelhaft: Anders als der allgemeine Vertragsgerichtsstand, der auf den Ort abstellt, „an dem die Verpflichtung erfüllt worden ist oder *zu erfüllen wäre*," sieht Art. 19 Nr. 2 lit. a EuGVVO den Ort vor, „an dem der Arbeitnehmer seine Arbeit gewöhnlich *verrichtet* oder zuletzt gewöhnlich *verrichtet hat.*" Dementsprechend betont der *Gerichtshof* in seiner bisherigen Rechtsprechung, dass es sich um den Ort handeln muss, an dem die Arbeitnehmerpflichten *tatsächlich* erfüllt werden.[206] Ebenso geht Art. 19 Nr. 2 lit. b EuGVVO von einer tatsächlichen Tätigkeitsausübung aus („... *verrichtet* oder *verrichtet hat* ..."). Wenn das Zustandekommen des Arbeitsvertrages streitig ist und deswegen – wie es meist in diesen Fällen sein wird[207] – noch nicht tatsächlich gearbeitet wurde, erscheint die Anwendbarkeit von Art. 18 ff EuGVVO daher fragwürdig. Zwar stellt die Erforderlichkeit eines faktischen Arbeitsortes zu Recht einen zentralen Bestandteil in der Rechtsprechung des *EuGH* dar. Um Unbilligkeiten zu vermeiden und dem Parteiwillen als Wertungsgesichtspunkt gebührend Rechnung zu tragen,[208] reicht es m.E. jedoch aus, wenn die Invollzugsetzung des Arbeitsvertrages in naher Zukunft bevorstehen soll.[209] Dies wäre in diesen Konstellationen an sich der Fall, wenn nicht der Arbeitsvertragsschluss streitig wäre, im Gegensatz zu denjenigen Fällen, in denen der Arbeitsvertrag erst lange nach Vertragsschluss in Vollzug gesetzt werden soll.[210] Die arbeitsvertraglichen Gerichtsstände sind somit auch bei streitigem Zustandekommen des Arbeitsvertrages eröffnet. Das Gericht darf insoweit die Klage begründenden Tatsachen im Rahmen der Zuständigkeitsprüfung von Amts wegen als richtig unterstellen. Freilich kann es seine Zuständigkeit ablehnen, wenn nach seiner Überzeugung trotz schlüssigen Klägervortrags kein Arbeitsvertrag vorliegt. Die wesentlichen Voraussetzungen seiner Zuständigkeit kann es anhand von schlüssigen und erheblichen Umständen stets nachprüfen.[211] Ergibt sich erst im Rahmen der Begründetheit, dass es zum behaupteten Arbeitsvertragsschluss nicht gekommen ist, so erfolgt keine Unzuständigkeitserklärung, sondern es hat eine Sachentscheidung zu ergehen.

---

206 Siehe dazu ausführlich nachfolgend S. 61.

207 Denkbar ist hingegen auch, dass um die Qualifikation als *Arbeits*vertrag gestritten wird, also behauptet wird, es handele sich gar nicht um einen Arbeitnehmer, sondern um einen Selbständigen.

208 Siehe dazu nachfolgend S. 74 f.

209 Ebenso für das Kollisionsrecht *Hoppe*, S. 166: „Entsteht bereits vor Aufnahme der Tätigkeit ein Streit, so kommt es auf den geplanten Arbeitsort an."

210 Siehe dazu nachfolgend S. 92 ff.

211 *Kropholler*, Europäisches Zivilprozeßrecht, 7. Aufl. 2002, Art. 5, Rz. 10.

b. Nachvertragliche Pflichten

Ebenso fallen nachvertragliche Wettbewerbsverbote, Zeugnis-, Rückgabe- und Geheimhaltungspflichten unter Art. 18 ff EuGVVO. Denn Art. 18 Abs. 1 EuGVVO verlangt nicht das Bestehen des Arbeitsvertrags zum Zeitpunkt der Klageerhebung.[212] Einzige Voraussetzung ist der arbeitsrechtliche Ursprung des geltend gemachten Anspruchs. Deshalb kann sogar noch Jahrzehnte nach der Auflösung des Arbeitsvertrags ein Arbeitsvertragsgerichtsstand gegeben sein.

c. Ansprüche aus faktischem Arbeitsverhältnis

Auch faktische Arbeitsverhältnisse werden von Art. 18 ff EuGVVO erfasst. Dies folgt aus deren Normzweck. Denn gerade Arbeitnehmer ohne Arbeitsvertrag sind besonders schutzwürdig. Nicht selten wird in diesen Fällen das Bestehen des Arbeitsvertrags strittig sein – derartige Streitigkeiten fallen aber, wie oben dargestellt, unter Art. 18 ff EuGVVO. Dafür spricht ferner die Parallele zu Art. 6 EVÜ, der seinem Wortlaut nach nur Arbeitsverträge erfasst,[213] aber gleichwohl auch auf faktische Arbeitsverhältnisse zur Anwendung gelangen soll.

d. Vertragsähnliche Ansprüche

Fraglich erscheint, inwieweit vertragsähnliche Ansprüche im Rahmen eines Arbeitsverhältnisses unter Art. 18 ff EuGVVO subsumiert werden können. Im Bereich der vorvertraglichen Haftung wird von einem Großteil der Literatur danach differenziert, ob in Bezug auf die Anspruchsbegründung deliktsähnliche Elemente im Vordergrund stehen.[214] Die schuldhafte Verletzung von Aufklärungs- und Beratungspflichten beim Arbeitsvertragsschluss fällt danach in den Anwendungsbereich von Art. 18 ff EuGVVO.[215] Demgegenüber bedeutet die Verletzung von Verkehrs- und Schutzpflichten bei Arbeitsvertragsverhandlungen nach

---

212 Zu den im Rahmen von Kündigungsschutzprozessen geltend gemachten Ansprüchen siehe nachfolgend S. 103.

213 Bis auf die deutsche Fassung, welche den Begriff „Arbeitsverhältnisse" verwendet, vgl. *Giuliano/Lagarde*-Bericht, BT-Drucks. 10/503, 57.

214 *Geimer/Schütze*, Europäisches Zivilverfahrensrecht, 2. Aufl. 2004, Art. 5, Rz. 51; *Hausmann*, in: Wieczorek/Schütze, ZPO, 3. Aufl. 1994, Art. 5, Rz. 8; *Kropholler*, Europäisches Zivilprozeßrecht, 7. Aufl. 2002, Art. 5, Rz. 67; *Mankowski*, IPrax 2003, 127, 128 m.w.N. *Johner* hingegen will allgemein Ansprüche aus dem Verhandlungsverhältnis aufgrund der weiten Auslegung des Vertragsbegriffs durch den *EuGH* dem Vertragsgerichtsstand unterwerfen, *ders.*, S. 77.

215 *Trenner*, S. 95.

dieser Ansicht die Geltendmachung vor den nach Art. 5 Nr. 3 EuGVVO zuständigen Gerichten.

Im Gegensatz dazu differenziert der *EuGH* nicht wie der überwiegende Teil der deutschen Literatur nach dem Typ der verletzten Pflicht. Vielmehr hat der *Gerichtshof* für den Fall eines ungerechtfertigten Abbruchs von Vertragsverhandlungen entschieden, dass die damit verbundene vorvertragliche Haftung auf einer unerlaubten Handlung i.S.d. Art. 5 Nr. 3 EuGVVO beruht, soweit es an einer von einer Partei gegenüber der anderen bei Vertragsverhandlungen freiwillig eingegangenen Verpflichtungen fehlt.[216] Denn in diesem Fall kann sich eine Haftung nur aus einem Verstoß gegen Rechtsvorschriften, namentlich den Grundsätzen über Treu und Glauben, ergeben.[217] Um diese in ihren Gründen knapp gehaltene Entscheidung des *EuGH* besser einordnen zu können, empfiehlt sich die Lektüre der dazu ergangenen Schlussanträge des *Generalanwalts Geelhoed*.[218] Darin plädiert dieser für eine dreistufige Einteilung des vorvertraglichen Rechtsverhältnisses: Im ersten Stadium des Verhandlungsprozesses können die Parteien die Verhandlungen abbrechen, ohne dass eine Haftung ausgelöst wird. Im zweiten Stadium werden bereits Erwartungen geweckt, so dass eine Partei die Vertragsverhandlungen nicht mehr unerwartet abbrechen darf. Wenn sie es dennoch tut, begeht sie unter Umständen eine unerlaubte Handlung. Im dritten Stadium ist ein Vertragsschluss zwar noch nicht erfolgt. Trotzdem sind zwischen den Parteien bereits Verpflichtungen begründet worden, etwa weil über die Hauptpunkte des Vertrags bereits Übereinstimmung besteht und eine Partei schon mit der Vertragsausführung begonnen hat oder weil zwischen den Parteien eine entsprechende Gepflogenheit i.S.d. Art. 23 Abs. 1 S. 3 lit. b EuGVVO besteht. In diesem Fall ist von einer vor*vertraglichen* Haftung auszugehen und der Vertragsgerichtsstand nach Art. 5 Nr. 1 EuGVVO ist einschlägig.

Während in der deutschen Literatur also überwiegend nach dem Typ der verletzten Pflicht unterschieden wird, differenziert *Generalanwalt Geelhoed* nach dem Verhandlungsstadium. Der *Gerichtshof* folgt dieser Ansicht, auch wenn er im Urteil „Fonderie“ nicht ausdrücklich die Unterscheidung in drei Verhandlungsstadien vornimmt. Für eine Zuordnung ent-

---

216 *EuGH* Rs. C-334/00 „Fonderie“, Slg. 2002, I-7357 ff, Tz. 27. Zwar handelt es sich nicht um einen Fall mit spezifisch arbeitsrechtlichem Bezug, jedoch werden die dort getroffenen Feststellungen auch für die vorvertragliche Haftung im Rahmen eines Arbeitsverhältnisses gelten.

217 A.a.O., Tz. 25. Dagegen will *Mankowski* die Haftung wegen ungerechtfertigten Abbruchs von Vertragsverhandlungen vertraglich qualifizieren, *ders.*, IPrax 2003, 127, 135.

218 Vgl. Schlussanträge des *Generalanwalts Geelhoed* zu EuGH Rs. C-334/00 „Fonderie“, Slg. 2002, I-7357 ff, Tz. 81 ff.

sprechend des verletzten Pflichttyps spricht jedoch m.E. die einfachere Handhabung in der Praxis.

e. Streitigkeiten über die Heuer

Bei Streitigkeiten über die Heuer ist gegebenenfalls Art. 64 EuGVVO zu berücksichtigen. Nach Art. 64 Abs. 1 S. 1 EuGVVO müssen die Gerichte der Mitgliedstaaten die Unterrichtung des zuständigen diplomatischen oder konsularischen Vertreters prüfen, soweit es sich um eine Heuerstreitigkeit auf griechischen oder portugiesischen Schiffen handelt. Diese auf historischen Gründen beruhende Sonderregelungen verpflichtet die Gerichte weder zur Verfahrensaussetzung noch zur Unzuständigkeitserklärung. Vielmehr kann das angerufene Gericht nach Art. 64 Abs. 1 S. 2 EuGVVO entscheiden, sobald die Unterrichtung erfolgt ist.[219]

C. Allgemeine Beklagtengerichtsstände in Arbeitssachen

I. Der Grundsatz „actor sequitur forum rei“

Nach Art. 2 Abs. 1 EuGVVO sind Personen, die ihren Wohnsitz in dem Hoheitsgebiet eines Mitgliedstaates haben, unabhängig von ihrer Staatsangehörigkeit vor den Gerichten dieses Staates zu verklagen. Auf den Wohnsitz/Sitz des *Klägers* kommt es *nicht* an. In dieser Vorschrift ist der aus dem römischen Recht stammende und in den meisten Rechtsordnungen anerkannte Grundsatz „actor sequitur forum rei“ (der Kläger muss sich zum Forum des Beklagten begeben und nicht umgekehrt) niedergelegt. Die damit verbundene Begünstigung des Beklagten findet ihre Rechtfertigung darin, dass der Kläger angreift und der Beklagte die Last der Verteidigung trägt. Darüber hinaus wird zugunsten des Beklagten ein gewisser Ausgleich für die dem Kläger zustehenden Wahlmöglichkeiten zwischen mehreren Gerichten geschaffen.[220] Der Wohnsitz des Beklagten ist damit das entscheidende Anknüpfungsmerkmal für die Anwendbarkeit der europäischen Zuständigkeitsordnung.[221] Ursprünglich hatte der Verordnungsvorschlag der Kommission vom 22.12.1997[222] die An-

---

219 *Kropholler*, Europäisches Ziviıprozeßrecht, 7. Aufl. 2002, Art. 64, Rz. 2.

220 *Kropholler*, Internationales Privatrecht, 5. Aufl. 2004, S. 573.

221 Hat der Beklagte keinen Wohnsitz in einem Mitgliedstaat und besteht weder eine ausschließliche Zuständigkeit nach Art. 22 EuGVVO noch eine Gerichtsstandsvereinbarung nach Art. 23 EuGVVO, so bestimmt sich die internationale Zuständigkeit der Gerichte der Mitgliedstaaten nicht nach der EuGVVO, sondern nach der jeweiligen lex fori, Art. 4 Abs. 1 EuGVVO, vgl. dazu *Aull*, S. 76.

222 ABl. EG 1998 Nr. C 33/20 ff.

knüpfung an den *gewöhnlichen Aufenthalt* vorgesehen.[223] Davon ist die Kommission aber bereits in ihrem Verordnungsvorschlag vom 14.7.1999[224] abgerückt. Maßgeblich bleibt weiterhin der (Wohn-)Sitz des Beklagten.

Die allgemeinen Gerichtsstände von Arbeitnehmer und Arbeitgeber werden in der EuGVVO in eigenen Vorschriften geregelt, ohne dabei jedoch das Wesen der allgemeinen Zuständigkeitsregel inhaltlich zu ändern. Dies erklärt sich aus der Zusammenfassung aller arbeitsvertraglichen Zuständigkeitsregelungen im Abschnitt 5 der EuGVVO. Der allgemeine Gerichtsstand des Arbeitgebers befindet sich nach Art. 19 Nr. 1 EuGVVO an dessen (Wohn-)Sitz, derjenige des Arbeitnehmers nach Art. 20 Abs. 1 EuGVVO wiederum an dessen Wohnsitz. Bei individuarbeitsvertraglichen Streitigkeiten kann daher auf Art. 2 Abs. 1 EuGVVO nicht zurückgegriffen werden.[225]

1. Allgemeiner Gerichtsstand des Arbeitgebers, Art. 19 Nr. 1 i.V.m. Art. 60 Abs. 1 EuGVVO

a. Optionaler Gerichtsstand für den Arbeitnehmer

Art. 19 Nr. 1 EuGVVO eröffnet dem Arbeitnehmer die Möglichkeit, den Arbeitgeber an dessen allgemeinen Gerichtsstand, also dessen (Wohn-)Sitz, zu verklagen.[226] Daneben kann der Arbeitnehmer aber auch die besonderen Gerichtsstände nach Art. 19 Nr. 2 EuGVVO nutzen. Handelt es sich beim Arbeitgeber um eine natürliche Person, so beurteilt sich dessen Wohnsitz nach Art. 59 Abs. 1 EuGVVO. Verbirgt sich dagegen hinter dem Arbeitgeber eine Gesellschaft oder juristische Person, so erfolgt die Sitzbestimmung nach Art. 60 EuGVVO.

---

[223] Vgl. dazu *Kohler*, Die Revision des Brüsseler und des Luganer Übereinkommens über die gerichtliche Zuständigkeit und die Vollstreckung gerichtlicher Entscheidungen in Zivil- und Handelssachen – Generalia und Gerichtsstandsproblematik -, in: Gottwald, Revision des EuGVÜ – Neues Schiedsverfahrensrecht, 2000, S. 1, 9 f. Hauptargument für eine derartige Anknüpfung war die staatsvertragliche Praxis, den gewöhnlichen Aufenthaltsort als Anknüpfungsmerkmal zu gebrauchen (insbesondere Haager Übereinkommen, BGBl. II 1958, 576 ff, Brüssel II-Verordnung, siehe Fn. 89, sowie das EVÜ, siehe Fn. 26, welches für die objektive Bestimmung des Vertragsstatuts mehrfach an den gewöhnlichen Aufenthalt der Bezugsperson anknüpft).

[224] KOM (1999) 348 endg., S. 35.

[225] Siehe dazu oben S. 24.

[226] Dies ist für den Arbeitnehmer beispielsweise bei einer Klage auf Arbeitslohn vorteilhaft, um möglichst rasch in das Vermögen des Arbeitgebers vollstrecken zu können, ohne ein Vollstreckbarerklärungsverfahren durchführen zu müssen, *Müller*, Cornelia, S. 63.

b. Bestimmung des Sitzes

In Art. 60 Abs. 1 EuGVVO wird der Sitz von Gesellschaften und juristischen Personen für die EuGVVO autonom definiert, d.h., die Bestimmung erfolgt nicht mehr anhand des internationalen Privatrechts des angerufenen Gerichts. Die kollisionsrechtliche Bestimmung durch das angerufene Gericht wurde seit langem kritisiert, weil sie u.a. zu positiven und negativen Kompetenzkonflikten führte.[227] Demgegenüber scheiterten die Bemühungen um eine autonome Definition des Wohnsitzes natürlicher Personen.[228] Der Sitz von Gesellschaften und juristischen Personen beurteilt sich gemäß Art. 60 Abs. 1 EuGVVO nunmehr nach dem Ort des satzungsmäßigen Sitzes, dem Ort der Hauptniederlassung oder Hauptverwaltung.[229] Diese Kriterien stimmen mit den Anknüpfungspunkten in Art. 48 EG in Bezug auf die Niederlassungsfreiheit überein.[230]

Während der ursprüngliche Kommissionsvorschlag noch ein hierarchisches Verhältnis zwischen diesen Anknüpfungspunkten vorsah,[231] wird in der EuGVVO auf ein solches verzichtet. Das bedeutet, dass Gesellschaften oder juristische Personen, bei denen satzungsmäßiger Sitz und Hauptverwaltung oder Hauptniederlassung auseinander fallen, vorbehaltlich einer ausschließlichen Zuständigkeitsregelung gemäß Art. 22 EuGVVO in jedem Mitgliedstaat, in dem sie einen Sitz nach diesen Kriterien unterhalten, nach Art. 19 Nr. 1 EuGVVO verklagt werden können.[232] Obwohl es dadurch bereits auf Ebene der allgemeinen Zuständigkeit zu einer Häufung der möglichen Fora kommen kann, zu denen noch besondere Gerichtsstände hinzutreten können, findet die neue Regelung ihre Rechtfertigung darin, dass es letztlich von der Gesellschaft bzw. juristischen Person selbst abhängt, wie sie sich organisiert.[233] Sie muss daher auch die Konsequenzen tragen und mehrere allgemeine Gerichtsstände in Kauf nehmen. Im Falle doppelter Rechtshängigkeit ist Art. 27 EuGVVO anzuwenden.

---

227 Vgl. *Micklitz/Rott*, EuZW 2001, 325, 327 m.w.N.

228 Vgl. *Kohler*, Die Revision des Brüsseler und des Luganer Übereinkommens über die gerichtliche Zuständigkeit und die Vollstreckung gerichtlicher Entscheidungen in Zivil- und Handelssachen – Generalia und Gerichtsstandsproblematik -, in: Gottwald, Revision des EuGVÜ – Neues Schiedsverfahrensrecht, 2000, S. 1, 10, Fn. 34.

229 Vgl. zur Regelung im Entwurf des weltweiten Haager Zuständigkeits- und Vollstreckungsübereinkommens *Gottwald*, R.L.R. 2000, 61, 64; allgemein zum geplanten Haager Übereinkommen *Heß*, IPrax 2000, 342 f.

230 Vgl. auch Erwägungsgrund (11) EuGVVO.

231 Dabei galt Ort der Hauptverwaltung als vorrangig, vgl. Art. 2 Abs. 2 des Kommissionsvorschlags vom 22.12.1997, ABl. 1998 Nr. C 33/20, 21.

232 *Hüßtege*, in: Thomas/Putzo u.a., ZPO, 26. Aufl. 2004, Art. 60, Rz. 1; *Micklitz/Rott*, EuZW 2001, 325, 327; *Hausmann*, EuLF 2000, 40, 43; *Jayme/Kohler*, IPrax 1999, 401, 406; *Markus*, SWZ 1999, 205, 209.

233 *Jametti Greiner*, AJP 1999, 1135, 1138. *Markus* verweist darauf, dass diese Situation bereits unter dem gegenwärtigen Schweizer Recht nicht ausgeschlossen werden kann, *ders.*, SZW 1999, 205, 209, Fn. 35.

An dieser zuständigkeitsrechtlichen Bewertung hat die Rechtsprechung des *EuGH* zum Fall „Überseering" nichts geändert. Danach ist jeder Mitgliedstaat verpflichtet, die Rechts- und Parteifähigkeit einer Gesellschaft zu achten, die in einem anderen Mitgliedstaat als demjenigen, in dem diese Gesellschaft ihren Satzungssitz hat, wirksam gegründet wurde.[234] Damit hat der *Gerichtshof* der sog. Sitztheorie den Boden entzogen.[235] Im EU-Ausland wirksam errichteten Gesellschaften darf die Anerkennung im Inland grundsätzlich nicht mehr verweigert werden, auch wenn sie ihre wirtschaftlichen Aktivitäten im Inland ausüben. Infolge der Entscheidung richten sich Partei-, Prozessfähigkeit, Vertretung sowie Haftungsverfassung grundsätzlich nach dem Gründungsstatut.[236] Dem Urteil ist jedoch keinerlei Aussage in Bezug auf die zuständigkeitsrechtliche Sitzbestimmung zu entnehmen.

Art. 60 Abs. 2 EuGVVO enthält eine besondere Regelung für die Bestimmung des „satzungsmäßigen Sitzes" in Großbritannien und Irland.[237]

2. Allgemeiner Gerichtsstand des Arbeitnehmers, Art. 20 Abs. 1 i.V.m. Art. 59 Abs. 1 EuGVVO

a. Einziger Gerichtsstand für den Arbeitgeber

Der allgemeine Gerichtsstand des Arbeitnehmers befindet sich nach Art. 20 Abs. 1 EuGVVO an dessen Wohnsitz. Darüber hinaus stehen dem Arbeitgeber keine besonderen Gerichtsstände zur Verfügung. Vielmehr sind Klagen des Arbeitgebers nach Art. 20 Abs. 1 EuGVVO grundsätzlich[238] nur noch am Wohnsitz des Arbeitnehmers möglich. Damit ist der Schutz des Arbeitnehmers beträchtlich erweitert worden.[239] Denn in der Regel ist dies der für den Arbeitnehmer günstigste Gerichtsstand, weil die Prozessführung an diesem Ort mit

---

[234] *EuGH* Rs. C-208/00 „Überseering", NJW 2002, 3614 ff, Tz. 95.

[235] Vgl. dazu *Eidenmüller*, ZIP 2002, 2233, 2234; *Paefgen*, DB 2003, 487; *Zimmer*, BB 2003, 1, 2: „In der Sache bedeutet dies die Verankerung eines Herkunftslandsprinzips im Gesellschaftsrecht."

[236] *Hüßtege*, in: Thomas/Putzo u.a., ZPO, 26. Aufl. 2004, Art. 60, Rz. 2; *Schulz*, NJW 2003, 2705, 2708.

[237] Diese Vorschrift verdrängt die britische Regelung in section 42, Civil Jurisdiction and Judgments Act 1982, „...but does not appear significantly to affect the substantive criteria", *Harris*, C.J.Q. 2001, 218, 219.

[238] Nach Art. 20 Abs. 2 EuGVVO lassen die Vorschriften des fünften Abschnitts das Recht unberührt, eine Widerklage vor dem Gericht zu erheben, bei dem die Klage selbst gemäß den Bestimmungen dieses Abschnitts anhängig ist.

[239] Ebenso *Gottwald*, R.L.R. 2000, 61, 75; *Schlosser*, EU-Zivilprozessrecht, 2. Aufl. 2003, Art. 20, Rz. 1. Nach *Micklitz/Rott*, EuZW 2001, 325, 332, entfällt durch diese Beschränkung des Arbeitgebers, nur noch am Wohnsitz des Arbeitnehmers klagen zu können, „das Hauptproblem aus Sicht des Arbeitnehmers." Zweifelnd insoweit *Junker*, RIW 2002, 569, 575, der auf die geringe praktische Relevanz der Neuerung verweist, nachdem jedenfalls in Deutschland weniger als 5 % aller Arbeitsgerichtsverfahren von der Arbeitgeberseite angestrengt werden.

dem geringsten Kostenaufwand verbunden ist. Auch dürfte der Arbeitnehmer hier keine Sprachprobleme haben.

Jedoch wird sich dieser Gerichtsstand nicht unbedingt durch die größte Sachnähe auszeichnen. Darüber hinaus rückt die angestrebte Parallele zwischen Zuständigkeitsregelung und Rechtsanwendungsvorschrift mit der neuen Normierung in Art. 20 EuGVVO weiter in die Ferne:[240] Die Anknüpfung an den Wohnsitz des Arbeitnehmers divergiert mit der kollisionsrechtlichen Anknüpfung an den gewöhnlichen Arbeitsort in Art. 6 Abs. 2 lit. a EVÜ. Allerdings bestand auch vor Geltung der EuGVVO keine umfängliche Parallelität zwischen den Anknüpfungspunkten in Art. 5 Nr. 1 2./3. HS EuGVÜ und Art. 6 Abs. 2 EVÜ bzw. Art. 30 Abs. 2 EGBGB.[241] Zudem führt die Parallelität ohnehin nur dann zu einem wirklichen Gleichlauf von forum und ius, wenn weder Zuständigkeitsnormen noch Rechtsanwendungsvorschriften eine Wahlmöglichkeit lassen.[242] Um dies zu erreichen, hätte aber eine ausschließliche Zuständigkeit in Arbeitssachen eingeführt werden müssen. So weit wollte der Gemeinschaftsgesetzgeber jedoch nicht gehen.[243]

b. Bestimmung des Wohnsitzes

Bei natürlichen Personen erfolgt die Bestimmung des Wohnsitzes gemäß Art. 59 Abs. 1 EuGVVO nach der lex fori, ist also identisch mit der Bestimmung nach autonomem Recht. Nach deutschem Recht, §§ 7 ff BGB, bedarf es einer tatsächlichen Niederlassung, d.h. Begründung einer Unterkunft am Aufenthaltsort, verbunden mit dem Willen, den Ort zum ständigen Schwerpunkt der Lebensverhältnisse zu machen.[244] Der Wille sollte auf einen dauernden, nicht nur vorübergehenden Aufenthalt gerichtet sein, welcher aber nicht endgültig sein muss.[245] Insofern stellt sich die Frage, ob ein deutscher Arbeitnehmer seinen Wohnsitz bei einem Auslandseinsatz aufgibt. Auch die Aufhebung des Wohnsitzes muss von einem entsprechenden Willen getragen sein. Infolgedessen ist zwischen den einzelnen Entsendungstypen zu differenzieren, wobei die Einordnung an rechtstatsächliche Gegeben-

---

240 Kritisch daher *Schack*, Internationales Zivilverfahrensrecht, 3. Aufl. 2002, Rz. 287. Ihm zustimmend *Junker*, RIW 2002, 569, 575.

241 Keine Einzelfallanknüpfung i.S.d. Art. 6 Abs. 2 lit. b a.E. EVÜ bzw. Art. 30 Abs. 2 Nr. 2 a.E. EGBGB im Rahmen von Art. 5 Nr. 1 2./3. HS EuGVÜ; Divergenz beispielsweise bei Klage durch den Arbeitgeber am allgemeinen Gerichtsstand des Arbeitnehmers (wegen Art. 5 Nr. 1 3. HS EuGVÜ), kollisionsrechtlich bestimmt sich aber das anzuwendende Recht nach dem Recht der einstellenden Niederlassung nach Art. 6 Abs. 2 lit. b EVÜ bzw. Art. 30 Abs. 2 Nr. 2 EGBGB.

242 *Heldrich*, S. 62; zum Gleichlauf-Argument siehe oben S. 20 ff.

243 Siehe dazu nachfolgend S. 122 u. S. 126 f.

244 BayObIGE 85, 161.

245 *Heinrichs*, in: Palandt, Bürgerliches Gesetzbuch, 64. Aufl. 2005, § 7, Rz. 7.

heiten anknüpft, welche sich für sämtliche nationale Zivilprozessrechtsordnungen gleich darstellen.[246] Da jede Entsendung ins Ausland auf einer vertraglichen Grundlage beruht, bildet diese den Ausgangspunkt der Typisierung.[247] Hinzu tritt die zeitliche Komponente als Zuordnungsmerkmal.

(1) Dienstreise

Eine Dienstreise ist der kürzeste Typ einer Auslandstätigkeit. Der Arbeitnehmer entfernt sich für maximal drei Monate von seinem gewöhnlichen Arbeitsort, wobei der bestehende Arbeitsvertrag nicht verändert wird.[248] Mangels Aufhebungswillen verbleibt es beim bisherigen Wohnsitz.

(2) Entsendung

Beim Begriff der Entsendung, der auch in spezifischer Weise im Kollisionsrecht[249] und in Zusammenhang mit der Entsende-Richtlinie[250] gebraucht wird, handelt es sich grundsätzlich um einen allgemeinen Oberbegriff für einen Auslandseinsatz des Arbeitnehmers.[251] Er wird in Zusammenhang mit seinem spezifischen Gebrauch noch genauer erörtert und soll daher im Rahmen der Wohnsitzfeststellung nicht weiter vertieft werden.[252]

(3) Abordnung

Bei einer Abordnung handelt es sich um eine „verlängerte Dienstreise", um ein bestimmtes Projekt im Ausland durchzuführen.[253] Die Dauer des Auslandsaufenthalts ist projektbezogen und beträgt bis zu einem Jahr. Dem Arbeitsvertrag wird lediglich eine ergänzende Vereinbarung für den Auslandseinsatz hinzugefügt. Mit dem ausländischen Unternehmen wird kein Anstellungsvertrag geschlossen. Häufigster Anwendungsfall der Abordnung ist der Baustellen- oder Montageeinsatz.[254] Nachdem der Auslandsaufenthalt von vornherein begrenzt ist, der Arbeitnehmer ferner seine Familie meist in der Heimat belässt und zudem

---

246 Die für die verschiedenen Arten des Auslandseinsatzes verwendeten Begriffe werden in Literatur und Praxis nicht immer einheitlich gebraucht. Dennoch lassen sich die unterschiedlichen Formen des Auslandseinsatzes zumindest nach den im Folgenden beschriebenen Kriterien kategorisieren.

247 *Junker*, S. 207.

248 Vgl. *Kronisch*, AuA 2001, 119.

249 Siehe dazu nachfolgend S. 85 f.

250 Siehe dazu nachfolgend S. 157 f.

251 Nach *Birk* hat der Entsendungsbegriff an sich „keinen scharf umrissenen Inhalt", *ders.*, in: Richardi/Wlotzke, Münchener Handbuch zum Arbeitsrecht, Band 1, 2. Aufl. 2000, § 20, Rz. 36.

252 Siehe dazu nachfolgend S. 86 ff.

253 Vgl. *Oberklus*, S. 7.

254 *Gnann*, S. 39.

seine heimatliche Niederlassung (Wohnung, Haus) in der Regel nicht aufgibt, behält er seinen bisherigen Wohnsitz.[255]

(4) Delegation

Unter einer Delegation wird ein mittelfristiger Auslandseinsatz verstanden, dessen Dauer zwar von vornherein nicht abschätzbar ist, der sich jedoch über mehrere Jahre erstrecken wird und bei dem der inländische Arbeitsvertrag durch eine Zusatzvereinbarung modifiziert wird.[256] In der Praxis wird dieser Entsendungstyp gewählt, soweit ein eigenständiges Arbeitsverhältnis mit dem ausländischen Unternehmen nicht gewollt oder mangels rechtlicher Selbstständigkeit desselben nicht möglich ist bzw. wenn ein solches gar nicht vorhanden ist und der Arbeitnehmer als „Einzelkämpfer" entsandt wird.[257] Auch im Fall der Delegation behält der Arbeitnehmer in der Regel seinen Wohnsitz im Inland, weil er seine heimatliche Niederlassung meist nicht aufgibt und seine Familie in der Heimat belässt.[258]

(5) Versetzung

Eine Versetzung bedeutet einen mehrjährigen, mittel- bis längerfristigen Auslandseinsatz, wobei im Unterschied zur Delegation mit dem ausländischem Unternehmen ein eigenständiger Arbeitsvertrag – meist vor Ort – geschlossen wird, während der inländische Arbeitsvertrag in dieser Zeit ruht. Bezeichnend für die Versetzung sind einerseits der eigenständige Arbeitsvertrag mit dem ausländischen Unternehmen, wodurch dort eine weit gehende Integration erreicht wird, und andererseits die Aufrechterhaltung der vertraglichen Beziehungen zum inländischen Arbeitgeber.[259] Weil der Kontakt zur Heimat nicht vollständig abgebrochen wird, muss bei der Beurteilung der Wohnsitzfrage differenziert werden: Behält der Arbeitnehmer seine Wohnung (sein Haus) im Inland und belässt er zudem seine Familie hier, die er regelmäßig besucht, so bestehen merkliche Beziehungen zum Heimatstaat fort und von einem Aufhebungswillen hinsichtlich des Wohnsitzes kann nicht ausgegangen werden. Sofern inländische und ausländische Wohnung gleichermaßen den Schwerpunkt der Lebensverhältnisse bilden, liegt ein sog. Doppelwohnsitz i.S.d. § 7 Abs. 2 BGB vor.[260] Erfolgt die Integration jedoch nicht nur am neuen Arbeitsplatz, sondern wird von nun an

---

255 *Hoppe*, S. 55. A.A. *Rosenkranz*, Der Arbeitgeber 1978, 51, welcher von der Verlegung des Lebensmittelpunktes ins Ausland ausgeht und damit einen fortbestehenden Wohnsitz im Inland verneint.

256 *Trenner*, S. 5 m.w.N.

257 *von Eckartsberg*, S. 49.

258 *Wirth*, S. 210.

259 Vgl. *Windbichler*, S. 11 ff.

260 Vgl. dazu *Heinrichs*, in: Palandt, Bürgerliches Gesetzbuch, 64. Aufl. 2005, § 7, Rz. 13.

auch der neue Lebensmittelpunkt im Ausland liegen, indem die Wohnung im Inland aufgegeben wird[261] bzw. die Familie nachzieht, so ist ein Wohnsitzwechsel anzunehmen.

(6) Übertritt

Ein Übertritt erfolgt zeitlich unbefristet und bedeutet in der Regel einen endgültigen Wechsel ins Ausland. Der inländische Arbeitsvertrag wird beendet und ein neuer Anstellungsvertrag mit dem ausländischen Unternehmen geschlossen. Zum inländischen Arbeitgeber bestehen keinerlei vertragliche Beziehungen fort.[262] Der Wohnsitz im Inland wird aufgegeben, während im Ausland ein neuer begründet wird.

II. Drittstaatenproblematik

Der Begriff der Drittstaatenproblematik[263] zielt primär auf die Frage, unter welchen Voraussetzungen von der Anwendbarkeit des europäischen Zivilverfahrensrechts auszugehen ist, soweit eine Rechtsstreitigkeit Berührungspunkte zu einem Drittstaat aufweist, insbesondere weil eine Partei ihren Wohnsitz nicht in einem Mitgliedstaat, also in einem Drittstaat, hat.[264] Das nachfolgende Beispiel soll die Problematik verdeutlichen: Ein Arbeitnehmer mit Wohnsitz in der Türkei hat während der Sommermonate auf einer Baustelle in Estland für ein Bauunternehmen mit Sitz in Schweden „gejobbt". Sein Lohn wurde ihm noch nicht vollständig ausbezahlt. Wo muss er seinen noch ausstehenden Lohn gerichtlich geltend machen? Auszugehen ist vom Beklagten. Dies ist hier ein Bauunternehmen mit Sitz in Schweden, einem EG-Mitgliedstaat. Nach Art. 19 Nr. 1 i.V.m. Art. 60 Abs. 1 EuGVVO kann der Arbeitnehmer daher in Schweden auf Lohnzahlung klagen.

1. Reduktionstheorie

Bedenken könnten sich aus der Überlegung ergeben, dass die EuGVVO die internationale Zuständigkeit unter den Mitgliedstaaten regelt, nicht aber das autonome Zivilprozessrecht

---

261 Oder zumindest leersteht; dies häufig auch aus steuerrechtlichen Überlegungen, *Hoppe*, S. 55, Fn. 51. Bloße Besuche rechtfertigen nicht die Aufrechterhaltung des Wohnsitzes.

262 So die h.M. A.A. *Gnann*, S. 184, der auch im Falle des Übertritts von modifizierten Stammhausbindungen in Form von Stammhausgarantien (Kostentragung für Rückreisekosten bei Pensionierung u.ä.) ausgeht.

263 Der Begriff der Drittstaatenproblematik wird in der Literatur nicht einheitlich verwendet, insbesondere wird zwischen den Begriffen „räumlicher Geltungsbereich" und „räumlich-persönlicher Anwendungsbereich" nicht scharf getrennt, vgl. dazu *Grolimund*, Rz. 29 m.w.N.

264 In zweiter Linie wird auch die nicht in dieser Arbeit zu vertiefende Folge des eigentlichen Anwendbarkeitsproblems unter die Drittstaatenproblematik gefasst, nämlich die nachteilige Stellung von Personen aus Drittstaaten im europäischen Rechtsraum, a.a.O., Rz. 40; vgl. dazu insbesondere *Geimer*, EuLF 2000,

weitgehend substituieren soll.[265] Dies wurde insbesondere aus der Präambel des Vorläufers zur EuGVVO, dem EuGVÜ, gefolgert, wonach der Rechtsschutz „innerhalb der Gemeinschaft" verstärkt werden soll.[266] Dementsprechend wird teilweise als ungeschriebene Voraussetzung zusätzlich der Bezug zu einem anderen Mitgliedstaat von den Vertretern der sog. Reduktionstheorie gefordert.[267] Methodisch handelt es sich bei dieser Ausklammerung drittstaatenverknüpfter Sachverhalte um eine teleologische Reduktion von Zuständigkeitsnormen. Der Streit zwischen Befürwortern und Gegnern[268] der Reduktionstheorie entbrennt, abgesehen von Art. 19 Nr. 1 und Art. 20 Abs. 1 EuGVVO, bei Art. 2, 23, 24 und 22 EuGVVO; denn die Zuständigkeitsgründe der Art. 5 bis 21 EuGVVO setzen schon aufgrund ihres Wortlauts stets Berührungspunkte zu mehreren Mitgliedstaaten voraus.[269] Im vorliegenden Fall würde ein derartiger Mitgliedstaatenbezug fehlen, nachdem die Türkei nicht Mitgliedstaat der EG, sondern ein Drittstaat ist. Gegen das Erfordernis des Mitgliedstaatenbezugs sprechen jedoch der klare Wortlaut sowie die Intention der EuGVVO, eine größtmögliche Vereinheitlichung herbeizuführen und deren Anwendungsbereich nicht durch eine enge Sichtweise einzugrenzen.[270] Art und Intensität der Verbindung der Parteien sowie der Streitigkeit zu den Mitgliedstaaten werden in der EuGVVO ausdrücklich und dezidiert geregelt, so dass es kaum mit dem Geist der EuGVVO zu vereinbaren wäre, ihren Anwen-

---

54 m.w.N., der diese Personen bildlich als „draußen vor der Tür" der Europäischen Union bzw. des Europäischen Wirtschaftsraums bezeichnet.

265 *Coester-Waltjen*, FS Nakamura, 89, 108 m.w.N.

266 Ähnlich lautet die Präambel des LugÜ, wonach „der Rechtsschutz der dort [d.h. in den Vertragsstaaten] ansässigen Personen" verstärkt werden soll. Die Problematik stellt sich daher auch bei Art. 2 LugÜ, a.a.O.

267 *Piltz*, NJW 1979, 1071 ff; *Schack*, Internationales Zivilverfahrensrecht, 3. Aufl. 2002, Rz. 240 f; *Benecke*, S. 21 ff; auch die deutsche Rechtsprechung fordert einen hinreichenden Bezug zu einem Mitgliedstaat vgl. BGHZ 109, 29, 34; vgl. im Übrigen die Nachweise bei *Aull*, S. 71 ff.

268 *Aull*, S. 216 f; *Grolimund*, Rz. 755 f; *Geimer*, IPrax 1991, 31 f; *Schlosser*, EU-Zivilprozessrecht, 2. Aufl. 2003, Vorb. Art. 2, Rz. 5; *Coester-Waltjen*, FS Nakamura, 89, 109 f; *Kropholler*, Europäisches Zivilprozeßrecht, 7. Aufl. 2002, vor Art. 2, Rz. 6 ff; *Gebauer*, ZEuP 2001, 943, 961 f; *Koch*, NVersZ 2001, 60, 61; *Staudinger*, IPrax 2000, 483;

269 *Huber*, RIW 1993, 977, 980, Fn. 44. – Im englischen Rechtskreis führt der fehlende Mitgliedstaatenbezug nicht unmittelbar zur Unanwendbarkeit von Art. 2 bzw. Art. 19 Nr. 1/20 Abs. 1 EuGVVO; die Einschränkung erfolgt vielmehr durch die sog. Lehre vom forum non conveniens, vgl. *Court of Appeal*, „In re Harrods" (1991) 4 All ER, 334. In der angelsächsischen Literatur wird bedauert, dass eine Regelung dieser Thematik in der EuGVVO unterblieb: „Other important matters are not addressed at all, such as the extent to which a Member State may stay its proceedings on *forum non conveniens* grounds in favour of a non-Member State or another Member State", *Harris*, C.J.Q. 2001, 218, 224. Die forum non conveniens-Lehre ist jedoch mit dem europäischen Zivilprozessrecht nicht vereinbar, vgl. dazu jüngst *EuGH* Rs. C-281/02 „Owusu", IPrax 2005, 244 ff.

270 *Geimer*, IPrax 1991, 31, 32, welcher im Übrigen auf das den Übereinkommen bzw. der EuGVVO auf kollisionsrechtlicher Ebene korrespondierende EVÜ mit dessen universellem Geltungscharakter verweist; dem würde eine einschränkende Auslegung der Übereinkommen widersprechen, a.a.O., S. 33. *Jayme* erachtet die Reduktionstheorie als unverträglich mit dem in der EuGVVO verankerten Grundsatz der Parteiautonomie, *ders.*, S. 33, 39.

dungsbereich durch ein weiteres ungeschriebenes Kriterium einzuschränken.[271] Schließlich besteht innerhalb der Reduktionstheorie keine Einigkeit darüber, wie ein derartiger Mitgliedstaatenbezug ausgestaltet sein soll.[272] In der Rechtsanwendung führt dies zu erheblicher Rechtsunsicherheit,[273] denn je nachdem, ob ein Gericht bereits tatsächliche Berührungspunkte zu einem zweiten Mitgliedstaat ausreichen lässt[274] oder darüber hinaus solche Tatsachen als erforderlich erachtet, welche die internationale Zuständigkeit dieses zweiten Mitgliedstaates begründen, beurteilt sich die internationale Zuständigkeit nach der EuGVVO oder nach autonomem Zivilprozessrecht. Ziel der EuGVVO ist es jedoch, das Recht der internationalen Zuständigkeit klar und überschaubar zu machen sowie umständliche Rechtsanwendungsprozeduren zu vermeiden.[275]

2. Rechtsprechung des *EuGH* im Fall „Group Josi"

Der Reduktionstheorie hat der *EuGH* jüngst mit seiner Entscheidung „Group Josi"[276] eine Absage erteilt.[277] Das Urteil erging zwar noch zu Art. 2 EuGVÜ, lässt sich aber inhaltlich uneingeschränkt auf Art. 2 bzw. die hier interessierenden Art. 19 Nr. 1/20 Abs. 1 EuGVVO übertragen, nachdem in der EuGVVO keine ausdrückliche Regelung im Hinblick auf die Erforderlichkeit eines zusätzlichen Mitgliedstaatenbezugs aufgenommen wurde. In der Entscheidung „Group Josi" ging es um die Frage, ob das EuGVÜ anwendbar ist, wenn der Beklagte seinen Wohnsitz oder Sitz in einem Vertragsstaat hat, der Kläger aber in einem Drittland ansässig ist.[278] Der *Gerichtshof* betont die Irrelevanz des Klägerwohnsitzes, was er anhand einer grammatikalisch-systematischen Auslegung des Übereinkommens belegt: In Art. 2 Abs. 1 EuGVÜ ist der allgemeine Grundsatz „actor sequitur forum rei" verankert, von dem nur ausnahmsweise in den ausdrücklich genannten, abschließend aufgelisteten Fällen

---

271 *Coester-Waltjen*, FS Nakamura, 89, 109.

272 Zu den einzelnen Anforderungen an den Mitgliedstaatenbezug vgl. *Aull*, S. 77 f.

273 *Kropholler*, Europäisches Zivilprozeßrecht, 7. Aufl. 2002, vor Art. 2, Rz. 8.

274 Dies wäre in dem eingangs erwähnten Beispiel der Fall, wenn sich die Baustelle in einem anderem Mitgliedstaat, beispielsweise in Finnland, befunden hätte.

275 *Geimer*, IPrax 1991, 31, 32.

276 *EuGH* Rs. C-412/98 „Group Josi", Slg. 2000, I-5940 ff.

277 Ebenso *Staudinger*, IPrax 2000, 483 ff; *Geimer*, EuLF 2000, 54, 57; *Koch*, NVersZ 2001, 60, 61; *Blobel/Späth*, RIW 2001, 598, 604; *Leible/Staudinger*, EuLF 2001, 225, 231; *Kropholler*, Europäisches Zivilprozeßrecht, 7. Aufl. 2002, vor Art. 2, Rz. 8. Zurückhaltend *Jayme/Kohler*, IPrax 2000 454, 459; *Gebauer*, ZEuP 2001, 943, 961; *Dietze/Schnichels*, EuZW 2001, 581, 582; *Remien*, CML Rev. 2001, 53, 75, Fn. 132. Unzutreffend dagegen *Kruger*, Columbia Journal of European Law 2001, 134, 137 ff, die das Urteil des *EuGH* in Frage stellt und generell im Fall eines im Drittstaat ansässigen Klägers – der Beklagte hat seinen Wohnsitz in einem Mitgliedstaat – nicht die EuGVVO, sondern das autonome Zivilprozessrecht angewendet wissen will.

des 2. bis 6. Abschnitts von Titel II abgewichen werden darf.[279] Diese Sondervorschriften sind aufgrund ihres Ausnahmecharakters eng auszulegen. Sobald der Beklagte seinen Wohnsitz oder Sitz im Hoheitsgebiet eines Vertragsstaat hat, findet Titel II des Übereinkommens grundsätzlich auch dann Anwendung, wenn der Kläger in einem Drittstaat ansässig ist;[280] etwas anderes gilt nur dort, wo das Übereinkommen die Anwendung einer seiner Zuständigkeitsregeln ausdrücklich davon abhängig macht, dass der Wohnsitz des Klägers in einem Vertragsstaat liegt.[281]

Auch wenn das Urteil im Ergebnis breite Zustimmung erfährt,[282] so wird daran kritisiert, dass zwischen dem Anwendungsbereich des Übereinkommens und dessen Inhalt nicht klar getrennt wird:[283] Aus dem Grundsatz „actor sequitur forum rei" und einer Gesamtschau der Zuständigkeitsregelungen wird auf den Anwendungsbereich des EuGVÜ geschlossen, was einem Zirkelschluss nahe kommt.[284] Überzeugender wäre es daher gewesen, zuerst den räumlich-persönlichen Anwendungsbereich zu klären und im Anschluss daran sich mit dem Vorliegen materieller Kriterien wie Schutzwürdigkeit der Parteien etc. auseinander zu setzen.[285]

Freilich hätte auch die Begründung des *EuGH* zur Ablehnung der Reduktionstheorie deutlicher ausfallen können.[286] Teilweise wird aufgrund der konkreten Sachverhaltskonstellation – das Ausgangsverfahren wies Bezüge zu zwei Vertragsstaaten auf, nachdem die Beklagte im Vertragsstaat Belgien ansässig war und die Klage in einem weiteren Vertragsstaat, nämlich in Frankreich, erhoben wurde – bezweifelt, ob sich dem Urteil eine eindeutige Stellungnahme zur Drittstaatenproblematik entnehmen lässt.[287] *Koch* wendet hiergegen ein, dass der

---

278 So lautet die vom *EuGH* umformulierte Vorlagefrage. Ursprünglich hatte die *Cour d'appel Versailles* folgende Frage vorgelegt: „Kann das EuGVÜ nicht nur auf innergemeinschaftliche Streitigkeiten, sondern auch auf Streitigkeiten, die Bezug zur Gemeinschaft haben, angewandt werden?"

279 *EuGH* Rs. C-412/98 „Group Josi", Slg. 2000, I-5940 ff, Tz. 36.

280 A.a.O., Tz. 61.

281 Nach dem Protokoll Nr. 2 einschließlich der zweiten Erklärung der EFTA-Staaten, ABl. EG 1988 Nr. L 319/31 ff, sollen die Gerichte der Vertragsstaaten des LugÜ den Grundsätzen gebührend Rechnung tragen, die sich aus der Judikatur des *Gerichtshofs* zu den Parallelnormen des EuGVÜ ergeben. Die dargelegten Grundsätze gelten damit entsprechend für das LugÜ.

282 Vgl. *Staudinger*, IPrax 2000, 483, 488; *Geimer*, EuLF 2000, 54, 57; *Koch*, NVersZ 2001, 60, 61; *Dietze/Schnichels*, EuZW 2001, 581, 582; *Blobel/Späth*, RIW 2001, 598, 604.

283 Vgl. *Geimer*, EuLF 2000, 54, 56; *Gebauer*, ZEuP 2001, 943, 957; *Koch*, NVersZ 2001, 60, 61.

284 So *Gebauer*, ZEuP 2001, 943, 957.

285 *Koch*, NVersZ 2001, 60, 61; *Gebauer*, ZEuP 2001, 943, 958.

286 *Geimer*, EuLF 2000, 54 u. 57: *Koch*, NVersZ 2001, 60, 61. Zu den möglichen Gründen, die den *EuGH* zum Unterlassen einer deutlicheren Abgrenzung bewogen haben vgl. *Gebauer*, ZEuP 2001, 943, 959 ff, der im Übrigen von einem „verfehlten obiter dictum" in „Group Josi" spricht, a.a.O., S. 959.

287 So insbesondere *Jayme/Kohler*, IPrax 2000, 454, 459, die zudem darauf verweisen, dass die ursprüngliche (vom *Gerichtshof* dann umformulierte) Vorlagefrage der *Cour d'appel Versailles* (siehe Fn. 278) es dem *EuGH* erlaubt hätte, ausdrücklich auf die Reduktionstheorie einzugehen.

Frankreich-Bezug für den *Gerichtshof* „ersichtlich keine Rolle spielt", nachdem dieser Aspekt nur am Rande erwähnt wird.[288] Jedenfalls dürfte es dem *EuGH* nach seiner Argumentation in „Group Josi" schwer fallen, in künftigen Entscheidungen die Notwendigkeit eines Mitgliedstaatenbezugs zu begründen.[289] Dafür spricht auch die Rechtsprechung des *Gerichtshofs* hinsichtlich der parallel gelagerten Drittstaatenproblematik auf *kollisionsrechtlicher* Ebene: In der Entscheidung „Ingmar"[290] geht es um den international zwingenden Charakter von in Umsetzung der Handelsvertreter-Richtlinie ergangenen nationalen Normen im Hinblick auf das kraft Rechtswahl bestimmte Recht eines Drittstaats. Der *EuGH* wendet die Richtlinie und deren nationale Umsetzungsvorschriften auf alle Handelsvertreter an, die ihre Tätigkeit im Binnenmarkt ausüben. Der Tätigkeitsschwerpunkt im Gebiet eines Mitgliedstaats als „starker Gemeinschaftsbezug"[291] reicht hier aus, um vom international zwingenden Charakter der auf der Richtlinie beruhenden Normen nach Art. 7 Abs. 2 EVÜ bzw. Art. 34 EGBGB auszugehen, und dies obwohl der Unternehmer seinen Sitz in einem Drittstaat hat und der Vertrag mit dem Handelsvertreter kraft Rechtswahl dem Recht dieses Drittlands unterliegt. Auch wenn es im Urteil „Ingmar" nicht unmittelbar um die international-verfahrensrechtliche Fragestellung geht, ob der Beklagtenwohnsitz in einem Mitgliedstaat allein als Anwendungsvoraussetzung für das europäische Zivilverfahrensrecht genügt, so lässt sich doch die Tendenz in der Rechtsprechung feststellen, die Verknüpfung mit nur einem Mitgliedstaat als Gemeinschaftsbezug ausreichen zu lassen.[292]

Zudem sollte eine komplizierte Rechtsanwendung, die mit der Reduktionstheorie zwangsläufig verbunden ist, angesichts des Nebeneinanders von nunmehr vier europäischen Zuständigkeitsordnungen unbedingt vermieden werden.[293] Die Abgrenzung zum autonomen internationalen Zivilprozessrecht verliert durch das Erfordernis eines zusätzlichen Mitgliedstaatenbezugs, über deren Art und Ausgestaltung selbst unter den Befürwortern keine Einigkeit herrscht, an Schärfe und ist schwer handzuhaben. Benötigt werden aber vorhersehbare Zuständigkeitsnormen, die sich leicht von den Kompetenznormen des autonomen internationalen Zivilprozessrechts abgrenzen lassen.

---

288 Dies wohl deswegen, weil die in Kanada ansässige Klägerin über einen französischen Makler zu der in Belgien ansässigen Beklagten gelangt war und sich die französischen Gerichte aus diesem Grunde zunächst für zuständig hielten, *Koch*, NVersZ 2001, 60, 61.

289 Ebenso *Gebauer*, ZEuP 2001, 943, 961 f.

290 *EuGH* Rs. C-381/98 „Ingmar", Slg. 2000, I-9305 ff; vgl. dazu *Freitag*, EWiR 2000, 1061 f; *Reich*, EuZW 2001, 51 f; *Kindler*, BB 2001, 11 ff; *Font i Segura*, EuLF 2001, 179 ff; *Freitag/Leible*, RIW 2001, 287 ff.

291 *EuGH* Rs. C-381/98 „Ingmar", Slg. 2000, I-9305 ff, Tz. 25.

292 *Gebauer*, ZEuP 2001, 943, 954, Fn. 20.

293 EuGVVO, EuGVÜ, LugÜ und autonomes internationales Zivilprozessrecht.

Schließlich würde es dem *Gerichtshof* auch in Anbetracht der EuGVVO Mühe bereiten, entsprechend der Reduktionstheorie einen Bezug zu einem weiteren Mitgliedstaat zu fordern. Denn unter deren Geltung entfällt die normative Anknüpfung der Reduktionstheorie in der Präambel des EuGVÜ.[294] Vielmehr heißt es nunmehr im Erwägungsgrund (8) EuGVVO, dass Rechtsstreitigkeiten bereits dann in den Anwendungsbereich der EuGVVO fallen, wenn sie einen Anknüpfungspunkt an das Hoheitsgebiet *eines* der durch die EuGVVO gebundenen Mitgliedstaaten aufweisen.[295] Die EuGVVO soll „demnach grundsätzlich dann Anwendung finden, wenn der Beklagte seinen Wohnsitz in einem dieser Mitgliedstaaten hat."[296] Denn „während die Reduktionstheorie und das EuGVÜ aus einer Zeit stammen, in der den Vertragsstaaten noch nicht an einer umfassenden Vereinheitlichung des internationalen Privat- und Verfahrensrechts gelegen war, in der auch das EVÜ mit seinem universellen Anwendungsbereich noch nicht existierte, ist die EuGVVO ein Produkt des vergemeinschafteten Kollisionsrechts."[297] Infolgedessen wäre es geradezu sinnwidrig, weiterhin auf einen zusätzlichen, wie auch immer ausgestalteten Mitgliedstaatenbezug zu bestehen. Darüber hinaus erfordert der für das gemeinschaftliche Sekundärrecht geltende Grundsatz des „effet utile", die EuGVVO entsprechend ihrer Zielsetzung, der Schaffung eines einheitlichen Prozessraumes im Binnenmarkt,[298] zu interpretieren und anzuwenden. Dieses Ziel wird jedoch nicht erreicht, wenn auf Sachverhalte, die an sich durch den (Wohn-)Sitz einer Partei in einem Mitgliedstaat hinreichend im Binnenmarkt lokalisiert sind, die nach Art. 3 Abs. 2 EuGVVO verpönten exorbitanten Zuständigkeitsregelungen über Gerichtsstandsvereinbarungen des autonomen Zivilprozessrechts angewandt werden müssen.[299] Daher ist die Reduktionstheorie sowohl im Rahmen von EuGVÜ als auch im Rahmen der EuGVVO abzulehnen.

Nachdem Beziehungen zu einem weiteren Mitgliedstaat nicht erforderlich sind, ist im Eingangsfall die Zuständigkeitsregelung des Art. 19 Nr. 1 i.V.m. Art. 60 Abs. 1 EuGVVO einschlägig. Das Bauunternehmen ist in Schweden zu verklagen.

---

294 Darauf verweist zutreffend *Gebauer*, ZEuP 2001, 943, 951, Fn. 6 u. 954.
295 Hervorhebung nicht im Original. Auf Erwägungsgrund (8) verweisen ebenfalls *Hausmann*, EuLF 2000, 40, 44, *Micklitz/Rott*, EuZW 2001, 325, 327, sowie *Piltz*, NJW 2002, 789, 790.
296 Erwägungsgrund (8) S. 2 EuGVVO.
297 *Gebauer*, ZEuP 2001, 943, 961. Ebenso *Geimer*, EuLF 2000, 54.
298 Vgl. Erwägungsgrund (1) und (2) EuGVVO.
299 Vgl. *Staudinger*, IPrax 2000, 483, 484.

III. Maßgeblicher Zeitpunkt

In der EuGVVO wird der Zeitpunkt, zu dem die anwendungsrelevanten Voraussetzungen vorliegen müssen, nicht ausdrücklich geregelt. Dieser Zeitpunkt ist jedoch von erheblicher Bedeutung, nachdem ein Wohnsitzwechsel (vom Drittstaat in einen Mitgliedstaat oder umgekehrt) die Anwendungsgrenze zwischen europäischem und autonomen Zivilprozessrecht beeinflussen kann.[300] Aufgrund des Schweigens der EuGVVO darf jedoch nicht auf das autonome Zivilprozessrecht zurückgegriffen werden, weil eine einheitliche Auslegung und Anwendung der EuGVVO nur durch eine verordnungsautonome Festlegung erreicht werden kann. Nach überwiegender, zutreffender Ansicht ist daher grundsätzlich der Zeitpunkt der Klageerhebung bzw. der Antragstellung[301] maßgeblich, wobei Art. 30 EuGVVO eine autonome Definition der Rechtshängigkeit enthält. Zwar heißt es in Art. 30 EuGVVO, dass ein Gericht „für die Zwecke *dieses* Abschnitts",[302] also des Abschnitts 9, unter den genannten Voraussetzungen als angerufen gilt. Jedoch muss diese Definition auch im Rahmen von Art. 19 Nr. 1/20 Abs. 1 EuGVVO zugrunde gelegt werden können, um eine einheitliche Anwendung der EuGVVO zu gewährleisten.[303]

Würde im Beispielsfall das Bauunternehmen im Laufe der Klage vor den deutschen Gerichten seinen Sitz, etwa aus unternehmenspolitischen Gründen, in die Schweiz – einen Vertragsstaat des LugÜ – verlagern, so hätte dies keine zuständigkeitsrechtlichen Konsequenzen. Liegen nämlich die Voraussetzungen einer Zuständigkeit im Entscheidungszeitpunkt nicht mehr vor, bestanden sie jedoch während des Verfahrens, so ist von einer Fortdauer der einmal begründeten Zuständigkeit (perpetuatio fori) auszugehen.[304]

D. Besondere Gerichtsstände in Arbeitssachen, Art. 19 Nr. 2 EuGVVO

I. Festlegung der internationalen und örtlichen Zuständigkeit

Art. 19 Nr. 2 lit. a EuGVVO regelt ebenso wie Art. 19 Nr. 2 lit. b EuGVVO neben der internationalen Zuständigkeit auch die örtliche Zuständigkeit. Dies ergibt sich aus dem Wortlaut, der vom „Gericht des Ortes" im Gegensatz zu den „Gerichten des Mitgliedstaats", wie beispielsweise in Art. 19 Nr. 1 oder Art. 20 Abs. 1 EuGVVO, spricht. Örtlich zuständig

---

300 Vgl. *Grolimund*, Rz. 67.

301 A.A. *Kropholler*, Europäisches Zivilprozeßrecht, 7. Aufl. 2002, Art. 2, Rz. 13, der auf den Entscheidungszeitpunkt, beispielsweise das Ende der mündlichen Tatsachenverhandlung, abstellt. Andernfalls müsste eine Klage abgewiesen werden, die sofort anschließend wieder erhoben werden könnte.

302 Hervorhebung nicht im Original.

303 Ebenso *Grolimund*, Rz. 70, Fn. 32.

sind demnach die Gerichte am gewöhnlichen Arbeitsort[305] oder am Ort der einstellenden Niederlassung.

II. Persönlicher Anwendungsbereich

Art. 19 Nr. 2 EuGVVO gewährt den Gerichtsstand am gewöhnlichen Arbeitsort bzw. am Ort der einstellenden Niederlassung ausschließlich für Klagen gegen den Arbeitgeber. Es handelt sich daher um eine Schutzzuständigkeit zugunsten des Arbeitnehmers, bei dem der parteiunabhängige Aspekt der Sachnähe des Gerichts zurücktritt. Dem Arbeitgeber verbleibt nur der allgemeine Gerichtsstand am Wohnsitz des Arbeitnehmers nach Art. 19 Nr. 1 EuGVVO.

Obwohl nach dem Schutzgedanken lediglich der Arbeitnehmer von diesem Gerichtsstand profitieren soll, enthält Art. 19 Nr. 2 EuGVVO in seinem Wortlaut keinerlei Beschränkung hinsichtlich der Person des Klägers. Es wird lediglich die Möglichkeit, den Arbeitgeber verklagen zu können, im Passiv umschrieben. Nach herrschender Meinung ist daher auch dem Rechtsnachfolger des Arbeitnehmers, auf den arbeitsvertragliche Ansprüche übergegangen sind dieser Gerichtsstand eröffnet.[306] Dies wird kritisiert, weil Dritte, insbesondere wirtschaftlich mächtige Sozialversicherungsträger, dieses besonderen Schutzes nicht bedürfen.[307] Auch wenn eine Beschränkung der Aktivlegitimation wünschenswert ist, würde de lege lata eine andere Auslegung die Wortlautgrenze überschreiten. Zudem erscheint es legitim, den Rechtsnachfolger von einem im Vergleich zum (Wohn-)Sitzgericht des Arbeitgebers sachnäheren Gericht profitieren zu lassen; denn der Aspekt der Sachnähe des Gerichts ist, wie bereits erwähnt, parteineutral. Demnach steht auch Rechtsnachfolgern des Arbeitnehmers der Gerichtsstand am gewöhnlichen Arbeitsort bzw. am Ort der einstellenden Niederlassung offen.

---

304 *Kropholler*, Europäisches Zivilprozeßrecht, 7. Aufl. 2002, vor Art. 2, Rz. 14.

305 Zur Problematik der örtlichen Zuständigkeitsbestimmung bei wechselnden Arbeitsorten innerhalb eines Mitgliedstaates siehe nachfolgend S. 59 f.

306 *Trunk*, S. 101 (für das LugÜ); *Geimer/Schütze*, Europäisches Zivilverfahrensrecht, 2. Aufl. 2004, Art. 5, Rz. 80; *Hausmann*, in: Wieczorek/Schütze, ZPO, 3. Aufl. 1994, Art. 5, Rz. 33; *Kropholler*, Europäisches Zivilprozeßrecht, 7. Aufl. 2002, Art. 19, Rz. 11; *Valloni*, S. 336; kritisch, aber im Ergebnis zustimmend *Trenner*, S. 160.

307 *Schlosser*, EU-Zivilprozessrecht, 2. Aufl. 2003, Art. 5, Rz. 8; *Geimer/Schütze*, Europäisches Zivilverfahrensrecht, 2. Aufl. 2004, Einl., Rz. 31.

III. Gerichtsstand am gewöhnlichen Arbeitsort, Art. 19 Nr. 2 lit. a EuGVVO

Art. 19 Nr. 2 lit. a EuGVVO knüpft wie die kollisionsrechtliche Parallele des Art. 6 Abs. 2 lit. a EVÜ an den Ort an, „an dem der Arbeitnehmer gewöhnlich seine Arbeit verrichtet oder zuletzt gewöhnlich verrichtet hat.“ Nach Ansicht des *EuGH* rechtfertigt sich dieser Gerichtsstand am Erfüllungsort der arbeitsvertraglich geschuldeten Leistung „durch das Bestehen einer besonders engen Verknüpfung zwischen dem Rechtsstreit und dem zu seiner Entscheidung berufenen Gericht im Hinblick auf die Gewährleistung einer ordnungsgemäßen Rechtspflege und die sachgerechte Gestaltung des Verfahrens.“[308]

1. Beschränkung auf Klagen des Arbeitnehmers

Unter Geltung des EuGVÜ hat der gewöhnliche Arbeitsort für beide Arbeitsvertragsparteien eine neutrale Anknüpfung am Schwerpunkt des Dauerschuldverhältnisses dargeboten.[309] Nunmehr ist dieser Gerichtsstand auf Klagen des Arbeitnehmers beschränkt.[310] Dem Arbeitgeber verbleibt lediglich der Gerichtsstand am Wohnsitz des Arbeitnehmers.

Dies wirkt sich insbesondere bei Grenzgängern aus sowie in den Fällen, in denen der Arbeitnehmer nach Beendigung seines Arbeitsverhältnisses in seinen Heimatstaat zurückkehrt oder in einen Drittstaat verzieht.[311] Die Niederlande haben einen Überarbeitungsvorschlag zur EuGVVO vorgelegt, wonach es auch Arbeitgebern möglich sein soll, eine Klage auf Auflösung des Arbeitsverhältnisses dort einzureichen, wo der Arbeitnehmer gewöhnlicherweise seine Arbeit verrichtet oder wenn dies verschiedene Staaten sind, an dem Ort, wo sich die einstellende Niederlassung befindet.[312] Hintergrund dieses Änderungsbegehrens ist das materielle niederländische Arbeitsrecht in Zusammenhang mit den vor allem in Grenzgängerfällen für beide Parteien bestehenden Nachteile einer Beschränkung auf den Gerichtsstand am Arbeitnehmerwohnsitz:[313] Der Arbeitgeber kann den Arbeitsvertrag entweder durch Kündigung beenden oder aber bei Gericht dessen Auflösung beantragen. Letztere Möglichkeit bietet für den Arbeitgeber den Vorteil einer kürzeren Verfahrensdauer und für den Arbeitnehmer den Zuspruch angemessenen Schadensersatzes durch den Richter.

---

308 *EuGH* Rs. C-125/92 „Mulox“. Slg. 1993, I-4075 ff, Tz. 17; *EuGH* Rs. C-383/95 „Rutten“, Slg. 1997, I-57 ff, Tz. 16; *EuGH* Rs. C-37/00 „Weber“, Slg. 2002, I-2013 ff, Tz. 39.

309 *Vischer*, S. 349, 360.

310 Kritisch daher *Rauscher*, FS Schütze, 695, 710, der dafür plädiert, den Gerichtsstand am gewöhnlichen Arbeitsort auch dem Arbeitgeber zuzugestehen, weil er einen wirklichen Schwerpunkt des Vertragsverhältnisses markiert.

311 *Schlosser*, EU-Zivilprozessrecht, 2. Aufl. 2003, Art. 20 Rz. 1.

312 Ratsdokument 14363/02 JUSTCIV 181 vom 19.11.2002.

313 Ratsdokument 12055/02 JUSTCIV 133 vom 19.9.2002, S. 3 f.

Angesichts der mit einer Klageerhebung im Ausland (Wohnsitzstaat des Arbeitnehmers) verbundenen Umstände (Dolmetscherkosten etc.) wird sich der Arbeitgeber stets gegen die Variante der richterlichen Auflösung entscheiden, so dass letztlich, so wird von niederländischer Seite argumentiert, dadurch der Arbeitnehmer (materiell-rechtlich) benachteiligt wird.

Es erscheint jedoch verfehlt, wegen einer im Einzelfall für den Arbeitnehmer ungünstigen materiell-rechtlichen Auswirkung die grundsätzlich zutreffende prozessuale Bewertung der Zuständigkeitsinteressen zu ändern.[314] Gerichtsstandsregelungen liegt immer eine pauschalierte Wertung zugrunde. Es ist nicht möglich, nachteilige Rechtsfolgen auf materiell-rechtlicher Ebene für den Arbeitnehmer durch eine zuständigkeitsrechtliche Normierung zu vermeiden. Dies ist auch nicht Aufgabe des Zuständigkeitsrechts. Die Beschränkung des Arbeitgebers auf den Gerichtsstand am Arbeitnehmerwohnsitz stellt im Übrigen keine übertriebene Bevorzugung des Arbeitnehmers dar, da sich eine Zuständigkeit am gewöhnlichen Arbeitsort in vielen Fällen zugleich als ein forum actoris des Arbeitgebers entpuppt.[315] Insofern ist dem Arbeitgeber das Verwehren einer besonderen Zuständigkeit und die darin liegende Beschränkung auf die allgemeine Zuständigkeit zumutbar. Gerade in Konzernarbeitsverhältnissen, welche nachfolgend auf S. 92 ff genauer erläutert werden, muss es nicht in jedem Fall erwünscht sein, dass der Arbeitgeber den Arbeitnehmer auch am gewöhnlichen Arbeitsort im Lokalarbeitsverhältnis verklagen kann.[316] Der Gerichtsstand am gewöhnlichen Arbeitsort gewährt dem Arbeitnehmer als der sozial schwächeren Partei einen angemessenen Schutz, „da sich der Arbeitnehmer an diesem Ort mit dem geringsten Kostenaufwand an die Gerichte wenden kann.“[317] An diesem Ort ist zudem die Schutzbedürftigkeit des Arbeitnehmers am größten, weil hier die Weisungen des Arbeitgebers Wirkung entfalten und sich damit das weisungsbedingte Unterordnungsverhältnis zwischen

---

314 Das *Europäische Parlament* hat die Initiative der Niederlande am 2.9.2003 abgelehnt, NJW 2003, Heft 41, XII f.

315 Vgl. *Johner*, S. 132. Ebenso *Mankowski*, IPrax 2003, 21, 27: „Mit der Trennung der Gerichtsstände in solche für Klagen des Arbeitnehmers und solche für Klagen des Arbeitgebers erfolgt ... keine Hyperdifferenzierung, welche die Rechtsvereinheitlichung empfindlich stören würde. Unterschiedliche Schutzbedürfnisse rechtfertigen die personenbezogene Differenzierung.“

316 *Simons*, EuLF 2003, 163, 166.

317 *EuGH* Rs. C-125/92 „Mulox“, Slg. 1993, I-4075 ff, Tz. 18 u. 19; *EuGH* Rs. C-383/95 „Rutten“, Slg. 1997, I-57 ff, Tz. 17; *EuGH* Rs. C-37/00 „Weber“, Slg. 2002, I-2013 ff, Tz. 40. *Generalanwalt Jacobs* betont, dass diese Erwägung nicht so weit gehen kann, dass der Arbeitnehmer den Gerichtsstand wählen könnte oder anzunehmen wäre, dass der Gerichtsstand danach zu bestimmen ist, was für diesen am günstigsten ist. Vielmehr erfordert die Rechtssicherheit eine möglichst abstrakte und von der konkreten Situation des Arbeitnehmers unabhängige Beurteilung, Schlussanträge des *Generalanwalts Jacobs* zu EuGH Rs. C-37/00 „Weber“, Slg. 2002, I-2013 ff, Tz. 47.

Arbeitgeber und Arbeitnehmer manifestiert.[318] Darüber hinaus kann der gewöhnliche Arbeitsort nicht ohne weiteres einseitig durch den Arbeitgeber manipuliert werden:[319] Eine Veränderung des Arbeitsortes durch Entsendung des Arbeitnehmers ins Ausland ist nach deutschem materiellen Arbeitsrecht nicht mehr vom allgemeinen Weisungsrecht des Arbeitgebers umfasst und daher abhängig von der Zustimmung des Arbeitnehmers.[320] Die Anknüpfung an den gewöhnlichen Arbeitsort bietet im Gegensatz zu einer Anknüpfung an den gewöhnlichen Aufenthaltsort des Arbeitnehmers den Vorteil, eine Beeinflussung des arbeitsrechtlichen Dauerschuldverhältnisses durch eventuelle Wohnsitzwechsel zu vermeiden.[321] All diese vom Gedanken des Arbeitnehmerschutzes geprägten Erwägungen rechtfertigen es, den Gerichtsstand am gewöhnlichen Arbeitsort ausschließlich dem Arbeitnehmer zur Verfügung zu stellen. Dessen Schutz wird dadurch erheblich erweitert.[322]

2. Abgrenzung zu Art. 19 Nr. 2 lit. b EuGVVO

Die Existenz eines gewöhnlichen Arbeitsortes unterscheidet Art. 19 Nr. 2 lit. a EuGVVO von Art. 19 Nr. 2 lit. b EuGVVO: Letztere Vorschrift gelangt nur dann zur Anwendung, wenn sich ein gewöhnlicher Arbeitsort nicht lokalisieren lässt. Die genannten Arbeitnehmerschutzerwägungen gebieten eine weite Auslegung des Gerichtsstands am gewöhnlichen Arbeitsort.[323]

---

318 *Hoppe*, S. 147.

319 *Junker*, S. 181.

320 *Schaub/Koch/Linck*, Arbeitsrechtshandbuch, 11. Aufl. 2005, § 45, Rz. 14.

321 *Micklitz/Rott* geben unter Berufung auf *Kohler*, Die Revision des Brüsseler und des Luganer Übereinkommens über die gerichtliche Zuständigkeit und die Vollstreckung gerichtlicher Entscheidungen in Zivil- und Handelssachen – Generalia und Gerichtsstandsproblematik -, in: Gottwald, Revision des EuGVÜ – Neues Schiedsverfahrensrecht, 2000, S. 1, 17, zu Bedenken, ob nicht der Wohnsitz des Arbeitnehmers anstelle des gewöhnlichen Arbeitsortes vorzuziehen wäre, weil die prozessuale Chancengleichheit am Wohnsitz eher gewahrt sei, als an dem Ort, an dem auch der Arbeitgeber über eine eigene Organisation verfügt, *Micklitz/Rott*, EuZW 2001, 325, 332, Fn. 135. Dabei verkennen sie, dass *Kohler* diese Bedenken (nach Beendigung des Arbeitsverhältnisses muss sich der Arbeitnehmer möglicherweise außerhalb seines Wohnsitzstaats – am ehemaligen gewöhnlichen Arbeitsort – verteidigen, während der Arbeitgeber dort in der Regel über eine Organisation verfügt, auf die er sich im Prozess stützen kann) nur im Falle einer Klage des *Arbeitgebers* äußert, die Klagemöglichkeit am gewöhnlichen Arbeitsort nach Art. 19 Nr. 2 lit. a EuGVVO aber ausschließlich dem *Arbeitnehmer* offen steht.

322 Ebenso *Micklitz/Rott*, EuZW 2001, 325, 332; *Gottwald*, R.L.R. 2000, 61, 75, mit Vergleich der Regelung im Entwurf zum weltweiten Haager Zuständigkeits- und Vollstreckungsübereinkommen. Zweifelnd *Junker*, RIW 2002, 569, 575.

323 *Johner*, S. 87; *Valloni*, S. 307; *Holl*, IPrax 1997, 88, 90; *Dietze/Schnichels*, EuZW 1998, 485, 487; *Pertegás Sender*, Columbia Journal of European Law 1997, 292, 298; *Mankowski*, IPrax 2003, 21, 26. So auch der *EuGH*, der in den bislang entschiedenen Fällen mit der Anwendung des Gerichtsstands der einstellenden Niederlassung sehr zurückhaltend war, siehe dazu nachfolgend S. 109 f.

3. Begriff des „gewöhnlichen Arbeitsortes"

Kriterien, die im Einzelfall einen gewöhnlichen Arbeitsort kennzeichnen, werden weder in den offiziellen Berichten zum dritten Beitrittsübereinkommen des EuGVÜ bzw. zum LugÜ noch in den Verordnungsvorschlägen bzw. in den Erwägungsgründen zur EuGVVO genannt. Durch Auslegung sind daher die Wesensmerkmale des gewöhnlichen Arbeitsortes zu ermitteln. Nach seinem Wortlaut umfasst der gewöhnliche Arbeitsort zwei Komponenten: Der räumliche Bezug wird durch den Begriff des Arbeitsortes hergestellt; demgegenüber enthält das Merkmal „gewöhnlich" zeitliche und wertende Elemente.

a. Das Merkmal „Arbeitsort"

Das Merkmal „Arbeitsort" dient der räumlichen Bestimmung des konkreten Arbeitsortes. Maßgeblich ist insoweit die physische Anwesenheit des Arbeitnehmers. Verrichtet ein Arbeitnehmer seine Arbeit von zu Hause aus und ist er lediglich per Computer mit seinem Arbeitgeber verbunden (ortsfeste Telearbeit), so liegt sein Arbeitsort zu Hause, auch wenn er in den betrieblichen Arbeitsprozess eingegliedert ist.[324]

(1) Tätigkeit in Bezug auf ein Staatsgebiet

Art. 19 Nr. 2 lit. a EuGVVO spricht vom *„Ort*, an dem der Arbeitnehmer gewöhnlich seine Arbeit verrichtet", während in Art. 19 Nr. 2 lit.b EuGVVO auf den Begriff *„Staat"* („verrichtet der Arbeitnehmer seine Arbeit nicht gewöhnlich in ein und demselben Staat") abgestellt wird. Insoweit kann aber unter dem gewöhnlichen Arbeitsort i.S.v. lit. a nur die Tätigkeit in Bezug auf ein Staatsgebiet, und nicht in Bezug auf einen Ort von mehreren Orten innerhalb eines Staates, verstanden werden.[325] Denn lit. a und b streben eine lückenlose Zuständigkeitsregelung in arbeitsvertraglichen Streitigkeiten an. Andernfalls wäre weder ein Gerichtsstand nach Art. 19 Nr. 2 lit. a EuGVVO noch nach Art. 19 Nr. 2 lit. b EuGVVO gegeben, wenn ein Arbeitnehmer lediglich an einem Ort tätig wird.

---

324 Ebenso *Mankowski*, in: Rauscher, Europäisches Zivilprozeßrecht, 2004, Art. 19, Rz. 11; *Trenner*, S. 101. A.A. für das internationale Privatrecht *Springer*, Virtuelle Wanderarbeit, 2003, S. 196 u. 342, die im Hinblick auf das Arbeitsstatut von Telearbeitern auf das Recht der arbeitsorganisatorischen Eingliederung, also den Ort der Zentrale, von dem aus der Telearbeiter gelenkt und dessen Tätigkeiten koordiniert werden, abstellt. In zuständigkeitsrechtlicher Hinsicht befürwortet jedoch auch sie ein materiales Verständnis des Arbeitsortes, a.a.O., S. 152.

325 *Johner*, S. 89. Ebenso *Trenner*, S. 102.

(2) Geographische Zuordnung zu einem Staatsgebiet

(a) Tätigkeit zu Lande

In den meisten Fällen wird die arbeitsvertraglich geschuldete Tätigkeit zu Lande erfolgen. Dann ist nach völkerrechtlichen Grundsätzen zu bestimmen, in welchem Staatsgebiet die Arbeit verrichtet wird.

(b) Tätigkeit zu Wasser

Schwieriger gestaltet sich demgegenüber die Beurteilung von Tätigkeiten, die zu Wasser verrichtet werden. Die Weltmeere sind grundsätzlich frei von staatlicher Gewalt.[326] Im Gegensatz dazu unterliegt das sog. Küstenmeer dem Staatsgebiet des angrenzenden Küstenstaats. Es wird definiert als Gebiet zwischen dem Festland und einer gedachten parallelen Linie zur Küste.[327] Wird eine Tätigkeit, meist in der Schiffahrt,[328] in diesem Gewässerbereich ausgeübt, so erfolgt sie im Hoheitsgebiet des angrenzenden Küstenstaats. Unter Umständen kann aber auch eine Arbeit außerhalb des Küstenmeeres als im Hoheitsgebiet des Küstenstaats verrichtet angesehen werden, wenn sie sich auf die Erforschung oder Ausbeutung der natürlichen Ressourcen von dessen Festlandsockel bezieht. Der *Gerichtshof* hatte im Fall „Weber" die Frage zu klären, ob eine Arbeit, die über dem niederländischen Teil des Festlandsockels zu Wasser verrichtet wird, dem niederländischen Hoheitsgebiet zuzurechnen ist.[329] In diesem Fall ging es um die Arbeit eines Kochs auf Schiffen und Bergbaueinrichtungen über dem niederländischen Festlandsockel. Mangels Regelung im europäischen Zivilprozessrecht griff der *EuGH* zur Beantwortung der Frage auf die Grundsätze des Völkerrechts[330] zurück. Danach stellt das Gebiet über dem Festlandsockel die Verlängerung des Landgebiets des Küstenstaats unter dem Meer dar.[331] Die von einem Arbeitnehmer auf festen oder schwimmenden Einrichtungen auf oder über dem an einen Mitgliedstaat angrenzenden Festlandsockel verrichtete Arbeit ist für die Anwendung von Art. 19 Nr. 2 EuGVVO als eine im Hoheitsgebiet dieses Staates verrichtete Arbeit anzusehen.[332]

---

326 *Ipsen/Menzel/Epping*, Kapitel 12, Rz. 2.

327 A.a.O., § 52, Rz. 4 ff: „12-Meilen-Zone".

328 Aber auch an die Tätigkeit von Tauchern ist zu denken.

329 *EuGH* Rs. C-37/00 „Weber", Slg. 2002, I-2013 ff, Tz. 26. Vgl. dazu *Mankowski*, IPrax 2005, 58 ff.

330 In concreto auf das Genfer Übereinkommen. Vgl. zu anderen denkbaren völkerrechtlichen Rechtsquellen *Mankowski*, IPrax 2003, 21, 22.

331 *EuGH* Rs. C-37/00 „Weber", Slg. 2002, I-2013 ff, Tz. 34.

332 A.a.O., Tz. 36. A.A. *Trenner*, S. 105, der nur das Küstenmeer, nicht aber den Festlandsockel als maßgeblich erachtet. Vgl. allgemein zur Anknüpfung der Arbeitsverhältnisse von seefahrendem Schiffsper-

(c) Tätigkeit im Luftraum

Das Hoheitsgebiet eines Staates erstreckt sich auch auf den Luftraum über dem Boden und dem Küstenmeer.[333] Dementsprechend liegt für das Flugpersonal auf innerdeutschen Flügen der Arbeitsort im Hoheitsgebiet Deutschlands.

(d) Tätigkeit in Botschaftsgebäuden

Bei arbeitsrechtlichen Streitigkeiten zwischen Botschaften und ihrem Ortspersonal ist zunächst die Frage der Gerichtsbarkeit zu klären.[334] Handelt es sich nach der restriktiven Immunitätstheorie nicht um eine genuin hoheitliche Aufgabenerfüllung,[335] so ist die inländische Gerichtsbarkeit gegeben und im Anschluss daran ist die internationale Zuständigkeit zu prüfen. In diesem Zusammenhang erscheint nicht offenkundig, in welchem Staatsgebiet sich der Arbeitsort befindet. Denn eine Botschaft untersteht allein der Souveränität des Staates, zu dem sie gehört. Das Botschaftsgelände wird dadurch jedoch nicht zum ausländischen Staatsgebiet. Vielmehr beruht die Unverletzlichkeit des Botschaftsgebäudes mittelbar auf der persönlichen Immunität der Botschaftsangehörigen.[336] Demnnach arbeitet eine Ortskraft der belgischen Botschaft in Berlin auf deutschem Boden; ihr Arbeitsort liegt in Deutschland. Dieses Ergebnis überzeugt auch unter Wertungsgesichtspunkten: Für den Arbeitnehmer, der im Staat des Arbeitsortes lebt und seiner Beschäftigung nachgeht, wäre es nicht zumutbar, den staatlichen Arbeitgeber in dessen Heimatstaat verklagen zu müssen.

(3) Örtliche Zuständigkeitsbestimmung bei wechselnden Arbeitsorten innerhalb eines Mitgliedstaats

Wie bereits auf S. 52 dargestellt wird in Art. 19 Nr. 2 lit. a EuGVVO neben der internationalen Zuständigkeit auch die örtliche Zuständigkeit geregelt. Verrichtet der Arbeitnehmer seine Tätigkeit gewöhnlich in einem einzigen Mitgliedstaat, dort allerdings an wechselnden Arbeitsorten, ohne sie jedoch an einem spezifischen Ort zu verrichten, so sieht der *Jenard/Möller*-Bericht für das LugÜ vor, das örtlich zuständige Gericht anhand der na-

---

sonal, *Mankowski*, IPRax 2003, 21, 26 f. Zum seltenen Fall der Arbeitsverrichtung in staatsfreiem Gebiet siehe nachfolgend S. 108.

333 *Verdross/Simma*, S. 664 ff.

334 Zur Gerichtsbarkeit in einer derartigen Fallkonstellation vgl. BAGE 87, 144, 149. Streitgegenstand bildete in diesem Fall eine von der amerikanischen Botschaft in Bonn ausgesprochene Änderungskündigung gegenüber einer bei ihr beschäftigten Ortskraft, einem Aufzugsmonteur; vgl. dazu *Krebber*, IPrax 1999, 164, 165.

335 Vgl. dazu *Mankowski*, IPrax 2001, 123 f.

336 *Trenner*, S. 104.

tionalen Vorschriften zu bestimmen.[337] Demgegenüber will *Kropholler* keinesfalls auf das nationale Zuständigkeitsrecht zurückgreifen, sondern den Schwerpunkt des Arbeitsverhältnisses in dem betreffenden Staat ermitteln, um so die örtlich zuständigen Gerichte verordnungsautonom zu bestimmen.[338] *Trenner* sieht in diesen beiden Auffassungen keinen Widerspruch: Er schlägt einen Rückgriff auf das nationale Zuständigkeitsrecht für diejenigen Fälle vor, in denen eine verordnungsautonome Schwerpunktbestimmung nicht möglich ist.[339] Nur so sei der Verweis auf die nationalen Vorschriften im *Jenard/Möller*-Bericht zu verstehen (“ohne sie jedoch an einem spezifischen Ort zu verrichten”). Letztlich dürfte einer autonomen Schwerpunktbestimmung der Vorzug einzuräumen sein, insbesondere weil kein Grund ersichtlich ist, anders zu verfahren als im Rahmen von Art. 5 Nr. 1 EuGVVO, wo einhellig ein Rückgriff auf nationales Zuständigkeitsrecht ausgeschlossen wird. In schwierigen Sachverhaltskonstellationen, in denen kein Schwerpunkt des Arbeitsverhältnisses ermittelbar ist, wird auch im Hinblick auf die örtliche Zuständigkeit verordnungsautonom auf die einstellende Niederlassung abzustellen sein.

b. Das Merkmal „gewöhnlich“

Mit dem Merkmal „gewöhnlich“ soll eine Häufung von Gerichtsständen vermieden werden, wenn die Arbeit in mehreren Mitgliedstaaten verrichtet wird. Die EuGVVO kann nicht so ausgelegt werden, dass an jedem Arbeitsort in den Mitgliedstaaten ein Gerichtsstand besteht. Vielmehr wird durch das Erfordernis des *gewöhnlichen* Arbeitsortes die internationale Zuständigkeit konzentriert, um auf diese Weise der Gefahr einander widersprechender Entscheidungen zu begegnen.[340] Gleichzeitig wird aber damit für das zwischen Arbeitnehmer und Arbeitgeber bestehende Dauerschuldverhältnis, das unter Umständen jahrzehntelang andauern und infolgedessen auch Veränderungen unterliegen kann, stets ein Gerichtsstand bereit gehalten, welcher der aktuellen Arbeitssituation entspricht.[341]

Die grundlegende Frage lautet daher: Wann wird ein Arbeitsort zum gewöhnlichen Arbeitsort?

---

[337] ABl. EG 1990 Nr. C 189/57, 73. Ebenso *Johner*, S. 90; *Mankowski*, IPrax 1999, 332, 335, Fn. 52 (für das EuGVÜ).

[338] *Kropholler*, Europäisches Zivilprozeßrecht, 7. Aufl. 2002, Art. 19, Rz. 9. Ebenso *Valloni*, S. 315: Das Gericht soll prüfen, ob im konkreten Fall der „gewöhnliche Arbeitsort“ unter Berücksichtigung einer verordnungsautonomen Auslegung dieses Begriffs tatsächlich im Gerichtsbezirk liegt.

[339] *Trenner*, S. 102, Fn. 464.

[340] *EuGH* Rs. C-125/92 „Mulox“, Slg. 1993, I-4075 ff, Tz. 21 u. 23; *EuGH* Rs. C-383/95 „Rutten“, Slg. 1997, I-57 ff, Tz. 18; *EuGH* Rs. C-37/00 „Weber“, Slg. 2002, I-2013 ff, Tz. 42.

[341] *Hoppe*, S. 145; *Trenner*, S. 100.

(1) „Tatsächlicher" Arbeitsort

Nachdem der gewöhnliche Arbeitsort den Erfüllungsort für die vertragscharakteristische Leistung des Arbeitsverhältnisses bildet,[342] muss Ausgangsbasis der Auslegung die arbeitsvertraglich geschuldete Arbeitsleistung sein. Danach kann unter dem gewöhnlichen Arbeitsort nur ein Ort verstanden werden, an dem der Arbeitnehmer die mit seinem Arbeitgeber vereinbarten Tätigkeiten *tatsächlich* ausübt.[343] In Betracht kommt also lediglich ein *faktischer* Arbeitsort.[344] Andernfalls wäre es für den Arbeitgeber einfach, den Gerichtsstand zu manipulieren.[345] Es kann also grundsätzlich keinen gewöhnlichen Arbeitsort geben, der nicht auch faktischer Arbeitsort ist.[346] Zu klären bleibt jedoch die Frage, wann ein faktischer Arbeitsort zum gewöhnlichen Arbeitsort wird.

(2) Komponenten des Merkmals „gewöhnlich"

Seinem Wortlaut nach umfasst das Merkmal „gewöhnlich" neben einer zeitlichen Komponente i.S.v. „dauerhaft" auch wertende Elemente. „Gewöhnlich" kann auch i.S.v. „alltäglich", „üblich", oder „vertraut" verstanden werden. Der *EuGH* hat diese beiden Komponenten im Urteil „Weber" erstmals ausdrücklich benannt, wo er von einem „zeitlichen Kriterium"[347] und einem „qualitativen Kriterium"[348] spricht.

Freilich ist mit der Berücksichtigung qualitativ-wertender Elemente die Gefahr verbunden, dass Parteiinteressen in die Auslegung des Merkmals „gewöhnlich" einfließen, es dadurch zu unerwünschten Manipulationen kommen kann und die Gerichtsstandsfrage deswegen nicht mehr vorhersehbar ist.[349] Der Manipulationsgefahr kann jedoch insoweit begegnet werden, als lediglich solche qualitativ-wertende Elemente Berücksichtigung finden, die sich konkretisiert haben und objektiv nachweisbar sind. Zudem verhindern die Einbeziehung des Zeitfaktors sowie das Erfordernis eines faktischen Arbeitsortes, dass der gewöhnliche Arbeitsort seines zeitlichen und räumlichen Bezugs beraubt wird.

---

342 Zur Entwicklung des gewöhnlichen Arbeitsortes in der Rechtsprechung des *EuGH* siehe oben S. 22 f.
343 *EuGH* Rs. C-125/92 „Mulox", Slg. 1993, I-4075 ff, Tz. 20; *EuGH* Rs. C-383/95 „Rutten", Slg. 1997, I-57 ff, Tz. 15; *EuGH* Rs. C-37/00 „Weber", Slg. 2002, I-2013 ff, Tz. 41.
344 Ebenso *Trenner*, S. 108.
345 Zur Unzulässigkeit arbeitsvertraglicher Erfüllungsortvereinbarungen siehe oben S. 28 ff.
346 Zu den Ausnahmen siehe nachfolgend S. 79 ff.
347 *EuGH* Rs. C-37/00 „Weber", Slg. 2002, I-2013 ff, Tz. 52.
348 A.a.O., Tz. 51.
349 *Trenner*, S. 107; *Hoppe*, S. 148 f.

Bevor geklärt wird, welche qualtitativ-wertenden Elemente bei der Beurteilung in Betracht kommen, soll zunächst das grundsätzliche Verhältnis von zeitlichen und qualitativ-wertenden Kriterien dargestellt werden.

(3) Verhältnis von Zeitfaktor und qualitativ-wertenden Kriterien

Insgesamt existieren drei Entscheidungen, die sich näher mit der Ermittlung des gewöhnlichen Arbeitsortes befassen. Das Urteil „Mulox"[350] erging noch zu Art. 5 Nr. 1 EuGVÜ a.F., während die Urteile „Rutten"[351] und „Weber"[352] sich mit Art. 5 Nr. 1 2./3. HS EuGVÜ auseinandersetzen. Weitaus wichtiger für die Bewertung von Zeitfaktor und qualitativ-wertenden Elementen sind jedoch die diesen Entscheidungen zugrunde liegenden Sachverhaltskonstellationen und damit die Art der ausgeübten Tätigkeit. In „Mulox"[353] und „Rutten"[354] war die Tätigkeit des Arbeitnehmers jeweils mit häufigen Geschäftsreisen verbunden. In beiden Fällen hatte sich der Arbeitnehmer ein Büro eingerichtet, von dem aus er seine Tätigkeit für den Arbeitgeber organisierte und wohin er immer nach seinen Auslandsreisen zurückkehrte. Demgegenüber handelte es sich im Fall „Weber"[355] um einen Koch, der auf Schiffen und Bergbaueinrichtungen arbeitete.

Grundsätzlich ist bei einer Tätigkeitsverrichtung in mehreren Mitgliedstaaten nach der Rechtsprechung des *EuGH* der gewöhnliche Arbeitsort derjenige, an dem oder von dem aus der Arbeitnehmer unter Berücksichtigung aller Umstände des Einzelfalls den *wesentlichen Teil* seiner Verpflichtungen gegenüber seinem Arbeitgeber *tatsächlich* erfüllt.[356]

---

[350] *EuGH* Rs. C-125/92 „Mulox", Slg. 1993, I-4075 ff.

[351] *EuGH* Rs. C-383/95 „Rutten", Slg. 1997, I-57 ff.

[352] *EuGH* Rs. C-37/00 „Weber", Slg. 2002, I-2013 ff.

[353] Im Fall „Mulox" handelte es sich um einen niederländischen Staatsangehörigen, der bei einer Gesellschaft englischen Rechts mit Sitz in Großbritannien als Direktor für internationales Marketing angestellt war. Zu diesem Zweck hatte sich der Arbeitnehmer ein Büro an seinem Wohnsitz in Frankreich eingerichtet, von wo aus er häufig Geschäftsreisen nach Deutschland, Belgien, den Niederlanden und in die skandinavischen Länder unternahm.

[354] Im Fall „Rutten" wurde ein in den Niederlanden wohnender Arbeitnehmer bei einer in London ansässigen Gesellschaft englischen Rechts beschäftigt. Er übte seine Arbeit zu zwei Dritteln von seinem Büro in den Niederlanden aus. Das verbleibende Drittel verbrachte er auf Geschäftsreisen in Großbritannien, Belgien, Deutschland und den USA, von welchen er immer in sein Büro in den Niederlanden zurückkehrte. Sein Gehalt wurde ihm in Pfund Sterling ausbezahlt.

[355] Im Fall „Weber" arbeitete ein Koch, der seinen Wohnsitz in Deutschland in Deutschland hatte, für eine schottische Gesellschaft über dem niederländischen Festlandsockel auf Schiffen oder Bergbaueinrichtungen und an Bord eines in dänischen Gewässern eingesetzten Kranschiffes.

[356] *EuGH* Rs. C-37/00 „Weber", Slg. 2002, I-2013 ff, Tz. 58 (Hervorhebung nicht im Original).

(a) Tätigkeitsstruktur

Inwieweit dieser „wesentliche Teil" anhand quantitativer (Zeitfaktor) und/oder qualitativer Elemente zu ermitteln ist,[357] beurteilt sich nach der Art der ausgeübten Tätigkeit. Verrichtet der Arbeitnehmer für den Arbeitgeber *dieselbe* Tätigkeit in mehr als einem Mitgliedstaat, kommt es grundsätzlich darauf an, wo der Arbeitnehmer den *größten Teil seiner Arbeitszeit* geleistet hat.[358] „In einem Fall ... , in dem der Arbeitnehmer während des gesamten betroffenen Beschäftigungszeitraums *durchgehend dieselbe* Tätigkeit für seinen Arbeitgeber ausgeübt hat, ... , ist nämlich das *qualitative Kriterium*, das auf die *Natur* oder die *Bedeutung* der an verschiedenen Orten der ... [Mitgliedstaaten] verrichteten Arbeit abstellt, ohne jede Relevanz."[359] Der *EuGH* betont, dass im Fall „Weber" der Arbeitnehmer – anders als in „Rutten" und „Mulox" – gerade über *kein Büro* verfügte, das den tatsächlichen Mittelpunkt seiner Berufstätigkeit bildete und von dem aus er seine Verpflichtungen gegenüber seinem Arbeitgeber hauptsächlich erfüllte.[360] Darüber hinaus übte er im gesamten Beschäftigungszeitraum durchgehend dieselbe Tätigkeit aus.[361]

(i) „Durchgehend dieselbe Tätigkeit"

Der *Gerichtshof* differenziert demnach zwischen einer vorwiegend durch Reisetätigkeit geprägten Arbeit wie in „Mulox" oder „Rutten" und einer Tätigkeit wie in „Weber", welche sich durchgehend als „dieselbe" erweist. Die Formulierung des *EuGH* legt den Schluss nahe, dass in „Mulox" und „Rutten" gerade nicht „durchgehend dieselbe" Tätigkeit verrichtet wurde,[362] weil etwa vom Büro aus Verwaltungsarbeiten erledigt und im Gegensatz dazu auf Geschäftsreisen Kundengespräche, Verhandlungen etc. geführt wurden.[363] Zu diesem Verständnis steht die in Tz. 52 des Urteils „Weber" getroffene Aussage im Widerspruch, wonach das Abstellen auf das zeitliche Kriterium (bei durchgehend derselben Tätigkeit) logisch voraussetzt, den gesamten Zeitraum der Tätigkeit bei der Bestimmung des Ortes zu berücksichtigen, an dem der Arbeitnehmer den *bedeutendsten* Teil seiner Arbeit

---

357 „Wesentlich" beinhaltet eine quantitative, zeitliche Komponente; es kann aber auch i.S.v. „charakteristisch", „zentral", „wichtig" verstanden werden, vgl. *Trenner*, S. 117.
358 A.a.O., Tz. 50.
359 A.a.O., Tz. 51 (Hervorhebung nicht im Original).
360 A.a.O., Tz. 48.
361 A.a.O., Tz. 51.
362 Die Formulierung „durchgehend dieselbe Tätigkeit" verwendet der *EuGH* erstmalig im Urteil „Weber".
363 Zu dieser möglichen Sichtweise der Arbeitsaufteilung im Fall „Mulox" vgl. *Hartley*, European Law Review 1994, 540, 542: „It all depends on what one regards as the relevant ‚work': if visiting customers or salesmen was the real work and the activities in the office mere backup, the latter solution [the employee did not habitually work in any one country] would seem correct."

verrichtet hat und an dem – in einem solchen Fall – der Schwerpunkt des Arbeitsverhältnisses liegt. Soweit aber *durchgehend dieselbe* Tätigkeit ausgeübt wird, ist eine Differenzierung nach bedeutenderen und weniger bedeutenderen Abschnitten der Beschäftigung sinnlos.[364] Darüber hinaus erscheint unklar, warum der bedeutendere Teil der Arbeit und damit der Schwerpunkt des Arbeitsverhältnisses *Voraussetzung* für das Abstellen auf den Zeitfaktor bilden. Mit dem zeitlichen Kriterium soll ja der Schwerpunkt des Arbeitsverhältnisses gerade erst ermittelt werden.[365]

Freilich kann mit einer „durchgehend identischen Tätigkeit im gesamten Beschäftigungszeitraum“ auch gemeint sein, dass die Tätigkeitsstruktur des Arbeitnehmers insgesamt dieselbe bleiben muss, also beispielsweise der Arbeitnehmer nicht zuerst als Koch, anschließend als Kellner und schließlich als Barkeeper eingesetzt wird. Dagegen spricht jedoch, dass sich die Tätigkeitsstruktur in den Fällen „Mulox“ und „Rutten“ im Verlauf der Beschäftigung nicht änderte. In „Mulox“ war der Arbeitnehmer beispielsweise von Anfang bis Ende des Arbeitsverhältnisses als Direktor für internationales Marketing tätig.

Es erscheint daher nicht geeignet, die Unterscheidung zwischen „Mulox“ und „Rutten“ einerseits und „Weber“ andererseits ausschließlich anhand der Formulierung der „durchgehend identischen Tätigkeit“ vorzunehmen. Der Wortlaut „dieselbe Tätigkeit“ ist insoweit missverständlich.

(ii) „Büro“

Vielmehr liegt es nahe, auf das in Tz. 48 des Urteils „Weber“ betonte Unterscheidungsmerkmal eines „Büros“ abzustellen. Das Büro bildet den Stützpunkt oder Fixpunkt der beruflichen Tätigkeit dar,[366] der eine regelmäßige Rückkehr garantiert.[367] Es gibt Berufsbilder,

---

[364] Denkbar erscheint lediglich, dass eine Tätigkeit deswegen weniger bedeutend ist, weil sie zur Aushilfe verrichtet wird. Dennoch wird sie als „dieselbe“ Arbeit gewertet werden können.

[365] Im Übrigen erscheint es widersprüchlich, wenn der *EuGH* in Rs. C-37/00 „Weber“, Slg. 2002, I-2013 ff, Tz. 51, die Irrelevanz von „Natur“ und „Bedeutung“ der Arbeit für eine durchgehend identische Tätigkeit feststellt, in Tz. 52, aber auf den „bedeutendsten Teil“ der verrichteten Arbeit abstellt.

[366] In diesem Sinne auch Schlussanträge des *Generalanwalts Jacobs* zu EuGH Rs. C-37/00 „Weber“, Slg. 2002, I-2013 ff, Tz. 50. In den Schlussanträgen des *Generalanwalts Jacobs* zu EuGH Rs. C-437/00 „Pugliese“, Slg. 2003, I-3573 ff, Tz. 32, wird vom „festen Standort“ des Arbeitnehmers für seine Arbeit gesprochen.

[367] Dass sich das Büro sowohl im Fall „Mulox“ als auch in „Rutten“ am Wohnsitz des Arbeitnehmers befand, ist für die Beurteilung nicht entscheidend, vgl. Schlussanträge des *Generalanwalts Jacobs* zu EuGH Rs. C-383/95 „Rutten“, Slg. 1997, I-57 ff, Tz. 36; Schlussanträge des *Generalanwalts Jacobs* zu EuGH Rs. C-125/92 „Mulox“, Slg. 1993, I-4075 ff, Tz. 34. Der *EuGH* erwähnt den Wohnsitz nur in „Mulox“, *EuGH* Rs. C-125/92 „Mulox“, Slg. 1993, I-4075 ff, Tz. 26 („von einem Büro in einem Vertragsstaat aus erfüllt hat, wo er seinen Wohnsitz begründet hatte, von wo aus er seiner Tätigkeit nachging und wohin er nach jeder Geschäftsreise zurückkehrte.“), hingegen nicht mehr in „Rutten“.

wie die eines Vertreters, eines Journalisten[368] oder eines LKW-Fahrers, bei denen der Arbeitnehmer über einen Stützpunkt, meist in Form eines Büros, verfügt, an dem er gewisse Tätigkeiten verrichtet, von dem aus er seine Arbeit organisiert und zu dem er immer wieder zurückkehrt.

Fehlt ein derartiger Stützpunkt und wird der Arbeitnehmer an wechselnden Einsatzorten tätig, ohne dazwischen zu einem Büro oder dergleichen zurückzukehren, so handelt es sich um eine Tätigkeit wie im Fall „Weber“. In Betracht kommen hier insbesondere Berufsbilder wie Monteure, internationale trouble-shooter oder Tournee-Ensembles.[369]

(b) Einfluss der Tätigkeitsstruktur auf die Gewichtung

(i) Fehlendes festes „Büro“ bzw. Stützpunkt

Bei Tätigkeiten *ohne* festes Büro bzw. Stützpunkt ist grundsätzlich allein auf das *zeitliche Kriterium* abzustellen. Maßgeblich ist der Ort, an dem der Arbeitnehmer den größten Teil seiner Arbeitszeit gearbeitet hat. „Nur wenn aufgrund der tatsächlichen Umstände des jeweiligen Falles der Gegenstand des Rechtsstreits eine *engere Verknüpfung* mit einem anderen Arbeitsort aufweist, kommt der ... Grundsatz nicht zum Tragen.“[370] Die Ermittlung des gewöhnlichen Arbeitsortes muss sich in diesen Fällen vorrangig am Zeitfaktor orientieren, nur ausnahmsweise sind qualitativ-wertende Elemente in die Beurteilung einzubeziehen.

Mit dieser Rechtsprechung über die „im Einzelfall engere Verknüpfung“ schafft der *EuGH* letztlich eine Parallele zur kollisionsrechtlichen Regelung in Art. 6 Abs. 2 lit. b a.E. EVÜ,[371] wo der Vorbehalt „engerer Verbindungen zu einem anderen Staat“ kodifiziert ist. In Art. 19 Nr. 2 EuGVVO wurde ein solcher Vorbehalt aber gerade nicht aufgenommen. Umso bemerkenswerter erscheint es daher, dass sich der *Gerichtshof* bewusst darüber hinwegsetzt. Dennoch ist es m.E. sachgerecht, den grundsätzlichen Vorrang des Zeitmoments im Einzel-

---

368 Je nachdem, ob der Journalist vorwiegend in einer Redaktion („Stützpunkt“) arbeitet und nur anlässlich aktueller Reportagen diesen „Stützpunkt“ verlässt und anschließend dorthin zurückkehrt oder ob er unabhängig von einem festen Redaktionssitz von „unterwegs“ aus arbeitet.

369 Freilich wird es sich häufig (jedoch nicht zwangsläufig) bei diesen Berufsbildern letztlich um einen Fall des Art. 19 Nr. 2 lit. b EuGVVO handeln (wie in der Entscheidung „Weber“). Dennoch ist immer zunächst zu prüfen, ob – auch bei diesen Berufen – ein gewöhnlicher Arbeitsort ermittelt werden kann, so wie es der *EuGH* im Fall „Weber“ getan hat. A.A. *Gaudemet-Tallon*, Rev. crit. dr. internat. privé 1997, 341, 344, die generell bei Fehlen eines „Büros“ Art. 19 Nr. 2 lit. b EuGVVO anwenden will.

370 *EuGH* Rs. C-37/00 „Weber“, Slg. 2002, I-2013 ff, Tz. 53 (Hervorhebung nicht im Original).

371 Art. 6 Abs. 2 lit. b a.E. EVÜ lautet:
„... es sei denn, daß sich aus der Gesamtheit der Umstände ergibt, daß der Arbeitsvertrag oder das Arbeitsverhältnis *engere Verbindungen* zu einem anderen Staat aufweist; in diesem Fall ist das Recht dieses anderen Staates anzuwenden.“ (Hervorhebung nicht im Original).

fall durch Berücksichtigung qualitativ-wertender Kriterien und damit „engerer Verknüpfungen“ widerlegen zu können.

(ii) Festes „Büro“ bzw. Stützpunkt

Demgegenüber sind bei Tätigkeiten *mit* festem Büro bzw. Stützpunkt grundsätzlich Zeitfaktor *und* qualitativ-wertende Elemente zu berücksichtigen.[372] Dies bringt der *Gerichtshof* bereits im Fall „Rutten“ zum Ausdruck, wo er sowohl auf den Ort abstellt, an dem der Arbeitnehmer den größten Teil seiner Arbeitszeit zubringt,[373] wobei er diese Arbeitszeit konkret mit zwei Dritteln der Berufstätigkeit beziffert, als auch das Büro des Arbeitnehmers als denjenigen Ort berücksichtigt, den dieser zum tatsächlichen Mittelpunkt seiner Tätigkeit gemacht hat, da er von dort aus seine Tätigkeit für den Arbeitgeber organisiert und dorthin nach jeder Geschäftsreise zurückkehrt.[374] Damit fließen auch nicht-zeitliche, qualitativ-wertende Elemente ein.[375]

Freilich scheint es sich auf den ersten Blick um einen Zirkelschluss zu handeln, wenn das Büro bzw. Stützpunkt einerseits als Differenzierungsmerkmal, andererseits als qualitativ-wertendes Element gebraucht wird. Ein Büro oder Stützpunkt beinhaltet jedoch stets auch eine qualitative Wertung.[376] Im Fall „Rutten“ und „Mulox“ hat der *Gerichtshof* lediglich darauf verzichtet, weitere qualitativ-wertende Elemente aufzuzählen. Dies ist hingegen mit der Entscheidung „Weber“ geschehen, in welcher „Natur“ und „Bedeutung“ der verrichteten Arbeit[377] sowie der „klare Wille der Parteien“[378] benannt werden.

Insgesamt trennt der *EuGH* jedoch nicht immer stringent zwischen zeitlichen und qualitativ-wertenden Merkmalen. So heißt es beispielsweise im Urteil „Rutten“, dass sich die Ausle-

---

372 Ebenso *Gaudemet-Tallon*, Rev. crit. dr. internat. privé 1997, 341, 344: „Le critère temporel est utilisé, mais ce n'est qu'un élément parmi d'autres.“; *Pertegás Sender*, Columbia Journal of European Law 1997, 292, 296. A.A. Stellungnahme der *Kommission*, in: Schlussanträge des *Generalanwalts Jacobs* zu EuGH Rs. C-383/95 „Rutten“, Slg. 1997, I-57 ff, Tz. 33, in welcher die Auffassung vertreten wird, dass dem Wortlaut „gewöhnlich“ ein stärkerer zeitlicher Bezug immanent ist als dem Wort „hauptsächlich“ und daher die konkrete Anzahl der am jeweiligen Arbeitsort verbrachten Tage zu ermitteln ist, welche dann vorrangig über den gewöhnlichen Arbeitsort entscheidet.

373 *EuGH* Rs. C-383/95 „Rutten“, Slg. 1997, I-57 ff, Tz. 27.

374 A.a.O., Tz. 25: „... der Arbeitnehmer zu zwei Dritteln in einem Vertragsstaat ausübte – den übrigen Teil seiner Arbeitsleistung erbrachte er in mehreren anderen Staaten – *und* daß er in diesem Vertragsstaat ein Büro hatte, von dem aus er seine Arbeit für seinen Arbeitgeber organisierte und wohin er nach jeder im Zusammenhang mit seiner Arbeit stehenden Auslandsreise zurückkehrte.“ (Hervorhebung nicht im Original).

375 Dieses Ergebnis wird bestätigt durch den Umkehrschluss aus *EuGH* Rs. C-37/00 „Weber“, Slg. 2002, I-2013 ff, Tz. 51.

376 Vgl. dazu *Pertegás Sender*, Columbia Journal of European Law 1997, 292, 296. Siehe dazu auch nachfolgend S. 70.

377 *EuGH* Rs. C-37/00 „Weber“, Slg. 2002, I-2013 ff, Tz. 51.

gung auf den Ort beziehen muss, „den der Arbeitnehmer als tatsächlichen Mittelpunkt seiner Berufstätigkeit gewählt hat *oder* an oder von dem aus er den wesentlichen Teil seiner Verpflichtungen gegenüber dem Arbeitnehmer tatsächlich erfüllt."[379] Diese Alternativität erstaunt, weil der tatsächliche Mittelpunkt der Berufstätigkeit lediglich *ein* qualitativ-wertendes Element zur Bestimmung des Ortes darstellt, an dem der wesentliche Teil der Verpflichtungen erfüllt wird.[380] Dieses Element ist im Fall „Rutten" auch nicht derart stark ausgeprägt, dass der Zeitfaktor völlig außer Acht zu lassen wäre, wie der *Gerichtshof* in Tz. 25 und 27[381] beweist.

Der *Gerichtshof* trifft keine Aussage darüber, wie Zeitfaktor und qualitativ-wertende Elemente bei Tätigkeiten mit festem Büro zu gewichten sind, ob also zugunsten des Zeitfaktors eine Vermutungswirkung besteht, die im Einzelfall widerlegt werden kann. Im Fall „Rutten" weisen sowohl der Zeitfaktor als auch das „Büro" als qualitativ-wertendes Element in dieselbe Richtung. Der *EuGH* lässt offen, welchem der beiden Kriterien Vorrang gebührt, soweit diese in verschiedene Mitgliedstaaten deuten.[382] Dies wäre beispielsweise der Fall gewesen, wenn das Zwei-Drittel-Schwergewicht der Tätigkeit in „Rutten" nicht bei der Arbeit im Büro in den Niederlanden, sondern auf Geschäftsreisen in anderen Mitgliedstaaten gelegen hätte. Deutlicher ist demgegenüber *Generalanwalt Jacobs*: „Einem derartigen tatsächlichen Mittelpunkt seiner Berufstätigkeit [gemeint ist ein Büro als beruflicher Stützpunkt des Arbeitnehmers] könnte auch dann entscheidendes Gewicht beizumessen sein, wenn der Arbeitnehmer seine Arbeitszeit überwiegend in einem anderen Vertragsstaat verbracht hat."[383] In einem solchen Fall sind seiner Ansicht nach jedoch alle Umstände, nicht nur die an jedem Ort verbrachte Zeit, sondern auch Art und Bedeutung der jeweils geleisteten Arbeit, zu berücksichtigen.[384]

Im Gegensatz dazu geht *Mankowski* anhand einer Faustformel generell vom Vorrang des Zeitfaktors aus: „Wenn ein Arbeitnehmer mindestens 60 % seiner Arbeitszeit an einem be-

---

378 A.a.O., Tz. 54.

379 *EuGH* Rs. C-383/95 „Rutten", Slg. 1997, I-57 ff, Tz. 23.

380 Siehe dazu auch nachfolgend S. 69.

381 Siehe oben Fn. 374.

382 *Pertegás Sender*, Columbia Journal of European Law 1997, 292, 296: „The Court did not specify whether the factor ‚time' or the factor ‚office' should prevail if these two elements should point to different Contracting States."

383 Schlussanträge des *Generalanwalts Jacobs* zu EuGH Rs. C-37/00 „Weber", Slg. 2002, I-2013 ff, Tz. 50. Vgl. auch Schlussanträge des *Generalanwalts Jacobs* zu EuGH Rs. C-383/95 „Rutten", Slg. 1997, I-57 ff, Tz. 34. Ebenso *Auer*, in: Bülow/Böckstiegel u.a., Der internationale Rechtsverkehr in Zivil- und Handelssachen, 23. EL 2000, Art. 5, Rz. 34: „so liegt am Ort dieses Büros auch dann sein Erfüllungsort, selbst wenn er überwiegend reist."

384 Schlussanträge des *Generalanwalts Jacobs* zu EuGH Rs. C-37/00 „Weber", Slg. 2002, I-2013 ff, Tz. 50.

stimmten Ort verbringt, ist dieser Ort der einzige gewöhnliche Arbeitsort."[385] Diese Vermutung kann nur dann widerlegt werden, wenn die verbleibende Arbeitszeit an lediglich einem weiteren Ort verbracht wird und einen hinreichend hohen Anteil an der gesamten Arbeitszeit darstellt, „also insbesondere eine 60/40-Verteilung oder eine 55/45-Verteilung vorliegt."[386] Dagegen genügen nach seiner Ansicht 90/10- oder 80/20-Verteilungen keinesfalls.[387]

Eine abstrakte Gewichtung der Faktoren erweist sich als schwierig. Oftmals werden zeitliche und wertende Elemente eng miteinander verbunden sein.[388] Zuzustimmen ist der Auffassung des *Gerichtshofs*, wonach Zeitfaktor und qualitativ-wertende Elemente grundsätzlich gleichberechtigt nebeneinander stehen. Entscheidend sind die jeweiligen Umstände des Einzelfalls. Kann nach einer Gesamtschau aller zu berücksichtigender Elemente kein eindeutiges Ergebnis gefunden werden, so spricht m.E. eine Vermutungswirkung zugunsten des Zeitfaktors, die aber durch konkrete anderweitige Umstände, also qualitativ-wertende Elemente, die in einen andere Richtung als das Zeitkriterium weisen, widerlegt werden kann.[389] Die Vermutungswirkung zugunsten des Zeitfaktors wird nicht zuletzt dadurch gerechtfertigt, dass es sich beim Zeitkriterium um ein objektiv nachweisbares, dem Grunde nach einfach[390] zu ermittelndes Element handelt, was insbesondere im Hinblick auf Rechtssicherheit und Vorhersehbarkeit der internationalen Zuständigkeit von Bedeutung ist. Der Zeitfaktor wiegt umso schwerer, je länger ein Auslandsaufenthalt andauert.[391]

(4) Qualitativ-wertende Kriterien

Bislang wurde lediglich das „Büro" i.S. eines festen Standortes als qualitativ-wertendes Element (und zugleich Differenzierungsmerkmal in der Judikatur des *EuGH*) erwähnt. Im Folgenden sollen weitere qualitativ-wertende Kriterien vorgestellt werden, die im Einzelfall auf die Schwerpunktbestimmung des Arbeitsverhältnisses von Einfluss sein können. Dabei

---

385 *Mankowski*, IPrax 1999, 332, 336.

386 A.a.O.

387 Ähnlich Stellungnahme der *Kommission*, in: Schlussanträge des *Generalanwalts Jacobs* zu EuGH Rs. C-383/95 „Rutten", Slg. 1997, I-57 ff, Tz. 33, siehe Fn. 372. Ablehnend Schlussanträge des *Generalanwalts Jacobs* zu EuGH Rs. C-37/00 „Weber", Slg. 2002, I-2013 ff, Tz. 52: „Die Angelegenheit darf nicht als mathematische Frage aufgefasst werden." Ebenso für das Kollisionsrecht *Hoppe*, S. 163: „... die Bestimmung des gewöhnlichen Arbeitsortes grundsätzlich ohne Berücksichtigung des Verhältnisses von In- und Auslandsarbeit zu erfolgen hat." So im Ergebnis auch *Oberklus*, S. 59.

388 Siehe dazu nachfolgend S. 74 f bzw. S.79 ff u. S. 85 ff.

389 Ebenso *Trenner*, S. 144.

390 Dass es dabei dennoch zu praktischen Schwierigkeiten kommen kann, zeigt der Rechtsstreit „Weber", *EuGH* Rs. C-37/00 „Weber", Slg. 2002, I-2013 ff, Tz. 45 f.

wird auch auf die dem jeweiligen Element immanente Indizwirkung[392] einzugehen sein, also ob es sich um Kriterien von tendenziell untergeordneter oder erheblicher Bedeutung handelt.

(a) Wahl zum tatsächlichen Mittelpunkt der Berufstätigkeit

In der Entscheidung „Rutten" bezeichnet der *EuGH* denjenigen Ort als gewöhnlichen Arbeitsort, den der Arbeitnehmer zum *tatsächlichen Mittelpunkt seiner Berufstätigkeit gewählt* hat.[393] Dies wird in der Literatur teilweise heftig kritisiert.[394] Es kann nicht darauf ankommen, ob der Arbeitnehmer den fraglichen Ort als tatsächlichen Mittelpunkt seiner Berufstätigkeit *gewählt* hat. Denn eine derartige einseitige Willensäußerung ist aus Gründen der Rechtssicherheit und Vorhersehbarkeit ein viel zu vages Merkmal im Vergleich zum vertraglich vereinbarten gewöhnlichen Arbeitsort.[395] Dies leuchtet unmittelbar ein. M.E. ist die Formulierung des *Gerichtshofs* in diesem Zusammenhang missverständlich. Es entsteht der Eindruck, der gewöhnliche Arbeitsort sei mit dem gewählten tatsächlichen Mittelpunkt der Berufstätigkeit gleichzusetzen.[396] Die Wahl zum tatsächlichen Mittelpunkt der Berufstätigkeit kann aber auch als *ein* qualitativ-wertendes Element verstanden werden, das im konkreten Fall dominiert und deshalb vom *EuGH* in den Vordergrund gestellt wird. Wie bereits auf S. 61 dargestellt müssen qualitativ-wertende Elemente objektiv nachweisbar sein, dürfen also nicht allein vom subjektiven Parteiwillen getragen werden, um Manipulationsgefahren zu begegnen. Gerade der in der „Wahl" des Berufstätigkeitsmittelpunkts zum Ausdruck gelangende subjektive Wille wird dementsprechend in der Literatur kritisiert. Dabei wird jedoch übersehen, dass sich im Fall „Rutten" diese Wahl zum

---

391 Ebenso für das Kollisionsrecht *Hoppe*, S. 183. Diese Einschätzung erachtet sie auch für das europäische Zivilprozessrecht als maßgeblich, a.a.O., S. 185.

392 Zu unterscheiden von der Gesamtwirkung aller qualitativ-wertenden Elemente im Verhältnis zum Zeitfaktor.

393 *EuGH* Rs. C-383/95 „Rutten", Slg. 1997, I-57 ff, Tz. 23. Zustimmend im Hinblick auf moderne Formen der internationalen Teleheimarbeit und verstärkte Reisetätigkeiten *Gaudemet-Tallon*, Rev. crit. dr. internat. privé 1997, 341, 345.

394 Darüber hinaus wird die Entscheidung „Rutten" als überholt angesehen, weil der *EuGH* in der gesamten Entscheidung nicht ein einziges Mal den Gerichtsstand der einstellenden Niederlassung erwähnt, obwohl zum Zeitpunkt des Urteils bereits die Neufassung von Art. 5 Nr. 1 3. HS EuGVÜ galt und eine Auseinandersetzung angesichts der Berufstätigkeit in mehreren Vertragsstaaten nahe gelegen hätte, *Dietze/Schnichels*, EuZW 1998, 485, 487; *Mankowski*, IPrax 1999, 332, 333. Dadurch entsteht der Eindruck, dass jeder Arbeitnehmer einen gewöhnlichen Arbeitsort haben muss, a.a.O., S. 332. Dem ist nicht so, wie schon allein die Existenz des Art. 19 Nr. 2 lit. b EuGVVO beweist. Durch das Urteil „Weber" wird dieser Eindruck entkräftet. Die Judikatur zeigt, dass der *Gerichtshof* eine weite Auslegung des gewöhnlichen Arbeitsortes aufgrund der damit für den Arbeitnehmer verbundenen Vorteile favorisiert, aber dennoch Anwendungsbereich für Art. 19 Nr. 2 lit. b EuGVVO verbleibt, siehe dazu nachfolgend S. 109 f.

395 *Junker*, ZZPInt 3 (1998), 179, 195. Auf das Argument der Rechtssicherheit verweist auch *Kropholler*, Europäisches Zivilprozeßrecht, 7. Aufl. 2002, Art. 19, Rz. 8.

Mittelpunkt der Berufstätigkeit objektiv manifestiert hat, nämlich im Büro, von dem aus der Arbeitnehmer seine Tätigkeit für den Arbeitgeber organisiert und zu dem er nach Geschäftsreisen stets zurückkehrt.

(b) Hauptsächlicher Arbeitsort

Im Urteil „Mulox" hatte der *EuGH* erstmals die Formulierung gewählt, unter dem gewöhnlichen Arbeitsort sei der Ort zu verstehen, an dem oder von dem aus der Arbeitnehmer seine Verpflichtungen gegenüber dem Arbeitgeber *hauptsächlich* erfüllt.[397] Insbesondere *Mankowski* wendet sich gegen eine Gleichsetzung von gewöhnlichem und hauptsächlichem Arbeitsort.[398] Er weist auf die inkonsequente Argumentation des *Gerichtshofs* in „Rutten" hin, wo dieser zur Bestimmung des hauptsächlichen Tätigkeitsorts die Formel des vom Arbeitnehmer zum tatsächlichen Mittelpunkt seiner Berufstätigkeit gewählten Ortes benutzt. Einen Mittelpunkt kann es aber denknotwendig nur einmal geben. Wenn aber letztlich nur ein Arbeitsort umschrieben wird, so wird damit kein spezifisches, den hauptsächlichen vom gewöhnlichen Arbeitsort unterscheidendes Kriterium gewonnen. Ebenso lehnt die *Kommission* in ihrer Stellungnahme zum Fall „Rutten"[399] eine Gleichsetzung ab: „Gewöhnlich" bedeutet gerade nicht „hauptsächlich". Vielmehr wohnt dem Merkmal „gewöhnlich" eine stärkere zeitliche Komponente inne als „hauptsächlich", was eine gewisse Dauerhaftigkeit in Bezug auf den Arbeitsort erfordert. Demgegenüber bezieht sich der Begriff „hauptsächlich" auf den Schwerpunkt der Arbeit und erlaubt so dem Gericht, andere wertende Elemente zu berücksichtigen, wie beispielsweise das Büro des Arbeitnehmers in einem Mitgliedstaat.[400] Der Begriff „hauptsächlich" erweist sich damit als qualitativ-wertendes Element, das sich im „Büro" als Tätigkeitsschwerpunkt der Arbeit konkretisiert. Dies bestätigt die zuvor getroffene Einordnung des „Büros" als qualitativ-wertendes Merkmal. Wie schon bei der „Wahl zum Mittelpunkt der Berufstätigkeit" drückt sich der *EuGH* lediglich unpräzise aus, wenn er den hauptsächlichen Arbeitsort mit dem gewöhnlichen gleichsetzt. Weil er im konkreten Fall dem qualitativ-wertenden Element „hauptsächlicher Arbeitsort", das sich im „Büro" konkretisiert, Bedeutung beimisst, stellt er es bei der Urteilsbegründung

---

396 Insbesondere *EuGH* Rs. C-383/95 „Rutten", Slg. 1997, I-57 ff, Tz. 27.

397 *EuGH* Rs. C-125/92 „Mulox", Slg. 1993, I-4075 ff, Tz. 25.

398 *Mankowski*, IPrax 1999, 332 f.

399 Stellungnahme der *Kommission*, in: Schlussanträge des *Generalanwalts Jacobs* zu EuGH Rs. C-383/95 „Rutten", Slg. 1997, I-57 ff, Tz. 32 f.

400 Ebenso *Pertegás Sender*, Columbia Journal of European Law 1997, 292, 296.

in den Vordergrund. Letztlich ist der hauptsächliche Arbeitsort nichts anderes als ein Synonym für qualitativ-wertende Kriterien, wie beispielsweise ein Büro.

(c) Bedeutung der Tätigkeit

Der *EuGH* spricht im Urteil „Weber" erstmals ausdrücklich das qualitative Kriterium der Bedeutung der verrichteten Arbeit an.[401] Allerdings führt er nicht aus, wie dieses Merkmal im Einzelfall auszulegen ist, weil es im konkreten Fall nicht von Relevanz war.

Wie bereits erwähnt[402] kann damit die Unterscheidung gemeint sein, ob ein Arbeitnehmer seine Arbeit aushilfsweise oder planmäßig an einem Ort verrichtet. Wenn beispielsweise ein Arbeitnehmer zur Behebung akuten Personalmangels ins Ausland entsandt wird, arbeitet er dort zur Aushilfe; seine Arbeit im Ausland ist im Vergleich zu seiner „planmäßigen", „normalen" inländischen Tätigkeit von untergeordneter Bedeutung. In solchen Fällen wird es sich jedoch meistens um eine vorübergehende Entsendung handeln, so dass sich die Problematik bereits über den Zeitfaktor lösen lässt.[403] Eigenständige Relevanz erlangt das Merkmal „Bedeutung der verrichteten Arbeit" insofern nicht.

Mit der „Bedeutung der verrichteten Arbeit" kann aber auch die Bewertung der einzelnen Tätigkeitskomponenten bezweckt sein, aus denen sich die zu verrichtende Arbeit insgesamt zusammensetzt. Der *Gerichtshof* erachtet im Fall „Weber" die „Natur" oder die „Bedeutung der verrichteten Arbeit" als irrelevant, nachdem er zuvor festgestellt hat, dass der Arbeitnehmer im konkreten Fall gerade über kein Büro verfügt, von dem aus dieser seine Verpflichtungen erfüllt.[404] Dies lässt vermuten, dass sich die „Natur der Arbeit" auf das Vorhandensein eines Büros bzw. Stützpunkts bezieht,[405] während die „Bedeutung der Arbeit" die einzelnen Tätigkeiten, wie Kundengespräche, Verwaltungsarbeit etc. betrifft.[406] Dies führt allerdings zu schwierigen Wertungsfragen. Denn es lässt sich darüber streiten, ob die im Büro zu erledigende Verwaltungsarbeit eines Außendienstmitarbeiters im Vergleich zu seinen Kundenbesuchen wirklich von untergeordneter Bedeutung ist.[407] Gerade im Hinblick auf das Ziel, den Parteien leicht vorhersehbare Gerichtsstände zur Verfügung zu stellen, eignet sich dieses qualitativ-wertende Kriterium nur bedingt. Mit der „Bedeutung der zu

---

401 *EuGH* Rs. C-37/00 „Weber", Slg. 2002, I-2013 ff, Tz. 51.
402 Siehe Fn. 364.
403 Siehe dazu nachfolgend S. 85 ff.
404 *EuGH* Rs. C-37/00 „Weber", Slg. 2002, I-2013 ff, Tz. 48.
405 Damit wird die oben auf S. 68 vorgenommene Einordnung des „Büros" als qualitativ-wertendes Element bestätigt. Die „Natur der verrichteten Arbeit" ist insoweit als Oberbegriff zu verstehen.
406 Siehe dazu bereits oben S. 63.

verrichtenden Arbeit" lassen sich lediglich offensichtlich untergeordnete Tätigkeiten von vornherein ausschließen. In Zweifelsfällen ist dieses Merkmal nicht aussagekräftig.[408]

(d) Betriebliche Eingliederung

(i) Betriebliche Eingliederung auf kollisionsrechtlicher Ebene

Im Rahmen des Kollisionsrechts wird häufig bei der Bestimmung des gewöhnlichen Arbeitsortes auf das Merkmal der betrieblichen Eingliederung abgestellt. Danach befindet sich der gewöhnliche Arbeitsort am Lageort des Betriebs, sofern der Arbeitnehmer in den Betrieb eingegliedert ist bzw. diesem zugerechnet werden kann.[409] Dies ist der Fall, wenn der Arbeitnehmer eine weisungsgebundene Tätigkeit verrichtet, welche der Verwirklichung eines arbeitstechnischen Zwecks des Betriebs zu dienen bestimmt ist und deswegen vom Betriebsinhaber organisiert und gesteuert werden muss. Maßgeblich ist daher die organisatorische Verknüpfung zwischen Betrieb und Arbeitsort.[410] Die betriebliche Eingliederung wird überwiegend als ein zuverlässiges, bedeutendes Merkmal qualitativ-wertender Art bei der Ermittlung des (kollisionsrechtlichen) gewöhnlichen Arbeitsortes eingestuft.[411]

(ii) Übertragung auf das europäische Zivilprozessrecht

Die betriebliche Eingliederungslehre ist jedoch nur bedingt auf die Bestimmung des gewöhnlichen Arbeitsortes im Rahmen des europäischen Zivilprozessrechts übertragbar. Der *EuGH* hat in seinen bisherigen Entscheidungen lediglich das Büro als arbeitstechnischen Mittelpunkt benannt, da der Arbeitnehmer von dort aus seine Tätigkeit organisiert, plant und vorbereitet sowie nach jeder Auslandsreise dorthin zurückkehrt. In der ersten zu entscheidenden Streitigkeit ohne „Büro", dem Fall „Weber", stellt der *Gerichtshof* nur fest, dass eben kein „Büro" vorliegt. Er erwähnt das Merkmal der betrieblichen Eingliederung nicht – im Gegensatz zu anderen qualitativ-wertenden Kriterien, die er ausdrücklich anführt. So hätte er prüfen können, ob eine betriebliche Eingliederung des Arbeitnehmers auf den jeweiligen Schiffen bzw. Bergbaueinrichtungen stattgefunden hat. Die unterlassene Prüfung mag aber auch darauf beruhen, dass der Sachverhalt im Fall „Weber" nicht zweifelsfrei fest-

---

407 Ebenso *Trenner*, S. 117.
408 A.a.O.
409 *Birk*, RabelsZ 46 (1982), 384, 392; *Hoppe*, S. 151 m.w.N.
410 *Birk*, RdA 1984, 129, 131; *Heilmann*, S. 57.
411 *Junker*, S. 181.

stand.[412] Insgesamt deuten die Ausführungen des *EuGH* zwar in die Richtung der kollisionsrechtlichen Einschätzung zur betrieblichen Eingliederung; allerdings nur insoweit, als die gemeinsame Tendenz besteht, einen Arbeitsmittelpunkt durch eine Organisationsstruktur festzulegen.[413]

Nach *Trenner* ist der Betriebsbegriff geeignet zu klären, welcher arbeitstechnischen Einheit ein Arbeitnehmer angehört.[414] Denn jener zeigt die Arbeitsstrukturen auf, in die der Arbeitnehmer eingebunden ist. Dagegen erblickt *Mankowski* in der betrieblichen Eingliederung kein Spezifikum des gewöhnlichen Arbeitsortes. Nach seiner Auffassung handelt es sich dabei um „nicht mehr als einen Anhaltspunkt."[415]

Die Übertragung der betrieblichen Eingliederungslehre auf das europäische Zivilprozessrecht erscheint insbesondere in den Fällen problematisch, in denen faktischer Arbeitsort und Ort der betrieblichen Einbindung auseinanderfallen, wie beispielsweise im Bereich der Telearbeit.[416] Arbeitet beispielsweise ein Arbeitnehmer von seinem Computer aus in Deutschland für einen Betrieb mit Sitz in Frankreich, von wo aus er seine Aufträge online erhält und wohin er seine Arbeitsergebnisse senden muss, so wäre es verfehlt, den gewöhnlichen Arbeitsort dieses Arbeitnehmers wegen seiner organisatorischen Eingliederung in den französischen Betrieb in Frankreich zu lokalisieren. Denn sein Arbeitsplatz und der tatsächliche Mittelpunkt seiner Berufstätigkeit befinden sich in Deutschland. Jede andere Sichtweise stünde im Widerspruch zur Rechtsprechung des *Gerichtshofs*, wonach sich der gewöhnliche Arbeitsort an demjenigen Ort befindet, an dem oder von dem aus der Arbeitnehmer den wesentlichen Teil seiner Verpflichtungen gegenüber dem Arbeitgeber *tatsächlich* erfüllt.[417] Der Schutz des Arbeitnehmers verbietet die Zurechnung zur Organisation eines Betriebs, zu dem kein tatsächlicher räumlicher Bezug besteht. Allerdings muss der gewöhnliche Arbeitsort nicht mit dem gegenwärtigen faktischen Arbeitsort übereinstimmen, wie im Rahmen vorübergehender Entsendungen noch aufzuzeigen sein wird.[418] Nicht jeder tatsächliche Arbeitsort ist ein gewöhnlicher Arbeitsort. Voraussetzung für die Annahme eines gewöhnlichen Arbeitsortes in räumlicher Hinsicht ist es jedoch, dass an diesem Ort mindestens einmal in der Vergangenheit, Gegenwart oder Zukunft tatsächlich gearbeitet

---

412 *EuGH* Rs. C-37/00 „Weber", Slg. 2002, I-2013 ff, Tz. 45.

413 Ebenso *Trenner*, S. 112.

414 A.a.O. Auch *Auer* stellt auf die Einbindung in eine Betriebsorganisation ab, *ders.*, in: Bülow/Böckstiegel u.a., Der internationale Rechtsverkehr in Zivil- und Handelssachen, 23. EL 2000, Art. 5, Rz. 34.

415 *Mankowski*, IPrax 1999, 332, 335.

416 Ebenso *Mankowski*, a.a.O; *Trenner*, S. 113.

417 *EuGH* Rs. C-37/00 „Weber", Slg. 2002, I-2013 ff, Tz. 58 (Hervorhebung nicht im Original).

wurde bzw. wird. Die Einbindung in eine betriebliche Organisation kann infolgedessen einen gewöhnlichen Arbeitsort nur indizieren, wenn faktischer Arbeitsort und Ort der betrieblichen Einbindung übereinstimmen. Die organisatorische Eingliederung in einen Betrieb als qualitativ-wertendes Element spricht demnach nur dann für einen gewöhnlichen Arbeitsort, soweit an diesem Ort auch tatsächlich gearbeitet wurde bzw. wird.[419] Es handelt sich *insoweit* um ein vergleichsweise bedeutendes Indiz.[420]

(e) Parteiwille

In der Entscheidung „Weber" erwähnt der *EuGH* erstmals den Parteiwillen als Kriterium zur Bestimmung des gewöhnlichen Arbeitsortes: „So wäre auf den letzten Beschäftigungsabschnitt abzustellen, wenn der Arbeitnehmer, nachdem er eine gewisse Zeit an einem bestimmten Ort gearbeitet hat, anschließend dauerhaft an einem anderen Ort tätig ist, so dass nach dem *klaren Willen der Parteien* dieser Ort zu einem neuen gewöhnlichen Arbeitsort i.S.d. ... [Art. 19 Nr. 2 lit. a EuGVVO] werden soll."[421] Dies zeigt zweierlei: Es genügt nicht der Wille, einen Arbeitsort zum gewöhnlichen zu erklären. Der Parteiwille muss sich auf einen faktischen Arbeitsort beziehen. Nach der Formulierung des *Gerichtshofs* scheint es so, dass der Arbeitnehmer schon am gewollten neuen Arbeitsort tatsächlich tätig sein muss, damit von einem neuen gewöhnlichen Arbeitsort ausgegangen werden kann. M.E. muss es sich nicht zwingend um einen Ort handeln, an dem bereits tatsächlich gearbeitet wird. Aber es muss doch konkrete Aussicht darauf bestehen, dass der intendierte Ort in naher Zukunft zu einem faktischen Arbeitsort wird.[422]

Darüber hinaus spricht der *EuGH* vom *klaren* Parteiwillen. Das bedeutet nicht anderes, als dass der übereinstimmende Parteiwille zweifelsfrei feststehen und objektiv nachweisbar sein muss. Andernfalls würde dieses subjektive Merkmal qualitativ-wertender Art Gelegenheit zur Manipulation bieten.[423] Zudem muss der Parteiwille einfach zu festzustellen sein. Denn müssten erst umfangreiche Beweiserhebungen zu dessen Ermittlung unternommen werden, so würde dies dem Ziel, einen für die Beteiligten vorhersehbaren Gerichtsstand bereitzu-

---

418 Siehe nachfolgend S. 86 ff.

419 Zutreffend *Trenner*, S. 114. In diese Richtung ebenfalls tendierend Schlussanträge des *Generalanwalts Jacobs* zu EuGH Rs. C-437/00 „Pugliese", Slg. 2003, I-3573 ff, Tz. 47, zum ruhenden Arbeitsverhältnis: „Die Eingliederung des Arbeitnehmers in den Betrieb des Arbeitgebers hält sich in Grenzen, und die sich daraus ergebende Bindung ist schwach."

420 *Trenner*, S. 114, erblickt darin ein „herausragendes Indiz".

421 *EuGH* Rs. C-37/00 „Weber", Slg. 2002, I-2013 ff, Tz. 54 (Hervorhebung nicht im Original).

422 Siehe dazu bereits oben S. 35 f sowie ausführlich nachfolgend S. 79 f u. S. 94 ff.

423 *Hoppe*, S. 167.

halten und auf diese Weise die Rechtssicherheit zu erhöhen, zuwiderlaufen. In der Regel wird sich der Parteiwille im Arbeitsvertrag niedergeschlagen haben.[424] Aber auch außerhalb des Arbeitsvertrages liegende Umstände sind zu berücksichtigen, wenn sie auf einen eindeutigen Parteiwillen schließen lassen.[425]

Dem Merkmal des Parteiwillens kann im Einzelfall erhebliche Bedeutung zukommen,[426] insbesondere bei der geplanten Dauer des Auslandseinsatzes, worauf auf S. 85 ff noch genauer einzugehen sein wird. Die Kriterien Parteiwille und Zeitfaktor sind eng miteinander verbunden, eine isolierte Betrachtung ist kaum möglich.

(f) Lohnwährung

Auch die Lohnwährung kommt als qualitativ-wertendes Element zur Bestimmung des gewöhnlichen Arbeitsortes in Betracht.[427] Eine Auszahlung in Fremdwährung deutet auf eine fortbestehende enge Verbindung zum Staat der Fremdwährung hin. Allerdings gilt es zu bedenken, dass die Wahl der Währung im Einzelfall von konzernpolitischen Überlegungen steuerlicher Art geprägt sein kann und sich deswegen daraus nicht zwangsläufig Rückschlüsse auf den gewöhnlichen Arbeitsort ziehen lassen.[428] In der Rechtssache „Rutten" befand sich das Büro des Arbeitnehmers in den Niederlanden, während ihm das Gehalt in Pfund Sterling ausbezahlt wurde.[429] Die Lohnwährung hatte auf die Bestimmung des gewöhnlichen Arbeitsortes offensichtlich keinen Einfluss, insbesondere hat der *EuGH* dieses Kriterium bislang in keinem seiner Urteile erwähnt. Vielmehr spricht der *Gerichtshof* immer nur von dem Ort, an dem der Arbeitnehmer seine Pflichten gegenüber dem Arbeitgeber erfüllt, stellt aber nie umgekehrt auf den Erfüllungsort der Arbeitgeberpflichten ab.[430] Es handelt sich daher um ein qualitativ-wertendes Element von nachrangiger Bedeutung,[431] zumal

---

424 Vgl. § 2 Abs. 2 Nr. 1 NachwG (Gesetz über den Nachweis der für ein Arbeitsverhältnis geltenden wesentlichen Bedingungen vom 20.7.1995, BGBl. I 1995, 946; geändert durch Gesetz vom 24.3.1999, BGBl. I 1999, 388).

425 Dies kann sich mitunter aus banalen Umständen, wie dem Entfernen des Türschildes, Streichen aus dem firmeninternen Telefonverzeichnis oder aus dem erkennbaren projektbezogenen Einsatz eines Arbeitnehmers, ergeben.

426 Zurückhaltend *Trenner*, der darauf verweist, dass es kaum nachprüfbar ist, ob eine durch den Arbeitgeber – aufgrund seiner ausdrücklich im Arbeitsvertrag auch auf den Bereich der Auslandsentsendung erstreckten Weisungsbefugnis – beabsichtigte Entsendung wirklich aus betrieblichen Gründen erfolgt oder lediglich zur Gerichtsstandsmanipulation vorgeschoben wird, *ders.*, S. 121.

427 *Generalanwalt Jacobs* erwähnt den „Ort, an dem der Arbeitnehmer seinen Lohn erhält," Schlussanträge des *Generalanwalts Jacobs* zu EuGH Rs. C-383/95 „Rutten", Slg. 1997, I-57 ff, Tz. 35.

428 Für das Kollisionsrecht vgl. *Hoppe*, S. 159.

429 Zum Sachverhalt siehe Fn. 354.

430 Darauf verweist zu Recht *Trenner*, S. 116.

431 Ebenso *Trenner*, a.a.O.

es nach der Einführung des Euro in zwölf Mitgliedstaaten nur noch in wenigen Fällen zur Vereinbarung einer differierenden Lohnwährung kommt.

(g) Steuern und Sozialabgaben

Der Ort, an dem Einkommensteuer und Sozialabgaben bezahlt werden, kann indizielle Wirkung in Bezug auf den gewöhnlichen Arbeitsort zukommen.[432] Dies gilt allerdings nur in eingeschränktem Umfang.

Die Steuerpflichtigkeit eines im Ausland befindlichen Arbeitnehmers hängt nach deutschem Recht gemäß §§ 1 Abs. 4, 49 EStG davon ab, ob er seinen Wohnsitz bzw. gewöhnlichen Aufenthalt in Deutschland beibehält und ob zwischen dem Tätigkeitsstaat (Quellenstaat) und Deutschland ein Doppelbesteuerungsabkommen besteht, das nach § 2 AO den deutschen Steuergesetzen vorgeht. Doppelbesteuerungsabkommen regeln, in welchem Staat Steuern entrichtet werden müssen. Nach Art. 15 Abs. 1 MDBA[433] beispielsweise wird das Besteuerungsrecht für Einkünfte aus unselbstständiger Arbeit grundsätzlich sowohl dem Quellen- als auch dem Wohnsitzstaat zugestanden. Diese offene Rechtsfolge wird in Art. 15 Abs. 2 MDBA auf den Wohnsitzstaat begrenzt, wenn neben weiteren Voraussetzungen der gewöhnliche Aufenthalt des Arbeitnehmers im Quellenstaat nicht mehr als 183 Tage pro Jahr beträgt. Dieser Ausnahmetatbestand soll gerade Entsendefälle erfassen. Weder aus Art. 15 Abs. 1 MDBA noch aus dem Ausnahmetatbestand des Absatz 2 lassen sich jedoch mit Gewissheit Rückschlüsse auf den gewöhnlichen Arbeitsort ziehen: So ist im Grundsatz völlig offen, ob der Wohnsitz des Arbeitnehmers oder der Quellenstaat entscheidend ist.[434] War der Arbeitnehmer 184 Tage im Ausland, wobei nicht die Zahl der Arbeitstage, sondern jeder Tag des *Aufenthalts* maßgeblich ist, so liegt im steuerrechtlichen Sinn keine Entsendung vor; war er aber 2 Tage weniger im Ausland, ist von einer steuerrechtlichen Entsendung auszugehen. Würde man anhand dieser fixen Tagesanzahl den gewöhnlichen Arbeitsort bestimmen wollen, so würde der damit verbundene Gerichtsstand letztlich von der mehr oder weniger zufälligen Verweildauer des Arbeitnehmers im Ausland abhängen. Jeder Auslandsaufenthalt über 183 Tage würde zum Verlust des bisherigen gewöhnlichen Arbeitsortes führen. Starre Fristen und eine jahreweise Betrachtung eignen sich jedoch nicht

---

432 Schlussanträge des *Generalanwalts Jacobs* zu EuGH Rs. C-383/95 „Rutten“, Slg. 1997, I-57 ff, Tz. 35.

433 OECD-Musterabkommen, abgedruckt bei *Breithecker*, S. 333 ff.

434 Missverständlich erscheint insofern die Aussage *Trenners*, wonach „die Erhebung der Einkommensteuer in Europa häufig und wohl in Zukunft in immer verstärkterem Maße im Rahmen von Abkommen zur Vermeidung der Doppelbesteuerung an den Arbeitsort anknüpfen,“ *ders.*, S. 118.

für die Ermittlung des gewöhnlichen Arbeitsortes, der neben einer zeitlichen eben auch eine wertende Komponente beinhaltet. Es geht zudem um die Bestimmung des Tätigkeitsschwerpunkts – Anknüpfung ist gerade nicht der gewöhnliche Aufenthalt. Damit handelt es sich um kein zuverlässiges Kriterium bei der Suche nach dem gewöhnlichen Arbeitsort.[435] Zu sehr ist die Steuerzahllast in einem Staat von dem zugrunde liegenden Doppelbesteuerungsabkommen geprägt.

Das gleiche gilt im Ergebnis für den Ort, an dem die Sozialabgaben zu entrichten sind. Auch hier eignet sich die Übertragung starrer sozialrechtlicher Fristen nur bedingt.[436] Die Sozialversicherungspflicht richtet sich in den EU-Mitgliedstaaten nach der Verordnung Nr. 1408/71.[437] Nach deren Art. 13 folgt das Recht der Sozialversicherung grundsätzlich dem Arbeitsort. Handelt es sich dagegen nach Art. 14 Verordnung Nr. 1408/71 um eine Entsendung, die nicht länger als zwölf Monate andauert, so gilt die Sozialversicherung des Entsendestaates weiter. Eine einmalige Verlängerung um weitere zwölf Monate ist möglich. Daneben besteht die Möglichkeit einer Ausnahmevereinbarung nach Art. 17 Verordnung Nr. 1408/71.[438] Angesichts der zahlreichen Ausnahmen und der Tatsache, dass mit der Übertragung starrer Fristen die Gefahr droht, die wertende Komponente bei der Ermittlung des gewöhnlichen Arbeitsortes zu vernachlässigen, handelt es sich auch bei den Sozialabgaben um ein beschränkt verlässliches Kriterium. Allenfalls indizielle Wirkung ist diesem zu entnehmen.

(h) Ort des Vertragsschlusses

Denkbar erscheint es, dem Ort des Vertragsschlusses in Kombination mit einer sich dort anschließenden Arbeitstätigkeit von gewisser Dauer indizielle Wirkung beizumessen. Mit diesem Kriterium wird jedoch keine Aussage über die konkrete Arbeitssituation getroffen. Es verliert um so mehr an Bedeutung, je länger das Arbeitsverhältnis andauert.[439] Darüber hinaus kann der Einstellungsort gänzlich zufällig ausgewählt sein. Er muss mit dem künftigen Verlauf des Arbeitsverhältnisses nichts zu tun haben. Der Einstellungsort eignet sich

---

435 Ebenso im Ergebnis *Trenner*, S. 118.

436 Siehe dazu auch nachfolgend S. 86.

437 Verordnung (EWG) Nr. 1408/71 des Rates zur Anwendung der Systeme der sozialen Sicherheit auf Arbeitnehmer und deren Familien, die innerhalb der Gemeinschaft zu- und abwandern vom 14.6.1971, ABl. EG 1971 Nr. L 149/2 ff.

438 Vgl. dazu ausführlich *Pietras/Thomas*, RIW 2001, 691, 694 f, sowie *Löwisch/Flüchter*, FS zum 50jährigen Bestehen der Arbeitsgerichtsbarkeit in Rheinland-Pfalz, 103, 107.

439 Zutreffend *Trenner*, S. 120.

daher nicht als qualitativ-wertendes Merkmal zur Bestimmung des gewöhnlichen Arbeitsortes.

(i) Marktorientierte Auslegung

Mankowski hat einen eigenen Lösungsansatz formuliert, um den gewöhnlichen Arbeitsort im Kollisions- und Zivilprozessrecht zu bestimmen. Neben dem Zeitfaktor[440] will er auf qualitativ-wertender Ebene anhand einer marktorientierten Auslegung feststellen, ob sich der gewöhnliche Arbeitsort auf demjenigen Arbeitsmarkt befindet, dessen Arbeitnehmer den konkreten Arbeitnehmer hypothetisch ersetzen könnten.[441] Die räumliche Zuordnung des Arbeitsverhältnisses soll sich nach folgender Testfrage beurteilen: „Auf welchem Arbeitsmarkt würde Ersatz für den konkreten Arbeitnehmer rekrutiert?“[442] Er begründet dieses Marktmodell mit der Konkurrenzsituation der Arbeitnehmer untereinander, welche sich stets auf einem bestimmten Arbeitsmarkt manifestiert. Dieser Arbeitsmarkt stellt für das einzelne Arbeitsverhältnis eine Konstante dar. Insbesondere durch die Kollektivvertragsparteien werden die Marktbedingungen des jeweiligen Arbeitsmarktes festgelegt. Der Arbeitnehmer übt seine Arbeit zu diesen Bedingungen aus und wird auf diese Weise Teil der Organisation dieses bestimmten nationalen Marktes. Der Schutz des Arbeitnehmers weist auf eben diesen nationalen Markt hin, dem der Arbeitnehmer angehört.[443]

In schwierigen Fallkonstellationen hilft die marktorientierte Auslegung nicht weiter, weil gerade nicht feststeht, auf welchem Arbeitsmarkt ein idealtypischer Arbeitnehmer als Ersatz für den konkreten Arbeitnehmer gefunden werden könnte.[444] Bei einer Sachverhaltskonstellation wie beispielsweise derjenigen im Urteil „Weber“ – einem Schiffskoch, der in verschiedenen Hoheitsgewässern eingesetzt wird – fällt es unabhängig vom Zeitfaktor im konkreten Fall[445] schwer, den nationalen Arbeitsmarkt zu ermitteln, auf dem der Schiffskoch substituiert werden könnte. Ein Schiffskoch gehört auch nicht zu der von *Mankowski* vom nationalen Marktmodell ausgenommenen Kategorie von absoluten Spezialisten, Führungspersonal und leitenden Mitarbeitern, deren Rekrutierung europaweit und nicht auf einen nationalen Arbeitsmarkt begrenzt erfolgt und welche zumeist nicht in ein Tarifvertrags-

---

[440] Siehe nachfolgend S. 79 ff.
[441] *Mankowski*, IPrax 1999, 332, 338.
[442] A.a.O., S. 336.
[443] A.a.O.
[444] Ebenso für die Ermittlung des gewöhnlichen Arbeitsortes bei Rumpf- und Lokalarbeitsverhältnissen, *Franzen*, EuLF 2001, 296, 297; siehe dazu nachfolgend S. 92 ff. Kritisch insgesamt *Trenner*, S. 123.
[445] Denkbar wäre eine „55/45-Verteilung“ i.S. *Mankowskis*, siehe oben S. 67 f, auf zwei Mitgliedstaaten.

system eingebunden sind.[446] Im Geltungsbereich von EuGVÜ, LugÜ und EuGVVO werden die Grenzen nationaler Arbeitsmärkte zunehmend verschwimmen.[447] Soweit *Mankowski* den Arbeitsmarkt „Europäischer Binnenmarkt" anhand der die Wanderarbeitnehmerschaft kennzeichnenden Kategorien von Gastarbeitern, Grenzgängern und entsandten Arbeitnehmern in nationale Arbeitsmärkte aufgliedern möchte,[448] verbleibt die Zuordnung im Einzelfall dennoch problematisch. Denn unter einem Gastarbeiter ist gemeinhin jede Person zu verstehen, die in einem anderen als ihrem Wohnsitzstaat arbeitet und nicht Grenzgänger ist. Letztlich reduziert sich damit die Zuordnung auf die Frage: Entsandt oder nicht entsandt? Auf diese Weise wird aber kein eigenständiges qualitativ-wertendes Element gewonnen. Vielmehr handelt es sich um eine Frage, die in Zusammenhang mit dem Zeitfaktor zu klären ist.[449] Die marktorientierte Auslegung kann daher allenfalls als Kontrollinstrument dienen, um nach erfolgter Ermittlung des gewöhnlichen Arbeitsortes anhand von Zeitfaktor und den bereits dargestellten qualitativ-wertenden Elementen das gefundene Ergebnis zu überprüfen.[450]

(5) Zeitliche Kriterien

Das Merkmal „gewöhnlich" wird neben qualitativ-wertenden Kriterien auch durch eine zeitliche Komponente gekennzeichnet. Im Folgenden ist zu untersuchen, wie ein Arbeitsort in zeitlicher Hinsicht beschaffen sein muss, um die Dimension eines gewöhnlichen Arbeitsortes zu erlangen.

(a) Noch nicht in Vollzug gesetztes Arbeitsverhältnis

Nach der bisherigen Rechtsprechung des *EuGH* kommt nur ein faktischer Arbeitsort als gewöhnlicher Arbeitsort i.S.d. Art. 19 Nr. 2 lit. a EuGVVO in Betracht.[451] Es gibt jedoch auch Konstellationen, in denen zwar ein Arbeitsvertrag geschlossen wurde, es aber noch vor Invollzugsetzung des Arbeitsverhältnisses zu Streitigkeiten kommt. Hier gab es nie einen faktischen Arbeitsort. Zu denken ist etwa an eine Kündigung, die bereits vor Arbeitsantritt erfolgt. Oder: Das Zustandekommen des Arbeitsvertrages ist streitig, und es wurde noch nicht tatsächlich gearbeitet.[452] Schließlich stellt sich die Problematik auch beim ruhenden

---

446 *Mankowski*, IPrax 1999, 332, 338.
447 So zutreffend *Trenner*, S. 123.
448 *Mankowski*, IPrax 1999, 332, 338.
449 Siehe dazu nachfolgend S. 79 ff.
450 Ebenso *Trenner*, S. 123.
451 Siehe oben S. 61.
452 Siehe dazu oben S. 35 f.

Rumpfarbeitsverhältnis, in dem niemals eine tatsächliche Arbeitsleistung erbracht wurde.[453] Würde man auch in diesen Fallgestaltungen ausnahmslos am Erfordernis eines faktischen Arbeitsortes festhalten, so stünde in diesen Fällen kein besonderer arbeitsvertraglicher Gerichtsstand i.S.d. Art. 19 Nr. 2 lit. a EuGVVO zur Verfügung. Der Arbeitnehmer bliebe auf den allgemeinen Beklagtengerichtsstand gemäß Art. 19 Nr. 1 EuGVVO beschränkt. Dafür spricht der im Präsens bzw. Perfekt formulierte Wortlaut von Art. 19 Nr. 2 lit. a EuGVVO („verrichtet" bzw. „verrichtet hat"),[454] der offensichtlich eine zukünftige Tätigkeit nicht umfasst. Andererseits widerspricht es dem Gedanken der Rechtssicherheit, wenn die Parteien bei Vertragsschluss nicht vorhersehen können, an welchem Ort sie möglicherweise ihre Ansprüche gerichtlich geltend machen können.[455] Sie sähen sich mit der Unsicherheit konfrontiert, je nachdem, wann sich der Rechtsstreit anbahnt, einen oder zwei Gerichtsstände zur Wahl zu haben. Zudem würden Manipulationsmöglichkeiten geschaffen: Eine Partei könnte durch Kündigung vor Arbeitsantritt Einfluss auf den gewöhnlichen Arbeitsort nehmen. Manipulationen sollen aber gerade durch die Anknüpfung an den gewöhnlichen Arbeitsort vermieden werden. Schließlich wäre es auch nicht mit dem Bestreben, ein lückenloses Zuständigkeitssystem in Arbeitssachen zu gewährleisten, zu vereinbaren, wenn trotz Vorliegen einer arbeitsvertraglichen Streitigkeit mangels Invollzugsetzung kein Gerichtsstand i.S.d. Art. 19 Nr. 2 lit. a EuGVVO eröffnet wäre.

M.E. erscheint es daher vertretbar, ausnahmsweise auf den künftigen Arbeitsort abzustellen, soweit die Invollzugsetzung des Arbeitsverhältnisses in naher Zukunft in Aussicht steht.[456] Die konkrete Aussicht, dass der intendierte Ort in naher Zukunft zu einem faktischen Arbeitsort wird, rechtfertigt die Anwendung von Art. 19 Nr. 2 lit. a EuGVVO und trägt dem übereinstimmenden Parteiwillen als Wertungsgesichtspunkt Rechnung. Die Rechtsprechung des *Gerichtshofs* zum Ort der tatsächlichen Tätigkeitsverrichtung steht dem nicht unumstößlich entgegen. Bislang war in den vom *EuGH* zu entscheidenden Sachverhalten immer ein faktischer Arbeitsort vorhanden, während es in obigen Fallkonstellationen *überhaupt keinen* konkreten Arbeitsort gibt. Auch der nachfolgend auf S. 93 ff geschilderte Fall

---

[453] Siehe dazu nachfolgend ausführlich S. 94 ff.

[454] Ebenso die Tempusverwendung in den anderen Sprachen: „carries out ... or where he did so" bzw. „accomplit ...ou ... il a accompli".

[455] Zutreffend *Trenner*, S. 125.

[456] Ebenso *Trenner*, S. 126; für das Kollisionsrecht *Hoppe*, S. 167: „Entsteht bereits vor Aufnahme der Tätigkeit ein Streit, so kommt es auf den geplanten Arbeitsort an."

„Pugliese"[457] fügt sich in diese Argumentationsweise ein, weil hier die Invollzugsetzung des Rumpfarbeitsverhältnisses gerade nicht in naher Zukunft bevorstand.

(b) Berücksichtigung zukünftiger Beschäftigungszeiträume

Bei den soeben erläuterten Fallgestaltungen des noch nicht in Vollzug gesetzten Arbeitsverhältnisses existiert noch kein faktischer Arbeitsort und deswegen darf ausnahmsweise auf den hypothetischen künftigen Arbeitsort abgestellt werden. Im Gegensatz dazu sind Fälle denkbar, in denen es zwar einen faktischen Arbeitsort gibt, es aber trotzdem naheliegend erscheint, künftige Beschäftigungszeiträume zu berücksichtigen.

(i) Zwei faktische Arbeitsorte, Streit *nach* Wechsel des Arbeitsortes

Folgendes Beispiel soll dies verdeutlichen: Ein Arbeitnehmer hat mehrere Jahre in den Niederlanden gearbeitet und soll nun unbefristet in Deutschland tätig werden. Nur kurze Zeit nach dem Wechsel nach Deutschland kommt es dort zum Streit. Wo befindet sich der gewöhnliche Arbeitsort? Nach der Rechtsprechung des *Gerichtshofs* ist grundsätzlich die gesamte Dauer des Arbeitsverhältnisses zu berücksichtigen, wobei es maßgeblich auf den Ort ankommt, an dem der Arbeitnehmer den größten Teil seiner Arbeitszeit geleistet hat.[458] Im Beispiel hat der Arbeitnehmer den größten Teil seiner Arbeitszeit in den Niederlanden gearbeitet. Zeitlich gesehen fällt die kurze Beschäftigungsdauer in Deutschland nicht ins Gewicht. Dies spricht für einen gewöhnlichen Arbeitsort in den Niederlanden. Allerdings gestattet der *EuGH* in Einzelfällen eine Ausnahme von diesem Grundsatz, nämlich soweit der Rechtsstreit engere Verknüpfungen mit einem anderen Arbeitsort aufweist.[459] „So wäre auf den letzten Beschäftigungsabschnitt abzustellen, wenn der Arbeitnehmer, nachdem er eine gewisse Zeit an einem bestimmten Ort gearbeitet hat, anschließend dauerhaft an einem anderen Ort *tätig ist*, so dass nach dem klaren Willen der Parteien dieser Ort zu einem neuen gewöhnlichen Arbeitsort ... werden soll."[460] Wie bereits oben auf S. 74 dargestellt bedeutet dies, dass nicht allein der Wille genügt, einen Arbeitsort zum gewöhnlichen zu erklären. Der Parteiwille muss sich vielmehr auf einen *bereits bestehenden* faktischen Arbeitsort beziehen. Der *Gerichtshof* spricht davon, dass der Arbeitnehmer „... anschließend dauerhaft an einem anderen Ort tätig *ist*"[461] und eben gerade nicht „tätig *sein wird*". Darüber hinaus muss

---

457 *EuGH* Rs. C-437/00 „Pugliese", Slg. 2003, I-3573 ff.
458 *EuGH* Rs. C-37/00 „Weber", Slg. 2002, I-2013 ff, Tz. 58.
459 A.a.O. Kritisch zu dieser Formel *Mankowski*, IPrax 2003, 21, 23 f.
460 *EuGH* Rs. C-37/00 „Weber", Slg. 2002, I-2013 ff, Tz. 54 (Hervorhebung nicht im Original).
461 A.a.O.

sich aus Rechtssicherheits- und Beweisgründen der übereinstimmende Parteiwille objektiv manifestiert haben, andernfalls fehlt es am Erfordernis der Klarheit. In obigem Beispiel ist der Parteiwille darauf ausgerichtet, das Arbeitsverhältnis unbefristet, also dauerhaft, in Deutschland fortzusetzen. Hier wurde auch bereits tatsächlich gearbeitet, so dass sich der Wille der Parteien auf einen faktischen Arbeitsort bezieht. Damit ist Deutschland entgegen der dort nur kurz verbrachten Arbeitszeit als gewöhnlicher Arbeitsort anzusehen – unter der Voraussetzung, dass sich diesbezüglich der übereinstimmende Parteiwille vertraglich niedergeschlagen hat oder auf andere Weise objektiv nachweisbar ist.

(ii) Ein faktischer Arbeitsort, Streit *vor* Wechsel des Arbeitsortes

Ein ähnliches Problem stellt sich, wenn das Beispiel leicht abgewandelt wird: Ein Arbeitnehmer wird zur Einarbeitung für ein Jahr bei einem niederländischen Unternehmen eingestellt. Danach soll er seine Arbeit für unbestimmte Zeit in Deutschland fortsetzen. Während seiner Tätigkeit in den Niederlanden kommt es zu Streitigkeiten. Wird lediglich auf den Ort der tatsächlichen Arbeitsverrichtung und damit auf die bisherige Arbeitszeit abgestellt, so liegt der gewöhnliche Arbeitsort in den Niederlanden. Bezieht man dagegen auch den künftigen Arbeitsort ein, so befindet sich der gewöhnliche Arbeitsort in Deutschland.

Ausdrücklich erfasst obige Rechtsprechung des *EuGH* nur den Fall, dass am neuen (zweiten) Arbeitsort bereits tatsächlich gearbeitet wurde, nicht aber die Konstellation, in der es noch während der Arbeitszeit am ersten und einzigen faktischen Arbeitsort zum Streit kommt. Im abgewandelten Beispiel ist der Arbeitsort Deutschland lediglich geplant, es wurde dort noch nicht tatsächlich gearbeitet. Fraglich erscheint, ob dies eine abweichende Beurteilung rechtfertigt. M.E. ist dies zu verneinen. Würde man sich ausschließlich am erbrachten Beschäftigungszeitraum orientieren, so würde der Gerichtsstand des gewöhnlichen Arbeitsortes davon abhängen, wann sich zwischen den Parteien ein Rechtsstreit anbahnt. Damit wäre die zufällige Dauer der bereits verstrichenen Zeit entscheidend. Schon aus Gründen der Rechtssicherheit muss jedoch bereits zu Beginn des Auslandseinsatzes feststehen, ob der Gerichtsstand nach Art. 19 Nr. 2 lit. a EuGVVO zur Wahl steht.[462] Der Schwerpunkt der Arbeitsleistung lässt sich kaum ohne jegliche Berücksichtigung der Parteipläne bestimmen. Die geplante Dauer, d.h. die hypothetisch noch abzuleistende Arbeitszeit im Ausland, ist daher mitzuberücksichtigen.[463] Allerdings muss die zukünftige Arbeits-

---

[462] Ebenso die ex-ante-Perspektive betonend *Mankowski*, IPrax 2003, 21, 23.
[463] Ebenso für das Kollisionsrecht *Hoppe*, S. 166.

leistung mit hinreichender Sicherheit erwartet werden können. Auch hier gilt das Gebot, dass sich der übereinstimmende Parteiwille objektiv manifestiert haben muss. Im abgewandelten Beispiel ist damit die geplante Tätigkeit in Deutschland miteinzubeziehen. Nach dem Parteiwillen sollte dort der Schwerpunkt des Arbeitsverhältnisses liegen, weil die einjährige Arbeitsverrichtung in den Niederlanden lediglich der Einarbeitung diente.

Anders wäre der Fall jedoch zu beurteilen, wenn der Arbeitnehmer zunächst vier Jahre in den Niederlanden arbeitet und darauf eine unbefristete Tätigkeit in Deutschland folgen soll. Es kommt zum Streit noch während der Arbeitsleistung in den Niederlanden. In dieser Variante hat sich bereits wegen der mehrjährigen Arbeitsverrichtung in den Niederlanden und damit aufgrund der noch zu erläuternden Grundsätze über längerfristige Auslandseinsätze[464] in den Niederlanden ein gewöhnlicher Arbeitsort gebildet. Auch die Berücksichtigung des zukünftigen Beschäftigungszeitraums in Deutschland, unabhängig von seiner Dauer, vermag an diesem Ergebnis nichts zu ändern.[465] Dies bedeutet: Der Einbezug zukünftiger Beschäftigungszeiträume ist in der Fallgruppe „ein faktischer Arbeitsort, Streit vor Wechsel des Arbeitortes" nur bei relativ *kurzen* Einsätzen statthaft. Denn nur bei relativ kurzen Einsätzen hat sich noch kein Schwerpunkt des Arbeitsverhältnisses nach den Grundsätzen über längerfristige Auslandseinsätze[466] herauskristallisiert. Unter dieser Prämisse beansprucht auch hier wiederum die bereits beim noch nicht in Vollzug gesetzten Arbeitsverhältnis aufgestellte Regel Geltung, wonach es sich beim gewöhnlichen Arbeitsort nicht zwingend um einen faktischen Arbeitsort handeln muss. Vielmehr genügt der künftige Beschäftigungsort, wenn konkrete Aussicht darauf besteht, dass dieser Ort *in naher Zukunft* zu einem faktischen Arbeitsort wird.

(c) Einstellung für kurzfristige Tätigkeit im Ausland

Dem Wortsinn nach deutet das Merkmal „gewöhnlich" in zeitlicher Hinsicht auf ein gewisses Maß an Dauer und Nachhaltigkeit hin. Problematisch erscheinen daher Konstellationen, in denen ein Arbeitnehmer ausschließlich für eine kurze Tätigkeit im Ausland eingestellt wird, ohne vorher im Inland gearbeitet zu haben. Hierunter fallen insbesondere Saisonarbeiten und Projektabwicklungen von einer Dauer bis zu drei Monaten. Als typische Beispiele lassen sich Erntehelfer und Bauarbeiter anführen. Eine französische Firma stellt beispielsweise in Spanien Arbeitnehmer ein, um diese bei der Ernte in Frankreich einzu-

---

464 Siehe dazu nachfolgend S. 86 ff.
465 Zutreffend *Trenner*, S. 127.

setzen. Oder: Ein deutsches Bauunternehmen wirbt in Portugal Arbeitskräfte an, um sie im Sommer auf einer deutschen Baustelle arbeiten zu lassen. Zugegebenermaßen vermittelt ein derart kurzer Arbeitseinsatz von maximal drei Monaten nicht gerade den Eindruck einer *dauerhaften* Tätigkeit. Insofern liegt es nahe, hier dem jeweiligen Beschäftigungsort den Charakter eines gewöhnlichen Arbeitsortes abzusprechen, so dass nur der allgemeine Beklagtengerichtsstand nach Art. 19 Nr. 1 EuGVVO verbleibt. Dem widerspricht jedoch der mit Art. 19 Nr. 2 lit. a EuGVVO verfolgte Arbeitnehmerschutz. Auch bei kurzer Beschäftigungsdauer existiert ein Tätigkeitsschwerpunkt, und der Arbeitnehmer ist hier ebenso schutzbedürftig wie bei längeren Beschäftigungszeiträumen. Zwar zeigt sich der Charakter des Arbeitsverhältnisses als Dauerschuldverhältnis noch nicht so ausgeprägt. Dennoch hat sich bereits ein Tätigkeitsschwerpunkt am Einsatzort gebildet.[467] Diese Sichtweise entspricht auch der im Urteil „Weber“ entwickelten Rechtsprechung des *EuGH*, wonach mangels anderer Kriterien auf denjenigen Ort abzustellen ist, an dem der Arbeitnehmer den größten Teil seiner Arbeitszeit geleistet hat.[468] Bei Einstellungen zum Zwecke einer kurzfristigen Tätigkeit im Ausland erbringt der Arbeitnehmer seine Arbeitsleistung ausschließlich am ausländischen Arbeitsort, wird also dort während seiner gesamten Arbeitszeit tätig.

(d) Ruhendes Arbeitsverhältnis

Fraglich erscheint, inwieweit das zeitweilige Ruhen eines Arbeitsverhältnisses den gewöhnlichen Arbeitsort beeinflusst. Das Ruhen eines Arbeitsverhältnisses kann auf gesetzlichen Vorschriften basieren, wie beispielsweise beim Mutterschutz, Elternzeit, Wehr-/Zivildienst; es kann aber auch von den Parteien vereinbart sein, wie im Falle eines sog. Sabbatjahres oder einer Wartestandsabrede[469] für die Dauer einer Abordnung zu einem anderen Unternehmen (meist konzerninterne Entsendung zu einem verbundenen Unternehmen). Ruht das Arbeitsverhältnis, so sind die gegenseitigen Hauptleistungspflichten suspendiert. Infolgedessen gibt es keinen aktuellen faktischen Arbeitsort. Das Arbeitsverhältnis, inklusive der daraus resultierenden Nebenpflichten, besteht jedoch fort. Deshalb erscheint eine Aussetzung unschädlich, soweit es vor dem Ruhen des Arbeitsverhältnisses einen faktischen Arbeitsort gab, dieser die Qualität eines gewöhnlichen Arbeitsortes hatte und die Parteien die Wiederaufnahme der Arbeitsverrichtung an diesem Ort planen. Es handelt sich insofern nicht um einen hypothetischen Arbeitsort im eigentlichen Sinne, weil an diesem Ort bereits

---

466 Siehe dazu nachfolgend S. 86 ff.
467 Ebenso *Trenner*, S. 133; für das Kollisionsrecht *Hoppe*, S. 164.
468 *EuGH* Rs. C-37/00 „Weber“, Slg. 2002, I-2013 ff, Tz. 58.

tatsächlich gearbeitet wurde und nach dem übereinstimmenden Parteiwillen die Rückkehr des Arbeitnehmers dorthin geplant ist. Wie bereits auf S. 74 f dargestellt muss sich dieser Wille objektiv manifestiert haben. Die Aussetzungsdauer ist dabei – anders als bei einer Entsendung[470] – ohne Relevanz. Beabsichtigen hingegen die Parteien die Wiederaufnahme der Tätigkeit an einem anderen Ort als dem früheren gewöhnlichen Arbeitsort, so ist jener Ort maßgeblich nach den oben dargelegten Grundsätzen über die Berücksichtigung zukünftiger Beschäftigungszeiträume.[471]

(e) Dauer des Auslandsaufenthaltes

Existiert ein gewöhnlicher Arbeitsort, so stellt sich die Frage, wie lange die Abwesenheit von diesem gewöhnlichen Arbeitsort andauern darf, damit es nicht zu einem Wechsel des Arbeitsortes kommt.

Es leuchtet ein, dass nicht jede kurzzeitige Arbeitsverrichtung an einem anderen Arbeitsort zu einer Änderung des Gerichtsstands führen kann. Andernfalls hätte es der Arbeitgeber in der Hand, den Gerichtsstand zu beeinflussen, indem er den Arbeitnehmer für einen unbedeutenden Auftrag ins Ausland schickt.[472] Andererseits ist es kaum sachgerecht, wenn der Gerichtsstand immer während im Inland verharrt, ganz gleichgültig, wie lange der Auslandseinsatz dauert. Die Schwierigkeit besteht darin, die Grenze zu ziehen, wann sich der Schwerpunkt des Arbeitsverhältnisses verlagert.

(i) Kollisionsrechtlicher Begriff der „vorübergehenden Entsendung“

Anders als im europäischen Zivilprozessrecht existiert im Kollisionsrecht eine ausdrückliche Regelung, die beschreibt, wann sich der gewöhnliche Arbeitsort jedenfalls nicht ändert. Nach Art. 6 Abs. 2 lit. a EVÜ bildet der gewöhnliche Arbeitsort den Anknüpfungspunkt, „selbst wenn er [der Arbeitnehmer] vorübergehend in einen anderen Staat entsandt ist.“[473] Wodurch sich eine „vorübergehende Entsendung“ auszeichnet, ist im internationalen

---

469 Siehe dazu nachfolgend S. 93.

470 Siehe dazu nachfolgend S. 86 ff.

471 Siehe oben S. 81 ff.

472 *Lagarde*, Rev, crit. dr. internat. privé 1994, 574, 576. A.A. *Mankowski*, IPrax 1999, 332, 335: „Es besteht keine echte Gefahr, dass der Arbeitgeber die Zuständigkeit durch Entsendungen manipulieren könnte.“

473 Demgegenüber ersetzt der Reformvorschlag zum europäischen Kollisionsrecht den Begriff „vorübergehend“ durch die Formulierung „für eine begrenzte Zeit“. Art. 6 Abs. 2 lit. a Reformvorschlag-EVÜ, abgedruckt in IPrax 2002, 62 f, lautet: „... The place where the work is habitually carried out is not to be regarded as having changed if the employee is posted *for a limited period* to another country.“ (Hervorhebung nicht im Original).

Privatrecht umstritten.[474] Einigkeit besteht über das Wesen der Entsendung im kollisionsrechtlichen Sinn: Im Rahmen einer Entsendung begibt sich der Arbeitnehmer im Interesse seines Arbeitgebers vom Inland ins Ausland, um dort für den Arbeitgeber eine Tätigkeit auszuüben. Dabei muss in jedem Fall nach dem Auslandseinsatz eine Wieder- oder Weiterbeschäftigung beim entsendenden Arbeitgeber gewährleistet sein.[475] Schwieriger erweist sich dagegen die Beurteilung des Merkmals „vorübergehend“. Eine Anlehnung an die sozialversicherungsrechtlichen Entsendungsfristen[476] scheidet angesichts der unterschiedlichen Regelungsziele – Schutz des inländischen Sozialversicherungssystems im Gegensatz zur Schwerpunktanknüpfung – von vornherein aus.[477] Teilweise werden starre Fristen angegeben, die sich zwischen ein bis drei Jahren bewegen.[478] Zum Teil werden aber auch feste Zeitangaben abgelehnt, und es wird danach differenziert, ob es sich um einen lediglich “vorübergehenden“ oder um das Gegenteil, einen „endgültigen“ Auslandseinsatz, handelt.[479] Maßgeblich ist nach dieser Auffassung allein, *ob* von den Parteien eine Rückkehr geplant ist, nicht unbedingt dagegen nach welcher Dauer diese erfolgen soll.

(ii) Kurzfristige und längerfristige Auslandsaufenthalte

Auch im Rahmen von Art. 19 Nr. 2 lit. a EuGVVO dürfen kurzzeitige Tätigkeiten an einem anderen Arbeitsort den gewöhnlichen Arbeitsort nicht beeinträchtigen. Als Auslegungshilfe bietet sich insoweit ein Rückgriff auf die kollisionsrechtliche Parallelregelung in Art. 6 Abs. 2 lit. a EVÜ an.[480] *Birk* empfindet feste zeitliche Obergrenzen bei Art. 19 Nr. 2 lit. a EuGVVO ebenso wenig überzeugend wie im Kollisionsrecht.[481] Entscheidend soll die Abgrenzung zum „endgültigen“ Auslandseinsatz und damit der Parteiwille in Form der Rückkehrabsicht sein. Eine für den bisherigen gewöhnlichen Arbeitsort unschädliche vorübergehende Entsendung soll vorliegen, wenn der Auslandseinsatz ausdrücklich befristet ist oder

---

474 Nachweise bei *Hoppe*, S. 175.

475 „Animus retrahendi“ des Arbeitgebers, vgl. dazu *Junker*, S. 182 m.w.N.

476 Grundsätzlich zwölf Monate, mit Zustimmung der zuständigen Behörden maximal weitere zwölf Monate, Art. 14 Verordnung (EWG) Nr. 1408/71, ABl. EG 1971 Nr. L 149/2 ff; vgl. dazu *Pietras/Thomas*, RIW 2001, 691, 694 f.

477 *Birk*, in: Richardi/Wlotzke, Münchener Handbuch zum Arbeitsrecht, Band 1, 2. Aufl. 2000, § 20, Rz. 39; *Hoppe*, S. 171 m.w.N.

478 Es werden Obergrenzen von ein, so beispielsweise *v.Hoffmann*, Internationales Privatrecht, 6. Aufl. 2000, S. 393, Rz. 81, bis zwei, so beispielsweise *Heilmann*, S. 144, oder sogar drei Jahren, so beispielsweise *Franzen*, AR-Blattei SD (1993), Internationales Arbeitsrecht, Rz. 76, empfohlen.

479 So beispielsweise *Junker*, S. 183; *Birk*, in: Richardi/Wlotzke, Münchener Handbuch zum Arbeitsrecht, Band 1, 2. Aufl. 2000, § 20, Rz. 37; *Müller*, Cornelia, S. 73.

480 *Kropholler*, Europäisches Zivilprozeßrecht, 7. Aufl. 2002, Art. 19, Rz. 7. Zur Zulässigkeit dieser Auslegungshilfe siehe oben S. 21 f.

481 *Birk*, in: Richardi/Wlotzke, Münchener Handbuch zum Arbeitsrecht, Band 1, 2. Aufl. 2000, § 23, Rz. 25.

wenn sich diese aus der Projektbezogenheit der dort zu erledigenden Aufgabe ergibt. Steht von vornherein fest, dass der Arbeitnehmer im Ausland eine Daueraufgabe unbefristet übernehmen soll, so verlagert sich der gewöhnliche Arbeitsort. Für diese Auffassung spricht die Rechtssicherheit, da es leichter ist, einen endgültigen von einem nicht-endgültigen Auslandseinsatz (Rückkehrabsicht ja/nein) zu unterscheiden als einen kurzfristigen von einem langfristigen.[482]

M.E. gelangt man jedoch ohne den Einbezug einer zeitlichen Maximalgrenze nicht zu sachgerechten Ergebnissen. Gerade in den zweifelhaften Fällen hilft das Abgrenzungsmerkmal der „Endgültigkeit" allein nicht weiter, was folgende Fallgruppen belegen:

Im Falle eines *längerfristigen* (beispielsweise 7 Jahre), zeitlich *bestimmten* Auslandseinsatzes *mit* Rückkehrabsicht müsste eine vorübergehende Entsendung angenommen werden, weil es sich angesichts des bestehenden Rückkehrwillens nicht um einen endgültigen Auslandseinsatz handelt.[483] Typischerweise wird sich aber bei einem längerfristigen Auslandseinsatz der Schwerpunkt des Arbeitsverhältnisses an den ausländischen Arbeitsort verlagern, auch wenn dieser Arbeitsort nicht als endgültiger gedacht ist.[484] Im Ausland befindet sich der aktuelle faktische Arbeitsort, zu dem die intensivsten Beziehungen bestehen Trotz des langfristigen Auslandsaufenthaltes wäre der Arbeitnehmer gezwungen, arbeitsvertragliche Streitigkeiten im Heimatstaat geltend zu machen.[485] Er müsste erst dorthin reisen. Das inländische Gericht müsste entscheiden, obwohl ihm die Sachnähe zum ausländischen Arbeitsort gänzlich fehlt. Längerfristige Auslandseinsätze können daher nicht als vorübergehende Entsendungen einzuordnen sein, auch wenn sie nicht endgültig sind.[486]

In der Fallgruppe zeitlich *unbestimmter* Auslandseinsätze *mit* Rückkehrabsicht – gemeint sind nur diejenigen Auslandseinsätze, deren Dauer sich auch nicht aus den Umständen, wie Projektbezug o.ä., ergibt – müsste angesichts des Rückkehrwillens eine vorübergehende Entsendung angenommen werden, obwohl die Dauer des Auslandseinsatzes völlig offen ist. Man mag argumentieren, die Rückkehrabsicht dokumentiere die fortbestehenden Beziehungen zum gewöhnlichen Arbeitsort.[487] Dagegen spricht, dass vorübergehende Entsen-

---

482 So für das Kollisionsrecht *Hoppe*, S. 178.

483 *Birk*, in: Richardi/Wlotzke, Münchener Handbuch zum Arbeitsrecht, Band 1, 2. Aufl. 2000, § 23, Rz. 25: „Länger andauernde aber befristete Entsendungen führen ... nicht automatisch zu einem Wechsel des gewöhnlichen Arbeitsortes."

484 So zutreffend für das Kollisionsrecht *Hoppe*, S. 178.

485 Sofern nicht die Voraussetzungen des Entsende-Gerichtsstands nach Art. 6 S. 1 Entsende-Richtlinie im Gaststaat gegeben sind, siehe dazu nachfolgend S. 159.

486 Ebenso *Hoppe*, S. 178.

487 So *Ganzert*, S. 87.

dungen zeitlich abschätzbar sind.[488] Die unbestimmte Dauer indiziert einen längerfristigen und damit nicht mehr bloß vorübergehenden Auslandseinsatz. Es ist unklar, ob sich die Rückkehrabsicht überhaupt realisieren wird. Dies kann erst ex post festgestellt werden. Der Gerichtsstand sollte den Parteien aber von Beginn an vorhersehbar sein. Trotz Rückkehrabsicht vermögen daher zeitlich unbestimmte Auslandseinsätze nicht als vorübergehende Entsendungen eingestuft zu werden.[489]

Die Fallgruppe *kurzfristiger*, zeitlich *bestimmter* Auslandseinsätze *ohne* Rückkehrabsicht soll ein Beispiel verdeutlichen: Ein Arbeitnehmer soll für zwei Jahre in ein ausländisches Tochterunternehmen geschickt werden. Danach wird der Arbeitsvertrag aufgrund Erreichens des Pensionsalters enden. Mangels Rückkehrabsicht wäre der Auslandseinsatz als „endgültig" anzusehen, obwohl er nur für kurze, bestimmte Dauer vereinbart wurde.

All diese Fallgruppen zeigen, dass dem Kriterium der „Endgültigkeit" und damit der Rückkehrabsicht nur Indizwirkung zukommt. Sie stellen isoliert betrachtet keine verlässlichen Abgrenzungsmerkmale dar. Vielmehr sind sie *nur in Zusammenhang mit einer Maximaldauer des Auslandseinsatzes aussagefähig.* Dabei ist zu beachten, dass der Arbeitnehmer nicht für seine Mobilität bestraft werden soll, so dass nicht schon jede kurze Tätigkeitsverrichtung im Ausland den gewöhnlichen Arbeitsort ändern darf. Vor diesem Hintergrund kann m.E. eine kurzfristige und damit vorübergehende Entsendung nur bis zu einer Dauer von *zwei Jahren*, in Ausnahmefällen bis zu drei Jahren, angenommen werden. Maßgeblich ist insoweit die geplante Dauer des Auslandseinsatzes. Soweit die Arbeitszeit im Ausland unbestimmt ist, können die Parteien das Ende der Auslandstätigkeit nicht vor Ablauf von zwei bzw. drei Jahren absehen. Der unbestimmte Auslandsaufenthalt ist daher wie ein längerfristiger Auslandseinsatz zu behandeln. D.h. ab einem (geplanten) zweijährigen Auslandseinsatz verlagert sich grundsätzlich der Schwerpunkt des Arbeitsverhältnisses. In Ausnahmefällen ändert sich der gewöhnliche Arbeitsort erst nach dreijähriger Tätigkeitsverrichtung im Ausland. Diese Fixgrenzen bieten ein verlässliches Abgrenzungsmerkmal sowie den Vorteil der leichteren Vorhersehbarkeit und damit höheren Rechtssicherheit für die Parteien.

---

488 *Heilmann*, S. 145.
489 Ebenso im Ergebnis *Trenner*, S. 139.

(iii) Nachträgliche Änderung der Dauer des Auslandseinsatzes

Nach den oben dargelegten Grundsätzen kommt es auf die geplante Dauer des Auslandseinsatzes an. Während der Auslandstätigkeit kann es jedoch zu Änderungen – Verlängerungen oder Verkürzungen – kommen: Die anfänglich als kurzfristige Auslandstätigkeit geplante Entsendung dauert länger als erwartet. Der zunächst als längerfristiger Auslandseinsatz geplante Auslandsaufenthalt wird schon nach kurzer Zeit beendet. Verlängerungen und Verkürzungen werden in Arbeitsverträgen häufig als Optionen vorbehalten, so dass es nicht einmal einer Vertragsänderung bedarf.[490] Fraglich erscheint, wie im Falle einer solchen nachträglichen Änderung des Auslandseinsatzes zu verfahren ist. Denkbar erscheint es, an den ursprünglichen Planungen festzuhalten. Aufgrund des mit Art. 19 Nr. 2 lit. a EuGVVO bezweckten Arbeitnehmerschutzes scheidet dies jedoch aus. In Betracht kommt daneben eine ex-tunc-Lösung. Dies würde bedeuten, dass der Gerichtsstand rückwirkend angepasst wird. Er würde im Nachhinein unzulässig, was aus Rechtssicherheitsgründen bedenklich stimmt.[491] Angemessen erscheint nur eine Änderung der Beurteilung mit ex-nunc-Wirkung:[492] Wird eine kurzfristig geplante Auslandstätigkeit auf eine längerfristige ausgedehnt, so verlagert sich der Schwerpunkt des Arbeitsverhältnisses erst in dem Moment, in dem die Parteien sich über die erheblich längere Dauer einigen. Wird eine längerfristig geplante Tätigkeit vorzeitig beendet, so verlagern die Parteien den Schwerpunkt des Arbeitsverhältnisses zurück an den ursprünglichen Arbeitsort, soweit der Arbeitnehmer dort seine Arbeit wieder aufnehmen soll.

(6) Der Fall *Turner* v. *Grovit* u.a.

Zur Veranschaulichung sei ein Fall aus der englischen Rechtsprechung erwähnt, bei dem sich die Gerichte zwar nicht in erster Linie der Erörterung des gewöhnlichen Arbeitsortes widmen, sondern sich vordergründig mit dem Für und Wider einer „antisuit-injunction"[493] auseinandersetzen. Dennoch lässt sich anhand dieses Falls die Problematik bei der Bestim-

---

490 *Hoppe*, S. 182.

491 Ebenso *Trenner*, S. 141. A.A. *Heilmann*, S. 147, für das Kollisionsrecht, soweit eine kurzfristig geplante Entsendung länger andauert.

492 Ebenso *Trenner*, S. 141; *Mankowski*, IPrax 2003, 21, 24; *Hoppe*, S. 182. Diese Lösung lässt sich m.E. auch mit der Rechtsprechung des *EuGH* Rs. C-37/00 „Weber", Slg. 2002, I-2013 ff, Tz. 54, vereinbaren, wobei es sich dort um ein obiter dictum handelt und die Entscheidung über eine nachträgliche Änderung der Einsatzdauer nicht anstand.

493 Vgl. dazu *Hartley*, I.C.L.Q. 2000, 166 ff; *de Lind van Wijngaarden-Maack*, IPrax 2003, 153 ff.

mung des gewöhnlichen Arbeitsortes exemplarisch aufzeigen. *Turner* v. *Grovit u.a.*[494] liegt folgender, stark vereinfachter Sachverhalt zugrunde:

Der Kläger, Turner, war seit 1990 bei einem Unternehmen mit Sitz in Großbritannien, Chequepoint UK, angestellt, das wiederum im Dezember 1997 von einem irischen Unternehmen namens Harada übernommen wurde. Bis Oktober 1997 arbeitete Turner in London, dann wurde er unter Aufrechterhaltung seines bisherigen Arbeitsvertrages zu einem verbundenen Unternehmen mit Sitz in Spanien, der CSA, nach Madrid entsandt. Im Februar 1998 kündigte Turner. Er erhob kurz darauf Klage beim *Employment Tribunal* in London gegen Harada und CSA auf Entschädigungszahlung. Harada bestritt die internationale Zuständigkeit des *Employment Tribunal*. Mittlerweile hatte die spanische CSA im Oktober 1998 Klage gegen Turner auf Schadensersatzzahlung wegen Vertragsbruch vor den spanischen Gerichten erhoben.

Die Frage, ob die britischen oder die spanischen Gerichte international zuständig sind, hängt maßgeblich davon ab, wie sich der Wechsel Turners nach Spanien auf den gewöhnlichen Arbeitsort auswirkt. Über die geplante Arbeitsdauer in Spanien gibt der Sachverhalt keine Auskunft. Der bisherige Arbeitsvertrag mit Chequepoint UK bzw. Harada wurde aufrechterhalten.[495]

Das EuGVÜ[496] ist anwendbar, nachdem die Beklagten, Harada und CSA, ihren Sitz in den Vertragsstaaten Irland und Spanien haben. Ausgehend von den oben dargestellten Grundsätzen ist zunächst die Art der Tätigkeit Turners nach der Rechtsprechung des *EuGH* festzustellen. Es handelt sich um eine Arbeitsverrichtung wie im Fall „Weber", d.h. ohne ein festes Büro, von dem aus sich der Arbeitnehmer auf Reisen begibt.[497] D.h. die Ermittlung des gewöhnlichen Arbeitsortes muss sich vorrangig am Zeitfaktor orientieren, nur ausnahmsweise sind qualitativ-wertende Elemente in die Beurteilung einzubeziehen. Maßgeblich ist daher der Ort, an dem der Arbeitnehmer bei Betrachtung des Gesamtbeschäftigungszeitraums den größten Teil seiner Arbeitszeit geleistet hat. Dies war London, wo Turner 6 Jahre lang arbeitete. Dass sein ursprünglicher Arbeitgeber, Chequepoint UK, im sechsten Arbeitsjahr von Harada übernommen wurde, ist für die Beurteilung des gewöhnlichen Arbeitsortes ohne Belang. Harada ist in den Arbeitsvertrag mit Turner und damit in die

---

494 *Turner* v. *Grovit* (1999) 3 W.L.R. 794; (1999) 3 All ER 616; *EuGH* Rs. C-159/02 „Turner", Slg. 2004, I-0000 ff.

495 Zum Wortlaut der Vereinbarung (1999) 3 W.L.R. 794, 798.

496 Die EuGVVO trat erst am 1.3.2002 in Kraft, Art. 76 EuGVVO.

497 Siehe oben S. 65.

Arbeitgeberstellung der Chequepoint UK eingetreten. Fraglich erscheint, ob der Auslandseinsatz in Spanien als vorübergehende Entsendung gewertet werden kann. Der Arbeitsvertrag mit Chequepoint UK bzw. Harada wurde beibehalten, was für eine Entsendung spricht. Unklar bleibt jedoch, ob sie als vorübergehend einzustufen ist. Mangels Angaben über die geplante Dauer des Auslandseinsatzes ist daher von einem Auslandseinsatz unbestimmter Dauer auszugehen, der wie oben aufgezeigt nicht mehr als vorübergehende Entsendung gewertet werden kann. D.h. der gewöhnliche Arbeitsort in London bestand bis zum Arbeitsantritt in Spanien, nicht länger. Wie ist dagegen die Arbeitszeit in Spanien einzuordnen? Wurde in Spanien bereits ein (zweiter) gewöhnlicher Arbeitsort begründet? Angesichts der dort kurz zugebrachten Arbeitszeit von dreieinhalb Monaten kann dies nur angenommen werden, wenn zukünftige Beschäftigungszeiträume berücksichtigt würden. Der Sachverhalt lässt sich der Fallgruppe „zwei faktische Arbeitsorte, Streit nach Wechsel des Arbeitsortes“[498] zuordnen. Bei dieser Fallgruppe darf nach der Rechtsprechung des *EuGH* ausnahmsweise auf denjenigen Arbeitsort abgestellt werden, zu dem der Rechtsstreit engere Verknüpfungen aufweist. Davon ist auszugehen, wenn dieser Ort nach dem *klaren* Parteiwillen der neue gewöhnliche Arbeitsort werden soll.[499] Erforderlich ist demnach der klare Parteiwille, Spanien zum gewöhnlichen Arbeitsort zu machen. Der Parteiwille ist vorliegend aber gerade unklar. Der ursprüngliche Arbeitsvertrag mit Chequepoint UK bzw. Harada wurde aufrechterhalten (und nicht ruhend gestellt),[500] was auf eine Rückkehrabsicht seitens der Parteien schließen lässt. Andererseits wurde keine Zeitdauer für die Tätigkeitsausübung in Spanien vereinbart. Der Parteiwille kann insofern nicht zweifelsfrei festgestellt werden. In Spanien besteht infolgedessen kein gewöhnlicher Arbeitsort.[501] Dieses Ergebnis wird auch nicht durch qualitativ-wertende Kriterien widerlegt. Zwar deutet das Merkmal der betrieblichen Eingliederung[502] auf einen gewöhnlichen Arbeitsort in Spanien. Jedoch wurde das Gehalt weiter in Pfund Sterling gezahlt. Dies weist also in Richtung Großbritannien, auch wenn es sich dabei um ein Indiz von untergeordneter Bedeutung handelt.[503] Aufgrund der Tätigkeitsstruktur ist der Zeitfaktor jedoch vorrangig zu beachten. Das qualitative

---

498 Siehe oben S. 81 f.

499 *EuGH* Rs. C-37/00 „Weber“, Slg. 2002, I-2013 ff, Tz. 54.

500 Turner erhält weiter sein Gehalt aus Großbritannien, seine Rentenbeiträge werden weiter gezahlt etc. Als Einsatzort wird Spanien vereinbart.

501 Zurückhaltend *Hartley*, I.C.L.Q. 2000, 166, 169, Fn. 16: „He could have argued that the Spanish court had no jurisdiction under the Convention. – It is doubtful whether this argument would have succeeded: if there had been a new contract of employment with CSA, the Spanish court would have had jurisdiction under Art. 5 (1).“

502 Siehe oben S. 72 ff.

503 Siehe oben S. 75.

Merkmal der betrieblichen Eingliederung vermag das anhand der zeitlichen Kriterien gefundene Ergebnis (gewöhnlicher Arbeitsort in Großbritannien) nicht zu entkräften. Das *Employment Tribunal* ist international zuständig.

(7) Ergebnis

Der gewöhnliche Arbeitsort wird bisweilen als „Ort, an dem der Arbeitnehmer seine Tätigkeit schwerpunktmäßig verrichtet hat und vom Arbeitgeber eingesetzt wurde" bezeichnet.[504] Wo sich dieser Schwerpunkt befindet, bleibt dabei offen. Er ist anhand der vom *EuGH* entwickelten qualitativen und zeitlichen Kriterien zu bestimmen. Dabei ist nach zutreffender Ansicht des *Gerichtshofs* der Zeitfaktor bei Tätigkeiten *ohne* festen Standort bzw. Stützpunkt grundsätzlich vorrangig zu berücksichtigen. Die Vermutungswirkung zugunsten des Zeitmoments kann nur im Einzelfall bei „engerer Verknüpfung mit einem anderen Arbeitsort," also in eine andere Richtung weisenden qualitativen Kriterien, widerlegt werden. Dagegen stehen bei Tätigkeiten *mit* festem Standort bzw. Stützpunkt („Büro") Zeitfaktor und qualitativ-wertende Elemente grundsätzlich gleichberechtigt nebeneinander. M.E. besteht auch hier zugunsten des Zeitfaktors eine Vermutungswirkung, die aber im Einzelfall widerlegt werden kann.

(8) Mehrfache arbeitsvertragliche Bindung des Arbeitnehmers

In (grenzüberschreitenden) Konzernarbeitsverhältnissen ist vielfach folgende Gestaltung vorzufinden: Zwischen Arbeitnehmer und Tochterunternehmen besteht das sog. Lokalarbeitsverhältnis, in welchem die Arbeit tatsächlich verrichtet wird. Das sog. Rumpfarbeitsverhältnis liegt hingegen zwischen Arbeitnehmer und Muttergesellschaft vor. In diesem Arbeitsverhältnis sind die gegenseitigen Hauptleistungspflichten in der Regel suspendiert, eine Arbeitsleistung wird hier nicht erbracht. Das Rumpfarbeitsverhältnis ruht, ist aber maßgeblich in Bezug auf gewisse Nebenpflichten. Diese arbeitsvertragliche Gestaltung ist typisch für Konzernarbeitsverhältnisse. Sie findet sich aber auch außerhalb von Konzernverbindungen.[505]

---

504 *Hüßtege*, in: Thomas/Putzo u.a., ZPO, 26. Aufl. 2004, Art. 19 EuGVVO, Rz. 2.
505 Vgl. dazu *Simons*, EuLF 2003, 163, 165.

(a) Der Fall „Pugliese“

Bei einer solchen mehrfachen vertraglichen Bindung des Arbeitnehmers stellt sich die Frage, wo sich der gewöhnliche Arbeitsort befindet. Der Fall „Pugliese“[506] veranschaulicht diese Problematik. Zwar hat der *EuGH* diesen Fall noch unter Geltung des EuGVÜ entschieden, doch lassen sich die inhaltlichen Aussagen zur mehrfachen arbeitsvertraglichen Bindung eines Arbeitnehmers in Bezug auf den gewöhnlichen Arbeitsort ohne weiteres auf Art. 19 EuGVVO übertragen.

Die Klägerin, eine italienische Staatsangehörige mit Wohnsitz in Rom, schloss 1990 mit der Beklagten, einem Unternehmen mit Sitz in Italien, einen Arbeitsvertrag. Laut Arbeitsvertrag sollte die Klägerin in einer Betriebsstätte der Beklagten in Turin arbeiten. Zum tatsächlichen Vollzug dieses Arbeitsverhältnisses kam es aber nie. Vielmehr vereinbarten Klägerin und Beklagte, dass erstere für die Dauer der Beschäftigung bei einem in München ansässigen Unternehmen, an dem die Beklagte zu 21 % beteiligt ist, von der Arbeitspflicht freigestellt wird. Die Beklagte verpflichtete sich, für die Wohnungskosten in München sowie für eine bestimmte Anzahl an Heimreisen nach Italien aufzukommen. Nach sechs Jahren wollte die Beklagte die Klägerin in Italien einsetzen. Es kam zum Streit über Mietzahlungen und Kostenerstattungen für die Heimreisen. Die Klägerin klagte in München gegen die Beklagte auf Zahlung von Miet- und Reisekosten.

Das vorlegende *LAG München* prüfte zunächst, ob sich seine internationale Zuständigkeit aus Art. 5 Nr. 1 2. HS EuGVÜ (Art. 19 Nr. 2 lit. b EuGVVO) ergibt. Das wäre der Fall, wenn im Verhältnis zur Beklagten München als gewöhnlicher Arbeitsort anzusehen ist. Dagegen hegte das *LAG München* Bedenken:[507] Im Arbeitsvertrag ist ausdrücklich Turin als Arbeitsort festgelegt; dieser Arbeitsort würde auch dann beibehalten, wenn die Klägerin ihre Arbeitsleistung gegenüber der Beklagten vorübergehend in München erbrächte. Die Arbeitsverrichtung in München erfolgt aber nicht in Erfüllung des Arbeitsvertrages, den die Klägerin mit der Beklagten, sondern mit einem Dritten (dem Münchner Unternehmen) abgeschlossen hat. Für einen Arbeitsort in München könnte sprechen, dass die Beklagte trotz ruhenden Arbeitsverhältnisses die Zahlung von Miet- und Reisekosten übernimmt und die Arbeitsleistung beim Münchner Unternehmen offensichtlich auch im Interesse der Beklagten liegt. Die Rechtsprechung des *Gerichtshofs*, wonach dasjenige Gericht am besten

---

[506] *EuGH* Rs. C-437/00 „Pugliese“, Slg. 2003, I-3573 ff.
[507] *LAG München*, EuLF 2001, 295, 296.

zur Entscheidung des Rechtsstreits in der Lage ist, das sich am Ort befindet, an dem der Arbeitnehmer die vereinbarte Tätigkeit auszuüben hat, hilft hier nicht weiter, weil der Aspekt der Rechtsnähe nach dem Sachvortrag der Parteien eindeutig die Anwendung italienischen Rechts verlangt. Das *LAG München* wollte daher mit seiner ersten Vorlagefrage wissen, wo sich bei der vorliegenden Fallkonstellation der Arbeitsort i.S.d. Art. 5 Nr. 1 2. HS EuGVÜ (Art. 19 Nr. 2 lit. b EuGVVO) im Verhältnis zur Beklagten befindet.

Das *LAG München* prüfte hilfsweise weiter, ob seine internationale Zuständigkeit aus Art. 5 Nr. 1 1. HS EuGVÜ (Art. 5 Nr. 1 EuGVVO) folgt.[508] Sowohl nach italienischem als auch nach deutschem Recht wären die Forderungen auf Kostenerstattung in München zu erfüllen. Dennoch neigte das *LAG München* auch hier wiederum dazu, seine internationale Zuständigkeit zu verneinen. Nach überwiegender Auffassung enthalten Art. 5 Nr. 1 2./3. HS EuGVÜ bzw. Art. 18 ff EuGVVO Sonderregelungen für arbeitsvertragliche Streitigkeiten, die einen Rückgriff auf den allgemeinen Vertragsgerichtsstand verbieten.[509] Zudem hat der *EuGH* mehrfach betont, dass durch die Festlegung eines einheitlichen Erfüllungsortes für Arbeitsverträge eine Häufung von Gerichtsständen vermieden werden soll.[510]

(b) Lösungsansätze

Die Bestimmung des gewöhnlichen Arbeitsortes im Rumpfarbeitsverhältnis erweist sich insbesondere dann als schwierig, wenn dieses niemals in Vollzug gesetzt wurde. Wurde im Rahmen des Rumpfarbeitsverhältnisses irgendwann einmal tatsächlich gearbeitet, so existiert in diesem Arbeitsverhältnis jedenfalls ein faktischer Arbeitsort, dem unter Umständen sogar der Charakter eines gewöhnlichen Arbeitsortes zukommt. Hier wurde aber für den Arbeitgeber im Rumpfarbeitsverhältnis noch nie tatsächlich eine Arbeitsleistung erbracht.

Insofern ist die Frage, ob (noch) von einer Entsendung nach München gesprochen werden kann, von zweitrangiger Bedeutung. Das *LAG München* ließ dementsprechend offen, ob es im vorliegenden Fall von einer Entsendung ausging. Denn auch unter der Annahme, die Arbeitsleistung würde in München nur vorübergehend erbracht, wäre der Arbeitsort nicht in München, sondern in Turin angesiedelt. Entsprechend den oben auf S. 86 ff getroffenen Feststellungen kann nach einer Zeitdauer von sechs Jahren keine vorübergehende Arbeitsleistung in München mehr angenommen werden können. Zwar liegt seitens des Arbeit-

---

[508] A.a.O.
[509] Siehe dazu oben S. 24.

gebers ein „animus retrahendi" vor, jedoch wurde weder ein konkreter Rückkehrzeitpunkt vereinbart, noch ergibt sich ein solcher aus den Umständen (bestimmtes Projekt etc.).

Insgesamt taucht das Problem des noch nicht in Vollzug gesetzten Arbeitsverhältnisses und des damit fehlenden faktischen Arbeitsortes in drei Fallgruppen auf: Wenn das Zustandekommen des Arbeitsvertrages streitig ist,[511] vor Arbeitsantritt gekündigt wird[512] oder, wie hier, im ruhenden Rumpfarbeitsverhältnis. Anders als in den ersten beiden Fallgruppen, in denen aus Billigkeitsgründen darauf abgestellt wird, ob an sich geplant war, das Arbeitsverhältnis in naher Zukunft in Vollzug zu setzen, nützt dieser Gedanke im vorliegenden Fall nicht: Die Klägerin sollte erst nach Ablauf von sechs Jahren bei der Beklagten in Italien eingesetzt werden. Dies ist ein zu langer Zeitraum, um noch eine Brücke zum faktischen Arbeitsort schlagen zu können. Einen originären, eigenen faktischen Arbeitsort im Rumpfarbeitsverhältnis gibt es also nicht.[513] In einem solchen Fall kommen zwei Lösungsmöglichkeiten in Betracht.

(i) Getrennte Betrachtung von Rumpf- und Lokalarbeitsverhältnis

Rumpf- und Lokalarbeitsverhältnis stellen zwei selbstständige Arbeitsverträge dar, die jeweils gesondert zu betrachten sind.[514] Legt man die bisherige Rechtsprechung des *Gerichtshofs* zugrunde, wonach sich der gewöhnliche Arbeitsort nur an einem Ort *tatsächlicher* Tätigkeitsausübung befinden kann, so gibt es im Rumpfarbeitsverhältnis keinerlei gewöhnlichen Arbeitsort, denn der Arbeitnehmer erbringt hier keine tatsächliche Arbeitsleistung. Es besteht für ihn überhaupt keine Arbeitspflicht, weil die gegenseitigen Hauptleistungspflichten suspendiert sind.[515] Demzufolge kann es keinen gewöhnlichen Arbeitsort geben.[516] Die Anwendung von Art. 19 Nr. 2 lit. a EuGVVO im Rumpfarbeitsverhältnis scheidet infolgedessen aus.

Nach *Trenner* „ist der gewöhnliche Arbeitsort für das Rumpfarbeitsverhältnis im Inland, für das Lokalarbeitsverhältnis immer im Ausland zu lokalisieren, weil die Arbeitsleistung aus-

---

510 *EuGH* Rs. C-383/95 „Rutten", Slg. 1997, I-57 ff, Tz. 18.
511 Siehe oben S. 35 f.
512 Siehe oben S. 79.
513 A.A. Stellungnahme der *Bundesregierung*, in: Sitzungsbericht zu *EuGH* Rs. C-437/00 „Pugliese", Tz. 21 f, die, soweit die Verpflichtung zur Arbeit ruht, den gewöhnlichen Arbeitsort dort erblickt, wo der Arbeitnehmer bei Aufleben seines Arbeitsvertrages tätig werden müsste, hier also Turin. Damit wird aber auf einen *hypothetischen* Arbeitsort abgestellt.
514 In diesem Sinne *Auer*, in: Bülow/Böckstiegel u.a., Der internationale Rechtsverkehr in Zivil- und Handelssachen, 23. EL 2000, Art. 5, Rz. 39.
515 *Franzen*, EuLF 2001, 296, 297.
516 So für das Kollisionsrecht *Franzen*, IPrax 2000, 506, 508.

schließlich dort erbracht wird."[517] Ansprüche aus dem Rumpfarbeitsverhältnis sind demnach im Staat der Muttergesellschaft geltend zu machen.[518] Diese Sichtweise kann freilich nur auf das bereits in Vollzug gesetzte Rumpfarbeitsverhältnis zutreffen, in dem bereits tatsächlich gearbeitet wurde. Wurde noch keine Arbeitsleistung erbracht, würde dies bedeuten, dass dem Arbeitnehmer nur der allgemeine Gerichtsstand des Arbeitgebers aus dem Rumpfarbeitsverhältnis nach Art. 19 Nr. 1 EuGVVO verbleibt. Dann würde aber der flexible Arbeitnehmer für seine Mobilität bestraft, weil er trotz (Rumpf-)Arbeitsvertrag keinen besonderen Gerichtsstand zur Verfügung gestellt bekommt.[519] Streitigkeiten um arbeitsvertragliche Nebenpflichten sind von vornherein dem allgemeinen Gerichtsstand zugewiesen. Ob dies allein durch die Möglichkeit, eine Gerichtsstandsvereinbarung zu treffen,[520] kompensiert und damit gerechtfertigt werden kann, erscheint zweifelhaft.

Es verbleibt der Gerichtsstand der einstellenden Niederlassung nach Art. 19 Nr. 2 lit. b EuGVVO. Aber auch dieser arbeitsvertragliche Gerichtsstand ist bereits nach seinem Wortlaut nicht einschlägig, weil der Arbeitnehmer nicht zur Arbeitsverrichtung in ständig wechselnden Staaten eingesetzt wird. Ebenso wie in Art. 19 Nr. 2 lit. b EuGVVO setzt der dritte Halbsatz voraus, dass der Arbeitnehmer zur Arbeitsverrichtung verpflichtet ist, woran es im Rumpfarbeitsverhältnis gerade fehlt.[521] Darüber hinaus stellt die Beschäftigung bei einer anderen Konzerngesellschaft keine Arbeit bei einer Niederlassung der Konzernobergesellschaft dar.[522] Schließlich würde im konkreten Art. 19 Nr. 2 lit. b EuGVVO auch nicht zu einer internationalen Zuständigkeit des *LAG München* führen. Vielmehr wären die italienischen Gerichte international zuständig. Auch Art. 19 Nr. 2 lit. b EuGVVO kann daher im Rumpfarbeitsverhältnis nicht angewandt werden.

In Betracht kommt jedoch eine analoge Anwendung von Art. 19 Nr. 2 lit. b EuGVVO.[523] Eine planwidrige Regelungslücke in Bezug auf nicht in Vollzug gesetzte Rumpfarbeitsverhältnisse liegt offensichtlich vor. Von einer Vergleichbarkeit des Sachverhalts ist insoweit auszugehen, als es hier ebenso wie im Rumpfarbeitsverhältnis an einem gewöhnlichen Arbeitsort mangelt. Bevor aber vorschnell eine analoge Anwendung bejaht wird, ist zu

---

517 *Trenner*, S. 146.
518 A.a.O.
519 Zu diesem Aspekt auf Ebene des Arbeitskollisionsrechts *Birk*, RdA 1984, 129, 132.
520 So *Trenner*, S. 147.
521 *Franzen*, EuLF 2001, 296, 298.
522 Siehe dazu nachfolgend S. 113.
523 Auf kollisionsrechtlicher Ebene wird eine Anknüpfung nach Art. 6 Abs. 2 lit. b bzw. Art. 30 Abs. 2 Nr. 2 EGBGB analog befürwortet von *Franzen*, IPrax 2000, 506, 508; für eine direkte Anwendung *Heilmann*, S. 151.

untersuchen, ob außerhalb der arbeitsvertraglichen Gerichtsstände eine Lösung gefunden werden kann.

Nachdem für das Rumpfarbeitsverhältnis weder Art. 19 Nr. 2 lit. a EuGVVO noch Art. 19 Nr. 2 lit. b EuGVVO einschlägig ist, liegt ein Rückgriff auf den allgemeinen Vertragsgerichtsstand des Art. 5 Nr. 1 EuGVVO nahe. Zwar handelt es sich bei den arbeitsvertraglichen Gerichtsständen um Spezialregelungen, die eine Anwendung des allgemeinen Vertragsgerichtsstands an sich ausschließen. Nach *Franzen* gewährleisten die Art. 18 ff EuGVVO jedoch nicht – wie mit ihrer Schaffung intendiert – ein lückenloses Zuständigkeitssystem für sämtliche arbeitsvertragliche Streitigkeiten, was an der vorliegenden Fallgestaltung deutlich wird.[524] Im Normalfall, in dem ein oder mehrere Arbeitsorte existieren, führen die arbeitsvertraglichen Gerichtsstände zu sachgerechten Lösungen. Sie versagen hingegen, soweit in einem Arbeitsverhältnis die Arbeitspflicht suspendiert ist. Seiner Auffassung nach verbleibt daher nur die Möglichkeit, auf den allgemeinen Vertragsgerichtsstand zurückzugreifen und den Erfüllungsort der jeweils streitigen Verpflichtung zu bestimmen.[525] Dabei ist dasjenige Recht anzuwenden, welches nach dem Kollisionsrecht des angerufenen Gerichts für die streitige Verpflichtung maßgeblich ist. Dies ist nach einer Ansicht das objektive Arbeitsvertragsstatut, nach anderer Auffassung sind hierfür die Art. 3 f EVÜ bzw. Art. 27 f EGBGB heranzuziehen.[526]

(ii) Zurechnung des gewöhnlichen Arbeitsortes

Nachdem es keinen eigenen, originären faktischen Arbeitsort im Rumpfarbeitsverhältnis gibt, ist es aber auch denkbar, den gewöhnlichen Arbeitsort des Lokalarbeitsverhältnisses dem Rumpfarbeitsverhältnis zuzurechnen,[527] wie es das *LAG München* vage andeutet.[528] Denn der Arbeitgeber hat offensichtlich ein Interesse an der Arbeitserbringung im Lokalarbeitsverhältnis, ansonsten hätte er nicht die Zahlung der Miet- und Wohnungskosten übernommen.

Voraussetzung für eine Zurechnung des gewöhnlichen Arbeitsortes ist zunächst, dass es sich bei den geltend gemachten Zahlungsansprüchen überhaupt um *arbeits*vertragliche An-

---

524 *Franzen*, EuLF 2001, 296, 298: „In solchen Fällen führt die Suche nach einem gewöhnlichen Arbeitsort nicht weiter. Daher passen die auf einen Arbeitsort zugeschnittenen Sondervorschriften des Art. 5 Nr. 1 2. und 3. HS EuGVÜ überhaupt nicht."

525 A.a.O.

526 *Junker*, S. 217.

527 So wohl auch *Löwisch/Flüchter*, FS zum 50jährigen Bestehen der Arbeitsgerichtsbarkeit in Rheinland-Pfalz, 103, 109.

sprüche handelt. Es ist nicht von der Hand zu weisen, dass bei einem ruhenden Arbeitsverhältnis gerade die charakteristische Verpflichtung des Arbeitsvertrages, Arbeit für den Arbeitgeber zu verrichten, vorübergehend nicht besteht. Bei einer Wartestandsvereinbarung handelt es sich jedoch nicht um eine vom ursprünglichen Arbeitsvertrag völlig losgelöste Abrede. Vielmehr liegt darin eine zeitlich begrenzte Änderung der arbeitsvertraglichen Bestimmungen (Aussetzung der Arbeitsverrichtungspflicht unter Fortbestand typischer Arbeitgeberpflichten, wie Zahlung von Versicherungsbeiträgen/Umzugskosten, Anerkennung des Dienstalters etc.). Eine Aussetzung der Arbeitsverrichtungspflicht ist auch nichts Ungewöhnliches, wird sie doch in einigen Fällen gesetzlich vorgeschrieben, wie beispielsweise beim Mutterschutz oder beim Wehr- bzw. Zivildienst.[529] Dabei ist nicht von Relevanz, dass der Arbeitnehmer während des Wartestands durch einen anderen Vertrag an einen anderen Arbeitgeber gebunden ist. Denn es ist für einen Arbeitnehmer nicht unüblich, in mehreren Arbeitsverträgen gleichzeitig zu stehen und parallel Arbeiten zu verrichten. Das Bestehen eines Arbeitsvertrages hat daher auf das Wesen des anderen Arbeitsvertrages keinen Einfluss.[530]

Nachdem geklärt ist, dass es sich um die Geltendmachung arbeitsvertraglicher Ansprüche handelt, bleibt zu untersuchen, unter welchen Voraussetzungen eine Zurechnung des gewöhnlichen Arbeitsortes vorgenommen werden kann. Eine solche Zurechnung hängt maßgeblich vom *Grad der Verbindung* zwischen den beiden Arbeitsverträgen ab.[531] Die grundlegenden Fragen lauten daher: Wann besteht zwischen den beiden Verträgen eine derart enge Verbindung, dass sie aufeinander bezogen erscheinen und deshalb der gewöhnliche Arbeitsort für beide Verträge derselbe ist? Wie muss die inhaltliche Verknüpfung zwischen den beiden Verträgen ausgestaltet sein? Wann bestehen zwei einander überlagernde Arbeitsverhältnisse unabhängig nebeneinander und sind daher getrennt zu betrachten?

Nach Ansicht der *Bundesregierung* kommt eine Zurechnung lediglich ausnahmsweise in Betracht, nämlich wenn die beiden Arbeitsverhältnisse als eine wirtschaftliche Einheit anzusehen sind. Dies soll nur dann der Fall sein, soweit es sich bei dem Arbeitgeber aus dem Lokalarbeitsverhältnis um eine *hundertprozentige Tochtergesellschaft* des Rumpfarbeit-

---

528 *LAG München*, EuLF 2001, 295, 296.
529 Schlussanträge des *Generalanwalts Jacobs* zu EuGH Rs. C-437/00 „Pugliese", Slg. 2003, I-3573 ff, Tz. 50.
530 A.a.O., Tz. 53.
531 *EuGH* Rs. C-437/00 „Pugliese", Slg. 2003, I-3573 ff, Tz. 21: „... inwieweit diese beiden Verträge miteinander verbunden sind."

gebers handelt.[532] Anderenfalls hat letzterer keinen Einfluss auf den Arbeitsort des Arbeitnehmers im zweiten Arbeitsverhältnis, so dass ihm auch nicht zugemutet werden kann, an diesem Ort verklagt zu werden.[533] Es handelt sich bei dem ausländischen Unternehmen immerhin um eine eigenständige juristische Person. Bloßes Interesse an der Arbeitserbringung im Lokalarbeitsverhältnis vermag nicht zu genügen, um den Anknüpfungspunkt aus einem selbstständigen Rechtsverhältnis einem anderen zuzurechnen. Im vorliegenden Fall hält die Obergesellschaft an dem Münchner Unternehmen lediglich 21 %, was nach Auffassung der *Bundesregierung* nicht für eine Zurechnung des gewöhnlichen Arbeitsortes genügt.

Es erscheint jedoch verfehlt, auf den jeweiligen zahlenmäßigen Prozentsatz der Beteiligung abzustellen: Dieser bildet den Maßstab für eine *gesellschafts*rechtliche Bewertung, nicht aber notwendigerweise die Grundlage einer *arbeits*rechtlichen Betrachtung über das Für und Wider eines arbeitsvertraglichen Gerichtsstandes.[534] Selbst zwei konzernfreie Unternehmen können so intensive Geschäftsverbindungen zueinander unterhalten, dass es ihnen sinnvoll erscheint, diese durch Abordnung von Arbeitnehmern von dem einen Unternehmen in das andere zu festigen. Die rechtliche Selbstständigkeit des ausländischen Unternehmens stellt auch keinen Hinderungsgrund für eine Zurechnung des gewöhnlichen Arbeitsortes dar. Denn die Zurechnungsproblematik ist dem Recht der arbeitsvertraglichen Gerichtsstände nicht fremd. So kann z.B. – trotz rechtlicher Eigenständigkeit – eine Tochtergesellschaft im Rahmen von Art. 19 Nr. 2 lit. b EuGVVO nach Rechtsscheinsgrundsätzen als Niederlassung ihrer Muttergesellschaft gelten.[535] Zuzustimmen ist daher *Generalanwalt Jacobs*, der den Ansatz der *Bundesregierung* als zu eng erachtet: „Ein so anspruchsvolles Kriterium würde in vielen Fällen der vorliegenden Art trotz unbestreitbarer sachlicher Zusammenhänge zwischen dem Arbeitsort und dem Vertrag, aufgrund dessen der Rechtsstreit entstanden ist,

---

532 Stellungnahme der *Bundesregierung*, in: Schlussanträge des *Generalanwalts Jacobs* zu EuGH Rs. C-437/00 „Pugliese", Slg. 2003, I-3573 ff, Tz. 56.

533 Stellungnahme der *Bundesregierung*, in: Sitzungsbericht zu EuGH Rs. C-437/00 „Pugliese", Tz. 21.

534 Ähnlich wie im Fall „Rutten", bei dem die *Kommission* in ihrer Stellungnahme vorgeschlagen hatte, die Anzahl der in einem Staat verbrachten Tage über den gewöhnlichen Arbeitsort entscheiden zu lassen, Stellungnahme der *Kommission*, in: Schlussanträge des *Generalanwalts Jacobs* zu EuGH Rs. C-383/95 „Rutten", Slg. 1997, I-57 ff, Tz. 33, was *Generalanwalt Jacobs* in seinen Schlussanträgen abgelehnt hatte, a.a.O., Tz. 34, sollte hier die Ermittlung des gewöhnlichen Arbeitsortes nicht auf rein mathematischem Wege erfolgen. So auch die Formulierung in den Schlussanträgen des *Generalanwalts Jacobs* zu EuGH Rs. C-37/00 „Weber", Slg. 2002, I-2013 ff, Tz. 52: „Die Angelegenheit darf nicht als mathematische Frage aufgefasst werden."

535 Siehe dazu ausführlich nachfolgend S. 114 f.

jede Möglichkeit für den Arbeitnehmer ausschließen, von dem ... (ihm zugedachten) Schutz Gebrauch zu machen."[536]

Die *Kommission* verfolgt dagegen einen anderen Ansatz. Danach ist zu untersuchen, ob die beiden Arbeitsverträge so eng miteinander verbunden sind, dass *der eine ohne den anderen nicht geschlossen worden wäre.*[537] Dem Arbeitgeber aus dem Rumpfarbeitsverhältnis ist die Zurechnung des gewöhnlichen Arbeitsortes aus dem Lokalarbeitsverhältnis in diesem Fall auch zumutbar, da der Abschluss des Lokalarbeitsverhältnisses Bedingung für die Aufnahme der Wartestandsvereinbarung in seinen Rumpfarbeitsvertrag war.

Nach Ansicht von *Generalanwalt Jacobs* handelt es sich dabei um einen „nützlichen Indikator," bei dessen Vorliegen „sicher" von einer ausreichend engen Verbindung zwischen den beiden Verträgen ausgegangen werden kann, welche wiederum eine Zurechnung rechtfertigt.[538] „Der Indikator könnte jedoch wiederum zu hart sein, wenn er als notwendige Voraussetzung aufgefasst wird."[539] Denn dem Arbeitnehmer kann ein Arbeitsplatz beim Rumpfarbeitgeber angeboten werden, ohne dass von vornherein eine Stelle beim eventuellen Lokalarbeitgeber konkret in Aussicht steht – und der Arbeitnehmer nimmt diesen Arbeitsplatz trotzdem an. Umgekehrt ist es denkbar, dass der Arbeitnehmer die Stelle beim Lokalarbeitgeber annimmt, ohne dass der Rumpfarbeitgeber als Vermittler auftritt. Es wäre angesichts des Bestrebens, dem Arbeitnehmer als schwächerer Vertragspartei angemessenen Schutz zu gewähren, in derartigen Fällen verfehlt, pauschal eine Zurechnung zu versagen, weil hier nicht der eine ohne den anderen Vertrag geschlossen worden wäre.

Der *EuGH* plädiert daher dafür, die Zurechnungsfrage nicht mittels eines einzigen Faktors zu entscheiden, sondern anhand einer *Vielzahl von Faktoren* eine *Abwägung* vorzunehmen.[540] Die Abwägung dieser Vielzahl von Faktoren muss auf eine so enge Verbindung zwischen den beiden Verträgen schließen lassen, dass die Arbeitsverrichtung im Interesse beider Arbeitgeber erfolgt und deswegen eine Zurechnung des gewöhnlichen Arbeitsortes gerechtfertigt ist. Der „erste Arbeitgeber muss zum Zeitpunkt des Abschlusses des zweiten Vertrages selbst ein Interesse an der Erfüllung der Leistung (haben), die der Arbeitnehmer

---

536 Schlussanträge des *Generalanwalts Jacobs* zu EuGH Rs. C-437/00 „Pugliese", Slg. 2003, I-3573 ff, Tz. 60.

537 A.a.O., Tz. 61.

538 A.a.O.

539 A.a.O.

540 *EuGH* Rs. C-437/00 „Pugliese", Slg. 2003, I-3573 ff, Tz. 24. Ablehnend *Krebber*, IPrax 2004, 309, 313; *Müller*, Cornelia, S. 77.

für den zweiten Arbeitgeber an einem von diesem bestimmten Ort erbringt."[541] Zu jenen vom *Gerichtshof* beispielhaft angeführten Faktoren zählen auch die von der *Bundesregierung* und der *Kommission* genannten Kriterien: Gibt es eine organisatorische oder wirtschaftliche Verbindung zwischen den Arbeitgebern,[542] und wie eng ist diese gegebenenfalls? Wäre ein Vertrag auch ohne den anderen Vertrag geschlossen worden?[543] Darüber hinaus sind folgende Faktoren in die Abwägung mit einzubeziehen: War der Abschluss des zweiten Vertrages beabsichtigt, als der erste unterzeichnet wurde? Gibt es für das gleichzeitige Bestehen der beiden Verträge eine Rahmenvereinbarung zwischen den beiden Arbeitgebern? Bleibt der erste Arbeitgeber weisungsbefugt gegenüber dem Arbeitnehmer? Kann der erste Arbeitgeber über die Dauer der Tätigkeit des Arbeitnehmers beim zweiten Arbeitgeber bestimmen?[544] Wurde der zweite Vertrag unter Mitwirkung des ersten Arbeitgebers oder umgekehrt eigenständig vom Arbeitnehmer geschlossen? Nehmen die Verträge aufeinander Bezug? Bestehen in dem einen Arbeitsverhältnis Informationspflichten über die Entwicklung und den Fortbestand des anderen?[545] Gibt es Rechte und Pflichten, die zwischen dem Arbeitnehmer und dem ersten Arbeitgeber fortbestehen? Hat der Arbeitnehmer ein Recht darauf, die Arbeit beim ersten Arbeitgeber wieder aufzunehmen und gegebenenfalls zu welchen Bedingungen? Sieht der zweite Arbeitsvertrag eine Arbeitsdauer vor, die ausreicht, um einen gewöhnlichen Arbeitsort zu begründen?[546]

Im Fall „Pugliese" war der Arbeitsvertrag mit dem Münchner Unternehmen unter Mitwirkung des Rumpfarbeitgebers abgeschlossen worden. Die beiden Arbeitsverträge sind auch inhaltlich aufeinander abgestimmt, was nicht zuletzt durch die Übernahme der Kosten für Wohnung und Heimfahrten belegt wird. Die Klägerin hat sechs Jahre lang in München – und nirgendwo sonst – gearbeitet, was in Anbetracht der Gesamtdauer des Arbeitsverhältnisses den längsten Teil ihrer Tätigkeit ausmacht. Ihre Arbeit war nicht durch einen festen Standort gekennzeichnet, von dem aus sie häufig Reisen unternahm, wie in den Fällen „Mulox" und „Rutten".[547] Vielmehr handelte es sich um eine Tätigkeit wie in der Entscheidung „Weber", so dass sich die Berücksichtigung desjenigen Arbeitsortes, an dem sie am längsten gearbeitet hat, als sachgerecht erweist. Unter Abwägung all dieser Faktoren ist von

---

541 *EuGH* Rs. C-437/00 „Pugliese", Slg. 2003, I-3573 ff, Tz. 23.
542 A.a.O., Tz. 24.
543 Schlussanträge des *Generalanwalts Jacobs* zu EuGH Rs. C-437/00 „Pugliese", Slg. 2003, I-3573 ff, Tz. 64.
544 *EuGH* Rs. C-437/00 „Pugliese", Slg. 2003, I-3573 ff, Tz. 24.
545 *Simons*, EuLF 2003, 163, 165.
546 Schlussanträge des *Generalanwalts Jacobs* zu EuGH Rs. C-437/00 „Pugliese", Slg. 2003, I-3573 ff, Tz. 70.

einer so engen Verbindung zwischen den beiden Arbeitsverhältnissen auszugehen, dass der Beklagten der gewöhnliche Arbeitsort in München zuzurechnen ist.[548]

Die Auffassung des *Gerichtshofs* verdient Zustimmung. Es gibt keinen eigenen, originären gewöhnlichen Arbeitsort im Rumpfarbeitsverhältnis. Der gewöhnliche Arbeitsort des Lokalarbeitsverhältnisses muss zugerechnet werden. Auf diese Weise bieten Art. 18 ff EuGVVO ein lückenloses Zuständigkeitssystem in arbeitsvertraglichen Streitigkeiten. Zu differenzieren ist dabei zwischen völlig unabhängig nebeneinander stehenden Arbeitsverhältnissen, welche eine getrennte Betrachtungsweise erfordern, und solchen, die von einer übereinstimmmenden Interessenabstimmung zwischen sämtlichen beteiligten Parteien getragen werden. Letztere sind inhaltlich aufeinander bezogen und daher so eng miteinander verbunden, dass eine getrennte Betrachtung sachwidrig wäre. Dem mit der Anknüpfung an den „gewöhnlichen Arbeitsort" verfolgten Schutz des Arbeitnehmers kann hier nur entsprochen werden kann, wenn die beiden aufeinander abgestimmten Arbeitsverhältnisse auch als solche gesehen und behandelt werden. Wann zwei Arbeitsverhältnisse hinreichend eng im Hinblick auf eine Zurechnung miteinander verbunden sind, muss mittels Abwägung einer Vielzahl von Faktoren ermittelt werden. Nur so wird im Einklang mit der bisherigen Rechtsprechung des *EuGH* vermieden, einen hypothetischen Arbeitsort zum Gerichtsstand zu machen, der über keinerlei Bezug zu den realen Begebenheiten verfügt.

Schließlich spricht eine weitere Überlegung für eine Zurechnung des gewöhnlichen Arbeitsortes aus dem Lokalarbeitsverhältnis: In der EuGVVO wurde keine Sondernormierung für noch nicht in Vollzug gesetzte Rumpfarbeitsverhältnisse aufgenommen, obwohl sich anlässlich der Überführung in eine Verordnung die Gelegenheit für eine Neuregelung geboten hätte – wenn man sie denn für nötig erachtet hätte. Denn mit der Neugruppierung der arbeitsvertraglichen Gerichtsstände in einem eigenen Abschnitt wurde die bereits zuvor bestehende Intention bekräftigt, ein lückenloses Zuständigkeitssystem in arbeitsvertraglichen Streitigkeiten zu schaffen. Dem widerspräche es aber, außerhalb der arbeitsvertraglichen Gerichtsstände nach einer Lösung zu suchen und auf den allgemeinen Vertragsgerichtsstand zurückzugreifen.[549] Das kann nur bedeuten, dass man davon ausging, derartige

---

547 Siehe dazu oben Fn. 353 u. 354.

548 Ablehnend *Krebber*, IPrax 2004, 309, 314 f, der darauf verweist, dass das Prozessrecht im Interesse der Vorhersehbakeit gerade nicht wie das Internationale Privatrecht über eine Ausweichklausel qua engerer Verbindung verfügt.

549 Ebenso *EuGH* Rs. C-437/00 „Pugliese", Slg. 2003, I-3573 ff, Tz. 30.

Fälle würden bereits von den arbeitsvertraglichen Gerichtsständen erfasst, was letztlich für eine Zurechnung des gewöhnlichen Arbeitsortes aus dem Lokalarbeitsverhältnis spricht.[550]

(iii) Zurechnung der einstellenden Niederlassung

Der *Gerichtshof* brauchte sich im Fall „Pugliese" nicht mit der Frage zu beschäftigen, wie der Gerichtsstand anzuknüpfen ist, wenn der Arbeitnehmer im Rahmen des Lokalarbeitsverhältnisses nicht ständig an ein und demselben Ort, sondern an wechselnden Orten tätig ist. Konsequenterweise wäre dann wohl auf die einstellende Niederlassung des Lokalarbeitgebers abzustellen, da der Arbeitnehmer in dessen Arbeitsorganisation tatsächlich eingebunden ist.[551]

c. Maßgeblicher Zeitpunkt

Im Vergleich zu Art. 5 Nr. 1 2. HS EuGVÜ ist nunmehr im Rahmen von Art. 19 Nr. 2 lit. a EuGVVO nicht mehr allein der Ort, an dem der Arbeitnehmer gewöhnlich seine Arbeit verrichtet, ausschlaggebend, sondern auch derjenige, wo er sie zuletzt gewöhnlich *verrichtet hat*. Durch die Erweiterung der zuvor allein bestehenden, missverständlichen Präsens-Formulierung wird klargestellt, dass auch Klagen aus früheren Arbeitsverhältnissen, insbesondere Kündigungsschutzprozesse, unter Art. 19 Nr. 1 lit. a EuGVVO fallen.[552] Bereits nach früherem Recht waren Ansprüche, die erst mit oder nach Beendigung des Arbeitsverhältnisses entstehen, am gewöhnlichen Arbeitsort angeknüpft worden.[553] *Junker* spricht daher von einer „kosmetischen Regeländerung".[554]

Die neue Formulierung enthält jedoch nicht nur einen „kosmetischen" Aspekt. Mit ihr wird der Streit um den maßgeblichen Zeitpunkt bei der Bestimmung des gewöhnlichen Arbeitsortes zugunsten des *letzten* gewöhnlichen Arbeitsortes entschieden („*zuletzt* gewöhnlich verrichtet hat").

---

550 Allerdings hat man beim Reformvorschlag zum europäischen Kollisionsrecht an die Arbeitnehmerentsendung im verbundenen Unternehmen gedacht. Art. 6 Abs. 2 lit. a a.E. Reformvorschlag-EVÜ, abgedruckt in IPrax 2002, 62 f, lautet: „The conclusion of a contract of employment with an employer belonging to the same group as the original employer shall not exclude a finding that such a posting has taken place."

551 *Simons*, EuLF 2003, 163, 166.

552 *Bruneau*, La Semaine Juridique Édition Générale 2001, 533, 539.

553 Begründet wurde dies damit, dass sonst alle Kündigungsschutzprozesse, in denen der Arbeitnehmer bereits eine neue Stelle angetreten hat, nicht von den arbeitsvertraglichen Gerichtsständen erfasst würden. Dies könne aber im Hinblick auf den Zweck, eine lückenlose Zuständigkeitsregelung in arbeitsvertraglichen Streitigkeiten zu gewährleisten, nicht sein, *Trunk*, S. 34.

554 *Junker*, RIW 2002, 569, 574. A.A. *Droz/Gaudemet-Tallon*, Rev. crit. dr. internat. privé 2001, 601, 632.

Grundsätzlich ist die gesamte Beschäftigungsdauer zur Ermittlung des gewöhnlichen Arbeitsortes zu berücksichtigen.[555] Mit dieser Methode lassen sich zwar ein oder mehrere Arbeitsorte bestimmen. Sie besagt aber nichts darüber, auf welchen gewöhnlichen Arbeitsort abzustellen ist, wenn sich bei der Betrachtung der gesamten Beschäftigungsdauer herausstellt, dass *mehrere gewöhnliche Arbeitsorte* im Rahmen eines Arbeitsverhältnisses bestanden bzw. bestehen. Relevant wird diese Unterscheidung in Fallkonstellationen, in denen beispielsweise ein Konzern einen Arbeitnehmer für längere Zeit jeweils in verschiedenen Staaten tätig werden lässt.[556]

Entgegen der Literaturmeinung kommt es bei wechselnden gewöhnlichen Arbeitsorten nicht auf den Zeitpunkt des anspruchsbegründenden Ereignisses[557] oder der Streitentstehung[558] an. Es reicht aus, dass der Arbeitnehmer irgendwann einmal einen gewöhnlichen Arbeitsort gehabt hat.[559] Die Anknüpfung am letzten gewöhnlichen Arbeitsort überzeugt auch aus Gründen des Arbeitnehmerschutzes: Eine dortige Klage ist für den Arbeitnehmer weniger belastend als eine Rückkehr zu den Gerichten eines früheren Arbeitsstaats, fernab vom gegenwärtigen Arbeitsort und damit vom Lebensmittelpunkt.[560] Auf diese Weise wird dasjenige Gericht mit dem Rechtsstreit befasst, welches nicht nur räumlich, sondern auch zeitlich dem streitbefangenen Arbeitsverhältnis am nächsten steht. Andernfalls müsste verstreut geklagt werden, wenn der Arbeitnehmer versetzt wurde und an mehreren gewöhnlichen Arbeitsorten Ansprüche entstanden sind. Eine Gerichtsstandszersplitterung ist jedoch, insbesondere zur Vermeidung einander widersprechender Entscheidungen, in höchstem Maße unerwünscht und soll gerade vermieden werden. Am letzten gewöhnlichen Arbeitsort können infolgedessen *sämtliche* Ansprüche aus dem Arbeitsverhältnis eingeklagt werden, ohne dass es zu einer Zuständigkeitszersplitterung in zeitlicher Hinsicht kommt.[561]

---

555 Der *Gerichtshof* beantwortete die Vorlagefrage, ob auf die gesamte Dauer des Arbeitsverhältnisses oder nur auf dessen letzten Abschnitt abzustellen ist, ausdrücklich mit der „gesamten Vertragsdauer", *EuGH* Rs. C-37/00 „Weber", Slg. 2002, I-2013 ff, Tz. 58.

556 Wenn beispielsweise ein Arbeitnehmer zunächst zehn Jahre in Belgien, anschließend zehn Jahre in Deutschland arbeitet.

557 *Johner*, S. 89; *Mankowski*, IPrax 1999, 332, 338; in anderem Zusammenhang *Rauscher*, IPrax 1990, 152, 157, der betont, dass materieller Schutz in erster Linie durch die sachnahe Kompetenz des Gerichts erreicht wird; andernfalls reduziert sich der Schutz auf die „bloße Bequemlichkeit der Prozessführung".

558 *Geimer/Schütze*, Europäisches Zivilverfahrensrecht, 2. Aufl. 2004, Art. 5, Rz. 75; *Hausmann*, in: Wieczorek/Schütze, ZPO, 3. Aufl. 1994, Art. 5, Rz. 31.

559 *Hüßtege*, in: Thomas/Putzo u.a., ZPO, 26. Aufl. 2004, Art. 19 EuGVVO, Rz. 2.

560 *Trunk*, S. 35; *Kropholler*, Europäisches Zivilprozeßrecht, 7. Aufl. 2002, Art. 19, Rz. 6; unklar insoweit *Trenner*, S. 59, Fn. 265, der sich einerseits für den Zeitpunkt der Streitentstehung ausspricht, zugleich aber *Trunks* Auffassung (letzter gewöhnlicher Arbeitsort) favorisiert. Der letzte gewöhnliche Arbeitsort muss aber nicht notwendigerweise mit demjenigen zur Zeit der Streitentstehung zusammenfallen.

561 *Hausmann*, EuLF 2000, 40, 47, Fn. 51; *Mankowski*, IPrax 2003, 21, 27.

Auf den gewöhnlichen Arbeitsort im Rahmen des neuen, jetzigen Arbeitsverhältnisses mit dem *neuen* Arbeitgeber konnte der Verordnungsgeber aus zwei Gründen nicht abstellen: Zum einen fehlt in diesem Fall jeglicher Bezug zum streitigen Arbeitsverhältnis. Zum anderen entstünde für den ehemaligen Arbeitgeber ein nicht unerhebliches Maß an Rechtsunsicherheit – denn dieser kann niemals vorhersehen, wo der künftige Arbeitsort seines dann ehemaligen Arbeitnehmers liegen wird. Ein Gerichtsstand am gewöhnlichen Arbeitsort des neuen Arbeitsverhältnisses wäre daher dem alten Arbeitgeber nicht zumutbar.[562]

d. Gewöhnlicher Arbeitsort außerhalb der Mitgliedstaaten

Die beiden arbeitsvertraglichen Gerichtsstände des Art. 19 Nr. 2 EuGVVO sollen dem Schutz des Arbeitnehmers dienen. Hat der Arbeitnehmer seinen gewöhnlichen Arbeitsort außerhalb der Mitgliedstaaten, so versagen beide Zuständigkeitsbestimmungen nach ihrem Wortlaut:[563] Mangels Bindung der Nichtmitgliedstaaten an die EuGVVO entfällt die Klage am gewöhnlichen Arbeitsort; zugleich ist aber auch eine Klage am Gerichtsstand der einstellenden Niederlassung ausgeschlossen, weil es entgegen Art. 19 Nr. 2 lit. b EuGVVO ("verrichtet der Arbeitnehmer seine Arbeit gewöhnlich nicht in ein und demselben Staat ") einen gewöhnlichen Arbeitsort gibt.

(1) Arbeitsort in Drittstaat(en)

(a) Rechtsprechung des *EuGH* in den Fällen „Six Constructions" und „Weber"

In der Entscheidung „Six Constructions" äußerte sich der *EuGH* zur Anwendbarkeit von Art. 5 Nr. 1 EuGVÜ, "wenn die vertragliche Verpflichtung eines Arbeitnehmers, die vereinbarten Leistungen zu erbringen, außerhalb des Gebiets der Vertragsstaaten erfüllt worden ist oder zu erfüllen wäre."[564] Nach Ansicht des *Gerichtshofs* ist die besondere Zuständigkeitsregel des Art. 5 Nr. 1 EuGVÜ aufgrund seiner gebotenen einschränkenden Auslegung in diesen Fällen nicht anwendbar, es verbleibt vielmehr allein die Klagemöglichkeit am (Wohn-)Sitz des Beklagten nach Art. 2 EuGVÜ. Es sei nicht gerechtfertigt, auf den Ort der einstellenden Niederlassung zurückzugreifen.

Anzumerken ist, dass diesem Urteil die alte Fassung von Art. 5 Nr. 1 EuGVÜ zugrunde lag, die noch über keine speziellen arbeitsvertraglichen Gerichtsstände, insbesondere keinen

---

562 *Trunk*, S. 35, Fn. 44.
563 *Johner*, S. 90.
564 *EuGH* Rs. 32/88 „Six Constructions", Slg. 1989, 341 ff, Tz. 19.

Gerichtsstand am Ort der einstellenden Niederlassung, verfügte. Insofern erwies sich der Rückgriff auf den Ort der einstellenden Niederlassung als Anknüpfung an einen fiktiven Erfüllungsort. Dies war vom Wortlaut der damaligen Regelung nicht mehr gedeckt.[565] Dementsprechend wurde damals an diesem Urteil nicht die Ablehnung des Gerichtsstands am Ort der einstellenden Niederlassung kritisiert, sondern dass es der *Gerichtshof* unterlassen hatte, andere Anknüpfungsalternativen zu erörtern.[566]

Der *EuGH* hat jedoch in einem Urteil unter Geltung der Neufassung von Art. 5 Nr. 1 2./3.HS EuGVÜ sein obiter dictum aus "Six Constructions" wiederholt. Seiner Ansicht nach muss der individuelle Arbeitsvertrag, den der Arbeitnehmer mit der Ausübung seiner beruflichen Tätigkeit erfüllt, mit dem Hoheitsgebiet mindestens eines Vertragsstaats verknüpft sein.[567] Im Vergleich zur Entscheidung "Six Constructions" präzisiert der *Gerichtshof* seine Aussage im Urteil "Weber", indem er betont, dass die arbeitsvertraglichen Gerichtsstände dann ausscheiden, wenn der Arbeitsvertrag *vollständig außerhalb* des Hoheitsgebiets der Vertragsstaaten erfüllt wird, weil *alle* Tätigkeiten in Drittstaaten ausgeführt werden.[568] Eine teilweise Tätigkeitsverrichtung in Drittstaaten scheint daher unschädlich zu sein. Der *EuGH* lässt dabei offen, ob er diese Fälle generell unter den dritten Halbsatz oder bei Vorliegen eines gewöhnlichen Arbeitsortes auch unter den zweiten Halbsatz subsumieren will. Er spricht allgemein nur von Art. 5 Nr. 1 EuGVÜ.

(b) Ansicht im Schrifttum

Einigkeit besteht heute in der Literatur überwiegend dahingehend, dass dem in einem Mitgliedstaat wohnhaften Arbeitnehmer nach Möglichkeit ein Gerichtsstand in einem Mitgliedstaat gewährt werden sollte, auch wenn er seine Tätigkeit ganz oder teilweise in Drittstaaten ausübt.[569]

Nach herrschender Meinung ist der Rechtsprechung des *EuGH* durch die Neufassung des Art. 5 Nr. 1 3. HS EuGVÜ bzw. Art. 19 Nr. 2 lit. b EuGVVO im Verhältnis zu Art. 5 Nr. 1

---

565 *Trenner*, S. 159.

566 Vgl. dazu *Johner*, S. 92; *Junker*, ZZPInt 3 (1998), 179, 192 m.w.N.

567 *EuGH* Rs. C-37/00 „Weber", Slg. 2002, I-2013 ff, Tz. 28. Im zu entscheidenden Fall war eine Verknüpfung mit dem Hoheitsgebiet eines Vertragsstaats gegeben.

568 A.a.O., Tz. 27: „... Art. 5 Nr. 1 außer Anwendung zu bleiben hat, wenn der Arbeitsvertrag *vollständig außerhalb* des Hoheitsgebiets der Vertragsstaaten erfüllt wird, weil der Arbeitnehmer *alle* seine Tätigkeiten in dritten Staaten ausübt." (Hervorhebung nicht im Original).

569 Unter der Voraussetzung freilich, dass die EuGVVO überhaupt anwendbar ist, nämlich weil der Beklagte seinen Wohnsitz in einem Mitgliedstaat hat. A.A. *Gottwald*, in: Lüke/Wax, Münchener Kommentar zur ZPO, 2. Aufl. 2001, Art. 5 EuGVÜ, Rz. 13: „Liegt der Arbeitsort außerhalb des Gebiets der Vertragsstaaten, so richtet sich die Zuständigkeit nach Art. 2."

EuGVÜ a.F. die Grundlage entzogen. Aus dem Wortlaut („Staat" anstatt „Vertrags- bzw. Mitgliedstaat") und dem Ziel, den Arbeitnehmer zu schützen, ergibt sich, dass der Gerichtsstand der einstellenden Niederlassung nicht schon dann ausgeschlossen ist, wenn der Arbeitnehmer seine Tätigkeit teilweise oder gänzlich außerhalb des Hoheitsgebiets der Mitgliedstaaten ausübt.[570] Verrichtet der Arbeitnehmer seine Arbeit gewöhnlich in *einem* Drittstaat, kommt Art. 19 Nr. 2 lit. b EuGVVO zwar dem Wortlaut nach („nicht in ein und demselben Staat") nicht zur Anwendung. Jedoch gebietet es die teleologische Auslegung, dem Arbeitnehmer in arbeitsrechtlichen Streitigkeiten ein Alternativforum im Gebiet der Mitgliedstaaten zur Verfügung zu stellen. Nachdem die Anknüpfung an den gewöhnlichen Arbeitsort nicht möglich ist, muss die Subsidiäranknüpfung am Ort der einstellenden Niederlassung zur Anwendung kommen.[571]

Dagegen besteht von einem Teil der Literatur das Bestreben, an den gewöhnlichen Arbeitsort unabhängig von der Arbeitsverrichtung außerhalb der Mitgliedstaaten anzuknüpfen. *Kerameus* will für den Fall, dass der Arbeitnehmer seine Arbeit gewöhnlich in einem Drittstaat oder in mehreren Drittstaaten und vereinzelt in einem einzigen Mitgliedstaat verrichtet, den Mitgliedstaat als Ort der gewöhnlichen Arbeitsverrichtung angesehen wissen.[572] Er hält eine extragemeinschaftliche Anknüpfung für wenig sinnvoll. In diese Richtung tendieren auch *Rauscher* und *Killias*, die den Gerichtsstand der einstellenden Niederlassung nur in denjenigen Fällen anwenden möchten, in denen der Arbeitnehmer *ausschließlich* in Drittstaaten arbeitet.[573] Ansonsten soll die Möglichkeit bestehen, vor den Gerichten des jeweiligen Arbeitsortes zu klagen.

---

570 *Almeida Cruz/Desantes Real/Jenard*-Bericht, ABl. EG 1990 Nr. C 189/35, 45. Ebenso *Johner*, S. 92; *Valloni*, S. 317; *Holl*, IPrax 1997, 88, 90; *Grolimund*, Rz. 439; *Trenner*, S. 159; *Rauscher*, FS Schütze, 695, 701; *Junker*, RIW 2002, 569, 575; *Kropholler*, Europäisches Zivilprozeßrecht, 7. Aufl. 2002, Art. 19, Rz. 10; *Geimer/Schütze*, Europäisches Zivilverfahrensrecht, 2. Aufl. 2004, Art. 5, Rz. 77; *Hausmann*, in: Wieczorek/Schütze, ZPO, 3. Aufl. 1994, Art. 5, Rz. 32; *Schlosser*, EU-Zivilprozessrecht, 2. Aufl. 2003, Art. 19: Art. 19 Nr. 2 lit. b EuGVVO direkt bei teilweiser Tätigkeitsverrichtung in Drittstaaten, analog bei Arbeitsausübung gewöhnlich in Drittstaaten.

571 *Grolimund*, Rz. 442.

572 *Kerameus*, S. 75, 82. Ebenso *Trunk*, S. 33, Fn. 31 (für das LugÜ), S. 100, Fn. 18 (für das EuGVÜ): „Art. 5 Nr. 1 2. HS ist nicht auf Vertragsstaaten beschränkt. Der 3. HS greift daher nur dann ein, wenn überhaupt kein einheitlicher gewöhnlicher Arbeitsort (auch nicht in einem Drittstaat) feststellbar ist." Zustimmend *Auer*, in: Bülow/Böckstiegel u.a., Der internationale Rechtsverkehr in Zivil- und Handelssachen, 23. EL 2000, Art. 5, Rz. 40.

573 *Rauscher*, IPrax 1990, 152, 157; *Killias*, S. 135.

(2) Arbeitsort in staatsfreiem Gebiet

Fälle, in denen die Arbeit in *staatsfreiem* Gebiet verrichtet wird, sind freilich selten.[574] Vom Wortlaut her betrachtet sind diese Fälle im Grunde genommen weder unter Art. 19 Nr. 2 lit. a EuGVVO noch unter Art. 19 Nr. 2 lit. b EuGVVO subsumierbar. Auch der Gerichtsstand der einstellenden Niederlassung versagt hier, weil er die Arbeitsverrichtung in einem *Staat* voraussetzt, woran es aber gerade fehlt. Deshalb fordert *Birk* die Zurechnung des Arbeitsplatzes zu einem bestimmten Staat.[575] Andererseits erscheint es denkbar, die Arbeit in staatsfreiem Gebiet mit der Arbeit in einem Drittstaat gleichzustellen: Da die Arbeit auf staatsfreiem Territorium in einem Gebiet, das nicht zu den Mitgliedstaaten gehört, verrichtet wird, ist nach den oben auf S. 105 ff dargestellten Grundsätzen Art. 19 Nr. 2 lit. b EuGVVO anwendbar.[576]

IV. Gerichtsstand am Ort der einstellenden Niederlassung, Art. 19 Nr. 2 lit. b EuGVVO

Die Notanknüpfung an die einstellende Niederlassung ist für den Arbeitnehmer mit einigen Nachteilen verbunden.[577] Sie beruht darauf, dass der Einstellungsort zumindest ein Indiz für die örtliche Verwurzelung der Arbeitstätigkeit darstellt.[578] Hier wird häufig über den weiteren Einsatz des Arbeitnehmers entschieden. In der Regel verfügt der Arbeitnehmer auch über soziale Bezugspunkte zum Niederlassungsstaat.[579] Daher nimmt der Einstellungsort eine gewisse Sonderstellung für die gesamte Dauer des Arbeitsverhältnisses ein.[580]

---

574 Im Bereich der Schiffahrt erfolgt die völkerrechtliche Zuordnung zu einem Staat über die Flaggenhoheit. Seeleute haben ihren gewöhnlichen Arbeitsort demnach an Bord des jeweiligen Schiffes, soweit es sich nicht um Dienst unter verschiedenen Flaggen handelt, *Mankowski*, in: Rauscher, Europäisches Zivilprozeßrecht, 2004, Art. 19, Rz. 9. Als staatsfreies Gebiet in Betracht kommen jedoch beispielsweise Bohrinseln auf Hoher See, a.a.O., Rz. 16.

575 *Birk*, in: Richardi/Wlotzke, Münchener Handbuch zum Arbeitsrecht, Band 1, 2. Aufl. 2000, § 23, Rz. 23: „Befindet sich der gewöhnliche Arbeitsort auf staatsfreiem Gebiet ..., bedarf es der Zurechnung des Arbeitsplatzes zu einem bestimmten Staat. Jedenfalls handelt es sich nicht vornherein um einen Fall des ... [Art. 19 Nr. 2 lit. b EuGVVO], da dieser voraussetzt, daß die Arbeit gewöhnlich nicht in ein und demselben ‚Staat' verrichtet wurde."

576 Ebenso *Trenner*, S. 177; *Mankowski*, IPrax 2003, 21, 26, Fn. 102. A.A. *Birk*, in: Richardi/Wlotzke, Münchener Handbuch zum Arbeitsrecht, Band 1, 2. Aufl. 2000, § 23, Rz. 23.

577 Beispielsweise im Hinblick auf die Sachnähe des Gerichts.

578 *Trunk*, S. 35.

579 Seine Rechtfertigung und Zumutbarkeit dem Arbeitgeber gegenüber findet der lediglich dem Arbeitnehmer zustehende Niederlassungsgerichtsstand darin, dass der Arbeitgeber dort eine Organisationseinheit unterhält, die mit dem Arbeitnehmer einen Vertrag abgeschlossen hat, *Rauscher*, FS Schütze, 695, 710.

580 Freilich verliert die einstellende Niederlassung für das Arbeitsverhältnis an Prägung, je länger dieses andauert.

Häufig wird der Niederlassungsgerichtsstand mit dem (Wohn-)Sitzgerichtsstand des Arbeitgebers zusammenfallen,[581] was angesichts des Normzwecks, dem Arbeitnehmer einen weiteren Gerichtsstand zur Verfügung zu stellen, misslich erscheint. Dem kann aber zumindest in Fällen des (Wohn-)Sitzwechsels des Arbeitgebers durch eine spezifische Auslegung des Niederlassungsbegriffs etwas entgegengewirkt werden.[582]

1. Abgrenzung zu Art. 19 Nr. 2 lit. a EuGVVO

Auf S. 56 wurde bereits das Verhältnis von Art. 19 Nr. 2 lit. a zu Art. 19 Nr. 2 lit. b EuGVVO dargestellt. Demnach gelangt Art. 19 Nr. 2 lit. b EuGVVO nur zur Anwendung, soweit es keinen gewöhnlichen Arbeitsort in einem Mitgliedstaat gibt oder jemals gab. Entsprechend der neuen Formulierung in Art. 19 Nr. 2 lit. a EuGVVO wurde auch in Art. 19 Nr. 2 lit. b EuGVVO eine sprachliche Präzisierung vorgenommen. Während in Art. 5 Nr. 1 3. HS EuGVÜ lediglich eine Präsens-Formulierung vorzufinden ist („*verrichtet* der Arbeitnehmer seine Arbeit gewöhnlich nicht in ein und demselben Staat...“), ist Art. 19 Nr. 2 lit. b EuGVVO demgegenüber enger gefasst („wenn der Arbeitnehmer seine Arbeit gewöhnlich nicht in ein und demselben Staat verrichtet *oder verrichtet hat*“). Damit ist der Gerichtsstand der einstellenden Niederlassung bereits dann nicht mehr einschlägig, wenn es irgendwann einmal während des Arbeitsverhältnisses einen gewöhnlichen Arbeitsort gab. Art. 19 Nr. 2 lit. b EuGVVO gelangt also nur zur Anwendung, soweit der Arbeitnehmer seine Arbeit nie gewöhnlich in ein und demselben Staat verrichtet hat.[583] Im Vergleich zur Fassung von Art. 5 Nr. 1 3. HS EuGVÜ wurde in Art. 19 Nr. 2 lit. b EuGVVO auf das missverständliche Wörtchen „auch“ verzichtet. Auf diese Weise ist endgültig klargestellt, dass es sich im Verhältnis zum gewöhnlichen Arbeitsort um eine subsidiäre Zuständigkeit handelt.

Angesichts des Erfordernisses, Art. 19 Nr. 2 lit. a EuGVVO weit auszulegen,[584] muss immer zunächst sorgfältig geprüft werden, ob ein gewöhnlicher Arbeitsort ermittelt werden kann.[585] Die Kriterien, nach denen sich das Vorliegen eines gewöhnlichen Arbeitsortes bestimmt, wurden auf S. 60 ff beschrieben. Bislang existiert lediglich eine Entscheidung, in

---

581 *Johner*, S. 97; *Pertegás Sender*, Columbia Journal of European Law 1997, 292, 293.
582 Siehe dazu nachfolgend S. 115 f.
583 *Hausmann*, EuLF 2000, 40, 47.
584 Siehe dazu oben S. 56. Zurückhaltend demgegenüber *Geimer*, in: Zöller, ZPO, 25. Aufl. 2005, Art. 19 EuGVVO, Rz. 2: „...rechtfertigen jedoch keine Auslegung dahin, dass der Ort der Niederlassung, die den Arbeitnehmer eingestellt hat, dann zu berücksichtigen ist, wenn es schwierig oder unmöglich ist festzustellen, in welchem Staat die Arbeitsleistung erbracht wurde.“
585 *Holl*, IPrax 1997, 88, 90.

der sich der *EuGH* mit dem Gerichtsstand der einstellenden Niederlassung auseinandersetzt. Im Urteil „Weber“ nennt der *Gerichtshof* erstmals Fälle, in denen es nicht möglich ist, einen gewöhnlichen Arbeitsort anhand der vom *EuGH* aufgestellten Kriterien zu bestimmen: Wenn es entweder mehrere gleich bedeutende Arbeitsorte[586] gibt oder wenn keiner der verschiedenen Orte, an denen der Betroffene seiner Berufstätigkeit nachgegangen ist, einen hinreichend festen und intensiven Bezug zur geleisteten Arbeit aufweist, um für die Bestimmung des zuständigen Gerichts als Hauptbezugsort angesehen zu werden.[587]

2. Begriff der Niederlassung

Vieldeutig ist das Merkmal der einstellenden "Niederlassung“ in Art. 19 Nr. 2 lit. b EuGVVO. Insbesondere mag auf den ersten Blick die Verwendung eines handelsrechtlichen Begriffs in arbeitsrechtlichem Kontext verwundern. Allerdings wird in den anderen sprachlichen Fassungen der EuGVVO, die gleichberechtigt nebeneinander zur Auslegung heranzuziehen sind, untechnisch vom "place where the business is or was situated" oder vom "établissement", was dem deutschen Betriebsbegriff entsprechen dürfte, gesprochen.

Nach dem Willen der Mitgliedstaaten ist der Niederlassungsbegriff weit auszulegen und umfasst insbesondere jede Wirtschaftseinheit, die keine eigene Rechtspersönlichkeit hat, wie z.B. eine Zweigniederlassung oder eine Agentur.[588] Im Schrifttum wird überwiegend die Ansicht vertreten, dass der Niederlassungsbegriff nach Art. 19 Nr. 2 lit. b EuGVVO mit dem entsprechenden Begriff in Art. 5 Nr. 5 EuGVVO übereinstimmt.[589] Diese Auffassung stützt sich auf den *Almeida Cruz/Desantes Real/Jenard*-Bericht, nachdem dort auf die ent-

---

586 So bereits *Johner*, S. 87. A.A. zutreffenderweise *Trunk*, S. 35, der – soweit die Arbeitsorte den Grad gewöhnlicher Arbeitsorte erreichen – auf den *letzten* gewöhnlichen Arbeitsort abstellt, siehe dazu oben S. 103 f.

587 *EuGH* Rs. C-37/00 „Weber“, Slg. 2002, I-2013 ff, Tz. 55. Um letztere Fallvariante handelte es sich im Fall „Weber“. Vgl. zu weiteren derartigen Fallgestaltungen bei Seearbeitsverträgen *Mankowski*, IPrax 2003, 1, 27. Auch mobile Telearbeiter, die von ständig wechselnden Arbeitsorten aus über Mobiltelefon, Notebook oder Internet tätig werden, fallen unter den Gerichtsstand der einstellenden Niederlassung, so für das internationale Privatrecht, *Müller*, Cornelia, S. 161.

588 *Almeida Cruz/Desantes Real/Jenard*-Bericht, ABl. EG 1990 Nr. C 189/35, 45, Fn. 1 mit Verweis auf den *Jenard/Möller*-Bericht, ABl. EG 1990 Nr. C 189/57, 73.

589 *Trunk*, S. 34, Fn. 39; *Kropholler*, Europäisches Zivilprozeßrecht, 7. Aufl. 2002, Art. 19, Rz. 12; *Geimer/Schütze*, Europäisches Zivilverfahrensrecht, 2. Aufl. 2004, Art. 5, Rz. 77; *Hausmann*, in: Wieczorek/Schütze, ZPO, 3. Aufl. 1994, Art. 5, Rz. 34; *Valloni*, S. 322 ff; *Trenner*, S. 164. A.A. *Johner*, S. 95 ff, der im Rahmen von Art. 19 Nr. 2 lit. b EuGVVO von einem gegenüber Art. 5 Nr. 5 EuGVVO *verschiedenen (prozessualen)* Niederlassungsbegriff ausgeht, siehe dazu nachfolgend S. 111.

sprechende Rechtsprechung des *EuGH* zum Niederlassungsbegriff in Art. 5 Nr. 5 EuGVÜ verwiesen wird.[590]

a. Rückgriff auf den kollisionsrechtlichen Niederlassungsbegriff?

Demgegenüber will ein Teil der Literatur den *kollisionsrechtlichen* Niederlassungsbegriff des Art. 30 Abs. 2 Nr. 2 EGBGB bzw. Art. 6 Abs. 2 lit. b EVÜ auf Art. 19 Nr. 2 lit. b EuGVVO übertragen.[591] Wo aber ein Rückgriff auf eine verordnungsinterne, d.h. internationalprozessrechtliche Auslegung möglich ist, sollte diese vor einer "externen" Auslegung vorgezogen werden.[592] Daran vermag auch der Gedanke einer parallelen Auslegung von Zuständigkeit und anwendbarem Recht mit dem Ziel, einen Gleichlauf von forum und ius zu erreichen, nichts ändern. Wie bereits dargelegt liegt dem Zuständigkeitsrecht eine eigene Interessenbewertung zugrunde. Dies erfordert es aber, sich bei der Auslegung so weit wie möglich im Rahmen der EuGVVO zu halten und nur bei Unergiebigkeit die arbeitsrechtlichen Regelungen des EVÜ als Auslegungshilfe heranzuziehen. Freilich stellen dies dogmatische Überlegungen dar. Im Ergebnis bestehen nur geringfügige Unterschiede in der Auslegung des Niederlassungsbegriffs in Art. 6 Abs. 2 lit. b EVÜ bzw. Art. 30 Abs. 2 Nr. 2 EGBGB und Art. 19 Nr. 2 lit. b EuGVVO.

b. Unterschiedliche Niederlassungsbegriffe in Art. 19 Nr. 2 lit. b und Art. 5 Nr. 5 EuGVVO?

Johner will im Rahmen von Art. 19 Nr. 2 lit. b EuGVVO einen von Art. 5 Nr. 5 EuGVVO verschiedenen *prozessualen* Niederlassungsbegriff anwenden.[593] Unerheblich ist nach seiner Meinung, ob die Niederlassung aus Sicht eines außenstehenden Dritten einen Mittelpunkt geschäftlicher Tätigkeit darstellt oder eine eigene Geschäftsführung hat. Vielmehr kommt es darauf an, ob das Arbeitsverhältnis nach den gesamten Umständen Sachnähe zur Niederlassung aufweist.[594] Denn maßgeblich ist das interne Verhältnis zwischen Arbeitnehmer und Arbeitgeber. *Johner* will auf diese Weise vermeiden, dass der Arbeitnehmer vor ein unerwartetes Forum zitiert wird.

---

590 *Almeida Cruz/Desantes Real/Jenard*-Bericht, ABl. EG 1990 Nr. C 189/35, 45, Fn. 1 mit Verweis auf den *Jenard/Möller*-Bericht, ABl. EG 1990 Nr. C 189/57, 73.

591 *Hoppe*, S. 187; *Birk*, in: Richardi/Wlotzke, Münchener Handbuch zum Arbeitsrecht, Band 1, 2. Aufl. 2000, § 23, Rz. 28.

592 Für eine einheitliche Auslegung beider Rechtsquellen (EuGVVO und EVÜ) fehlt es bereits an den erforderlichen institutionellen Vorkehrungen. Nur die Auslegung des EuGVVO kann der *EuGH* verbindlich entscheiden, *Birk*, RdA 1983, 143, 145.

593 *Johner*, S. 95 ff.

Ein von Art. 5 Nr. 5 EuGVVO verschiedener Niederlassungsbegriff ist jedoch abzulehnen. Solange der Arbeitnehmer noch nicht in den Betriebsablauf eingegliedert ist, kann er ebenso wenig wie ein außenstehender Dritter das rechtliche Beziehungsgeflecht zwischen Stammhaus und Niederlassung durchblicken.[595] Im Interesse der Rechtssicherheit müssen beide Parteien anhand objektiver Kriterien vorhersehen können, ob der Niederlassungsgerichtsstand eröffnet sein wird. Das Merkmal der eigenständigen Geschäftstätigkeit im Rahmen des Niederlassungsbegriffs von Art. 5 Nr. 5 EuGVVO gewährleistet einerseits, dass beide Parteien mit Hilfe eines objektiven Kriteriums den Niederlassungsgerichtsstand vorhersehen können; andererseits dient es dem Arbeitnehmerschutz, indem dadurch bloße Anwerbebüros und Scheingesellschaften vom Niederlassungsbegriff ausgeschieden werden. Darüber hinaus gewährleisten die Rechtsscheinsgrundsätze[596] in besonderen Fällen ein Abstellen auf die Arbeitnehmerperspektive. Der von *Johner* angeführte Arbeitnehmerschutz wird auf diese Weise ebenso wirksam erreicht und birgt den Vorteil, anhand objektiver Kriterien die Vorhersehbarkeit für die Parteien zu erhöhen.

c. Rückgriff auf den Niederlassungsbegriff von Art. 5 Nr. 5 EuGVVO

Gemäß des *Almeida Cruz/Desantes Real/Jenard*-Berichts ist im Rahmen von Art. 19 Nr. 2 lit. b EuGVVO auf den Niederlassungsbegriff des Art. 5 Nr. 5 EuGVVO zurückzugreifen. Um eine einheitliche Anwendung von Art. 5 Nr. 5 EuGVVO zu gewährleisten, hat sich der *Gerichtshof* für eine autonome Auslegung entschieden. Er versteht unter einer Niederlassung den „Mittelpunkt geschäftlicher Tätigkeit, der auf Dauer als Außenstelle eines Stammhauses hervortritt, eine Geschäftsführung hat und sachlich so ausgestattet ist, dass er in der Weise Geschäfte mit Dritten betreiben kann, dass diese, obgleich sie wissen, dass möglicherweise ein Rechtsverhältnis mit dem im Ausland ansässigen Stammhaus begründet wird, sich nicht unmittelbar an diese zu wenden brauchen, sondern Geschäfte an dem Mittelpunkt geschäftlicher Tätigkeit abschließen können, der dessen Außenstelle ist."[597] Die Begriffe „Zweigniederlassung" und „Agentur" werden wesentlich dadurch gekennzeichnet, dass sie der Aufsicht und Leitung des Stammhauses unterliegen. Dieses Merkmal charakterisiert auch den Niederlassungsbegriff, weil dieser in Art. 5 Nr. 5 EuGVVO verwendete Begriff nach Wortlaut und Zweck die gleichen Wesensmerkmale aufweist wie die Begriffe

---

594 A.a.O., S. 97.
595 So zutreffend *Trenner*, S. 164.
596 Siehe dazu nachfolgend S. 114 f.
597 *EuGH* Rs. 33/78 „Somafer", Slg. 1978, 2183 ff, Tz. 12.

„Zweigniederlassung" und „Agentur".[598] Eine Niederlassung in diesem Sinne erfordert weder die Befugnis zum eigenständigen Vertragsschluss noch die Vertretungsmacht für das Stammhaus.[599]

(1) Negativabgrenzung

(a) Fehlende Führung durch das Stammhaus

Demnach begründet Art. 5 Nr. 5 EuGVVO keinen Gerichtsstand am „Stützpunkt" eines *Alleinvertriebshändlers*, wenn dieser weder Aufsicht noch Leitung des beklagten Lieferanten untersteht.[600]

An der geforderten Unterordnung hinsichtlich Aufsicht und Leitung eines Stammhauses fehlt es beim *Handelsvertreter (Vermittlungsvertreter)* i.S.d. §§ 84 ff HGB. Denn dieser zeichnet sich gerade durch seine Selbstständigkeit aus, weil er nach § 84 Abs. 1 S. 2 HGB im Wesentlichen sowohl seine Tätigkeit als auch seine Arbeitszeit frei bestimmen kann, ohne dass das Stammhaus befugt ist, ihm insoweit Weisungen zu erteilen.[601] An seinem Sitz kann das Stammhaus infolgedessen nicht verklagt werden.

Gleiches gilt für den selbstständigen *Handelsmakler* i.S.d. §§ 93 ff HGB. Er stellt keine Niederlassung nach Art. 5 Nr. 5 EuGVVO dar.

Eine *Tochtergesellschaft* ist grundsätzlich ein selbstständiges Unternehmen, das typischerweise für sich selbst und nicht für die Muttergesellschaft handelt und ebenso wenig deren Aufsicht und Leitung unterliegt.[602] Allein die konzernrechtliche Abhängigkeit genügt insofern nicht. Die Tochtergesellschaft verfügt über eine eigene Rechtspersönlichkeit und ist daher an ihrem eigenen Sitz nach Art. 2 Abs. 1 EuGVVO zu verklagen. Eine andere Betrachtung kann sich ausnahmsweise unter Anwendung der Rechtsscheinsgrundsätze ergeben.[603]

---

598 *EuGH* Rs. 14/76 „De Bloos", Slg. 1976, 1497 ff, Tz. 20 f.
599 *Hausmann*, in: Wieczorek/Schütze, ZPO, 3. Aufl. 1994, Art. 5, Rz. 76.
600 *EuGH* Rs. 14/76 „De Bloos", Slg. 1976, 1497 ff, Tz. 20 f.
601 *EuGH* Rs. 139/80 „Blanckaert", Slg. 1981, 819 ff, Tz. 13.
602 *Birk*, RdA 1983, 143, 148; *Kropholler*, Europäisches Zivilprozeßrecht, 7. Aufl. 2002, Art. 5, Rz. 96; *Hausmann*, in: Wieczorek/Schütze, ZPO, 3. Aufl. 1994, Art. 5, Rz. 80; *Geimer/Schütze*, Europäisches Zivilverfahrensrecht, 2. Aufl. 2004, Art. 5, Rz. 234.
603 Siehe dazu nachfolgend S. 114 f.

(b) Fehlende Dauerhaftigkeit

Mangels der vom *EuGH* geforderten Dauerhaftigkeit genügt es nicht, wenn der geschäftlichen Tätigkeit nur vorübergehend nachgegangen wird, wie dies beispielsweise bei Messen und Ausstellungen der Fall ist.

(c) Fehlende eigenständige Geschäftstätigkeit – Scheingesellschaften

Nachdem der *Gerichtshof* ein gewisses Maß an eigenständiger Geschäftstätigkeit fordert, können Warenlager, reine Verkaufsbüros ohne eigene Geschäftsführung und bloße Kontaktadressen keinen Gerichtsstand begründen.[604] Allein die Entgegennahme und Weiterleitung von Willenserklärungen reicht nicht aus.[605] Scheingesellschaften oder Anwerbebüros, die ausschließlich für die Einstellung von Arbeitnehmern eingerichtet werden, können daher nicht als Niederlassung bezeichnet werden. Manipulationsversuchen wird dadurch Vorschub geleistet. Diese stellen sich zwar im Rahmen von Art. 19 Nr. 2 lit. b EuGVVO als nicht so dringlich dar wie bei der Parallelvorschrift des Art. 5 Nr. 5 EuGVVO, wo auch dem Arbeitgeber eine Klagemöglichkeit eingeräumt wird. Jedoch bestünde auch dort die Gefahr, mittels Scheingesellschaften dem Arbeitnehmer einen (weiteren)[606] Gerichtsstand in einem für diesen rechtlich unattraktiven Mitgliedstaat zu bieten, weil etwa dort das autonome Prozessrecht ungünstige Beweisregeln vorsieht oder sich der Arbeitgeber materiell-rechtliche Vorteile erhofft.[607]

(2) Rechtsschein

Bei der Frage, ob die Niederlassung als solche erkennbar ist, stellt der *Gerichtshof* im Rahmen von Art. 5 Nr. 5 EuGVVO auf die Sicht eines außen stehenden Dritten ab.[608] Im Rahmen von Art. 19 Nr. 2 lit. b EuGVVO muss für das Vorliegen der Niederlassungsmerkmale auf die *Perspektive des Arbeitnehmers* abgestellt werden.[609] Denn solange der Arbeitnehmer nicht in den Betriebsablauf eingegliedert ist, vermag er ebenso wenig wie ein außenstehender Dritter das interne Beziehungsgeflecht zu durchschauen.

---

[604] *LG Wuppertal*, NJW-RR 1974, 191.
[605] *EuGH* Rs. 139/80 „Blanckaert", Slg. 1981, 819 ff, Tz. 13; *OLG München*, NJW-RR 1993, 701.
[606] Neben dem allgemeinen Gerichtsstand am (Wohn-)Sitz des Arbeitgebers.
[607] Auch wenn der kollisionsrechtliche Niederlassungsbegriff des Art. 6 Abs. 2 lit. b EVÜ bzw. Art. 30 Abs. 2 Nr. 2 EGBGB nicht mit dem prozessualen identisch ist, so dürfte das anzuwendende materielle Arbeitsrecht dasjenige des Niederlassungsstaats sein.
[608] *EuGH* Rs. 139/80 „Blanckaert", Slg. 1981, 819 ff, Tz. 12; *EuGH* Rs. 218/86 „Schotte", Slg. 1987, 4905 ff, Tz. 15.
[609] So zutreffend *Trenner*, S. 166. Ebenso *Valloni*, S. 325.

Demnach kann auch eine Tochtergesellschaft gerichtsstandsbegründend als Niederlassung ihrer Muttergesellschaft gelten,[610] soweit ihr Auftreten gegenüber dem Arbeitnehmer den Eindruck einer Niederlassung im obigen Sinn erweckt. Dies kann sich insbesondere aus Korrespondenz, Gestaltung der Briefköpfe und sonstigem entsprechenden Verhalten ergeben.[611] Allerdings muss sich die Muttergesellschaft die vermeintlich bestehende Niederlassung in Form der Tochtergesellschaft nur zurechnen lassen, soweit diese mit ihrem Einverständnis gehandelt hat. Dieses Einverständnis wird aber regelmäßig aus dem Arbeitsvertrag mit der Muttergesellschaft, der vorvertraglichen Korrespondenz über die Vertragsmodalitäten, der Versendung der Arbeitspapiere und der Vergütung durch die Muttergesellschaft entnommen werden können. Der so erzeugte Rechtsschein muss bis zur Einstellung des Arbeitnehmers hervorgetreten sein. Denn nur die einstellende Niederlassung ist gerichtsstandsbegründend. Entsteht der Rechtsschein erst später, beispielsweise zum Zeitpunkt der Klageerhebung, so handelt es sich nach dem Wortlaut nicht mehr um eine einstellende Niederlassung. Der Arbeitnehmer hat insofern kein schutzwürdiges Interesse mehr.

Da der beim Arbeitnehmer erzeugte Eindruck maßgeblich ist, kann es bei Vorliegen der Niederlassungsmerkmale nicht darauf ankommen, ob eine Eintragung ins Handelsregister gegeben ist.[612] Darüber hinaus muss der Niederlassungsbegriff auch auf freie Berufe und private Arbeitgeber Anwendung finden. Denn der mit Art. 19 Nr. 2 lit. b EuGVVO verfolgte Zweck, dem Arbeitnehmer neben dem allgemeinen Gerichtsstand am (Wohn-)Sitz des Arbeitgebers einen weiteren zur Verfügung zu stellen, würde nicht erfüllt, soweit lediglich gewerbliche Niederlassungen erfasst würden.

(3) Einzige Niederlassung

Fraglich erscheint, ob der Niederlassungsbegriff zwingend voraussetzt, dass sich der Geschäftsbetrieb – zumindest dem Anschein nach – auf den (Wohn-)Sitz des Arbeitgebers und die Niederlassung verteilt. Im Rahmen von Art. 5 Nr. 5 EuGVVO wird eine räumliche Selbstständigkeit der Niederlassung vom (Wohn-)Sitz des Beklagten verlangt.[613] Denn der Normzweck gründet sich gerade darauf, dass die geschäftliche Betätigung des Beklagten an einem von seinem (Wohn-)Sitz verschiedenen Ort erfolgt: „Wo man Gewinn macht (und sich am Wirtschaftsleben beteiligt), dort soll man auch Rede und Antwort stehen für die

---

610 *EuGH* Rs. 218/86 „Schotte", Slg. 1987, 4905 ff, Tz. 15. Vgl. dazu auch *Kronke*, IPrax 1989, 81 ff.
611 *Trenner*, S. 166.
612 *Hausmann*, in: Wieczorek/Schütze, ZPO, 3. Aufl. 1994, Art. 5, Rz. 81.
613 Zur Diskussion im Rahmen von Art. 5 Nr. 5 EuGVVO vgl. *Trenner*, S. 168 f m.w.N.

Rechtschaffenheit seines Unterfangens."[614] Erfolgt die geschäftliche Betätigung an einem einzigen Ort, so reicht der allgemeine Gerichtsstand nach Art. 19 Nr. 1 EuGVVO.

Relevanz erfährt diese Konstellation im Rahmen von Art. 19 Nr. 2 lit. b EuGVVO dann, wenn sich der (Wohn-)Sitz des Arbeitgebers im Laufe des Arbeitsverhältnisses verändert. Nach Art. 19 Nr. 2 lit. b EuGVVO genügt es, dass sich die Niederlassung vor Klageerhebung im Gerichtsstaat befand. Versteht man den (Wohn-)Sitz des Arbeitgebers zugleich als Niederlassung i.S.d. Art. 19 Nr. 2 lit. b EuGVVO, so bleibt dem Arbeitnehmer bei einem (Wohn-)Sitzwechsel des Arbeitgebers der Gerichtsstand am früheren (Wohn-)Sitz erhalten, was nach *Trenner* dem Wortlaut und Sinn von Art. 19 Nr. 2 lit. b EuGVVO entspricht.[615] Dem ist aus Arbeitnehmerschutzgründen zuzustimmen. Der Arbeitnehmer befindet sich ansonsten in der misslichen Situation, nachdem ihm der sachnahe Gerichtsstand am gewöhnlichen Arbeitsort ohnehin nicht offen steht, nur am neuen (Wohn-)Sitz des Arbeitgebers als allgemeinem Gerichtsstand klagen zu können. Dass er am alten (Wohn-)Sitz des Beklagten in einem anderen Mitgliedstaat eingestellt wurde, zu dem er mehr soziale Bezüge hat, würde sonst nicht hinreichend beachtet.

3. Niederlassung bzw. Tätigkeit außerhalb der Mitgliedstaaten

Befindet sich die Niederlassung, die den Arbeitnehmer eingestellt hat, außerhalb der Mitgliedstaaten, so scheidet die Anwendung von Art. 19 Nr. 2 lit. b EuGVVO nach dem Wortlaut aus.[616] Es verbleibt nur die Klagemöglichkeit nach Art. 19 Nr. 1 EuGVVO. Demgegenüber ist eine Tätigkeit ganz oder teilweise außerhalb der Mitgliedstaaten unschädlich, solange sich die einstellende Niederlassung in einem Mitgliedstaat befindet.[617]

Befindet sich zwar die Niederlassung, nicht aber der (Wohn-)Sitz des Arbeitgebers in einem Mitgliedstaat, scheint eine Anwendung von Art. 19 Nr. 2 lit. b EuGVVO auf den ersten Blick auszuscheiden, weil die Anwendungsvoraussetzung für die EuGVVO – Ansässigkeit des Beklagten in einem Mitgliedstaat – nicht erfüllt ist. Nach Art. 18 Abs. 2 EuGVVO wird jedoch in einem derartigen Fall der (Wohn-)Sitz des Arbeitgebers in einem Mitgliedstaat fingiert.

---

[614] *Schröder*, S. 339.
[615] A.a.O., S. 169.
[616] *Johner*, S. 99 f, der deshalb stattdessen eine Anknüpfung am Wohnsitz des Arbeitnehmers befürwortet; *Trenner*, S. 170.
[617] Siehe oben S. 106 f.

4. Begriff der Einstellung

In Bezug auf den Begriff der „Einstellung" erscheint fraglich, ob allein der Abschluss des Arbeitsvertrags maßgeblich ist oder zusätzlich wertende Momente berücksichtigt werden müssen.[618] Reicht die bloße Vertragsunterzeichnung aus oder muss der überwiegende Teil der Vertragsverhandlungen am Ort der fraglichen Niederlassung geführt worden sein? Muss der Arbeitnehmer seine Tätigkeit bei der betreffenden Niederlassung erstmals aufgenommen haben?[619]

a. Kollisionsrechtlicher Einstellungsbegriff

Das gleiche Problem stellt sich bei den kollisionsrechtlichen Parallelnormen Art. 6 Abs. 2 lit. b EVÜ bzw. Art. 30 Abs. 2 Nr. 2 EGBGB: „engagement itself is unclear – place of interview, signing of contract by the employer or employee, or place of technical conclusion of the contract of employment?"[620] Dort tendieren Rechtsprechung und der überwiegende Teil des Schrifttums dahin, allein auf den Vertragsschluss abzustellen,[621] währenddessen die Gegenansicht zusätzlich die organistorische Eingliederung in den Betrieb fordert.[622] Dies wird mit der Befürchtung begründet, dass der Arbeitnehmer möglicherweise nie am Ort des Vertragsschlusses, sondern ständig in anderen Niederlassungen eingesetzt werden soll. Der Gefahr, über den Ort des Vertragsschlusses eine indirekte Rechtswahl vorzunehmen und dadurch eine Rechtsordnung mit geringem Arbeitnehmerschutzstandard zu berufen, kann jedoch durch erhöhte Anforderungen an den Niederlassungsbegriff begegnet werden.[623] Das Kriterium der betrieblichen Eingliederung führt dazu, dass letztlich der Zufall den Ort der einstellenden Niederlassung bestimmt – je nachdem, wo sich der erste tatsächliche Einsatzort befindet. Darüber hinaus stellt die organisatorische Eingliederung in den Betrieb ein Indiz für einen gewöhnlichen Arbeitsort dar, der aber in diesen Fällen gerade nicht vorliegt.

---

618 Die formale Arbeitgeberstellung, d.h., welcher Arbeitgeber im konkreten Fall den Arbeitsvertrag unterschrieben hat, kann nicht entscheidend sein, weil dies auf einfachem Weg Manipulationen ermöglichen würde, *Heilmann*, S. 58.

619 Vgl. *Valloni*, S. 332.

620 *Kaye*, S. 235.

621 *LAG Frankfurt*, NZA-RR 2000, 401, 403; *Oppertshäuser*, NZA-RR 2000, 393, 396; *Birk*, in: Richardi/Wlotzke, Münchener Handbuch zum Arbeitsrecht, Band 1, 2. Aufl. 2000, § 20, Rz. 49; *Heilmann*, S. 59; *Hoppe*, S. 187; *Franzen*, AR-Blattei SD (1993), Internationales Arbeitsrecht, Rz. 79; *Schlachter*, NZA 2000, 57, 60.

622 *Gamillscheg*, ZfA 1983, 307, 334; *Däubler*, RIW 1987, 249, 251; *Junker*, S. 185; *Mankowski*, AR-Blattei ES (1999), Internationales Arbeitsrecht, Nr. 6, S. 6, 9.

623 *Heilmann*, S. 60; *Schlachter*, NZA 2000, 57, 60.

Rein faktisch ist bereits eine betriebliche Eingliederung bei ständig wechselnden Arbeitsorten schwer vorstellbar.[624]

b. Internationalprozessrechtlicher Einstellungsbegriff

Bevor diese Aspekte jedoch als Auslegungshilfe für die Bestimmung des internationalprozessrechtlichen Einstellungsbegriffs herangezogen werden, muss man sich vergegenwärtigen, wie sich die Situation im Rahmen der EuGVVO darstellt. Einerseits besteht auf internationalprozessrechtlicher Ebene die Gefahr, am Ort des Vertragsschlusses durch Gründung einer ausschließlich mit der Einstellung befassten Zweigstelle eine für den Arbeitnehmer möglichst ungünstige lex fori zu berufen, nicht in dem Maße wie auf international-privatrechtlicher Ebene hinsichtlich der lex causae. Denn der Gerichtsstand der einstellenden Niederlassung steht lediglich dem Arbeitnehmer zur Wahl. Diesem steht es aber frei, nach Art. 19 Nr. 2 lit. b EuGVVO am Ort der einstellenden Niederlassung oder nach Art. 19 Nr. 1 EuGVVO am Sitz des Arbeitgebers zu klagen. Im Gegensatz hierzu ist dem Arbeitnehmer auf kollisionsrechtlicher Ebene kein Wahlrecht im Rahmen der Anknüpfung nach Art. 6 Abs. 2 EVÜ bzw. Art. 30 Abs. 2 EGBGB eröffnet. Andererseits besteht bei Manipulationsversuchen im Rahmen der EuGVVO nach kodifiziertem Recht[625] zugunsten des Arbeitnehmers keine Korrekturmöglichkeit mittels „engerer Anknüpfung im Einzelfall" wie ausnahmsweise nach Art. 6 Abs. 2 lit. b a.E. EVÜ bzw. Art. 30 Abs. 2 Nr. 2 a.E. EGBGB.

Gerade weil aber eine solche Korrekturmöglichkeit im Einzelfall nicht existiert, reicht das Abstellen auf den Vertragsabschlussort allein nicht aus. Denn ansonsten hätte es der Arbeitgeber in der Hand, den Gerichtsstand der einstellenden Niederlassung beliebig zu manipulieren, indem er nur die Vertragsunterzeichnung in der Niederlassung am Ort B arrangiert, nachdem Vorstellungsgespräch, Korrespondenz und Vertragsverhandlungen in der Niederlassung am Ort A stattgefunden haben. Vielmehr sind mittels einer Gesamtbewertung alle Umstände bis zum Vertragsschluss einzubeziehen.[626] Nur wenn der wesentliche Teil der vorvertraglichen Vorgänge der fraglichen Niederlassung zuzurechnen sind, ist von einer

---

624 *Hoppe*, S. 187. Insbesondere muss es heutzutage nicht immer zu einer betrieblichen Eingliederung kommen. Man denke nur an Arbeitnehmer, die ihre Aufträge elektronisch erhalten und von zu Hause aus erledigen, *Heilmann*, S. 59.

625 Beachte aber die Rechtsprechung des *EuGH* Rs. C-37/00 „Weber", Slg. 2002, I-2013 ff, Tz. 53. Siehe dazu oben S. 65.

626 *Johner*, S. 98, will auch die regelmäßige Auszahlung des Lohnes durch die Niederlassung mitberücksichtigen.

Einstellung auszugehen.[627] Grundsätzlich befindet sich daher – wie im Kollisionsrecht – die einstellende Niederlassung dort, wo der Arbeitsvertrag erstmalig abgeschlossen wurde.[628] Dies gilt allerdings nur, soweit im vorvertraglichen Bereich keine Unregelmäßigkeiten aufgetreten sind.

Auf den ersten Einsatzort kommt es bei der Beurteilung nicht an. Denn es dürfte häufig im Interesse des Arbeitnehmers sein, am Ort der Vertragsverhandlungen sowie Vertragsunterzeichnung über einen Gerichtsstand zu verfügen. Zu diesem Ort bestehen regelmäßig stärkere Beziehungen als zum ersten tatsächlichen Einsatzort, der nicht die Qualität eines gewöhnlichen Arbeitsortes erreicht.[629].

Im Übrigen kann durch präzise Anforderungen an den Niederlassungsbegriff Manipulationsversuchen mittels Scheingesellschaften und Anwerbebüros Einhalt geboten werden.[630]

5. Maßgeblicher Zeitpunkt

Im Gegensatz zum LugÜ regelt Art. 19 Nr. 2 lit. b EuGVVO ausdrücklich den Fall, dass sich nach Einstellung des Arbeitnehmers Änderungen im Bestand der Niederlassung ergeben: Geklagt werden kann an dem Ort, an dem sich die einstellende Niederlassung zum Zeitpunkt der Einstellung oder zum Zeitpunkt der Klageerhebung „*befindet* oder *befand*".[631]

Wird die Niederlassung, die den Arbeitnehmer eingestellt hat, vor Klageerhebung *aufgelöst*, so bleiben die Gerichte am Einstellungsort zuständig.[632] Erfolgt die Auflösung nach Klageerhebung, aber vor der letzten mündlichen Verhandlung, so greifen die nationalen Grundsätze der perpetuatio fori ein und die Zuständigkeit bleibt erhalten.[633]

Soweit die einstellende Niederlassung nicht aufgelöst, sondern lediglich innerstaatlich oder ins Ausland *verlegt* wurde, ist dem Arbeitnehmer als der schutzbedürftigeren Partei die Wahlmöglichkeit zuzugestehen, gegen den Arbeitgeber an einem der beiden Orte zu

---

627 Ebenso *Johner*, a.a.O.; *Trunk*, S. 34, Fn. 39. Unklar insoweit *Birk*, in: Richardi/Wlotzke, Münchener Handbuch zum Arbeitsrecht, Band 1, 2. Aufl. 2000, § 23, Rz. 28 mit Verweis auf die Auslegung zu Art. 30 Abs. 2 Nr. 2 EGBGB; dort findet sich allerdings die Aussage, dass der Begriff „Einstellung" in Zusammenhang mit einer Norm, welche das Vertragsstatut feststellt, nur den Vertragsschluss bedeuten kann, a.a.O., § 20, Rz. 49.

628 Etwas anderes könnte allenfalls für eine Änderungskündigung gelten. Aber auch hier wird man von einem erstmaligen Vertragsschluss ausgehen, weil ein neues Arbeitsverhältnis begründet wird.

629 *Trenner*, S. 173.

630 Siehe oben S. 114 f.

631 *Almeida Cruz/Desantes Real/Jenard*-Bericht, ABl. EG 1990 Nr. C 189/35, 45. Die sprachliche Präzisierung im Vergleich zum LugÜ soll Missverständnissen vorbeugen.

632 *Hausmann*, in: Wieczorek/Schütze, ZPO, 3. Aufl. 1994, Art. 5, Rz. 34; *Kropholler*, Europäisches Zivilprozeßrecht, 7. Aufl. 2002, Art. 19, Rz. 12; *Valloni*, S. 334.

633 *Trunk*, S. 100, Fn. 20. Zur perpetuatio fori siehe oben S. 52.

klagen.[634] Denn für den Arbeitnehmer war die Verlegung der einstellenden Niederlassung weder vorhersehbar noch konnte er sie beeinflussen.[635] Allerdings ginge es zu weit, dem Arbeitnehmer bei mehrmaliger Verlegung der einstellenden Niederlassung bis zum Zeitpunkt der Klageerhebung an jedem Ort eine Klagemöglichkeit einzuräumen. Eine derartige Auslegung wäre durch den Arbeitnehmerschutzzweck von Art. 19 Nr. 2 lit. b EuGVVO nicht mehr gedeckt.[636] Am ursprünglichen Einstellungsort wird über den weiteren Einsatz des Arbeitnehmers entschieden. Zudem ist dieser Ort oftmals ein Indiz für die örtliche Verwurzelung des Arbeitnehmers und behält daher für die gesamte Dauer des Arbeitsverhältnisses eine gewisse Sonderstellung, welche nicht zwangsläufig durch die Verlegung der Niederlassung beendet wird. Dies rechtfertigt einen dortigen Gerichtsstand. Der Niederlassungsort zum Zeitpunkt der Klageerhebung stellt einen lokalen Schwerpunkt des Arbeitgebers und damit einen ebenso starken Bezugspunkt für den Arbeitnehmer dar. Dagegen weisen sämtliche dazwischen liegende Orte keinen Bezug von solcher Qualität auf, weshalb es nicht gerechtfertigt erscheint, dort jeweils einen Gerichtsstand anzunehmen. Eine andere Sichtweise wäre nicht vereinbar mit dem Postulat der EuGVVO, Gerichtsstandshäufungen zu vermeiden und dadurch die Rechtssicherheit zu erhöhen.

V. Warum keine ausschließliche Zuständigkeit in Arbeitssachen?

Arbeitnehmer wurden im Vergleich zu Versicherungsnehmern und Verbrauchern in EuGVÜ und LugÜ schon immer stiefmütterlich behandelt.[637] Bis zum dritten Beitrittsübereinkommen wurden Streitigkeiten in Arbeitssachen lediglich am Erfüllungsortgerichtsstand in Art. 5 Nr. 1 EuGVÜ lokalisiert, während Versicherungsnehmern und Verbrauchern ein höherer Schutzstandard durch Einräumung einer besonderen Form der ausschließlichen Zuständigkeit[638] zugebilligt wurde (Art. 8 ff, Art. 13 ff EuGVÜ). Mit dem dritten Beitrittsüber-

---

634 *Kropholler*, Europäisches Zivilprozeßrecht, 7. Aufl. 2002, Art. 19, Rz. 12; *Auer*, in: Bülow/Böckstiegel u.a., Der internationale Rechtsverkehr in Zivil- und Handelssachen, 23. EL 2000, Art. 5, Rz. 39; *Trenner* will diese Wahlmöglichkeit dem Arbeitnehmer nur eröffnen, soweit die Niederlassung in einen anderen *Mitgliedstaat* verlegt wird; wird sie in einen *Drittstaat* verlegt, so möchte er diese Fallkonstellation wie eine Auflösung behandeln, d.h. dem Arbeitnehmer nur eine Klage am Einstellungsort gestatten, *ders.*, S. 174. Auf diese Weise möchte *Trenner* den Arbeitnehmer vor der Anwendung autonomen Zivilprozessrechts bewahren. Denn dieses gelangt zur Anwendung, wenn der Arbeitnehmer am Ort der verlegten Niederlassung klagt und diese sich nunmehr in einem Drittstaat befindet.

635 *Trunk*, S. 101.

636 *Trenner*, S. 175.

637 *Droz/Gaudemet-Tallon*, Rev. crit. dr. internat. privé 2001, 601, 632, sprechen von den durch das Brüsseler Übereinkommen „lange Zeit vergessenen“ Arbeitsverträgen.

638 Siehe dazu nachfolgend S. 121 f.

einkommen wurde immerhin die Rechtsprechung des *EuGH*[639] in Form von Art. 5 Nr. 1 2./3. HS EuGVÜ kodifiziert. Doch auch anlässlich des historischen Moments der Überführung des völkerrechtlichen EuGVÜ in sekundäres Gemeinschaftsrecht hat man die Chance verstreichen lassen, eine ausschließliche Zuständigkeit in Arbeitssachen zu begründen. Zwar wurde der Schutz des Arbeitnehmers weiter verbessert, aber dennoch verbleiben Schutzlücken zu Lasten des Arbeitnehmers (Schlechterstellung des Arbeitnehmers im Anerkennungs- und Vollstreckungsverfahren gegenüber Verbrauchern und Versicherungsnehmern).[640] Warum hat man aber vor der Einführung einer ausschließlichen Zuständigkeit in Arbeitssachen bzw. einer an Versicherungs- und Verbrauchersachen angelehnten besonderen Form der ausschließlichen Zuständigkeit zurückgeschreckt, obwohl der Arbeitnehmer unisono mit Verbrauchern und Versicherungsnehmern in die Reihe der schwächeren und damit schutzwürdigeren Vertragsparteien eingereiht wird?

1. Differenzierung zwischen „reiner" Ausschließlichkeitsregel und „Zwischenstellung" in Versicherungs- und Verbrauchersachen

Zunächst gilt es, zwischen den verschiedenen Formen der ausschließlichen Zuständigkeit, die sich in Struktur wie auch in Zwecksetzung unterscheiden, zu differenzieren: Nach der „reinen" ausschließlichen Zuständigkeit i.S.v. Art. 22 EuGVVO ist nur *ein* Gericht ohne Rücksicht auf den Wohnsitz zuständig; von diesem Gericht kann auch nicht im Wege der Gerichtsstandsvereinbarung abgewichen werden, Art. 23 Abs. 5 EuGVVO. Diese ausschließliche Zuständigkeit duldet keinerlei parallele Zuständigkeiten, sie setzt sich gegenüber allen konkurrierenden Gerichtsständen durch. Die „reinen" Ausschließlichkeitsregeln erklären sich aus Gründen der geordneten Rechtspflege.[641] Es wird an den Belegenheits- (Art. 22 Nr. 1 EuGVVO), Register- (Art. 22 Nr. 2 u. 3 EuGVVO), Registrierungs- /Hinterlegungs- (Art. 22 Nr. 4 EuGVVO) und Vollstreckungsstaat (Art. 23 Nr. 5 EuGVVO) angeknüpft. Das sachnächste Gericht ist am besten in der Lage, über den Streitgegenstand zu entscheiden.

Demgegenüber nehmen die Zuständigkeitsregeln in Versicherungs- und Verbrauchersachen eine „Zwischenstellung zwischen gewöhnlichen Zuständigkeitsregeln und reinen Aus-

---

639 *EuGH* Rs. 14/76 „De Bloos", Slg. 1976, 1497 ff, vgl. dazu *Geimer*, NJW 1977, 492 f, sowie *Linke*, RIW 1977, 43 ff; *EuGH* Rs. 133/81 „Ivenel", Slg. 1982, 1891 ff, vgl. dazu *Mezger*, IPrax 1983, 153 ff; *EuGH* Rs. 266/85 „Shenavai", Slg. 1987, 239 ff, vgl. dazu *Geimer*, NJW 1987, 1132 f, sowie *Mezger*, IPrax 1987, 346 ff; zur Entwicklung der Rechtsprechung siehe oben S. 22 f.

640 Siehe nachfolgend S. 126 f.

641 *Jenard*-Bericht, BT-Drucks. VI/1973, 75.

schließlichkeitsregeln"[642] ein. Denn hier steht dem Kläger eine, wenn auch begrenzte Wahl zwischen den Gerichten verschiedener Mitgliedstaaten zu; unter bestimmten Voraussetzungen können die Parteien eine Zuständigkeitsvereinbarung treffen; und schließlich sind die Zuständigkeitsvorschriften in Versicherungs- und Verbrauchersachen nur dann anwendbar, soweit der Beklagte seinen Wohnsitz in dem Hoheitsgebiet eines Mitgliedstaats hat. Begründet wird diese im Vergleich zu den gewöhnlichen Zuständigkeitsregelungen privilegierte „Zwischenstellung" mit sozialpolitischen Erwägungen und dem Vorbeugen vor Missbräuchen.[643]

Beiden Formen ist gemein, dass ihre Nichtbeachtung einen Grund für die Versagung der Anerkennung und Vollstreckung bildet, Art. 35 Abs. 1, Art. 45 Abs. 1 EuGVVO.

2. Warum keine „reine" Ausschließlichkeitsregel in Arbeitssachen?

Die Verfasser des EuGVÜ hatten auf die Begründung einer „reinen" ausschließlichen Zuständigkeit[644] in Arbeitssachen bewusst verzichtet, um die Vereinheitlichungsbemühungen im Bereich des internationalen Arbeitsrechts nicht zu kreuzen.[645] Es wurde für „in höchstem Maße wünschenswert" erachtet, Streitigkeiten in Zusammenhang mit einem Arbeitsvertrag vor den Gerichten desjenigen Staates austragen zu lassen, dessen Recht für den Vertrag maßgebend ist,[646] also den Gleichlauf von forum und ius in arbeitsrechtlichen Streitigkeiten zu ermöglichen. Die Kommissionsvorschläge für eine Verordnung über das auf Arbeitsverhältnisse innerhalb der Gemeinschaft anzuwendende Konfliktrecht[647] konnten sich nicht durchsetzen. Erst 1980 wurde das völkerrechtliche EVÜ unterzeichnet, das in seinem Art. 6 Sonderbestimmungen über Arbeitsverträge und Arbeitsverhältnisse von Einzelpersonen

---

[642] A.a.O.

[643] A.a.O.

[644] Der Vorentwurf zum EuGVÜ enthielt eine (reine) ausschließliche Zuständigkeit in Arbeitssachen: Die Gerichte desjenigen Vertragsstaates sollten ausschließlich zuständig sein, in dem sich das betreffende Unternehmen befindet oder in dem die Arbeit auszuführen war oder ausgeführt worden ist, a.a.O., S. 71.

[645] Offenbar rechnete man fest mit einer ergänzenden, späteren Regelung in Arbeitssachen: „Wenn die Arbeiten der Kommission abgeschlossen sind, kann das vorliegende Übereinkommen später noch dadurch ergänzt oder geändert werden, daß ein Zusatzprotokoll geschaffen oder ein besonderes Übereinkommen vorbereitet wird, in dem der gesamte Fragenkomplex des Arbeitsvertrages geregelt werden könnte ...," a.a.O.

[646] A.a.O.

[647] Vorschlag einer Verordnung (EWG) des Rates über das auf Arbeitsverhältnisse innerhalb der Gemeinschaft anzuwendende Konfliktrecht vom 23.3.1972, ABl. EG Nr. C 49/26 ff; geänderter Vorschlag einer Verordnung (EWG) des Rates über das auf Arbeitsverhältnisse innerhalb der Gemeinschaft anzuwendende Konfliktrecht vom 28.4.1976, KOM (75) 653 endg.

enthält. Seit diesem Zeitpunkt kann aber das Argument, einem noch zu schaffenden gemeinsamen Arbeitskollisionsrecht solle nicht vorgegriffen werden, nicht mehr genügen.[648]

Darüber hinaus sollte laut *Jenard*-Bericht die Möglichkeit einer Zuständigkeitsvereinbarung in Arbeitssachen angesichts des hohen Stellenwertes der Privatautonomie in vielen Mitgliedstaaten unbedingt erhalten bleiben, was aber mit einer ausschließlichen Zuständigkeitsregel nicht zu vereinbaren gewesen wäre.[649] Diesem Argument kommt auch heute noch große Bedeutung zu. Gerichtsstandsvereinbarungen in Arbeitssachen sind grundsätzlich möglich, der Schutz des Arbeitnehmers erfolgt durch gewisse Prorogationsbeschränkungen (Art. 21 EuGVVO).

Generell gilt, dass eine ausschließliche internationale Zuständigkeit in einem Zuständigkeitssystem immer einen Störfaktor darstellt. Angesichts der Vielgestaltigkeit der zu beurteilenden Lebenssachverhalte ist ein ausschließliches Zuständigkeitssystem nicht hinreichend flexibel, um zu vermeiden, dass die Unterwerfung unter ein derartiges System von den Parteien als unbillig und nicht sachgerecht empfunden wird.[650] Die Rechtsverfolgung in Auslandsfällen wird zu sehr erschwert, soweit lediglich die Gerichte eines einzigen Staats zuständig sind.[651] Am ehesten erscheint eine reine ausschließliche Zuständigkeit bei Materien berechtigt, in denen es um die Wahrung öffentlicher Interessen geht.[652] Dies ist aber gerade bei individualarbeitsrechtlichen Streitigkeiten nicht der Fall. *Johner* sieht im Übrigen das Vorhaben einer ausschließlichen Zuständigkeit in arbeitsvertraglichen Streitigkeiten durch die Rechtsprechung des *EuGH* als überholt an; aus diesem Grunde wurde der Gedanke einer ausschließlichen Zuständigkeit in Arbeitssachen anlässlich des dritten Beitrittsübereinkommens und der Ausarbeitung des LugÜ nicht weiter verfolgt.[653] Auch ging man davon aus, dass die Zuständigkeiten in Form von allgemeinen und besonderen Gerichtsständen zu interessengerechten Lösungen führen würden.[654] *Trunk* weist schließlich darauf hin, dass eine ausschließliche Zuständigkeit bei arbeitsvertraglichen Streitigkeiten

---

648 Im Gegenteil: Die erstrebte Parallelität von Zuständigkeitsregel und Kollisionsnorm kann nur dann zu einem wirklichen Gleichlauf zwischen forum und ius führen, wenn weder das Zuständigkeitsrecht noch die Rechtsanwendungsvorschriften eine Wahlmöglichkeit lassen, d.h. nur ein inländisches Gericht zuständig ist und nur eine anwendbare Rechtsordnung in Betracht kommt, *Heldrich*, S. 62; zum Gleichlauf-Argument siehe oben S. 20 ff.

649 *Jenard*-Bericht, BT-Drucks. VI/1973, 71.

650 *Aull*, S. 55. Den Zuständigkeitsinteressen der Parteien wird häufig durch bloße besondere Zuständigkeiten besser entsprochen als durch eine „Überbetonung des Ordnungsprinzips", a.a.O., Fn. 48 m.w.N.

651 *Kropholler*, Internationales Privatrecht, 5. Aufl. 2004, S. 566; *Hausmann*, in: Wieczorek/Schütze, ZPO, 3. Aufl. 1994, Art. 12, Rz. 7.

652 A.a.O. Siehe dazu nachfolgend die unter Art. 22 EuGVVO aufgeführten Interessen, S. 155.

653 *Johner*, S. 104, Fn. 495.

654 Vgl. *Rauscher*, FS Schütze, 695.

angesichts der stark differierenden Interessenlagen bei den verschiedenen Typen von Arbeitsverhältnissen kaum praktikabel formuliert werden kann.[655]

3. Warum kein den Versicherungs- und Verbrauchersachen entsprechendes Zuständigkeitssystem in Arbeitssachen?

Um eine mögliche Antwort auf die Frage zu finden, warum kein den Versicherungs- und Verbrauchersachen entsprechendes Zuständigkeitssystem in Arbeitssachen geschaffen wurde, ist es zunächst nötig, die beiden Zuständigkeitssysteme unter Geltung des EuGVÜ und der EuGVVO miteinander zu vergleichen.

a. Vergleich des Zuständigkeitssystems in Versicherungs- und Verbrauchersachen mit demjenigen in Arbeitssachen unter Geltung des EuGVÜ

Das Zuständigkeitssystem in Versicherungs- und Verbrauchersachen zeichnet sich durch drei Komponenten aus: durch ein forum actoris des Schwächeren, den Schutz vor nachteiligen Gerichtsstandsvereinbarungen und die Absicherung des Gerichtsstandssystems als weitgehend ausschließlich, Art. 7 und Art. 13 EuGVÜ.[656] Auf anerkennungs- und vollstreckungsrechtlicher Ebene wird dieses Schutzgefüge insoweit ergänzt, als bei Verletzung der zuständigkeitsrechtlichen Regelungen Anerkennung und Vollstreckung versagt werden, Art. 28 Abs. 1 und Art. 34 Abs. 2 EuGVÜ.

Der Schutz vor nachteiligen Gerichtsstandsvereinbarungen, bei Versicherungsnehmern und Verbrauchern durch Art. 12 und Art. 15 EuGVÜ verwirklicht, findet sich seit dem dritten Beitrittsübereinkommen auch zugunsten von Arbeitnehmern in Art. 17 Abs. 5 EuGVÜ.

Zwar erblickt der *EuGH* im Gerichtsstand am gewöhnlichen Arbeitsort ein forum actoris des Schwächeren. Dies wird durch seine wiederholte Betonung der Notwendigkeit eines kostengünstigen Gerichtsstands deutlich.[657] Jedoch erheben sich bei genauerem Vergleich mit dem forum actoris des Schwächeren in Versicherungs- und Verbrauchersachen Zweifel. Dem Versicherungsnehmer oder Verbraucher als schwächerer Vertragspartei stehen – außerhalb von Prorogationen – grundsätzlich[658] zwei Gerichtsstände zur Verfügung: Der

---

[655] *Trunk*, S. 33 (dort für das LugÜ; gleiches muss aber nach dem Konvergenzgedanken für EuGVÜ und EuGVVO gelten).

[656] *Rauscher*, FS Schütze, 695, 700.

[657] *EuGH* Rs. C-125/92 „Mulox“, Slg. 1993, I-4075 ff, Tz. 21; *EuGH* Rs. C-383/95 „Rutten“, Slg. 1997, I-57 ff, Tz. 17; *EuGH* Rs. C-37/00 „Weber“, Slg. 2002, I-2013 ff, Tz. 49.

[658] Dem Versicherungsnehmer stehen in bestimmten Fällen noch weitere Fora zur Verfügung, vgl. Art. 8 Abs. 1 Nr. 3, Art. 9 und Art. 10 EuGVÜ.

eigene Wohnsitz (Art. 8 Abs. 1 Nr. 2 und Art. 14 Abs. 1 a.E. EuGVÜ) und der Wohnsitz des Vertragspartners (Art. 8 Abs. 1 Nr. 1 und Art. 14 Abs. 1 EuGVÜ), wobei es sich bei Ersterem um das forum actoris des Schwächeren handelt. Im Gegensatz dazu kommen für den Arbeitnehmer, abstrakt gesehen, drei Gerichtsstände in Betracht: der gewöhnliche Arbeitsort oder alternativ die einstellende Niederlassung, der (Wohn-)Sitz des Arbeitgebers und der eigene Wohnsitz des Arbeitnehmers. Freilich sieht das EuGVÜ nur die ersten beiden Gerichtsstände in Art. 5 Nr. 1 2./3. HS und Art. 2 Abs. 1 EuGVÜ vor. Dafür sind zwei Erklärungen denkbar: Zum einen könnte man auf den Wohnsitz des Arbeitnehmers als Gerichtsstand verzichtet haben, weil dies dem Prinzip des Beklagtenschutzes, actor sequitur forum rei, widerspräche und eine Ausnahme zugunsten des Arbeitnehmers nicht zu rechtfertigen wäre.[659] Daran müsste sich die Frage schließen, warum eine derartige Anknüpfung dagegen in Versicherungs- und Verbrauchersachen zu rechtfertigen ist, obwohl der Arbeitnehmer ebenfalls als schutzbedürftig eingestuft wird. Zum anderen könnte – so wohl die Auffassung des *Gerichtshofs* – der Wohnsitz des Arbeitnehmers in Fällen grenzüberschreitender Arbeitsleistung als ungeeigneter Anknüpfungspunkt gelten; denn häufig wird der Arbeitnehmer einen engeren Bezug zu seinem gewöhnlichen Arbeitsort aufweisen als zu seinem Wohnsitz, sofern die beiden überhaupt auseinanderfallen. Der Gerichtsstand des gewöhnlichen Arbeitsortes birgt darüber hinaus den Vorteil, den Grundsatz des Beklagtenschutzes nicht über Gebühr zu strapazieren, denn anders als bei einer (theoretischen) Klage des Arbeitnehmers am eigenen Wohnsitz, was einem reinen Klägergerichtsstand gleichkäme, hat der Arbeitgeber bei einer Klage des Arbeitnehmers am gewöhnlichen Arbeitsort, dem Ort der Vertragserfüllung, einen gewissen Bezug zu diesem Gerichtsstand.

Folgt man der Ansicht des *EuGH*, so wurden mit dem dritten Beitrittsübereinkommen in Arbeitssachen ein forum actoris des Schwächeren am gewöhnlichen Arbeitsort geschaffen und darüber hinaus der Schutz vor nachteiligen Zuständigkeitsvereinbarungen etabliert. Allerdings fehlt, abgesehen vom mangelnden Schutz auf Anerkennungs- und Vollstreckungsebene, die Absicherung des Zuständigkeitssystems in Arbeitssachen als „weitgehend ausschließlich". Denn anders als in Versicherungs- und Verbrauchersachen, wo Art. 7 und Art. 13 EuGVÜ klarstellen, dass außer Art. 4 und Art. 5 Nr. 5 EuGVÜ keine weiteren

---

[659] Insbesondere, wenn man sich vor Augen führt, dass dann dem Arbeitnehmer *zwei* Klägergerichtsstände, am gewöhnlichen Arbeitsort und am eigenen Wohnsitz, offen stünden und dies – entgegen dem Ziel der Rechtsklarheit und Vorhersehbarkeit – eine Häufung von Gerichtsständen zur Folge hätte. A.A. *Johner*, der in einem Gerichtsstand am Wohnsitz des Arbeitnehmers auch keine übertriebene Bevorzugung des Arbeitnehmers erblickt, weil sich die Zuständigkeit am gewöhnlichen Arbeitsort in vielen Fällen zugleich als ein forum actoris des Arbeitgebers entpuppt, *ders.*, S. 132.

Zuständigkeitsregeln in diesen Materien zur Anwendung gelangen können, ist der Arbeitgeber in der Lage, insbesondere den Gerichtsstand nach Art. 5 Nr. 3 EuGVÜ für deliktische Ansprüche, die mit dem Arbeitsverhältnis in Zusammenhang stehen, sowie denjenigen nach Art. 6 Nr. 1 EuGVÜ (Mehrparteiengerichtsstand) zu nutzen und auf diese Weise die Schutzwirkung der Art. 5 Nr. 1 2. HS und Art. 17 Abs. 5 EuGVÜ zu unterlaufen. Die Vermutung, dass deliktische Schädigungen des Arbeitgebers durch den Arbeitnehmer häufiger sein dürften als solche des Vertragspartners durch den Versicherungsnehmer oder Verbraucher, sowie die vergleichsweise höhere praktische Relevanz der Streitgenossenschaft mehrerer Arbeitnehmer sprechen eher für eine Absicherung des arbeitsrechtlichen Zuständigkeitssystems als weitgehend ausschließlich.[660] „Das prozessuale Risiko des Arbeitnehmers ist ohne diese Ausschließlichkeit recht hoch."[661] Darüber hinaus sind keine einleuchtenden Gründe dafür ersichtlich, dem Arbeitnehmer ein größeres Risiko aufzubürden als dem Verbraucher oder Versicherten.[662] Es verbleibt letztlich also bei der Ausgangsfrage, warum Arbeitnehmer im Vergleich zu Versicherungsnehmern und Verbrauchern durch das EuGVÜ weniger geschützt werden. Eine plausible Antwort darauf lässt sich auch nach eingehendem Vergleich der jeweiligen Regelungskomplexe nicht finden.

b. Vergleich des Zuständigkeitssystems in Versicherungs- und Verbrauchersachen mit demjenigen in Arbeitssachen unter Geltung der EuGVVO

Durch die Neuregelung der Zuständigkeit für individuelle Arbeitsverträge in den Art. 18 ff EuGVVO werden die arbeitsvertraglichen Gerichtsstände nicht nur systematisch in einem eigenen Abschnitt 5 zusammengefasst. Vielmehr wird auch der Arbeitnehmerschutz weiter denjenigen Schutzstandards, die Versicherungsnehmern und Verbrauchern zugute kommen, angenähert.

Im Vergleich zum EuGVÜ wird das forum actoris des Schwächeren in der EuGVVO zugunsten des Arbeitnehmers ausgebaut: Zwar wird keine Klagemöglichkeit zugunsten des Arbeitnehmers an dessen Wohnsitz begründet. Jedoch werden zu seinen Gunsten begrenzte Wahlmöglichkeiten geschaffen (Art. 19 EuGVVO), die dem Arbeitgeber nicht zustehen. Klagen des Arbeitgebers sind nur noch am Wohnsitz des Arbeitnehmers möglich (Art. 20 Abs. 1 EuGVVO). Diese Regelungen entsprechen strukturell denjenigen in Versicherungs- und Verbrauchersachen: Dort hat der Versicherungsnehmer bzw. Verbraucher ebenfalls ein

---

660 *Rauscher*, FS Schütze, 695, 706.
661 A.a.O.

begrenztes Wahlrecht,[663] während der Versicherer den Versicherungsnehmer bzw. der Vertragspartner den Verbraucher nur an dessen Wohnsitz verklagen kann.[664]

Das arbeitsvertragliche Zuständigkeitssystem wird als weitgehend ausschließlich abgesichert, indem Art. 18 Abs. 1 EuGVVO für individualarbeitsvertragliche Streitigkeiten mit Ausnahme von Art. 4 und Art. 5 Nr. 5 EuGVVO die ausschließliche Anwendung der Vorschriften des fünften Abschnitts anordnet.[665] Strukturell wird damit Art. 18 Abs. 1 EuGVVO den in Versicherungs- und Verbrauchersachen geltenden Art. 8 und Art. 15 Abs. 1 EuGVVO angeglichen. Das hat zur Folge, dass sich der Arbeitgeber bei deliktischen Schädigungen unter Geltung der EuGVVO nicht mehr auf den Gerichtsstand nach Art. 5 Nr. 3 EuGVVO berufen kann. Ebenso wenig kann er die arbeitsvertraglichen Zuständigkeitsregelungen über Art. 6 Nr. 1 EuGVVO (Mehrparteiengerichtsstand) unterlaufen. Auf *zuständigkeitsrechtlicher* Ebene erfolgt eine Absicherung des Regelungssystems der Art. 18 ff EuGVVO. Allerdings fehlt nach wie vor eine ergänzende Absicherung auf *anerkennungs- und vollstreckungsrechtlicher* Ebene: Art. 35 Abs. 1 EuGVVO versagt die Anerkennung und Vollstreckung nur bei Verletzung der Vorschriften in Versicherungs- und Verbrauchersachen; die Nichtbeachtung der Normen in Arbeitssachen hat keine Konsequenzen. Einleuchtende Gründe für diese Schlechterstellung des allgemein als schutzbedürftig erachteten Arbeitnehmers sind auch unter Geltung der EuGVVO nicht ersichtlich.[666]

c. Ergebnis

Der zuständigkeitsrechtliche Arbeitnehmerschutz wird unter Geltung der EuGVVO den Schutzstrukturen in Versicherungs- und Verbrauchersachen weitgehend angenähert (forum actoris des Schwächeren, Schutz vor nachteiligen Gerichtsstandsvereinbarungen, Absicherung des Zuständigkeitssystems als weitgehend ausschließlich). Der Schutz auf Anerken-

---

662 A.a.O., S. 709.

663 Art. 9 Abs. 1 EuGVVO bzw. Art. 16 Abs. 1 EuGVVO.

664 Art. 12 Abs. 1 EuGVVO bzw. Art. 16 Abs. 2 EuGVVO.

665 Siehe oben S. 24.

666 Zustimmend *Kohler*, Die Revision des Brüsseler und des Luganer Übereinkommens über die gerichtliche Zuständigkeit und die Vollstreckung gerichtlicher Entscheidungen in Zivil- und Handelssachen – Generalia und Gerichtsstandsproblematik -, in: Gottwald, Revision des EuGVÜ – Neues Schiedsverfahrensrecht, 2000, S. 1, 17, Fn. 63: Auf diese Weise werde auch verhindert, dass ein Urteil ***zugunsten*** des Arbeitnehmers wegen Verletzung der Zuständigkeitsvorschriften in Arbeitssachen nicht anerkannt wird. Ähnlich *Kennett*, I.C.L.Q. 2001, 725, 733: „It does not include the new Section 5 on employment matters, apparently because it is anticipated that the applicant for enforcement will normally be the employee." Ablehnend wegen der ungerechtfertigten Schlechterstellung des Arbeitnehmers gegenüber Verbrauchern und Versicherungsnehmern *Micklitz/Rott*, EuZW 2001, 325, 332; *Droz/Gaudemet-Tallon*, Rev. crit. dr. internat. privé 2001, 601, 648; *Rauscher*, FS Schütze, 695, 710: „systematisch inkonse-

nungs- und Vollstreckungsebene bleibt hingegen unvollkommen. Überzeugende Gründe für diese Schlechterstellung des Arbeitnehmers im Vergleich zum Versicherungsnehmer und Verbraucher existieren nicht.[667]

E. Gerichtsstandsvereinbarung, Art. 21 und Art. 23 EuGVVO

I. Begriff der Gerichtsstandsvereinbarung

Mit einer Gerichtsstandsvereinbarung[668] können die Parteien nach Art. 23 Abs. 1 EuGVVO „ein Gericht oder die Gerichte eines Mitgliedstaates" für zuständig erklären, d.h. auf die gesetzliche Zuständigkeitsordnung Einfluss nehmen.[669] Diese Option ist für Arbeitgeber und Arbeitnehmer von Bedeutung, denn auf diese Weise ist es ihnen möglich, ihre Gerichtspflichtigkeit, das anwendbare internationale Privatrecht und damit auch das in der Sache anzuwendende materielle Recht vorherzusehen.[670] Denn ohne Gerichtsstandsvereinbarung ist eine Zuständigkeitsprognose mit Unsicherheitsfaktoren behaftet: Wo werden Arbeitnehmer und Arbeitgeber im Zeitpunkt der Klageerhebung domiziliert sein? Welche Parteirolle (Kläger oder Beklagter) wird ihnen jeweils zukommen? Wie wird der Arbeitnehmer die ihm zustehenden Wahlmöglichkeiten zwischen mehreren Gerichtsständen ausüben? All diese Unwägbarkeiten bei der Prognose der internationalen Zuständigkeit können durch eine Gerichtsstandsvereinbarung mit ausschließlicher Wirkung vermieden werden.

Grundsätzlich handelt es sich bei der durch eine Gerichtsstandsklausel vereinbarten Zuständigkeit um eine ausschließliche Zuständigkeit. Gemäß Art. 23 Abs. 1 S. 2 EuGVVO besteht aber nunmehr ausdrücklich die Möglichkeit, die Nichtausschließlichkeit der Zuständigkeit zu vereinbaren.[671] Auf diese Weise tritt der vereinbarte Gerichtsstand konkurrierend neben

---

quent"; *Junker*, RIW 2002, 569, 577: „windschiefes Argument, das man auch zu Gunsten der Versicherungsnehmer und der Verbraucher anführen könnte".

[667] Die systemwidrige Bevorzugung von Versicherungsnehmern und Verbrauchern ließe sich natürlich auch dadurch beseitigen, indem eine Überprüfung auf anerkennungs- und vollstreckungsrechtlicher Ebene - abgesehen von den ausschließlichen Zuständigkeiten - gänzlich ausgeschlossen wird.

[668] Zur davon zu unterscheidenden Schiedsvereinbarung vgl. *Killias*, S. 24 ff; *Johner*, S. 165 ff. Schiedsverfahren sind nach Art. 1 Abs. 2 lit. d EuGVVO ausdrücklich vom Anwendungsbereich der beiden Regelungswerke ausgenommen. Deren Zulässigkeit, Wirksamkeit etc. beurteilt sich nach dem autonomen Zivilprozessrecht. Nach § 101 ArbGG sind Schiedsvereinbarungen im Individualarbeitsrecht generell unzulässig.

[669] Die Gerichtsstandsvereinbarung verwirklicht die prozessuale Parteiautonomie: „Denn nur die Parteien können ihre Zuständigkeitsinteressen richtig einschätzen und bewerten," *Geimer/Schütze*, Europäisches Zivilverfahrensrecht, 2. Aufl. 2004, Art. 17, Rz. 8.

[670] Nicht nur die Vorhersehbarkeit, sondern auch die Vereinbarung eines neutralen Gerichts wird oftmals in beider Parteiinteressen liegen, *Killias*, S. 2.

[671] Bereits im Rahmen von Art. 17 EuGVÜ wird die Vereinbarung der Nichtausschließlichkeit durch beide Parteien von der h.M. als zulässig erachtet, obwohl Art. 17 Abs. 4 EuGVÜ lediglich die Zulässigkeit von

die gesetzlich vorgesehenen Zuständigkeiten. Nach dem Wortlaut des Art. 23 Abs. 1 S. 2 EuGVVO wird jedoch die Ausschließlichkeit des prorogierten Gerichts vermutet.[672] Mit dieser Lockerung soll der Parteiautonomie Rechnung getragen werden.[673]

II. Prorogationsbeschränkungen nach Art. 21 EuGVVO

Ursprünglich bestanden keine besonderen arbeitsrechtlichen Grenzen für Gerichtsstandsvereinbarungen,[674] sie waren nach der Rechtsprechung des *EuGH* unbegrenzt zulässig.[675] Dies wurde aus Arbeitnehmerschutzgründen häufig als unbefriedigend empfunden,[676] so dass schließlich im Rahmen des dritten Beitrittsübereinkommens mit Art. 17 Abs. 5 EuGVÜ eine eigene Vorschrift für Gerichtsstandsvereinbarungen in individuellen Arbeitsverträgen vorgesehen wurde. Mit Art. 21 EuGVVO wurde diese Regelung übernommen. Danach kommt einer arbeitsvertraglichen Gerichtsstandsvereinbarung nur dann rechtliche Wirkung zu, wenn sie *nach* Entstehen der Streitigkeit getroffen wird *oder* wenn sie dem Arbeitnehmer die Befugnis einräumt, andere als die in Abschnitt 5 bezeichneten Gerichte anzurufen.

1. Art. 21 Nr. 1 EuGVVO

Von dem in zeitlicher Hinsicht entscheidenden Moment des Entstehens der Streitigkeit wird auszugehen sein, „sobald die Parteien über einen bestimmten Punkt uneins sind und ein gerichtliches Verfahren unmittelbar oder in Kürze bevorsteht."[677] Nach Entstehen der Streitig-

---

Gerichtsstandsvereinbarungen statuiert, die nur zugunsten *einer* Partei getroffen wurden, vgl. *Hausmann*, in: Wieczorek/Schütze, ZPO, 3. Aufl. 1994, Art. 17, Rz. 78; *Markus*, SZW 1999, 205, 214, Fn. 83. Kritisch gegenüber der Neuregelung *Harris*, C.J.Q. 2001, 218, 221: „This pro-autonomy stance will be welcomed by many; but it can rather drive a coach and horses through the Regulation's rules, which otherwise tightly control the opportunities to indulge in forum shopping."

672 Die Beweislast für die Vereinbarung der Nichtausschließlichkeit liegt damit bei derjenigen Partei, die sich darauf beruft, *Hausmann*, EuLF 2000, 40, 48.

673 KOM (1999) 348 endg., S. 20.

674 Zur Rechtsnatur von Gerichtsstandsvereinbarungen zwischen Prozessrecht und materiellem Recht vgl. *Gottwald*, FS Henckel, 295 ff.

675 *EuGH* Rs. 25/79 „Sanicentral", Slg. 1979, 3423 ff.

676 Ansonsten könnte ein Gerichtsstand gewählt werden, dessen Kollisionsrecht eine uneingeschränkte Rechtswahl gestattet mit der Folge, dass der Arbeitgeber letztlich das anwendbare Recht wählen kann. Auf diese Weise könnte das in Art. 6 EVÜ (bzw. Art. 30 EGBGB) verankerte Günstigkeitsprinzip mühelos umgangen werden, vgl. *Hoppe*, S. 73; *Birk*, RdA 1983, 143, 149 ff; *Junker*, ZZPInt 3 (1998), 179, 197 m.w.N.

677 *Jenard*-Bericht, BT-Drucks. VI/1973, 79 zu Art. 12 EuGVÜ. Offen gelassen im *Jenard/Möller*-Bericht sowie im *Almeida Cruz/Desantes Real/Jenard*-Bericht. Gleiches muss aber auch im Rahmen von Art. 21 EuGVVO gelten. Allerdings müssen die Vertragsverhandlungen beendet und der Vertrag als solcher bereits geschlossen sein, *Hausmann*, in: Wieczorek/Schütze, ZPO, 3. Aufl. 1994, Art. 12, Rz. 6. Die zeitliche Obergrenze bildet eine eventuelle rügelose Einlassung nach Art. 24 EuGVVO. *Geimer/Schütze*, Europäisches Zivilverfahrensrecht, 2. Aufl. 2004, Art. 12, Rz. 5, halten eine unmittelbar bevorstehende gerichtliche Auseinandersetzung für entbehrlich, weil bereits im Stadium der bloßen Uneinigkeit der

keit ist der Arbeitnehmer eher in der Lage, die Folgen der Gerichtsstandsvereinbarung zu überblicken; er wird meist rechtlich beraten und damit vor Überrumpelung geschützt sein.[678] Zu diesem Zeitpunkt ist der Arbeitnehmer auch nicht mehr dem Druck ausgesetzt, entweder das Gesamtpaket Arbeitsvertrag samt Gerichtsstandsvereinbarung anzunehmen oder auf den Vertragsabschluss gänzlich zu verzichten.[679] Bei einer Vereinbarung *vor* Entstehen der Streitigkeit bestünde die Gefahr, dass der Arbeitnehmer vorschnell auf den ihm aus Art. 19 f EuGVVO gebührenden Schutz verzichtet. Die Gerichtsstandsvereinbarung begründet immerhin eine ausschließliche Zuständigkeit.[680]

2. Art. 21 Nr. 2 EuGVVO

Die zweite Alternative wurde im Hinblick auf die Regelung bei Versicherungs- und Verbraucherverträgen in Art. 13 Nr. 2 bzw. Art. 17 Nr. 2 EuGVVO eingeführt.[681] Art. 21 Nr. 2 EuGVVO ähnelt in seiner Schutzrichtung Art. 19 EuGVVO, der ebenfalls ausschließlich den Arbeitnehmer begünstigt. Man hatte erkannt, dass sich vorprozessuale Gerichtsstandsvereinbarungen nicht immer nachteilig für den Arbeitnehmer auswirken müssen, sondern ihn auch begünstigen können.[682] Art. 21 Nr. 2 EuGVVO ermöglicht jedoch nur die Vereinbarung eines *dritten* Gerichtsstands zugunsten des Arbeitnehmers, d.h., dieser darf sich weder im (Wohn-)Sitzstaat des Arbeitgebers noch am gewöhnlichen Arbeitsort bzw. am Ort der einstellenden Niederlassung befinden. Die bloße Derogation eines Forums nach Art. 19 EuGVVO ist ausgeschlossen.[683] Ob sich der Arbeitnehmer auf die Zuständigkeitsvereinbarung beruft, liegt in seinem Belieben. Lässt er sie außer Acht und klagt stattdessen im (Wohn-)Sitzstaat des Arbeitgebers bzw. am Gerichtsstand nach Art. 19 Nr. 2 lit. a oder lit. b

---

Arbeitnehmer dem Abschluss einer Gerichtsstandsvereinbarung erhöhte Aufmerksamkeit schenken wird. Ebenso *Trenner*, S. 195.

678 *Birk* bezweifelt, ob diese Sichtweise den realen Umständen gerecht wird, räumt aber ein, dass der klare Wortlaut es nicht erlaube, den Arbeitnehmer auch vor einer für ihn ungünstigen nachträglichen Gerichtswahl zu schützen, *ders.*, in: Richardi/Wlotzke, Münchener Handbuch zum Arbeitsrecht, Band 1, 2. Aufl. 2000, § 23, Rz. 41.

679 Im *Jenard*-Bericht, BT-Drucks. VI/1973, 79, wird von der Rückgewinnung der „vollen Handlungsfreiheit" gesprochen. Kritisch hierzu für das LugÜ *Johner*, S. 150 u. 163 f, der darauf hinweist, dass von einer Rückgewinnung der vollen Handlungsfreiheit nur dann ausgegangen werden kann, wenn das Arbeitsverhältnis nach dem Prozess nicht mehr fortgesetzt wird. Soll das Arbeitsverhältnis aber auch nach dem Prozess fortdauern, so besteht das gleiche Abhängigkeitsverhältnis zwischen Arbeitnehmer und Arbeitgeber wie bei Vertragsschluss. Er plädiert aus diesem Grund für den gänzlichen Ausschluss von Zuständigkeitsvereinbarungen bei individualarbeitsvertraglichen Streitigkeiten und die Schaffung einer ausschließlichen Zuständigkeit in diesem Bereich, a.a.O., S. 151 u. 164.

680 Siehe aber auch Fn. 671.

681 Aufgrund der einseitigen Begünstigung der schwächeren Vertragspartei wird in diesem Zusammenhang auch von „hinkenden Gerichtsstandsvereinbarungen" gesprochen.

682 *Almeida Cruz/Desantes Real/Jenard*-Bericht, ABl. EG 1990 Nr. C 189/35, 47. Insoweit wurde die Lösung des LugÜ als „zu radikal" angesehen.

EuGVVO, so kann der Arbeitgeber ihm nicht die Derogationswirkung der Gerichtsstandsabrede entgegenhalten.[684] Art. 21 Nr. 2 EuGVVO gilt nur für Aktivprozesse des Arbeitnehmers. Der Arbeitnehmer kann sich, soweit er vom Arbeitgeber vor den Gerichten seines Wohnsitzes oder seines gewöhnlichen Arbeitsortes verklagt wird, nicht einredeweise auf die Gerichtsstandsvereinbarung berufen.[685] Dies ist ihm schon aus Rechtssicherheitsgründen verwehrt bzw. um Verschleppungsmanövern seinerseits Vorschub zu leisten.[686] Denn nachdem der Arbeitgeber am vereinbarten Gerichtsstand selbst nicht klagen darf, gleichzeitig bei Klageerhebung aber auch nicht wissen kann, ob sich der Arbeitnehmer auf die Gerichtsstandsabrede berufen wird, wäre er gezwungen, zur Fristwahrung an mehreren Gerichten Klage zu erheben trotz des Wissens, dass mindestens einer dieser Prozesse aufgrund der fehlenden Zuständigkeit abgewiesen werden wird.[687] Dies ist dem Arbeitgeber aber nicht zumutbar.[688] Trotz des Schutzcharakters von Art. 21 Nr. 2 EuGVVO verbleibt die Gefahr, dass der Arbeitgeber durch eine eigene Klage derjenigen des Arbeitnehmers am prorogierten Gerichtsstand zuvorkommt. Dies ist jedoch ein allgemeines und unbedenkliches Phänomen im Rahmen der Prozessführung, zumal dem Arbeitgeber nur die von der EuGVVO als angemessen befundenen gesetzlichen Zuständigkeiten zur Verfügung stehen. Lediglich im Falle eines im Drittstaat wohnhaften Arbeitnehmers wird jene Gefahr virulent, weil hier die exorbitanten Zuständigkeiten des nationalen Zuständigkeitsrechts drohen. Dies entspricht

---

683 Kritisch insoweit *Geimer/Schütze*, Europäisches Zivilverfahrensrecht, 2. Aufl. 2004, Art. 17, Rz. 57.

684 *Trunk*, S. 110; *Geimer/Schütze*, Europäisches Zivilverfahrensrecht, 2. Aufl. 2004, Art. 17, Rz. 54. Darin sieht auch *Gaudemet-Tallon* den Vorteil von Art. 21 Nr. 2 EuGVVO: „Alles, was die dem Arbeitnehmer zugestandene Wahl bezüglich des Gerichtsstands offen hält, ist begrüßenswert, und da der Arbeitnehmer sich darauf berufen kann, ist jede Gefahr für ihn beseitigt, eine ihm ungünstige Klausel hinnehmen zu müssen", *dies.*, S. 117, 124.

685 Dafür spricht der im Vergleich zu Art. 21 Nr. 2 EuGVVO („Befugnis einräumt, andere Gerichte ... anzurufen") präzisere Wortlaut im Rahmen von Art. 19 EuGVVO („ein Arbeitgeber ... kann verklagt werden"), *Trunk*, S. 112.

686 *Almeida Cruz/Desantes Real/Jenard*-Bericht, ABl. EG 1990 Nr. C 189/35, 48.

687 *Trenner*, S. 196, skizziert den Extremfall, dass sich das eine Gericht aufgrund von Art. 27 EuGVVO als nicht entscheidungsbefugt erklärt, während das andere aufgrund der Einredeerhebung des Arbeitnehmers unzuständig ist.

688 *Trunk*, S. 112. *Trunk* führt zwar Möglichkeiten an, wie dieser Gefahr begegnet werden könnte, nämlich durch Frist wahrende Wirkung der Klageerhebung vor dem derogierten Gericht im Hinblick auf ein späteres Verfahren vor dem prorogierten Gericht sowie durch Verpflichtung des Arbeitnehmers zur unverzüglichen Geltendmachung der Einrede. Er räumt jedoch ein, dass diese Vorkehrungen mangels Verweisungsmöglichkeit an ein Gericht eines anderen Mitgliedstaates in der EuGVVO letztlich leerliefen. Zudem müsste zur Verwirklichung dieser Vorkehrungen mangels Regelung in der EuGVVO auf die jeweilige lex fori zurückgegriffen werden. Dies steht aber im Widerspruch zum Vereinheitlichungsgedanken der EuGVVO, a.a.O., S. 113. Im Ergebnis folgt *Trunk* daher der hier vertretenen Ansicht.

jedoch dem geminderten Schutz von in Drittstaaten ansässigen Beklagten im Rahmen der EuGVVO.[689]

Im Gegensatz zu Art. 21 Nr. 2 EuGVVO enthält das LugÜ keine Möglichkeit, eine Gerichtsstandsvereinbarung vor Entstehen der Streitigkeit zu treffen, die Gültigkeit erlangt, wenn der Arbeitnehmer später am prorogierten Gerichtsstand klagt.[690]

3. Persönlicher Anwendungsbereich

Die Schutzregelung in Art. 21 EuGVVO gilt lediglich für den Arbeitnehmer selbst[691] und seine Erben, nicht hingegen für sonstige Rechtsnachfolger,[692] die nicht über die spezifische Schutzbedürftigkeit des Arbeitnehmers verfügen. Prozessgegner muss nicht zwangsläufig der Arbeitgeber sein. Er muss aber – außer bei Rechtsnachfolgern – an der Gerichtsstandsvereinbarung beteiligt gewesen sein.[693]

4. Erleichterung der Zuständigkeitsprognose durch Art. 21 EuGVVO?

Auch wenn in Arbeitssachen die oben aufgeführten Prorogationsbeschränkungen bestehen, so werden mit einer Gerichtsstandsabrede wenigstens teilweise die oben erwähnten Unsicherheitsfaktoren bei der Zuständigkeitsprognose[694] reduziert: *Nach* Entstehen der Streitigkeit ist zwar die Verteilung der Parteirollen meist klar, auch werden sich die tatsächlichen Verhältnisse hinsichtlich des (Wohn-)Sitzes des Beklagten kaum noch ändern. Immerhin wird aber der Unsicherheitsfaktor bei der Wahl des Arbeitnehmers zwischen mehreren Gerichtsständen ausgeschaltet, indem ein einziges international zuständiges Gericht festgelegt wird. Bei der Vereinbarung eines dritten Gerichtsstands zugunsten des Arbeitnehmers *vor* Entstehen der Streitigkeit sind die Parteirollen bereits gesetzlich fixiert: Lediglich der Arbeitnehmer kann sich auf die Zuständigkeitsvereinbarung berufen, ihm gebührt daher die

---

689 A.a.O. *Trunk* schlägt daher vor, de lege ferenda den Arbeitgeber in solchen Fällen zu verpflichten, am vereinbarten Gerichtsstand zu klagen.

690 Kritisch dazu *Rauscher*, FS Schütze, 695, 706, der dies für einen radikalen, nicht systemtreuen Eingriff durch das LugÜ hält.

691 Dies auch, soweit der Arbeitnehmer im Einzelfall nicht schutzbedürftig sein sollte. Denn den Arbeitnehmer schützenden Vorschriften der EuGVVO liegt eine pauschalierte Bewertung der betroffenen Zuständigkeitsinteressen zugrunde: Die strukturelle Überlegenheit wirtschaftlicher bzw. intellektueller Art des Arbeitgebers, hinter dem meist eine Rechtsabteilung steht, gegenüber dem wirtschaftlich schwächeren Arbeitnehmer.

692 Beispielsweise Versicherungen, Sozialhilfeträger, Factoring-Unternehmen, *Trunk*, S. 112; *Geimer/Schütze*, Europäisches Zivilverfahrensrecht, 2. Aufl. 2004, Art. 17, Rz. 55.

693 A.A. *Birk*, der eine arbeitsvertragliche Gerichtsstandsklausel auch auf eine vom Arbeitgeber verschiedene Person, welche für die betriebliche Altersversorgung (Pensionskasse o.ä.) zuständig ist, erstrecken will, ohne dass diese bei deren Vereinbarung beteiligt wurde, *ders.*, RdA 1983, 143, 151.

Klägerrolle. Es ist jedoch für den Arbeitgeber nicht vorhersehbar, ob der Arbeitnehmer die vereinbarte internationale Zuständigkeit tatsächlich beanspruchen oder auf die von der EuGVVO eingeräumten Gerichtsstände zurückgreifen wird. Soweit der Arbeitgeber klagt, bleibt für diesen der Unsicherheitsfaktor „Wohnsitzwechsel des Arbeitnehmers" bestehen.[695] Insofern verschafft Art. 21 Nr. 2 EuGVVO keinen Gewinn an Rechtssicherheit.[696] Im Übrigen dürfte es unwahrscheinlich sein, dass sich ein Arbeitgeber auf eine Zuständigkeitsvereinbarung einlässt, welche die Wahlmöglichkeiten des Arbeitnehmers noch erweitert, dem Arbeitgeber selbst aber keine Vorteile bringt.[697] *Trunk* bemängelt darüber hinaus, dass es durch Art. 21 EuGVVO den Parteien verwehrt wird, die internationale Zuständigkeit im Voraus festzuschreiben, wofür gerade bei häufigem berufsbedingten Wohnungswechsel des Arbeitnehmers ein Bedürfnis besteht.[698] Art. 19 Nr. 2 lit. a EuGVVO reicht seiner Ansicht nach nicht aus, nachdem dort nur auf den jeweils letzten gewöhnlichen Arbeitsort abgestellt wird. Des Weiteren gäbe es keinen Grund, den Parteien zu untersagen, die ausschließliche Zuständigkeit der Gerichte am gewöhnlichen Arbeitsort oder am Beklagtenwohnsitz zu vereinbaren.[699] Freilich müsste dann der Arbeitnehmerschutz durch objektive Zusatzkriterien, wie beispielsweise, dass der Arbeitnehmer überwiegend im Gerichtsstaat gearbeitet hat, sichergestellt werden.[700] Durch ein derartiges Erfordernis würde allerdings wiederum die Vorhersehbarkeit eingeschränkt: Wissen die Parteien stets im Voraus, in welchem Staat der Arbeitnehmer überwiegend tätig sein wird?

5. Folgen der Nichtbeachtung von Art. 21 EuGVVO

Nach Art. 23 Abs. 5 EuGVVO haben Gerichtsstandsvereinbarungen, die gegen Art. 21 EuGVVO verstoßen, keine rechtliche Wirkung. Eine Verletzung der Zuständigkeitsregelungen in Arbeitssachen im Erkenntnisverfahren hat jedoch keinerlei Auswirkungen auf das

---

694 Bzgl. Parteirolle, tatsächlicher Verhältnisse im Zeitpunkt der Klageerhebung und Ausübung des Klägerwahlrechts, siehe oben S. 128.

695 Kritisch daher *Geimer/Schütze*, Europäisches Zivilverfahrensrecht, 2. Aufl. 2004, Art. 17, Rz. 56, die bemängeln, dass für den Arbeitgeber keine Möglichkeit besteht, sich durch eine Gerichtsstandsvereinbarung vor Entstehen der Streitigkeit gegen eventuelle Wohnsitzwechsel des Arbeitnehmers kompetenzrechtlich zu schützen und auf diese Weise Rechtssicherheit zu erlangen. Ebenso *Trunk*, S. 111.

696 Insbesondere hätte ein beidseitiges Bedürfnis nach Rechtssicherheit in den Fällen bestanden, in denen – abgesehen von Art. 18 Abs. 2 EuGVVO - eine der Parteien ihren Wohnsitz in einem Drittstaat hat und ihr infolgedessen, soweit sie beklagt wird, die exorbitanten Zuständigkeiten des autonomen Zivilprozessrechts nach Art. 4 Abs. 1 EuGVVO drohen, *Trunk*, S. 111.

697 *Trunk*, S. 111; *Auer*, in: Bülow/Böckstiegel u.a., Der internationale Rechtsverkehr in Zivil- und Handelssachen, 23. EL 2000, Art. 17, Rz. 127 u. Rz. 130; *Geimer/Schütze*, Europäisches Zivilverfahrensrecht, 2. Aufl. 2004, Art. 17, Rz. 57, die aus diesem Grund Art. 21 EuGVVO für verfehlt halten.

698 *Trunk*, S. 111.

699 A.a.O.

700 A.a.O.

Anerkennungs- und Vollstreckungsverfahren: Art. 35 Abs. 1 EuGVVO sanktioniert lediglich die Missachtung der ausschließlichen Zuständigkeitsnormierungen sowie der Zuständigkeitsvorschriften in Versicherungs- und Verbrauchersachen mit der Nichtanerkennung des Urteils. Verstöße gegen Art. 21 EuGVVO werden in dem abschließenden Katalog des Art. 35 Abs. 1 EuGVVO[701] nicht erwähnt. D.h., in Arbeitssachen darf die internationale Zuständigkeit der Gerichte im Urteilsstaat nicht nachgeprüft werden.

III. Drittstaatenproblematik

Auch im Rahmen von Art. 23 EuGVVO stellt sich die bereits beim allgemeinen Beklagtengerichtsstand[702] erwähnte Drittstaatenproblematik bzw. die Frage nach dem räumlichen Anwendungsbereich[703] dieser Vorschrift.

1. Reduktionstheorie

Nach dem Wortlaut von Art. 23 Abs. 1 S. 1 EuGVVO scheint es zu genügen, dass eine Partei ihren (Wohn-)Sitz in einem Mitgliedstaat hat und die Zuständigkeit von Gerichten in einem Mitgliedstaat vereinbart wurde.[704] Nach wie vor fehlt aber eine *ausdrückliche* Regelung, ob ein zusätzlicher Gemeinschaftsbezug erforderlich ist.[705] Die Vertreter der Reduktionstheorie[706] fordern dementsprechend einen darüber hinausgehenden Bezug zu einem anderen Mitgliedstaat.[707] Die von ihnen angeführte Begründung entspricht der beim allge-

---

701 Eine analoge Anwendung kommt nicht in Betracht, *Geimer/Schütze*, Europäisches Zivilverfahrensrecht, 2. Aufl. 2004, Art. 28, Rz. 14.

702 Siehe dazu oben S. 46 ff.

703 Vgl. dazu umfassend *Aull*, S. 1 ff; *Samtleben*, RabelsZ 59 (1995), 670 ff.

704 Zum maßgeblichen Zeitpunkt des Vorliegens der Anknüpfungsmerkmale (im Zeitpunkt der Gerichtsstandsvereinbarung oder im Zeitpunkt der Klageerhebung) ausführlich *Killias*, S. 79 ff, der aus Rechtssicherheitsgründen auf den Zeitpunkt der Gerichtsstandsvereinbarung abstellen will. A.A. *Kropholler*, Europäisches Zivilprozeßrecht, 7. Aufl. 2002, Art. 23, Rz. 11 m.w.N.

705 Demgegenüber sollten nach Art. 17 Abs. 1 des Verordnungsvorschlags der Kommission vom 22.12.1997, KOM (1997) 609 endg., die Anforderungen an die Parteien gänzlich gestrichen werden („Haben die Parteien vereinbart, ...“). Dieser Vorschlag, von *Gottwald*, R. L. R. 2000, 61, 69, befürwortet, konnte sich jedoch nicht durchsetzen, und bereits Art. 23 Abs. 1 des Verordnungsvorschlags vom 14.7.1999, KOM (1999) 348 endg., enthält die heutige Formulierung: „Haben die Parteien, *von denen mindestens eine ihren Wohnsitz in dem Hoheitsgebiet eines Mitgliedstaats hat*, vereinbart, ...“, (Hervorhebung nicht im Original). Auch die Arbeitsgruppe zur Reform des EuGVÜ lehnte die Streichung des Wohnsitzerfordernisses in einem Mitgliedstaat ab, Ratsdokument 7700/99 JUSTCIV 60 vom 30.4.1999, abgedruckt bei *Gottwald*, S. 125 ff.

706 Siehe Fn. 267. Für die Rechtsprechung: BGHZ 116, 77, 80; *OLG München*, EuZW 1991, 59.

707 Keine Einigkeit besteht allerdings darüber, wie dieser Bezug ausgestaltet sein muss: Teils wird gefordert, dass forum prorogatum und forum derogatum in unterschiedlichen Mitgliedstaaten liegen, *Saenger*, ZZP 110 (1997), 477, 480 m.w.N. - kritisch insoweit *Samtleben*, RabelsZ 59 (1995), 670, 691; teils wird lediglich das Auseinanderfallen von (Wohn-)Sitz und prorogiertem Gerichtsstaat verlangt, *Samtleben*, NJW 1974, 1590, 1594; *Heß*, IPrax 1992, 358 m.w.N.

meinen Beklagtengerichtsstand dargestellten Argumentation.[708] Von den Gegnern der Reduktionstheorie[709] wird zutreffend auf die mit dem Erfordernis eines zusätzlichen Mitgliedstaatsbezugs einhergehende Rechtsunsicherheit bei der Rechtsanwendung hingewiesen.

Dem *EuGH* lag die Problematik in Gestalt von Art. 23 EuGVVO bzw. Art. 17 EuGVÜ noch nicht zur Entscheidung vor.[710] Allerdings gelangt man unter Zugrundelegung der im Urteil „Group Josi"[711] angewandten grammatikalisch-systematischen Auslegung zu dem Ergebnis, dass der Bezug zu zwei Mitgliedstaaten nicht erforderlich ist.[712] Nach dem Wortlaut des Art. 23 EuGVVO wird anders als bei den Art. 2 ff EuGVVO nicht auf den (Wohn-)Sitz des Beklagten, sondern auf den (Wohn-)Sitz (mindestens) *einer* Partei in einem Mitgliedstaat und die Vereinbarung eines Gerichts *eines Mitgliedstaats* als zuständiges Gericht abgestellt.[713] Grund dafür ist, dass bei Abschluss der Gerichtsstandsvereinbarung noch nicht feststeht, welche der Parteien die Kläger- bzw. Beklagtenrolle übernehmen wird.[714] Falls somit der Kläger in einem Mitgliedstaat ansässig ist und der Beklagte nicht, so ist der Klägerwohnsitz ausnahmsweise im Rahmen von Art. 23 EuGVVO von Bedeutung. Der *Gerichtshof* deutet im Übrigen mit seiner Wortwahl in Tz. 42 des „Group Josi"-Urteils an, dass ein zusätzlicher Mitgliedstaatenbezug im Rahmen von Art. 23 EuGVVO entbehrlich ist: „... dass er [Art. 17 EuGVÜ bzw. Art. 23 EuGVVO] *bereits* gilt, wenn der Beklagte seinen Wohnsitz in einem Vertragsstaat [Mitgliedstaat] hat, auch wenn der Wohnsitz des Klägers in einem Drittland liegt."[715]

Jedenfalls ist unter Geltung der EuGVVO angesichts der ausdrücklichen Formulierung in Erwägungsgrund (8) EuGVVO sowie des „effet utile"-Grundsatzes[716] die Anwendung der Reduktionstheorie nicht mehr haltbar. Gestützt wird diese Sichtweise insbesondere bei Art.

---

708 Siehe oben S. 47.

709 A.a.O. Speziell bei Gerichtsstandsvereinbarungen: *Franzen*, RIW 2000, 81, 83; *Killias*, S. 59; *Kröll*, ZZP 113 (2000), 135, 139 f.

710 *EuGH* Rs. C-412/98 „Group Josi", Slg. 2000, I-5940 ff, betrifft ausschließlich den allgemeinen Beklagtengerichtsstand, siehe oben S. 48.

711 *EuGH* Rs. C-412/98 „Group Josi", Slg. 2000, I-5940 ff.

712 Ebenso *Geimer*, EuLF 2000, 54, 56 f; *Staudinger*, IPrax 2000, 483, 485, Fn. 35, der allerdings darauf verweist, dass der Entscheidung des *EuGH* nicht entnommen werden kann, ob und in welcher Weise Art. 17 EuGVVÜ bzw. Art. 23 EuGVVO einen internationalen Bezug erfordert.

713 Die Vereinbarung eines Drittstaatgerichts ist nicht zulässig, *EuGH* Rs. C-387/98 „Coreck Maritime", Slg. 2000, I-9337 ff, Tz. 19; im Übrigen ist auf die Parteien des *ursprünglichen* Vertrages abzustellen, a.a.O., Tz. 20; *EuGH* Rs. 71/83 „T:lly Russ", Slg. 1984, 2417 ff, Tz. 24; *EuGH* Rs. C-159/97 „Trasporti Castelletti", Slg. 1999, I-1636 ff, Tz. 41 f.

714 *Kropholler*, FS Ferid, 239, 242.

715 *EuGH* Rs. C-412/98 „Group Josi", Slg. 2000, I-5940 ff (Hervorhebung nicht im Original).

716 Siehe dazu oben ausführlich S. 51.

23 Abs. 1 EuGVVO durch die Neufassung von Art. 4 Abs. 1 EuGVVO, wie sogleich im Anschluss aufgezeigt werden wird.[717]

2. Räumlicher Anwendungsbereich von Art. 23 Abs. 1 EuGVVO

Grundsätzlich gelangt nationales Zivilprozessrecht zur Anwendung, sobald der Beklagte seinen Wohnsitz in einem Drittstaat hat. Dies gilt – wie bislang unter Geltung des EuGVÜ – nach Art. 4 Abs. 1 EuGVVO nur dann nicht, wenn die Gerichte eines Mitgliedstaates aufgrund von Art. 22 EuGVVO ausschließlich zuständig sind. Die Neufassung von Art. 4 Abs. 1 EuGVVO nimmt nunmehr auch Gerichtsstandsvereinbarungen nach Art. 23 EuGVVO vom Erfordernis eines in einem Mitgliedstaat ansässigen Beklagten aus. Danach ist nicht mehr autonomes Zivilprozessrecht anzuwenden, sobald der Beklagte eine Klausel unterschrieben hat, wonach das Gericht eines Mitgliedstaats zuständig sein soll, obwohl der Beklagte selbst in einem Drittstaat wohnt. Vielmehr verbleibt es bei der Anwendbarkeit des Art. 23 EuGVVO. Daraus wird gefolgert, dass für die Anwendbarkeit der EuGVVO auch eine Gerichtsstandsvereinbarung ohne weiteren Bezug zu einem der Mitgliedstaaten ausreicht.[718]

IV. Allgemeine Voraussetzungen nach Art. 23 Abs. 1 EuGVVO

Hinsichtlich der Gerichtsstandsvereinbarung selbst gilt es, die Erfordernisse des Art. 23 Abs. 1 EuGVVO zu beachten,[719] um zu vermeiden, dass eine Zuständigkeitsvereinbarung unbemerkt in den Vertragsinhalt gelangt.[720] Art. 23 Abs. 1 EuGVVO beansprucht hinsichtlich seiner Anforderungen an Willenseinigung und Form alleinige Geltung, duldet also keine darüber hinausgehenden nationalen Wirksamkeitserfordernisse. Dies hat der *Gerichtshof* in seiner Entscheidung „Elefanten Schuh“[721] herausgestellt. Ihr lag folgender Sachverhalt zugrunde: Nach belgischem Recht sind Arbeitsverträge, die nicht in flämischer Sprache abgefasst sind, nichtig, soweit der Einsatz des Personals im flämischen Sprachraum liegt. Ein derartiger Nichtigkeitsgrund nationalen Rechts für den materiell-rechtlichen Vertrag kann aber nicht auch die darin enthaltene Gerichtsstandsklausel erfassen, nachdem Art.

---

717 Siehe dazu nachfolgend S. 136.

718 *Micklitz/Rott*, EuZW 2001, 325, 327 f; *Hausmann*, EuLF 2000, 40, 44.

719 Wegen des Vorrangs der EuGVVO vor dem autonomen internationalen Zivilprozessrecht verdrängen Art. 21, 23 EuGVVO die §§ 38, 40 ZPO vollständig. Zum Verhältnis von Art. 21, 23 EuGVVO bzw. Art. 17 EuGVÜ und § 38 Abs. 2 ZPO bei Arbeitsverträgen vgl. *Franzen*, RIW 2000, 81, 83; allgemein *Heß*, IPrax 1992, 358 ff.

720 *Jenard*-Bericht, BT-Drucks. VI/1973, 52, 82.

721 *EuGH* Rs. 150/80 „Elefanten Schuh“, Slg. 1981, 1671 ff.

23 Abs. 1 EuGVVO eine bezüglich der Formfrage abschließende Regelung enthält. Soweit hingegen sog. Abschlussmängel (Geschäftsfähigkeit, Willensmängel) in Frage stehen, kann Art. 23 Abs. 1 EuGVVO weder eine bestimmte Antwort entnommen, noch aus dessen Schweigen geschlossen werden, diese Mängel seien irrelevant. Vielmehr muss insoweit auf das nationale Kollisionsrecht des Forumstaates zurückgegriffen werden.[722]

Im Hinblick auf die Form sieht Art. 23 Abs. 1 S. 3 EuGVVO mehrere Möglichkeiten vor, wobei in Zusammenhang mit Arbeitsverträgen insbesondere Schriftform (lit. a 1. Alt.) und halbschriftliche Form (mündlich mit schriftlicher Bestätigung, lit. a 2. Alt.) eine Rolle spielen. Von großer Bedeutung ist insoweit die Frage der Einbeziehung einer Gerichtsstandsabrede durch Allgemeine Geschäftsbedingungen. Eine derartige Vereinbarung ist grundsätzlich möglich.[723] Bei schriftlicher Vereinbarung ist es erforderlich, dass im Vertrag auf die AGB ausdrücklich oder zumindest deutlich Bezug genommen wird und sie dem Vertragspartner zugänglich gemacht werden, so dass dieser sie bei normaler Sorgfalt zur Kenntnis nehmen kann.[724] Es muss klar und deutlich zum Ausdruck kommen, dass die internationale Zuständigkeit Gegenstand der Einigung der Parteien war.

Teilweise werden bei Arbeitsverträgen einzelne Vertragsbestandteile auch in elektronischer Form beigefügt. So erhält der Arbeitnehmer die wesentlichen Vertragsbedingungen[725] seines Arbeitsvertrages in Papierform, während sich nicht selten die Anlagen zum Arbeitsvertrag mit Regelungen über Gerichtsstand, Betriebsrente, nachvertragliche Wettbewerbsverbote, Job-sharing, Urlaubsansparmöglichkeiten etc. auf einer CD-Rom befinden. Nach Art. 23 Abs. 2 EuGVVO ist dies zulässig. Denn danach sind elektronische Übermittlungen, die eine dauerhafte Aufzeichnung ermöglichen, der Schriftform gleichgestellt. Freilich ist hierbei wiederum Voraussetzung, dass auf die Anlage in CD-Rom-Form deutlich Bezug genommen wird.

V. Tarifvertragliche Gerichtsstandsvereinbarungen

Auch wenn der „Europäische Tarifvertrag“[726] noch in den Kinderschuhen steckt,[727] so stellt sich doch die Frage, ob tarifvertragliche Gerichtsstandsvereinbarungen mit Wirkung für den

---

722 So *Leipold*, IPrax 1982, 222, 224. Zum Streitstand insoweit *Saenger*, ZZP 110 (1997), 477, 483.
723 *EuGH* Rs. 24/76 „Estasis Salotti“, Slg. 1976, 1831 ff. Vgl. dazu auch *OLG Düsseldorf*, RIW 2001, 63 ff.
724 *EuGH* Rs. C-214/89 „Powell Duffryn“, Slg. 1992, I-1745 ff, Tz. 11. Vgl. dazu auch *OLG Düsseldorf*, RIW 2001, 63 ff.
725 Wesentliche Vertragsbedingungen i.S.d. § 2 Abs. 1 NachwG können nur schriftlich, nicht jedoch in elektronischer Form nachgewiesen werden.
726 Zu diesem mehrdeutig verwandten Begriff *Zachert*, FS Schaub, 811, 812 ff.

einzelnen Arbeitnehmer im Rahmen von Art. 23 EuGVVO zulässig sind. Bislang hatte der *Gerichtshof* noch keine Gelegenheit, sich hierzu äußern.

1. Nationale Situation: Autonome Regelung tarifvertraglicher Gerichtsstandsvereinbarungen, § 48 Abs. 2 ArbGG

Anders als das deutsche Recht enthält die EuGVVO keine ausdrückliche Regelung über die Zulässigkeit tarifvertraglicher Gerichtsstandsvereinbarungen. Nach § 48 Abs. 2 S. 1 ArbGG können die Tarifvertragsparteien im Tarifvertrag die Zuständigkeit eines an sich örtlich unzuständigen Arbeitsgerichts für bestimmte in dieser Norm genannte Streitigkeiten festlegen.[728] Die Gerichtsstandsvereinbarung gilt nur für tarifgebundene Parteien, § 3 TVG, oder bei Allgemeinverbindlicherklärung des Tarifvertrags. Nichttarifgebundene Parteien können die kollektive Gerichtsstandsabrede individualvertraglich übernehmen, soweit die Anwendung des gesamten Tarifvertrags zwischen ihnen vereinbart ist, § 48 Abs. 2 S. 2 ArbGG. Nachdem die Prorogationsbeschränkungen des § 38 Abs. 2 und 3 ZPO gemäß § 48 Abs. 2 S. 3 ArbGG keine Anwendung finden, kann sich die Zuständigkeitsvereinbarung auch auf zukünftige Rechtsstreitigkeiten beziehen. Mit dieser Vorschrift will der Gesetzgeber eine Konzentration von Rechtsstreitigkeiten bei einem Arbeitsgericht und damit die einheitliche Auslegung und Anwendung des Tarifvertrags erreichen für Gebiete, in denen dies die Tarifvertragsparteien für erforderlich halten. Dadurch soll dem Interesse der Tarifvertragsparteien an der Möglichkeit einer kollektiven Gerichtsstandsvereinbarung entsprochen werden, wobei die Belange der Betroffenen nach Ansicht des Gesetzgebers im kollektiven Arbeitsrecht hinreichend gewahrt sind.[729] Der Normzweck des § 48 Abs. 2 ArbGG – einheitliche Auslegung und Anwendung des Tarifvertrags – stellt sich für den internationalen Tarifvertrag als ein noch dringlicheres Problem dar als für den inländischen. Obwohl § 48 Abs. 2 ArbGG dem Wortlaut nach nur die örtliche Zuständigkeit regelt, ist

[727] Vgl. dazu ausführlich *Ojeda Avilés*, FS Däubler, 519 ff; *Mayer*, S. 177, 182. Einen Bedarf an europaweit wirkenden Tarifverträgen verneint *Buchner*, FS Söllner, 175, 187 f.

[728] Nach § 48 Abs. 2 Nr. 1 ArbGG für bürgerliche Rechtsstreitigkeiten zwischen Arbeitnehmern und Arbeitgebern aus einem Arbeitsverhältnis und aus Verhandlungen über die Eingehung eines Arbeitsverhältnisses, das sich nach einem Tarifvertrag bestimmt bzw. nach § 48 Abs. 2 Nr. 2 ArbGG für bürgerliche Rechtsstreitigkeiten aus dem Verhältnis einer gemeinsamen Einrichtung der Tarifvertragsparteien zu den Arbeitnehmern oder Arbeitgebern.

[729] BT-Drucks. 7/1384, 5. *Walz*, S. 170, spricht von einer „gesetzgeberischen Wertentscheidung zugunsten der kollektiven Prorogation."

davon auszugehen, dass dieser Vorschrift – ähnlich wie den §§ 12 ff ZPO – auch eine autonome Regelung der internationalen Zuständigkeit zu entnehmen ist.[730]

2. Kollisionsrechtliche Situation: Tarifvertragliche Rechtswahlvereinbarungen

a. Zulässigkeit einer tarifvertragsrechtlichen Rechtswahl

Ein Blick auf die kollisionsrechtliche Ebene zeigt, dass eine ausdrückliche Regelung für Tarifverträge weder in speziellen Abkommen noch im EVÜ vorhanden ist. Art. 6 EVÜ bzw. Art. 30 EGBGB betreffen ausschließlich den Individualarbeitsvertrag. Dieses Fehlen einer ausdrücklichen Regelung kann als Indiz dafür gewertet werden, dass – anders als bei Individualarbeits- und Verbraucherverträgen – eine Spezialregelung für Tarifverträge schon deshalb nicht als erforderlich erachtet wurde, weil sich die Parteien gleichgewichtig gegenüberstehen.[731] Eine Rechtswahl des Tarifvertragsstatuts nach Art. 27 ff EGBGB erscheint daher möglich. Bedenken ergeben sich jedoch aufgrund der Rechtsnatur des Tarifvertrages: Nach § 1 Abs. 1 TVG besteht er aus einem schuldrechtlichen und einem normativen Teil. Infolgedessen stellt sich die Frage, ob eine tarifliche Rechtswahlvereinbarung lediglich schuldrechtlich die Tarifvertragsparteien verpflichtet oder normativ auf alle dem Tarifvertrag unterfallenden Arbeitsverhältnisse wirkt. Gegen die Anwendbarkeit der für vertragliche Schuldverhältnisse geltenden Kollisionsnormen auf den obligatorischen Teil werden kaum Einwände vorgebracht.[732] Allerdings erscheint es als verfehlt, kollisionsrechtlich zwischen dem schuldrechtlichen und dem normativen Teil des Tarifvertrags zu differenzieren. Der Tarifvertrag ist *einheitlich* anzuknüpfen, jedes andere Vorgehen missachtet den untrennbaren Sinnzusammenhang zwischen schuldrechtlicher Abrede und Tarifnorm.[733] Dagegen führt *Birk* jedoch an, dass das TVG zwingende Regeln der Sozialordnung beinhaltet und deshalb nicht dispositiv ist.[734] Nachdem der Tarifvertrag nur teilweise einen schuldrechtlichen Vertrag, im Übrigen aber einen Normenvertrag konstituiert, und darüber hinaus nicht die gewöhnlichen Leistungspflichten eines klassischen obligatorischen Austauschvertrages

---

[730] Ebenso *Wimmer*, S. 70 ; *Trenner*, S. 216. Implizit auch das *ArbG Wiesbaden*, NZA-RR 2000, 321, 325, wenn es ausführt, dass § 48 Abs. 2 ArbGG von Art. 17 EuGVÜ als dem höherrangigen Recht verdrängt wird. Dafür spricht auch, dass § 48 Abs. 2 ArbGG als Sonderregelung unstreitig die §§ 12 ff ZPO verdrängt; dies wird dann aber nicht nur für die örtliche, sondern auch für die internationale Zuständigkeit zu gelten haben. Ablehnend *Walz*, S. 173.

[731] *Hergenröder*, AR-Blattei SD (1998), Internationales Tarifvertragsrecht, Rz. 14 u. 43 m.w.N.

[732] A.a.O., Rz. 34 m.w.N.

[733] A.a.O., Rz. 46 f.

[734] *Birk*, RdA 1984, 129, 136. Hiergegen wendet *Junker*, S. 421, zutreffend ein, dass „alles Arbeitsrecht in die Wirtschafts- und Sozialordnung eingebettet ist, ... der Gesetzgeber dieses Argument verworfen haben (muß), als er die Verweisungsnorm des Art. 30 EGBGB verabschiedete."

aufweist, sondern vielmehr durch Friedens- und Durchführungspflichten gekennzeichnet wird, mangelt es an der Vergleichbarkeit mit vertraglichen Schuldverhältnissen.[735] Auch *Walz* erachtet „die Parallele zwischen allgemeinem internationalen Vertragsrecht einerseits und internationalem Tarifvertragsrecht andererseits als nicht tragfähig."[736] Seiner Meinung nach birgt eine tarifvertragliche Rechtswahlklausel nur eine materiellrechtliche (Teil-)Verweisung, nicht jedoch eine kollisionsrechtliche Verweisung.[737] Insofern sieht *Walz* in einer tarifvertraglichen Rechtswahlklausel kaum praktischen Nutzen, nachdem das gewählte Tarifvertragsstatut lediglich für die wenigen Bereiche maßgeblich ist, die nicht der Sonderanknüpfung unterfallen.[738] Dagegen wird von der Rechtsprechung und der überwiegenden Literaturmeinung die Rechtswahl des Tarifvertragsstatuts befürwortet, wobei einerseits mit der oben bereits erwähnten Gleichgewichtigkeit der Tarifvertragsparteien argumentiert wird, die eine parteiautonome Auseinandersetzung über die anzuwendende Rechtsordnung gewährleistet.[739] Andererseits wird zunehmend auch der schuldrechtliche Charakter des Tarifvertrags hervorgehoben:[740] Tarifvertragsparteien sind Träger von Gruppeninteressen im staatsfreien Raum, der Tarifvertrag beruht auf kollektiver Einigung und begründet seine Verbindlichkeit für den Einzelnen mit dessen Mitgliedschaft.[741] *Junker* verweist insbesondere darauf, dass die normative Wirkung des Tarifvertrags die typische kontinentaleuropäische Lösung darstellt, es aber eine Reihe von anderen gleichwertigen Möglichkeiten gibt, wie die Rechtsvergleichung belegt: So erlangt der Tarifvertrag in den Vereinigten Staaten beispielsweise über vertretungs- oder verbandsrechtliche Pflichten im Individualarbeitsvertrag Wirkung. Wenn aber die normative Wirkung rechtsvergleichend nur eine von mehreren Möglichkeiten verkörpert, kann sie für den Begriff des Tarifvertrags nicht konstituierend, also auch kollisionsrechtlich nicht maßgeblich sein.[742] Letzterer Ansicht ist zu folgen. Tarifverträge sind als privatrechtliche Vereinbarungen zu qualifizieren, sie stellen ein Gestal-

---

735 *Birk*, FS Beitzke, 831, 848; ebenso *Schaub*, FS Söllner, 997, 1008.

736 *Walz*, S. 166 f.

737 Nachdem die Tarifvertragsparteien in den von Gesetz und Richterrecht gesetzten Grenzen die Inhalte des Tarifvertrags frei vereinbaren können, ist es ihnen auch möglich, diesen Rahmen ganz oder teilweise durch Inbezugnahme eines ausländischen Rechts auszufüllen, a.a.O., S. 167.

738 A.a.O.

739 *Däubler*, AWD 1972, 1, 8 ff.

740 So auch das *BAG*: „Tarifverträge werden dem Privatrecht zugeordnet; dann gilt aber auch für sie der Grundsatz, daß die Tarifvertragsparteien das Rechtsstatut bestimmen können," *BAG*, ArbuR 1992, 125, 126.

741 *Hergenröder*, AR-Blattei SD (1998), Internationales Tarifvertragsrecht, Rz. 44 m.w.N.

742 *Junker*, S. 422. Zur rechtsvergleichenden Betrachtung des Tarifvertrags vgl. *Gamillscheg*, S. 494 f.

tungsmittel kollektiver Parteiautonomie dar und sind damit wie Verträge nach Art. 3 ff EVÜ bzw. Art. 27 ff EGBGB anzuknüpfen.[743]

b. Tarifliche Rechtswahlklauseln als Abschluss-, Inhalts- oder Betriebsnormen

Abgesehen von dieser (rein kollisionsrechtlichen) Problematik stellt sich die Frage, ob die Tarifvertragsparteien zu einer Rechtswahlvereinbarung mit normativer Wirkung auch *nach dem TVG* ermächtigt sind. Im Ergebnis wird dies bejaht. Nach § 1 Abs. 1 TVG können Inhalt, Abschluss und Beendigung von Arbeitsverhältnissen sowie betriebliche Fragen kollektivvertraglich geregelt werden. Tarifliche Rechtswahlvereinbarungen werden in der Literatur vielfach als Abschlussnormen i.S.v. § 1 Abs. 1 TVG eingestuft.[744] Infolgedessen werden nur diejenigen Arbeitsverhältnisse von der Rechtswahl erfasst, bei denen Arbeitnehmer und Arbeitgeber bereits zum Zeitpunkt des Arbeitsvertragsschlusses Koalitionsmitglieder waren. Denn Abschlussnormen erstrecken sich in der Regel nicht auf schon bestehende Arbeitsverhältnisse.[745] Als Grund für diese Einordnung wird insbesondere genannt, dass es sich bei der Wahl der anwendbaren Rechtsordnung weder um eine formelle noch um eine materielle Arbeitsbedingung handelt und somit eine Inhaltsnorm ausscheidet[746] bzw. dass nicht die inhaltliche Ausgestaltung, sondern das „Wie" des Arbeitsvertragsabschlusses im Vordergrund steht.[747] Von *Däubler* wird vertreten, dass tarifliche Rechtswahlvereinbarungen Abschluss- und *zugleich* Betriebsnormen mit Geltung für *alle* Betriebsangehörigen nach §§ 3 Abs. 2, 4 Abs. 1 S. 2 TVG darstellen.[748] Denn die Aufspaltung der Belegschaft unter verschiedene Vertragsstatute und die daraus resultierenden sozialen Spannungen beträfen eine betriebliche Ordnungsfrage.[749] Dagegen wird von *Wimmer* eingewandt, dass allein die Gefahr von Spannungen zwischen tariflich organisierten und

---

743 *Hergenröder* spricht vom „Tarifvertrag als schuldrechtlichem Normenvertrag," *ders.*, AR-Blattei SD (1998), Internationales Tarifvertragsrecht, Rz. 48 f. Eine analoge Anwendung der Art. 27 ff EGBGB wird insbesondere von *Heilmann*, S. 50, aufgrund der unmittelbar normsetzenden Tätigkeit der Tarifvertragsparteien abgelehnt. Ebenso *Birk*, RdA 1989, 201, 203, auch wenn er (mittlerweile) einräumt, dass „den Verfassern des EVÜ offensichtlich diese Möglichkeit der Bestimmung des anwendbaren Rechts nicht geläufig (war), so daß sie sicherlich nicht generell ausgeschlossen werden sollte," *ders.*, in: Richardi/Wlotzke, Münchener Handbuch zum Arbeitsrecht, Band 1, 2. Aufl. 2000, § 20, Rz. 8.

744 *Junker*, S. 439; *Franzen*, AR-Blattei SD (1993), Internationales Arbeitsrecht, Rz. 71; *Birk*, FS Beitzke, 831, 849; *ders.*, RdA 1989, 201, 203, Fn. 16; *Walz*, S. 149.

745 *Heilmann*, S. 49.

746 *Birk*, FS Beitzke, 831, 849.

747 *Däubler*, NZA 1990, 673, 675. Wenig überzeugend insoweit sein Vergleich mit einer Tarifnorm, die eine Befristung vom Vorliegen eines sachlichen Grundes abhängig macht und die vom *BAG* ausdrücklich als Abschlussnorm qualifiziert wurde, a.a.O.

748 A.a.O. Abschlussnormen können grundsätzlich auch gleichzeitig Betriebs- oder Inhaltsnormen sein. Insoweit erübrigt sich das bei der Qualifikation als bloße Abschlussnorm auftretende Problem der mangelnden Geltung der Rechtswahl bei bereits bestehenden Arbeitsverhältnissen.

anderen Arbeitnehmern nicht ausreichend ist, um eine betriebseinheitliche Geltung zu statuieren.[750] Er verweist auf die neuere Rechtsprechung des *BAG*, wonach die Tarifvertragsparteien eine Betriebsnorm ausschließlich dann erlassen können, wenn aus rechtlichen oder tatsächlichen Gründen zwangsläufig nur eine betriebseinheitliche Geltung der Norm möglich ist; dies ist bei Rechtswahlklauseln aber nicht der Fall, nachdem sie rechtlich auch als Abschluss-/Inhaltsnormen konstruierbar sind und technisch eine nicht einheitliche Umsetzung in Frage kommt.[751] Dem ist zuzustimmen. Betriebsnormen betreffen Ordnungsfragen des Betriebs, wozu eine Rechtswahlklausel nicht zählt. Ihre Vereinbarung berührt den einzelnen Arbeitnehmer gerade nicht in seiner Eigenschaft als Mitglied der Belegschaft.[752] Ordnungsfragen werden typischerweise in den vertraglichen Nebenpflichten mitgeregelt, jedoch niemals als zentraler Vertragsinhalt in eine Vereinbarung eingehen.

Heilmann schließlich erblickt in einer Rechtswahlvereinbarung einen Teil der inhaltlichen Ausgestaltung des Arbeitsvertrages und ordnet jene daher als Inhaltsnorm i.S.d. § 1 Abs. 1 TVG ein.[753] Damit ist auch eine nachträgliche Wahl des anzuwendenden Rechts möglich. In der Rechtswahl liegt die Verweisung auf die formellen und materiellen Arbeitsbedingungen einer bestimmten Rechtsordnung, wodurch indirekt der Inhalt des Arbeitsvertrages – mittels Verweisung – festgelegt wird.[754] Diese Auffassung überzeugt. Dafür spricht nicht zuletzt, dass es den Tarifvertragsparteien nicht verwehrt sein kann, auch bestehende Arbeitsverhältnisse einer nachträglichen Rechtswahl zu unterwerfen.[755]

Die Tarifvertragsparteien sind demnach auch gemäß § 1 Abs. 1 TVG befugt, eine Rechtswahlklausel kollektivvertraglich zu vereinbaren. Es handelt sich dabei um eine Inhaltsnorm i.S.d. § 1 Abs. 1 TVG. Eine Rechtswahl im Tarifvertrag ist damit möglich.

---

749 A.a.O.

750 *Wimmer*, S. 69.

751 A.a.O.m.w.N.

752 *Heilmann*, S. 49. Widersprüchlich insoweit auf S. 190, wo er tarifvertragliche Rechtswahlklauseln als Abschlussnormen einstuft.

753 A.a.O.

754 So *Wimmer*, S. 68, wobei er – im Gegensatz zu *Heilmann* – Rechtswahlklauseln nicht als reine Inhaltsnormen, sondern aufgrund ihrer nicht eindeutig möglichen Auslegung als Abschluss- *und* Inhaltsnormen qualifiziert. Diese „doppelte“ Einordnung ist grundsätzlich möglich, siehe Fn. 748. Am Ergebnis ändert dies nichts, weil Rechtswahlklauseln in ihrer Eigenschaft als *Inhalts*normen auch einen nachträglichen Koalitionsbeitritt erfassen.

755 *Heilmann*, S. 49.

3. Situation im europäischen Verfahrensrecht: Tarifvertragliche Gerichtsstandsvereinbarungen

Als unbestritten gilt, dass Art. 21 EuGVVO aufgrund seines ausdrücklichen Wortlauts („Von den Vorschriften *dieses* Abschnitts ...“ [Abschnitt 5 – Zuständigkeit für *individuelle* Arbeitsverträge]) und seines auf den Arbeitnehmer persönlich beschränkten Schutzzwecks nicht auf tarifvertragliche Gerichtsstandsvereinbarungen angewandt werden kann.[756] Aus dieser Vorschrift kann jedoch nicht gefolgert werden, dass andere als einzelvertragliche Gerichtsstandsvereinbarungen nicht zulässig wären, weil Arbeitnehmer und Arbeitgeber im konkreten Fall die Gerichtsstandsvereinbarung selbst treffen sollen. Vielmehr liegt der Gegenschluss nahe, wonach tarifvertragliche Zuständigkeitsvereinbarungen nach Art. 23 Abs. 1 EuGVVO zulässig und keinerlei Prorogationsbeschränkungen unterworfen sind. Denn hier besteht kein soziales Ungleichgewicht, keine Partei ist als die wirtschaftlich schwächere anzusehen, sondern es stehen sich zwei wirtschaftlich und sozial ebenbürtige Parteien gegenüber. Rechtsprechung und Schrifttum lehnen diese Ansicht jedoch ab, da Art. 23 Abs. 1 EuGVVO „eine Parteivereinbarung verlangt, scheiden Gerichtsstandsklauseln in Tarifverträgen oder sonstigen kollektiven Vereinbarungen mit Wirkung zu Lasten Dritter aus.“[757]

a. Problem der Drittbeteiligung an Gerichtsstandsklauseln

Den Kernpunkt der Kritik bildet das Problem der Drittbeteiligung an Gerichtsstandsklauseln. Es wird bestritten, dass die Tarifvertragsparteien in der Lage sind, Gerichtsstände mit Wirkung für den *einzelnen* Arbeitnehmer zu vereinbaren.[758] Diese Ansicht stützt sich auf die Rechtsprechung des *EuGH*, wonach es sich um eine *Vereinbarung zwischen den Parteien* handeln muss.[759] Willenseinigung und Einhaltung der Formvorschriften werden gerade zwischen den Parteien des Rechtsstreits gefordert. In diesem Sinne bemerkt *Geimer*: „Ein Vertrag zu Lasten Dritter ist im Kompetenzrecht ausgeschlossen. Dies bedeutet: Diejenige Partei, deren Gerichtspflichtigkeit in concreto erweitert wird, muss der Zuständig-

---

756 *Jenard/Möller*-Bericht, ABl. EG 1990 Nr. C 189/57, 77 (für das LugÜ); *Almeida Cruz/Desantes Real/Jenard*-Bericht, ABl. EG 1990 Nr. C 189/35, 47 mit Verweis auf den *Jenard/Möller*-Bericht.

757 *Gottwald*, in: Lüke/Wax, Münchener Kommentar zur ZPO, 2. Aufl. 2001, Art. 17 EuGVÜ, Rz. 56. Ebenso *Birk*, RdA 1983, 143, 151; *Wimmer*, S. 73 f; *Auer*, in: Bülow/Böckstiegel u.a., Der internationale Rechtsverkehr in Zivil- und Handelssachen, 23. EL 2000, Art. 17, Rz. 124 u. Rz. 127; *Trenner*, S. 222; *ArbG Wiesbaden*, NZA-RR 2000, 321, 324.

758 Von dieser *prozessrechtlichen* Problemstellung zu trennen ist die Frage, ob die Tarifvertragsparteien zur Vereinbarung einer Gerichtsstandsklausel *nach dem TVG* ermächtigt sind; siehe dazu nachfolgend unter Fn. 785.

759 *EuGH* Rs. 24/76 „Estasis Salotti“, Slg. 1976, 1831 ff, Tz. 7.

keitsvereinbarung beigetreten sein."[760] Ausgenommen hiervon sind Rechtsnachfolger, deren Vorgänger bereits eine formgültige Gerichtsstandsabrede mit dem Prozessgegner getroffen haben.[761] Darüber hinaus hat der *Gerichtshof* in drei weiteren Fallgruppen eine Drittwirkung zugelassen: in Versicherungsverträgen,[762] Konnossements[763] sowie Satzungen von Aktiengesellschaften.[764] Dieser Argumentationslinie entsprechend hat das *ArbG Wiesbaden* einer tarifvertraglichen Gerichtsstandsklausel nach Art. 23 Abs. 1 EuGVVO die Wirksamkeit abgesprochen mit der Begründung, diese wirke zu Lasten des ausländischen Beklagten, der selbst keinen Gerichtsstand vereinbart habe.[765] Auch *Birk* begründet die Unzulässigkeit tarifvertraglicher Prorogationen mit jener Rechtsprechung des *Gerichtshofs*: „Der EuGH hat nur in wenigen Fällen die Prorogation mit Wirkung für Dritte zugelassen (Satzung einer AG, Konnossements). Hierzu zählt der Tarifvertrag nicht; dies gilt erst recht für den allgemeinverbindlichen Tarifvertrag."[766] *Birk* betont, dass Art. 23 EuGVVO eine Vereinbarung zwischen den streitenden Parteien, also zwischen Arbeitgeber und Arbeitnehmer, erfordert. Nach Art. 21 EuGVVO ist die Prorogation bei einer arbeitsvertraglichen Streitigkeit aber nur durch *Arbeitsvertrag* möglich. Daher scheidet eine *tarifvertragliche* Prorogation, wie sie durch § 48 Abs. 2 ArbGG ausnahmsweise erlaubt wird, im Anwendungsbereich der EuGVVO aus.[767] Seiner Ansicht nach erlangt deshalb ein Tarifvertrag auf Ebene der internationalen Zuständigkeit keine eigenständige Relevanz, wenngleich er auch einräumt, dass „dies an und für sich sehr sinnvoll wäre, da dieser ja gerade dazu bestimmt ist, ein mögliches soziales Machtgefälle zwischen Arbeitnehmer und Arbeitgeber auszugleichen."[768] *Wimmer* schließlich wendet ein, dass die Vereinbarung tarifvertraglicher Gerichtsstandsklauseln nicht zu den Arbeitsbedingungen gehört, deren Regelung Aufgabe der Tarifvertragsparteien ist.[769]

---

760 *Geimer*, NJW 1985, 533.

761 *Kropholler*, Europäisches Zivilprozeßrecht, 7. Aufl. 2002, Art. 23, Rz. 64; *Geimer/Schütze*, Europäisches Zivilverfahrensrecht, 2. Aufl. 2004, Art. 17, Rz. 200 ff.

762 Vgl. dazu *EuGH* Rs. 201/82 „Gerling", Slg. 1983, 2503 ff.

763 Vgl. dazu *EuGH* Rs. 71/83 „Tilly Russ", Slg. 1984, 2417 ff.

764 Vgl. dazu *EuGH* Rs. C-214/89 „Powell Duffryn", Slg. 1992, I- 1745 ff.

765 *ArbG Wiesbaden*, NZA-RR 2000, 321, 324 (Das Urteil erging noch zum im Wesentlichen wortgleichen Art. 17 Abs. 1 EuGVÜ).

766 *Birk*, Die Regelung der internationalen Zuständigkeit in der Entsenderichtlinie, in: Wiesehügel/Sahl, Die Sozialkassen der Bauwirtschaft und die Entsendung innerhalb der Europäischen Union, 1998, S. 111, 122.

767 A.a.O., S. 121.

768 *Birk*, RdA 1983, 143, 151. Ähnlich *Trenner*, S. 222, der tarifvertragliche Gerichtsstandsvereinbarungen insbesondere im Bausektor für rechtspolitisch wünschenswert erachtet.

769 *Wimmer*, S. 73. Dies soll jedenfalls für allgemeine, nicht auf die prozessuale Durchsetzung tariflicher Rechte beschränkte tarifvertragliche Prorogationen gelten; ansonsten hält er einen Übergriff in die Individualsphäre der Arbeitsvertragsparteien für gegeben, a.a.O., S. 74.

Der herrschenden Meinung ist entgegenzuhalten, dass allein der Verweis auf die Rechtsprechung des *EuGH* zur Drittbeteiligung nicht gegen tarifvertragliche Gerichtsstandsvereinbarungen spricht. Denn nach der Rechtsprechung des *Gerichtshofs* sind auch Gerichtsstandsklauseln enthaltende Satzungen als „Vereinbarungen" i.S.d. Art. 23 Abs. 1 EuGVVO zu qualifizieren und dementsprechend zulässig.[770] So ist die Satzung einer Aktiengesellschaft für die Zwecke der EuGVVO vertraglich einzustufen. Ob das jeweilige nationale Gesellschaftsstatut den Beziehungen zwischen Gesellschaft und Gesellschafter einen vertraglichen, institutionellen oder gar *normativen* Charakter zuschreibt, ist davon unabhängig – sämtliche Aktionäre werden von der Gerichtsstandsklausel erfasst.[771] Einzige Voraussetzung ist, dass die Satzung der Gesellschaft an einem dem Aktionär zugänglichen Ort hinterlegt wird oder in einem öffentlichen Register enthalten ist; dann wird unterstellt, dass der Aktionär die Gerichtsstandsklausel kennt und ihr zustimmt.[772] Hier wird also nicht auf die unmittelbare Beteiligung an der Vereinbarung des Gerichtsstandes abgestellt. Vielmehr genügt die Möglichkeit der Kenntnisnahme.[773] Gleiches muss aber auch für Gerichtsstandsklauseln in Tarifverträgen gelten. In beiden Fällen beruht die Geltung der Gerichtsstandsklausel letztlich auf einer *privatautonomen Entscheidung*, nämlich des *Beitritts zur jeweiligen Tarifvertragspartei* bzw. des Erwerbs von Aktien.[774] Das *BAG* bestätigt diese Sichtweise, indem es in anderem Zusammenhang der Ansicht widersprochen hat, beim Tarifvertrag handele es sich aufgrund des Rechtsnormcharakters um staatlich delegierte, materielle Gesetzgebung.[775] Vielmehr hat das *BAG* betont, dass Tarifnormen auf kollektiv ausgeübter Parteiautonomie beruhen und die Geltung dieser Normen daher auf dem „parteiautonomen Verbandsbeitritt ihrer Mitglieder" basiert.[776] Mit der Wahrnehmung ihres Grundrechts aus Art. 9 Abs. 3 GG unterwerfen sich diese dem bestehenden und künftigen

---

770 *EuGH* Rs. C-214/89 „Powell Duffryn", Slg. 1992, I-1745 ff, Tz. 17.

771 *Kropholler*, Europäisches Zivilprozeßrecht, 7. Aufl. 2002, Art. 23, Rz. 2.

772 *EuGH* Rs. C-214/89 „Powell Duffryn", Slg. 1992, I-1745 ff, Tz. 28.

773 Dies gilt gleichermaßen für spätere Satzungsänderungen.

774 Der *EuGH* betont in der Entscheidung „Powell Duffryn", dass es unerheblich sei, „ob der Aktionär, demgegenüber die Gerichtsstandsklausel geltend gemacht wird, gegen die Annahme dieser Klausel gestimmt hat oder ob er erst nach der Annahme dieser Klausel Aktionär geworden ist", *EuGH* Rs. C-214/89 „Powell Duffryn", Slg. 1992, I-1745 ff, Tz. 18. Denn „dadurch, daß er Aktionär einer Gesellschaft wird und bleibt, erklärt sich der Aktionär nämlich einverstanden, daß sämtliche Bestimmungen der Gesellschaftssatzung sowie die in ... der Satzung gefaßten Beschlüsse der Gesellschaftsorgane für ihn gelten, selbst wenn einige dieser Bestimmungen oder Beschlüsse nicht seine Zustimmung finden", a.a.O., Tz. 19. Würden „für Rechtsstreitigkeiten aus ein und demselben rechtlichen und tatsächlichen Verhältnis zwischen der Gesellschaft und ihren Aktionären mehrere Zuständigkeiten begründet," so verstieße dies gegen den Grundsatz der Rechtssicherheit, a.a.O., Tz. 20.

775 Folgt man dieser Ansicht, so bereitet schon die Subsumtion von Tarifverträgen unter den sachlichen Anwendungsbereich der EuGVVO Schwierigkeiten aufgrund ihrer Gleichstellung mit staatlichen Legislativakten.

Tarifrecht.[777] Nach *Neuner* besteht das Hauptziel des ursprünglichen auf einer parteiautonomen Entscheidung beruhenden Koalitionsbeitritts in der Teilhabe an den unmittelbaren Wirkungen des Tarifvertrags.[778] Treffend führt er das Beispiel der Stellvertretung an, bei der die Identifikation mit dem konkreten Vertragsinhalt keineswegs zwingende Voraussetzung für eine privatautonome Legitimation ist. Die Tarifautonomie will zwar Ungleichgewichte kompensieren, setzt aber zugleich die Selbstbestimmung auf kollektiver Ebene fort und möchte die Beteiligten weder von der Chance noch von der Verantwortung privatautonomen Handelns freistellen.[779] Nicht die Unterwerfung unter die verbandliche Satzungsgewalt, sondern die Unterwerfung unter die privatrechtliche Gestaltungsmacht und der daraus resultierende vertragliche Interessenausgleich stehen daher im Vordergrund.[780] Übertragen auf die prorogationsrechtliche Ebene bedeutet dies, dass tarifvertragliche Gerichtsstandsvereinbarungen keinen Fall unzulässiger Drittwirkung und damit insbesondere keinen (prozessualen) Vertrag zu Lasten der Arbeitnehmer darstellen. Vielmehr sind sie durch den parteiautonomen Verbandsbeitritt ihrer Mitglieder gerechtfertigt.

b. Hinreichend enge Beziehung zum tariflich vereinbarten Forumstaat

Von *Walz* wird gegen tarifvertragliche Gerichtsstandsklauseln der Einwand erhoben, dass für die Masse der Beschäftigten keine hinreichend enge Beziehung des Arbeitsverhältnisses zum tariflich bestimmten Forumstaat besteht.[781] Für den Großteil der Arbeitnehmer ist es darüber hinaus faktisch unmöglich bzw. unzumutbar, gegen den eigenen Arbeitgeber im Ausland zu prozessieren. Für die „stationäre Belegschaft“ kommt dies im Ergebnis einer Verweigerung des Rechtsschutzes gleich.[782] *Walz* erachtet aus diesen Gründen tarifvertragliche Prorogationen nur bei Streitigkeiten, welche die Tarifvertragsparteien untereinander betreffen, als uneingeschränkt zulässig. Bei den sich aus Individualarbeitsverhältnissen ergebenden Konflikten differenziert er zwischen der „stationären Belegschaft“ und dem „grenzüberschreitenden Personal“: Nur für die letztere, kleine Gruppe der entsandten Arbeitskräfte, zumeist höhere Angestellte mit wechselndem Beschäftigungsort, die er als weniger schutzbedürftig einstuft, bejaht er die Geltung der tarifvertraglichen Prorogation.[783]

---

776 *BAG*, BAGE 88, 118, 123.
777 A.a.O.
778 *Neuner*, ZfA 1998, 83, 85.
779 A.a.O.
780 A.a.O.
781 *Walz*, S. 172.
782 A.a.O.
783 A.a.O., S. 173 f.

Zutreffend an dieser Argumentation ist freilich, dass eine hinreichend enge Beziehung zum tarifvertraglich vereinbarten Forumstaat bei der „stationären Belegschaft“ fehlt. Dies stellt indessen kein Argument gegen die grundsätzliche Zulässigkeit tarifvertraglicher Gerichtsstandsvereinbarungen dar. Denn in der Praxis wird der Sozialpartner auf Arbeitnehmerseite kaum einer für *alle* Arbeitnehmer ausnahmslos geltenden Gerichtsstandsklausel zustimmen.[784] Vielmehr werden die Tarifvertragsparteien gerade für grenzüberschreitend tätig werdende Arbeitnehmer – und auch innerhalb dieses Rahmens nach den einzelnen Arbeitnehmergruppen differenziert- eine gesonderte Gerichtsstandsabrede treffen. Von einer „Verweigerung des Rechtsschutzes“ kann daher nicht die Rede sein. Zugeständnisse bei der Zielerreichung von einheitlicher Auslegung und Anwendung des jeweiligen Tarifvertrages sind insoweit unvermeidbar, führen aber bei der genannten Fallgruppe nicht zu einem Systembruch. Im Übrigen ist anzumerken, dass es sich bei entsandten Arbeitskräften nicht zwangsläufig um höhere Angestellte handeln muss. Gerade Montagearbeiter sind oftmals von einer Entsendung betroffen. Diese Gruppe wird allgemein im Vergleich zu derjenigen der höheren Angestellten als schutzbedürftiger einzuordnen sein. Aber auch bei dieser vergleichsweise schutzbedürftigeren Gruppe von Arbeitnehmern ist einer tarifvertraglichen Prorogation uneingeschränkt zuzustimmen. Denn gerade hier wird der Schutz der schwächeren Partei durch eine tarifvertragliche Abrede auf gleichgeordneter Ebene, die Verhandlungsgleichgewicht garantiert, verwirklicht.

4. Ergebnis

Tarifvertragliche Prorogationen sind uneingeschränkt zulässig. Insbesondere sind die Tarifvertragsparteien auch zur kollektivvertraglichen Regelung von Gerichtsstandsklauseln nach § 1 Abs. 1 TVG ermächtigt.[785] Auf den Zeitpunkt des Beitritts zur Tarifvertragspartei kommt es für die Gültigkeit der Gerichtsstandsklausel gegenüber dem Arbeitnehmer nicht an.[786] Tarifvertragliche Gerichtsstandsabreden bieten den Parteien die Chance, Vorhersehbarkeit und Rechtssicherheit zu erhöhen, indem sie in der Lage sind, den maßgeblichen Gerichtsstand bereits vor Entstehen der Streitigkeit festzulegen. Auf besondere Schutzbedürfnisse seitens der Arbeitnehmer ist keine Rücksicht zu nehmen, da zwischen den vereinbarenden Tarifvertragsparteien ein soziales und wirtschaftliches Gleichgewicht besteht, das

784 So *Heilmann*, S. 47, für die tarifvertragliche Rechtswahlvereinbarung, der deren enges Verhältnis zu den einzelnen Arbeitnehmergruppen betont.

785 Eine tarifvertragliche Gerichtsstandsabrede wird, ebenso wie eine tarifvertragliche Rechtswahlklausel, siehe oben S. 141 f, unter die nach § 1 Abs. 1 TVG zulässige Vereinbarung von Inhaltsnormen fallen.

786 Vgl. dazu die entsprechenden Ausführungen im Urteil „Powell Duffryn“, Fn. 774.

keiner zuständigkeitsrechtlichen Korrektur bedarf wie im Fall des einzelnen Arbeitnehmers nach Art. 20 EuGVVO. Prüfungsmaßstab ist allein Art. 23 Abs. 1 EuGVVO. Dieses den privatrechtlichen und parteiautonomen Charakter des Tarifvertrages betonende Verständnis[787] korrespondiert mit der oben dargestellten kollisionsrechtlichen Betrachtungsweise.

5. Internationale Tarifkonkurrenz

Soweit sowohl ausländischer als auch inländischer Tarifvertrag eine Gerichtsstandsabrede mit jeweils entgegengesetztem Inhalt enthalten und beide Tarifverträge auf dasselbe Arbeitsverhältnis anwendbar sind, so stellt sich die Frage, welcher Gerichtsstandsvereinbarung der Vorzug einzuräumen ist.

Für eine echte internationale Tarifkonkurrenz[788] muss neben dem gleichen Regelungsinhalt beider Tarifverträge[789] eine doppelte Tarifbindung vorliegen. Ein solcher Fall der internationalen Tarifkonkurrenz kann beispielsweise eintreten, wenn im Inland ein allgemeinverbindlich erklärter Tarifvertrag besteht, damit auch auf eine ausländische Niederlassung anwendbar ist und zugleich der ausländische Tarifvertrag seine Anwendung auf diesen Auslandssachverhalt vorsieht. Aber auch wenn keiner der Tarifverträge allgemeinverbindlich ist, kann es zu einer Tarifkonkurrenz kommen, soweit im Ausland die Verbandszugehörigkeit des Arbeitgebers für eine *beiderseitige* Tarifbindung ausreicht, wie dies in Frankreich, Belgien und Österreich der Fall ist,[790] und der inländische Tarifvertrag kraft Mitgliedschaft beider Arbeitsvertragspartner angewandt werden muss. Es darf keinerlei Öffnungsklausel geben, die das Rangverhältnis festlegt.[791]

---

[787] Konsequenterweise wird man dann auch Tarifverträge als zuständigkeitsbegründende Verträge i.S.v. Art. 5 Nr. 1 EuGVVO einordnen müssen. Ebenso *Ojeda Avilés*, FS Däubler, 519, 537. Ausdrücklich offen gelassen von *ArbG Wiesbaden*, NZA-RR 2000, 321, 323. Zuzugeben ist, dass im Falle einer Allgemeinverbindlichkeitserklärung die Form der rechtlichen Verpflichtung eher einem gesetzlichen Schuldverhältnis ähnelt, ein Bezug zu vertraglichen Ansprüchen also nicht unmittelbar gegeben ist. Folgt man der Ansicht, dass es sich beim Tarifvertrag um einen vertraglichen Interessenausgleich auf kollektiver Ebene handelt, so muss sich die privatrechtliche Einstufung des Tarifvertrages aber auch einheitlich auf sämtliche Formen der tarifvertraglichen Wirkung (Tarifbindung, Allgemeinverbindlichkeitserklärung) erstrecken.

[788] Zu unterscheiden von der „Tarifpluralität“, die den Fall der einseitigen Doppelbindung des Arbeitgebers betrifft; hier sind in einem Betrieb verschiedene Tarifverträge auf die diversen Gruppen von Beschäftigten anzuwenden, ohne dass deshalb ein Arbeitsverhältnis gleichzeitig von mehreren Tarifverträgen erfasst wird, vgl. dazu *Gamillscheg*, S. 750 ff.

[789] Beispiel: Der inländische Tarifvertrag regelt auch Auslandssachverhalte und trifft auf einen ausländischen, in dessen Geltungsbereich der geregelte Auslandssachverhalt fällt.

[790] Vgl. für Frankreich *Demarne*, S. 36; für Belgien und Österreich *Birk*, FS Beitzke, 831, 863.

[791] *Walz*, S. 166. Er betont in diesem Zusammenhang die Bedeutung der Auslegung der in Frage stehenden Tarifverträge: Denkbar ist auch ein Tarifsplitting, wonach der Arbeitnehmer, dessen Arbeitsort sich im Ausland befindet, hinsichtlich der individualvertraglichen Arbeitsbedingungen dem Tarifvertrag des

Da zwei (oder sogar noch mehr) tarifvertragliche Gerichtsstandsklauseln zur Wahl stehen, muss zunächst geklärt werden, welche Gerichtsstandsabrede und damit welcher Tarifvertrag maßgeblich sein soll.[792] Anders als im Regelfall,[793] wo die Prüfung eines international gelagerten Sachverhalts mit dem internationalen bzw. europäischen Zivilprozessrecht begonnen wird, muss hier der verfahrensrechtlichen eine kollisionsrechtliche Prüfung vorgeschaltet werden.[794]

Die Lösung der internationalen Tarifkonkurrenz lässt sich nicht dem jeweiligen Tarifvertragsstatut entnehmen. Denn im Kollisionsfall stehen ja mindestens zwei verschiedene Tarifvertragsstatute zur Verfügung. Deshalb von der wohl überwiegenden Ansicht in der Literatur das internationale Tarifvertragsrecht der lex fori als maßgeblich erachtet.[795] Nach der Gegenansicht soll generell – ohne Rücksicht auf die jeweilige lex fori – der günstigere Tarifvertrag angewandt werden.[796]

Betrachtet man die jeweiligen Tarifrechtsordnungen, so lassen sich inhaltlich im Wesentlichen zwei Prinzipien ausmachen: das Spezialitätsprinzip[797] und das Günstigkeitsprinzip.[798]

Heimatunternehmens, hinsichtlich der Betriebsverfassung dem am Arbeitsort geltenden Kollektivvertrag unterliegt.

792 Gleiches gilt im Rahmen der Zuständigkeitsprüfung aus (Tarif-)Vertrag nach Art. 5 Nr. 1 EuGVVO. Um den Erfüllungsort des Tarifvertrages zu bestimmen, muss zunächst geklärt werden, welcher Tarifvertrag herangezogen werden soll.

793 Im Regelfall liegt nur *ein* Vertrag vor, das Problem konkurrierender Gerichtsstandsvereinbarungen tritt also nicht auf.

794 Freilich erfolgt der Einstieg denknotwendig stets über das internationale (europäische) Zivilverfahrensrecht, d.h. im Bereich des europäischen Zivilverfahrensrechts mit der Anwendbarkeit der EuGVVO. Bei der Prüfung der Voraussetzungen von Art. 23 EuGVVO stellt sich dann aber sofort die Frage, welche Gerichtsstandsklausel und damit welcher Tarifvertrag an den Erfordernissen dieser Vorschriften gemessen werden soll. Kollisionsrechtliche Prüfungsschritte auf verfahrensrechtlicher Ebene sind dem europäischen Zivilprozessrecht nicht fremd. Als Beispiel sei nur Art. 5 Nr. 1 1. HS EuGVÜ mit der problematischen Bestimmung des Erfüllungsorts genannt. Die Neufassung in Art. 5 Nr. 1 lit. b EuGVVO macht demgegenüber einen Rückgriff auf das internationale Privatrecht teilweise entbehrlich, indem sie den Erfüllungsort bei Kauf- und Dienstleistungsverträgen bereits auf prozessrechtlicher Ebene autonom regelt.

795 *Wimmer*, S. 62; *Demarne*, S. 332; ähnlich *Birk*, FS Beitzke, 831, 863, der zwar die theoretisch bestehende Möglichkeit anspricht, nur diejenigen Regeln anzuwenden, die beiden Tarifrechtsordnungen gemeinsam sind, aber diesen Weg mangels Praktikabilität ablehnt und deshalb die internationale Tarifkonkurrenz im Grundsatz nach den Regeln der lex fori löst. Allerdings hält er *inhaltlich* nur das Spezialitätsprinzip für praktikabel: „Es wäre viel zu aufwendig und häufig gar nicht feststellbar, welche ausländischen Regeln für eine Tarifkonkurrenz bestehen“, a.a.O. Im Ergebnis plädiert er damit für die uneingeschränkte Anwendung des deutschen tarifrechtlichen Spezialitätsprinzips. Ebenso unter scharfer Kritik am Günstigkeitsprinzip, *Gamillscheg*, ZfA 1983, 307, 337.

796 Vgl. *Lyon-Caen*, Journal du droit international (Clunet) 1964, 247, 255 m.w.N. Ebenso wohl auch das deutsche *BAG*, das keine Bedenken sah, den Günstigkeitsgrundsatz nach mexikanischem Recht auf das Verhältnis eines deutschen Tarifvertrages zu eben jenem mexikanischen Recht anzuwenden, vgl. dazu *BAG*, ArbuR 1992, 125, 127.

797 Insbesondere in Deutschland, vgl. dazu *Gamillscheg*, S. 755 ff m.w.N.; Italien, vgl. dazu *Persiani*, S. 129.

798 In Frankreich, vgl. dazu *Demarne*, S. 334; Mexiko, vgl. dazu *BAG*, ArbuR 1992, 125, 127.

Mit dem Spezialitätsprinzip wird die Ordnungsfunktion, mit dem Günstigkeitsprinzip hingegen der Schutzcharakter des Tarifvertrags hervorgehoben.

Handelt es sich bei der lex fori um das deutsche Recht, so ist nach einer im Vordringen befindlichen Ansicht zwischen vertrags- und betriebsbezogenen Normen i.S.d. § 1 Abs. 1 TVG zu differenzieren:[799] Für die vertragsbezogenen Normen, die in erster Linie „Inhalt, Abschluss und Beendigung des Arbeitsverhältnisses" nach § 1 Abs. 1 TVG betreffen, gilt das Günstigkeitsprinzip nach Art. 30 Abs. 1 EGBGB. Zu diesen vertragsbezogenen Normen zählen auch Rechtswahl- und Gerichtsstandsklauseln.[800] Hingegen werden die nicht vertragsbezogenen Normen, also die Betriebs- sowie betriebsverfassungsrechtlichen Normen i.S.d. § 1 Abs. 1 TVG, „akzessorisch" angeknüpft, d.h. sie folgen dem System der Betriebsverfassung, auf das sie gestaltend einwirken sollen. Da es sich bei diesen Normen um zwingendes Recht handelt, setzen sich die Betriebs- bzw. betriebsverfassungsrechtlichen Normen des inländischen Tarifvertrags durch.[801] Für die in Frage stehenden tariflichen Gerichtsstandsklauseln als vertragsbezogene Normen hat dies einen Günstigkeitsvergleich[802] zur Folge, der in Form eines „konkret-streitgegenstandsbezogenen Sachgruppenvergleichs" durchzuführen ist.[803] Dies bedeutet, dass sich der Günstigkeitsvergleich nicht auf die tariflichen Gerichtsstandsabreden, sondern auf die konkret den Streitgegenstand bildenden materiellen Vorschriften zu beziehen hat. Auf die mit einem Günstigkeitsvergleich verbundenen Nachteile wie mangelnde Praktikabilität sowie unerwünschtes „Rosinenpicken" gründet sich die Gegenmeinung, nach der die Probleme der internationalen Tarifkonkurrenz allein nach dem Spezialitätsprinzip zu lösen sind.[804] Danach kommt der sachnächste Tarifvertrag zur Anwendung, d.h. im Verhältnis von inländischem Firmentarifvertrag und ausländischem Verbandstarifvertrag und umgekehrt geht ersterer vor; bei Zusammentreffen von nicht allgemeinverbindlich erklärtem Tarifvertrag und allgemeinverbindlichem Tarifvertrag ist letzterer vorrangig anzuwenden; ist der Arbeitgeber doppelt tarifgebunden, der Arbeitnehmer aber nicht, so ist derjenige Tarifvertrag maßgeblich, an den beide tariflich gebunden

---

799 *Wimmer*, S. 204; *Demarne*, S. 335.

800 *Wimmer*, S. 207.

801 So *Demarne*, S. 336; a.A. *Wimmer*, S. 204, der für diese Normen die Anwendung des Spezialitätsprinzips vorsieht.

802 Allgemein zum Günstigkeitsvergleich *Junker*, S. 258 ff.

803 So *Wimmer*, S. 207, für tarifvertragliche Rechtswahlklauseln.

804 *Birk*, FS Beitzke, 831, 863, der Praktikabilitätsgründe in den Vordergrund rückt, siehe dazu oben unter Fn. 795; *Gamillscheg*, ZfA 1983, 307, 337 f, der insbesondere die Rosinentheorie scharf kritisiert und einen Günstigkeitsvergleich bei grundsätzlich gleichwertigen Rechtsordnungen als verfehlt erachtet; *Walz*, S. 165.

sind.[805] Auch *Wimmer* sieht die genannten Schwächen des Günstigkeitsprinzips und räumt zudem ein, dass dessen Auswirkungen sich bei Tarifnormen als ausgehandeltem Recht noch potenzieren: Anders als das staatliche Arbeitsrecht, das in sich geschlossene sachgerechte Lösungen sucht, ist das Aushandeln von Tarifnormen vom „Schnüren" nicht immer zusammengehörender Regelungspunkte zu Verhandlungspaketen geprägt.[806] Dadurch kann ein Günstigkeitsvergleich zwischen tarifvertraglichen Regelungen jedoch leicht in eine Schieflage geraten. Dennoch spricht sich *Wimmer* für einen Günstigkeitsvergleich unter den oben dargestellten Bedingungen aus, um einen Systembruch mit dem internationalen Arbeitsrecht zu vermeiden.

Rechtspolitisch gesehen wäre die uneingeschränkte Anwendung des Spezialitätsprinzips freilich wünschenswert, sorgt es doch für die größte Rechtklarheit und Rechtssicherheit. Allerdings erscheint es systemwidrig, die Geltung des deutschen Spezialitätsprinzips als international verpflichtend zu statuieren.[807] Es kann nur dort zur Anwendung gelangen, wo die jeweilige lex fori das Spezialitätsprinzip inhaltlich vorgibt, wie beispielsweise das deutsche Tarifrecht.[808] Eine Ausnahme bilden insoweit die aufgrund der Entsende-Richtlinie und der jeweiligen nationalen Entsendegesetze[809] allgemeinverbindlich erklärten Tarifverträge: Diese gehen kraft des jeweiligen nationalen Entsendegesetzes dem ausländischen Tarifvertrag vor, unabhängig davon, ob die lex fori inhaltlich das Günstigkeitsprinzip oder das Spezialitätsprinzip vorschreibt. Es handelt sich aber insoweit nicht um eine echte internationale Tarifkonkurrenz, vielmehr wird der ausländische Tarifvertrag automatisch von den im inländischen Tarifvertrag enthaltenen zwingenden Regelungen verdrängt.[810] Die Ansicht, nach der im deutschen Tarifrecht zwischen vertragsbezogenen und nicht vertragsbezogenen Normen differenziert wird,[811] ist aufgrund der mit einem Günstigkeitsvergleich

---

805 *Birk*, FS Beitzke, 831, 864.

806 *Wimmer*, S. 206.

807 So jedoch *Birk*, FS Beitzke, 863.

808 Ebenso im Ergebnis *Walz*, S. 165 f.

809 Zur Entsendeproblematik insgesamt siehe nachfolgend S. 157 ff.

810 So *Demarne*, S. 333. – In Deutschland kann ein inländischer Arbeitgeber den in dem nach dem AEntG allgemeinverbindlich erklärten Tarifvertrag festgesetzten Mindestlohn durch Abschluss eines Vorrang genießenden Firmentarifvertrags unterschreiten, was einem ausländischen Arbeitgeber im Falle einer Entsendung in die Bundesrepublik verwehrt ist. Darin erblickt auch der *Gerichtshof* eine nicht gerechtfertigte Beschränkung der Dienstleistungsfreiheit, vgl. *EuGH* Rs. C-164/99 „Portugaia", Slg. 2002, I-787 ff, Tz. 35. Dieses europarechtliche Problem wird in den Mitgliedstaaten, in denen das Günstigkeitsprinzip herrscht, vermieden, da ein Unterlaufen der Mindestlohnvorschriften dort nicht möglich ist. Beispielsweise ordnet in Spanien Art. 3 lit. d des Gesetzes 45/1999 spanische Tarifverträge mit erga-omnes-Wirkung einem Tarifvertrag des Ursprungslandes unter, soweit dieser günstigere Arbeitsbedingungen für die entsandten Arbeitnehmer enthält, vgl. *Gutiérrez-Solar Calvo*, RdA 2001, 350, 352.

811 So *Wimmer*, S. 204, sowie *Demarne*, S. 335.

verbundenen Nachteile, welcher bei einander widersprechenden Gerichtsstandsklauseln als vertragsbezogenen Normen durchzuführen wäre, abzulehnen.

F. Rügelose Einlassung

Wie auch in Versicherungs- und Verbrauchersachen ist eine rügelose Einlassung nach Art. 24 EuGVVO stets möglich. Dafür genügt bereits jede Art der Einlassung, so dass der Beklagte die Unzuständigkeit des Gerichts mit seinem ersten Vorbringen zu rügen hat.[812] Durch die Nichtübernahme des Worts „nur“ in Art. 24 S. 2 EuGVVO ist im Vergleich zu Art. 18 EuGVÜ klargestellt, dass im Zusammenhang mit der Zuständigkeitsrüge vorsorglich vorgebrachte sonstige Einwendungen keine Einlassung i.S.d. Vorschrift begründen.[813]

G. Ausschließliche Zuständigkeit, Art. 22 EuGVVO

I. Ausschließliche Zuständigkeit bei Miete einer Dienstwohnung, Art. 22 Nr. 1 EuGVVO

Nach Art. 22 Nr. 1 S. 1 EuGVVO sind für Mietstreitigkeiten die Gerichte im Belegenheitsstaat der Immobilie ausschließlich zuständig. Bei Mietverträgen mit einer Laufzeit bis zu sechs Monaten sind gemäß Art. 22 Nr. 1 S. 2 EuGVVO auch die Gerichte im Wohnsitzstaat des Beklagten zuständig, soweit Eigentümer und Mieter[814] in demselben Mitgliedstaat ansässig sind. Diese Vorschrift erlangt insbesondere bei kurzfristigen Auslandseinsätzen von Arbeitnehmern Bedeutung. Die ausschließliche Zuständigkeit[815] der Gerichte am Belegenheitsort rechtfertigt sich aus ihrer Sachnähe: Sie sind am besten in der Lage, über die tatsächlichen Umstände bei Abschluss und Durchführung von Mietverträgen zu befinden.

Dienstwohnungen können Teil der Gegenleistung des Arbeitgebers sein. Dann liegt kein Fall von Miete vor und eine Anwendung von Art. 22 Nr. 1 EuGVVO scheidet von vornherein aus.[816] Ist jedoch der Arbeitsvertrag mit dem Mietvertrag gekoppelt, so stellt sich die Frage, ob die besonderen arbeitsrechtlichen oder die ausschließlichen Zuständigkeitsregelungen oder eventuell beide in Kombination zur Anwendung gelangen. Diese Fragestellung soll das folgende Beispiel verdeutlichen: Ein Arbeitnehmer wird für acht Monate in

---

812 *EuGH* Rs. 150/80 „Elefanten Schuh“, Slg. 1981, 1671 ff, Tz. 15.

813 *Piltz*, NJW 2002, 789, 794. Vgl. dazu bereits *EuGH* Rs. 150/80 „Elefanten Schuh“, Slg. 1981, 1671 ff, Tz. 14.

814 Beim Mieter muss es sich um eine natürliche Person handeln.

815 Zum Wesen der „reinen“ Ausschließlichkeitsregel siehe oben S. 121.

816 A.A. *Trenner*, 2001, S. 94, Fn. 438.

eine ausländische Niederlassung entsandt und bekommt dort eine der Niederlassung gehörende Wohnung zur Verfügung gestellt. Gleichzeitig liegt eine wirksame Gerichtsstandsvereinbarung vor, welche die inländischen Arbeitsgerichte für ausschließlich zuständig erklärt. Kann sich der Arbeitnehmer an die Gerichte am Ort der Belegenheit der Dienstwohnung für *sämtliche* sich aus Arbeits- und Mietverhältnis ergebenden Ansprüche wenden? Nach Rechtsprechung und Literatur begründen allgemein die in Art. 22 EuGVVO aufgezählten Streitsachen lediglich dann eine ausschließliche Zuständigkeit, soweit das Gericht über sie als Hauptsache zu entscheiden hat.[817] Dies erfordert eine isolierte zuständigkeitsrechtliche Betrachtung.[818] Am prorogierten Gerichtsstand können daher Streitigkeiten, welche die Dienstwohnung betreffen, nicht geltend gemacht werden.[819]

II. Ausschließliche Zuständigkeit in Mitbestimmungsangelegenheiten, Art. 22 Nr. 2 EuGVVO

Art. 22 Nr. 2 EuGVVO bestimmt die ausschließliche Zuständigkeit für Klagen, welche die Gültigkeit, Nichtigkeit oder Auflösung einer Gesellschaft oder juristischen Person oder Beschlüsse ihrer Organe zum Gegenstand haben. Für diese Klagen sind die Gerichte im Sitzstaat der juristischen Person oder Gesellschaft international ausschließlich zuständig, d.h. ohne Rücksicht auf den (Wohn-)Sitz. Die Frage, wo sich der Sitz befindet, beurteilt sich gemäß Art. 22 Nr. 2 S. 2 EuGVVO nach dem nationalen Kollisionsrecht des angerufenen Gerichts. Im Gegensatz dazu findet sich eine *autonome* Begriffsregelung des Sitzortes in Art. 60 EuGVVO, die für alle *übrigen* Fälle der Sitzbestimmung in der EuGVVO maßgeblich sein soll.[820]

Fraglich erscheint, ob sich auch Mitbestimmungsangelegenheiten, wie sie sich aus dem MitbestG, dem BetrVG[821] und dem EBRG[822] ergeben, unter „Organbeschlüsse" i.S.d. Art.

---

[817] *Jenard*-Bericht, BT-Drucks. VI/1973, 62; *Kropholler*, Europäisches Zivilprozeßrecht, 7. Aufl. 2002, Art. 22, Rz. 1.

[818] *Birk*, RdA 1983, 143, 149.

[819] A.a.O. – A.A. wohl *Johner*, S. 106, der, soweit auch Ansprüche aus dem Arbeitsverhältnis, beispielsweise auf Lohnzahlung oder Berichtigung des Arbeitszeugnisses, strittig sind, die Klage als Ganzes bei den arbeitsrechtlichen Gerichtsständen anhängig machen will. Ebenso *Trenner*, Internationale Gerichtsstände in grenzüberschreitenden Streitigkeiten, 2001, S. 94 f.

[820] Siehe dazu oben S. 40 ff.

[821] Nach der hier vertretenen Ansicht fallen betriebsverfassungsrechtliche Streitigkeiten, soweit sie Ansprüche nichtvermögensrechtlicher Art betreffen und der Parteiautonomie entzogen sind, bereits nicht unter den sachlichen Anwendungsbereich der EuGVVO, siehe oben S. 15. Gleiches gilt für Auseinandersetzungen auf dem Gebiet des MitbestG. Bei der folgenden Prüfung wird die Anwendbarkeit unterstellt.

[822] Gesetz über Europäische Betriebsräte vom 28.10.1996 (Europäische Betriebsräte-Gesetz – nachfolgend zitiert als „EBRG"), BGBl. I 1996, 1548 ff, geändert durch Gesetz vom 21.12.2000, BGBl. I 2000, 1983

22 Nr. 2 EuGVVO subsumieren lassen.[823] Das Mitbestimmungsrecht im *engeren* Sinn zählt rechtstechnisch zum Gesellschaftsrecht. Geht es um Streitigkeiten über die Besetzung des Aufsichtsrates oder über die Wirksamkeit seiner Beschlüsse, so bestehen keinerlei Bedenken hinsichtlich der Anwendung von Art. 22 Nr. 2 EuGVVO.[824] Zweifelhafter ist dies dagegen bei betriebsverfassungsrechtlichen Streitigkeiten. Man denke nur an den Fall, dass ein ins Ausland entsandter Arbeitnehmer sich für die Wahlen zum inländischen Betriebsrat aufstellen lassen möchte, sein passives Wahlrecht aber wegen seiner Auslandstätigkeit bestritten wird.[825] Oder: die Beteiligungsrechte eines Betriebsrats bezüglich der Angelegenheiten der im Ausland tätigen Mitarbeiter werden von der Unternehmensleitung des ausländischen Betriebs, der über keine Arbeitnehmervertretung verfügt, bestritten.[826] Ein Bedürfnis nach einer ausschließlichen Zuständigkeitsregelung könnte angesichts der strengen Geltung des Territorialitätsprinzips für betriebsverfassungsrechtliche Streitigkeiten aus dem Postulat von „Gleichlauf von ius und forum“ folgen. Das Territorialitätsprinzip beinhaltet, das BetrVG grundsätzlich ausschließlich auf im Inland gelegene Betriebe – unabhängig vom Vertragsstatut der in ihnen beschäftigten Arbeitnehmer – anzuwenden. Einzige Ausnahme bilden die sog. Ausstrahlungsfälle.[827] Hierzu würde die ausschließliche internationale Zuständigkeit im Sitzstaat des Betriebs korrespondieren.

Der abschließende Katalog ausschließlicher Zuständigkeiten in Art. 22 EuGVVO ist jedoch nicht erweiterungsfähig, insbesondere fordert der Ausnahmecharakter ausschließlicher Zu-

---

ff. – Zur Anwendbarkeit der EuGVVO auf Streitigkeiten des kollektiven Arbeitsrechts siehe oben S. 12 ff sowie nachfolgend S. 172 ff.

823 Zur Anwendbarkeit von Art. 22 Nr. 2 EuGVVO bei Streitigkeiten in Zusammenhang mit der Richtlinie 2001/86/EG des Rates zur Ergänzung des Statuts der Europäischen Gesellschaft hinsichtlich der Beteiligung der Arbeitnehmer vom 8.10.2001, ABl. EG 2001 Nr. L 294/22 ff, siehe nachfolgend S. 180 ff.

824 *Birk*, RdA 1983, 143, 149.

825 Vgl. dazu *Gaul*, BB 1990, 697, 701. Interessant insoweit auch *BAG*, NZA 2000, 1119 ff: Hier ging es im Rahmen von Wahlen zum deutschen Betriebsrat um die aktive und passive Wahlberechtigung von in Deutschland wohnhaften LKW-Fahrern. Sie hatten Arbeitsverträge mit einem deutschen Unternehmen, wurden aber ausschließlich auf Fahrzeugen der in Italien ansässigen Muttergesellschaft eingesetzt, welche den Einsatz der Fahrer plante und auch die wesentlichen Personalentscheidungen traf. Vgl. dazu auch *Junker*, RIW 2001, 94, 106.

826 Vgl. dazu *Däubler*, Betriebsverfassung in globalisierter Wirtschaft, 1999, S. 54. Oder: die ausländische Unternehmensleitung bestreitet das Recht, im ausländischen Betrieb eine Teilbetriebsversammlung durch den inländischen Belegschaftsteil abzuhalten, vgl. dazu *Agel-Pahlke*, S. 204 f.

827 Begründet wird die strenge Geltung des Territorialitätsprinzips von der Rechtsprechung damit, dass es sich beim Betriebsverfassungsrecht um einen essentiellen Bestandteil der Wirtschafts- und Sozialordnung handelt, der denknotwendig auf das bundesdeutsche Hoheitsgebiet begrenzt ist. Unter „Ausstrahlung“ wird die Anwendung des BetrVG auch auf solche Arbeitnehmer verstanden, deren Beschäftigung im Ausland sich als Tätigkeit des Inlandbetriebs darstellt. Dies ist bei Entsandten der Fall, soweit die Gesamtumstände ergeben, dass eine enge Bindung zum Inlandsbetrieb fortbesteht, wie beispielsweise bei der Ausübung des Direktionsrechts gegenüber dem Arbeitnehmer vom inländischen Betrieb aus; vgl. zum Territorialitätsprinzip *BAG*, NZA 2001, 1033, 1035; *Schlüpers-Oehmen*, S. 17 ff; kritisch *Agel-Pahlke*, S. 19 ff; *Junker*, S. 367 ff.

ständigkeiten im Vergleich zu den Regelzuständigkeiten eine enge Auslegung.[828] Eine Subsumtion betriebsverfassungsrechtlicher Angelegenheiten unter Art. 22 Nr. 2 EuGVVO ist Zweifeln ausgesetzt. Ersichtlich haben bereits die Verfasser des EuGVÜ bei der Abfassung des wortgleichen Art. 16 Nr. 2 EuGVÜ nicht an Mitbestimmungsangelegenheiten, sondern vielmehr an gesellschaftsrechtliche Streitigkeiten, welche die Gültigkeit von Beschlüssen von Gesellschafterversammlung/Vorstand/Verwaltungsrat etc. betreffen, gedacht.[829] Mit der Regelung soll im Interesse der Rechtssicherheit vermieden werden, dass einander widersprechende Entscheidungen über das Bestehen von Gesellschaften oder die Gültigkeit der Beschlüsse ihrer Organe ergehen. Im Sitzstaat werden die Förmlichkeiten der gesellschaftsrechtlichen Publizität gewahrt, so dass sich eine dortige Anknüpfung anbietet.[830] In betriebsverfassungsrechtlichen Angelegenheiten existieren jedoch derartige Publizitätspflichten aus Gründen des Gläubigerschutzes nicht. Es gilt nicht, die Anforderungen eines öffentlichen Registers zu erfüllen. Dieser Grund für die Anknüpfung im Sitzstaat ist folglich nicht auf Mitbestimmungsangelegenheiten im weiteren Sinne übertragbar. Diesbezügliche Änderungen lassen sich auch nicht der EuGVVO entnehmen. Es kann deshalb nicht davon ausgegangen werden, dass durch „Beschlüsse von Organen" i.S.d. Art. 22 Nr. 2 EuGVVO neben denjenigen Beschlüssen, die von gesellschaftsrechtlichen Organen getroffen werden, auch solche von Betriebsverfassungsorganen oder dem Europäischen Betriebsrat erfasst werden. Art. 22 Nr. 2 EuGVVO finden auf betriebsverfassungsrechtliche Streitigkeiten sowie solche, die in Zusammenhang mit dem Europäischen Betriebsrat stehen, keine Anwendung.

III. Ausschließliche Zuständigkeit bei Arbeitnehmererfindungen, Art. 22 Nr. 4 EuGVVO

Art. 22 Nr. 4 S. 1 EuGVVO schreibt die ausschließliche Zuständigkeit des Registrierungs- oder Hinterlegungsstaats für Klagen vor, welche die Eintragung oder die Gültigkeit von Patenten zum Gegenstand haben. Art. 22 Nr. 4 S. 2 EuGVVO bezieht sich auf das europäische Patent und statuiert, unbeschadet der Bestimmungen des Münchner Übereinkommens,[831] die ausschließliche Zuständigkeit der Gerichte desjenigen Mitgliedstaats, für

---

[828] *Kohler*, Die Formung eines europäischen Kollisionsrechts durch den Gerichtshof der Europäischen Gemeinschaften, in: Reichelt, Europäisches Kollisionsrecht, 1993, S. 15, 21. Insoweit verbieten sich auch Überlegungen zu einer analogen Anwendung.

[829] *Kropholler*, Europäisches Zivilprozeßrecht, 7. Aufl. 2002, Art. 22, Rz. 39.

[830] *Jenard*-Bericht, BT-Drucks. VI/1973, 81.

[831] Münchner Übereinkommen über die Erteilung europäischer Patente (EPÜ) vom 5.10.1973, BGBl. II 1976, 649 ff.

welchen das europäische Patent erteilt wurde. Die Einräumung einer ausschließlichen Zuständigkeit für diese Fälle erklärt sich mit dem Gedanken der Sachnähe, d.h. dass die Gerichte des Registrierungs- oder Hinterlegungsstaats am besten aufgrund ihrer Nähe in der Lage sind, über derartige Fälle zu entscheiden.[832] Der *EuGH* betont, dass nur für solche Streitigkeiten, welche die Gültigkeit des Patents oder das Bestehen der Hinterlegung oder Registrierung *selbst* zum Gegenstand haben, ein ausschließlicher Gerichtsstand im Registrierungs- oder Hinterlegungsstaat gegeben ist.[833] Er verneint deshalb eine ausschließliche Zuständigkeit nach Art. 22 Nr. 4 EuGVVO in einem Streit zwischen einem Arbeitnehmer, der eine Erfindung gemacht hat und für die ein Patent beantragt oder erteilt worden ist, und seinem Arbeitgeber, soweit der Prozess ihre jeweiligen sich aus dem Arbeitsverhältnis ergebenden Rechte an dem Patent betrifft.[834] Bei Arbeitnehmererfindungen fällt demnach lediglich die patentrechtliche Seite unter Art. 22 Nr. 4 EuGVVO, nicht aber die vermögensrechtliche. Insoweit verbleibt es bei den allgemeinen und besonderen Zuständigkeitsregelungen in Art. 19 Nr. 1, 20 Abs. 1, 21, 23 oder 24 EuGVVO.[835] So wird der Streit um die Vergütung nicht von der ausschließlichen Zuständigkeitsregelung erfasst. Das Gleiche gilt für Auseinandersetzungen zwischen Arbeitnehmer und Arbeitgeber darüber, wem ein gewerbliches Schutzrecht zusteht.[836]

---

832 *EuGH* Rs. 288/82 „Duijnstee", Slg. 1983, 3663 ff, Tz. 22. Im *Jenard*-Bericht wird hingegen mit der Erteilung von Schutzrechten als „Ausfluss nationaler Souveränität" und damit letztlich mit dem öffentlichen Interesse argumentiert, *Jenard*-Bericht, BT-Drucks. VI/1973, 81. *Kropholler* wiederum verweist auf den Zusammenhang mit der Registerführung in Art. 22 Nr. 3 EuGVVO, *ders.*, Europäisches Zivilprozeßrecht, 7. Aufl. 2002, Art. 22, Rz. 43.

833 *EuGH* Rs. 288/82 „Duijnstee", Slg. 1983, 3663 ff, Tz. 25. Insbesondere fasst der *Gerichtshof* den Streit um die „Ordnungsgemäßheit" der Eintragung darunter, a.a.O., Tz. 26

834 A.a.O., Tz. 28.

835 Beispielsweise Patentverletzungsklagen, *Jenard*-Bericht, BT-Drucks. VI/1973, 81; vgl. auch *Birk*, RdA 1983, 143, 149.

836 *EuGH* Rs. 288/82 „Duijnstee", Slg. 1983, 3663 ff, Tz. 26; *Kropholler*, Europäisches Zivilprozeßrecht, 7. Aufl. 2002, Art. 22, Rz. 48; *Geimer/Schütze*, Europäisches Zivilverfahrensrecht, 2. Aufl. 2004, Art. 16, Rz. 224; *Johner*, S. 105. A.A. *Birk*, RdA 1983, 143, 149, der letztere Art von Streitigkeiten unter Art. 22 Nr. 4 EuGVVO subsumiert wissen will.

Teil 3: Gerichtsstandsregelungen in Arbeitssachen außerhalb der EuGVVO im EG-Sekundärrecht

Nach Art. 67 EuGVVO genießt sekundäres Gemeinschaftsrecht,[837] das für besondere Gebiete die gerichtliche Zuständigkeit oder die Anerkennung oder Vollstreckung von Entscheidungen regelt, aufgrund des Spezialitätsgedankens Vorrang vor der EuGVVO. Im Bereich des Arbeitsrechts sind dabei die Entsende-Richtlinie[838] und die Richtlinie über die Einsetzung eines Europäischen Betriebsrates[839] von Bedeutung. In diesen Richtlinien und ihren nationalen Umsetzungsbestimmungen lassen sich zum Teil Vorschriften über die internationale Entscheidungszuständigkeit finden, welche die Gerichtsstandsregelungen der EuGVVO in Arbeitssachen modifizieren.

A. Internationale Zuständigkeit bei Rechtsstreitigkeiten in Zusammenhang mit der Entsende-Richtlinie (RL 96/71/EG) und dem AEntG

Am 16.12.1997 wurde die Richtlinie 96/71/EG über die Entsendung von Arbeitnehmern im Rahmen der Erbringung von Dienstleistungen verabschiedet, welche in Deutschland durch das Arbeitnehmerentsendegesetz [840] umgesetzt wurde. Im Kern verpflichtet diese Richtlinie die Mitgliedstaaten, im Fall der grenzüberschreitenden Entsendung von Arbeitnehmern in einen anderen Mitgliedstaat nach Ablauf einer bestimmten Frist die am Arbeitsort geltenden Arbeitsbedingungen zwingend anzuwenden, insbesondere Regelungen über Arbeitszeit, Mindesturlaub, Mindestlohn, Arbeitnehmerüberlassung, Gesundheitsschutz sowie Arbeitsschutz von Schwangeren und Jugendlichen. Dabei gilt als „entsandter Arbeitnehmer" i.S.d. Entsende-Richtlinie nach deren Art. 2 Abs. 1 jeder Arbeitnehmer, der während eines be-

---

837 Darunter sind die Rechtsakte der Organe der Europäischen Gemeinschaft (Verordnungen, Richtlinien und Übereinkommen, die von der Gemeinschaft geschlossen werden) zu verstehen. Auch das zur Umsetzung einer Richtlinie erlassene innerstaatliche Recht hat Gemeinschaftscharakter und ist daher gegenüber der EuGVVO vorrangig, *Geimer/Schütze*, Europäisches Zivilverfahrensrecht, 2. Aufl. 2004, Art. 57, Rz. 5.

838 Richtlinie 96/71/EG des Europäischen Parlaments und des Rates über die Entsendung von Arbeitnehmern im Rahmen der Erbringung von Dienstleistungen vom 16.12.1996 (nachfolgend zitiert als „Entsende-Richtlinie"), ABl. EG 1997 Nr. L 18/1 ff.

839 Richtlinie 94/45/EG des Rates über die Einsetzung eines Europäischen Betriebsrates oder die Schaffung eines Verfahrens zur Unterrichtung und Anhörung der Arbeitnehmer in gemeinschaftsweit operierenden Unternehmen und Unternehmensgruppen vom 22.9.1994 (nachfolgend zitiert als „EBR-Richtlinie"), ABl. EG 1994 Nr. L 254/64 ff.

840 Gesetz über zwingende Arbeitsbedingungen bei grenzüberschreitenden Dienstleistungen vom 26.2.1996 (nachfolgend zitiert als „AEntG"), BGBl. I 1996, 227 ff, geändert durch Gesetz vom 19.12.1998, BGBl. I 1998, 3843 ff.

grenzten Zeitraums seine Arbeitsleistung im Hoheitsgebiet eines anderen Mitgliedstaats als demjenigen erbringt, in dessen Hoheitsgebiet er normalerweise arbeitet.

I. Hintergrund der Entsende-Richtlinie

Das unterschiedliche Niveau der Arbeitskosten in den einzelnen Mitgliedstaaten wird vorwiegend in der Baubranche von Anbietern aus Niedriglohnländern ausgenutzt. Diese machen von ihrer gemeinschaftsrechtlich garantierten Dienstleistungsfreiheit (Art. 49 EG) Gebrauch und bieten ihre Leistungen in anderen Mitgliedstaaten zu erheblich günstigeren Bedingungen an, indem sie heimische, billige Arbeitskräfte in die Hochlohnländer entsenden. Dieses Phänomen, das bisweilen als „Lohndumping“[841] bezeichnet wird, hat in den Hochlohnländern zu wirtschaftlichen Schwierigkeiten und sozialen Spannungen geführt. Insbesondere von den Gewerkschaften wurde deshalb Schutz vor Sozialdumping durch „gleichen Lohn am gleichen Ort“ gefordert. Mit der Entsende-Richtlinie ist der Gemeinschaftsgesetzgeber diesem Postulat zu einem großen Teil nachgekommen. Auch wenn deren Regelungstechnik, einen Kern von Mindestarbeitsbedingungen zwingend vorzuschreiben, europarechtlich[842] wie kollisionsrechtlich[843] äußerst umstritten ist, kann zumindest die Vereinbarkeit der Entsende-Richtlinie mit der gemeinschaftsrechtlichen Dienstleistungsfreiheit seit der Rechtsprechung des *Gerichtshofs* nicht mehr angezweifelt werden.[844]

---

841 Der Begriff „Lohndumping“ oder auch „Sozialdumping“ ist nicht im technischen Sinn zu verstehen. Denn „echtes“ Dumping liegt nur vor, wenn für Exporte ein geringerer Preis als im Inland verlangt wird. Die aus Billigländern „exportierten“ Arbeitskräfte erhalten jedoch den gleichen Lohn wie in ihrem Heimatland, der lediglich im Vergleich zum Exportland niedriger ausfällt. Es handelt sich vielmehr um „Lohnunterbietung“, ebenso *Hanau*, FS Everling I, 415, 416, und *Steinmeyer*, DVBl 1995, 962, 963. Vgl. auch die Definition in Art. 2 VO EWG Nr. 2423/88, ABl. EG 1988 Nr. L 209/1.

842 Die gemeinschaftsrechtliche Dienstleistungsfreiheit beinhaltet neben dem Diskriminierungsverbot auch ein allgemeines Beschränkungsverbot. Finale Marktzugangserschwerungen für ausländische Dienstleister zum Schutz der Arbeitsmärkte in den Hochlohnländern, wie sie durch das Abverlangen der Einhaltung von Mindestarbeitsbedingungen durch die Entsende-Richtlinie bestehen, beschränken daher den freien Dienstleistungsverkehr; die Einhaltung von Mindestarbeitsbedingungen wird darüber hinaus als unvereinbar mit den wettbewerbsrechtlichen Zielen der Gemeinschaft angesehen, vgl. stellvertretend für viele *Franzen*, ZEuP 1997, 1055, 1062 f. Vereinzelt wird zugleich ein Verstoß gegen die Arbeitnehmerfreizügigkeit angenommen, *Gerken/Löwisch/Rieble*, BB 1995, 2370, 2372; *Koenigs*, DB 1995, 1710. Hiergegen zu Recht *Hanau*, FS Everling I, 415, 417 u. 419, sowie jüngst *EuGH* Rs. C-49/98, C-50/98, C-52/98 bis C-54/98, C-68/98 bis C-71/98 „Finalarte“, Slg. 2001, 7831 ff, Tz. 22 f.

843 *Krebber*, IPrax 2001, 22 ff m.w.N.

844 Der *Gerichtshof* sieht Mindest*lohn*vorschriften als durch zwingende Gründe des Allgemeininteresses (Schutz der Arbeitnehmer) gerechtfertigt an und verweist auf seine Rechtsprechung, wonach es das Gemeinschaftsrecht den Mitgliedstaaten nicht verwehrt, ihre Rechtsvorschriften oder die von den Sozialpartnern geschlossenen Tarifverträge über Mindestlöhne unabhängig davon, in welchem Land der Arbeitgeber ansässig ist, auf alle Personen zu erstrecken, die in ihrem Hoheitsgebiet, und sei es nur vorübergehend, eine unselbständige Erwerbstätigkeit ausüben, *EuGH* Rs. C-369/96 u. C-376/96 „Arblade/Leloup“, Slg. 1999, I-8498 ff, Tz. 34, 36 u. 41; *EuGH* Rs. C-165/98 „Mazzoleni“, Slg. 2001, I-2189 ff, Tz. 28; vgl. dazu auch *EuGH* Rs. C-113/89 „Rush Portuguesa“, Slg. 1990, I-1417 ff; *EuGH* Rs. C-43/93 „Vander Elst“, Slg. 1994, I-3803 ff; *EuGH* Rs. C-272/94 „Guiot“, Slg. 1996, I-1905 ff. Zur eu-

II. Entsende-Gerichtsstand

Die praktische Durchsetzbarkeit der den entsandten Arbeitnehmern eingeräumten Rechte hängt maßgeblich davon ab, ob diese ihre Rechte auch vor den Gerichten des Gastsstaates geltend machen können. Bei einer Klage im Heimatstaat wäre nicht gesichert, ob die dortigen Gerichte die Bestimmungen des Gaststaates beachten. Immerhin haben neben Deutschland auch Luxemburg und Großbritannien von dem Vorbehalt gegenüber Art. 7 Abs. 1 EVÜ Gebrauch gemacht, so dass sie zur Anwendung zwingenden ausländischen Rechts nicht gehalten sind.[845]

1. Art. 6 S. 1 Entsende-Richtlinie

Die Entsende-Richtlinie sieht daher in Art. 6 S. 1[846] zur Durchsetzung der in Art. 3 gewährleisteten Arbeits- und Beschäftigungsbedingungen eine Klagemöglichkeit in dem Mitgliedstaat vor, in dessen Hoheitsgebiet der Arbeitnehmer entsandt ist oder war. Diese Bestimmung der internationalen Zuständigkeit in einer europäischen Richtlinie ist eine „Novität"; denn bislang gab es keine Richtlinien, welche zugleich Kollisionsrecht und internationale Zuständigkeit regeln.[847] Art. 6 S. 1 Entsende-Richtlinie wurde erst relativ spät auf Betreiben der deutschen Präsidentschaft eingefügt. Deshalb wird die Gerichtsstandsregelung wohl auch nicht in den Erwägungsgründen der Richtlinie genannt.

a. Erforderlichkeit eines richtlinieneigenen Entsende-Gerichtsstands

Dass diese Richtlinienbestimmung erforderlich ist, zeigt die Prüfung des Entsendesachverhalts anhand der EuGVVO. Nach Art. 19 Nr. 1 EuGVVO ist der Arbeitgeber grundsätzlich im Sitzstaat, also dem Heimatstaat, zu verklagen. Ebenso wenig sind die Gerichte des Gaststaates bei der Anknüpfung am gewöhnlichen Arbeitsort nach Art. 19 Nr. 2 lit. a EuGVVO

---

roparechtlichen Vereinbarkeit von Mindest*arbeitsbedingungen EuGH* Rs. C-49/98, C-50/98, C-52/98 bis C-54/98, C-68/98 bis C-71/98 „Finalarte", Slg. 2001, I-7831 ff, sowie *EuGH* Rs. C-164/99 „Portugaia", Slg. 2002, I-787 ff.

845 *Franzen*, DZWir 1996, 89, 99. Ebenso *Däubler*, EuZW 1997, 613, 617; *Hanau*, NJW 1996, 1369, 1371; *Borgmann*, IPrax 1996, 315, 317; *Müller*, Die Entsendung von Arbeitnehmern in der Europäischen Union, 1997, S. 213, mit der Bemerkung, dass nur die örtlichen Gerichte über die notwendige Kenntnis des geltenden Rechts verfügen.

846 Art. 6 Entsende-Richtlinie lautet:
„Zur Durchsetzung des Rechts auf die in Artikel 3 gewährleisteten Arbeits- und Beschäftigungsbedingungen kann eine Klage in dem Mitgliedstaat erhoben werden, in dessen Hoheitsgebiet der Arbeitnehmer entsandt ist oder war; dies berührt nicht die Möglichkeit, gegebenenfalls gemäß den geltenden internationalen Übereinkommen über die gerichtliche Zuständigkeit in einem anderen Staat Klage zu erheben."

zuständig.[848] Die Anwendung von Art. 5 Nr. 3 EuGVVO wegen untertariflicher Entlohnung im Gaststaat scheidet von vornherein aus, nachdem ein Rückgriff auf den Deliktsgerichtsstand angesichts der abschließenden Regelungen in Art. 18 ff EuGVVO in arbeitsvertraglichen Streitigkeiten ausgeschlossen ist.[849] Ein zusätzlicher Gerichtsstand im Gaststaat ist lediglich dann gegeben, wenn das entsendende Unternehmen dort über eine Niederlassung verfügt, Art. 5 Nr. 5 EuGVVO.

Die EuGVVO bietet somit keinen verläßlichen Gerichtsstand im Gaststaat. Art. 6 S. 1 Entsende-Richtlinie ist darüber hinaus in den Fällen erforderlich, in denen der beklagte Arbeitgeber in einem Drittstaat ansässig ist. Dann kann der Arbeitnehmer den Arbeitgeber auch im EU-Gaststaat verklagen.[850]

b. Erfasste Ansprüche

Am Entsende-Gerichtsstand können nur die in Art. 3 Abs. 1 Entsende-Richtlinie genannten Mindestarbeitsbedingungen geltend gemacht werden; nicht in Art. 3 Abs. 1 Entsende-Richtlinie aufgeführte oder über das Mindestmaß hinausgehende Ansprüche werden von Art. 6 S. 1 Entsende-Richtlinie nicht erfasst.[851] Ihre Geltendmachung bestimmt sich nach EuGVVO, LugÜ oder autonomem Zivilprozessrecht.

c. Klageberechtigung

Art. 6 S. 1 Entsende-Richtlinie vermeidet es, ausschließlich den Arbeitnehmer i.S.d. Art. 2 Abs. 2 Entsende-Richtlinie als Klageberechtigten zu bezeichnen. Vielmehr ist die Vorschrift passiv formuliert („kann ... Klage erhoben werden")[852], ohne dabei einen Klageberechtigten ausdrücklich zu benennen. Fraglich erscheint daher, ob neben dem Arbeitnehmer auch andere Personen oder Institutionen berechtigt sind, die sich aus Art. 3 Abs. 1 Entsende-Richt-

---

847 *Birk*, Die Regelung der internationalen Zuständigkeit in der Entsenderichtlinie, in: Wiesehügel/Sahl, Die Sozialkassen der Bauwirtschaft und die Entsendung innerhalb der Europäischen Union, 1998, S. 111, 112.

848 Unverständlich insoweit *Gottwald*, in: Lüke/Wax, Münchener Kommentar zur ZPO, 2. Aufl. 2001, Art. 57 EuGVÜ, Rz. 13: „Art. 6 Entsende-Richtlinie gilt auch bei Entsendungen innerhalb der EU, ist aber wegen des parallel geltenden Art. 5 Nr. 1 EuGVÜ ohne praktische Bedeutung."

849 Siehe dazu oben S. 24.

850 *Jayme/Kohler*, IPrax 1997, 385, 390; *Gottwald*, in: Lüke/Wax, Münchener Kommentar zur ZPO, 2. Aufl. 2001, Art. 57 EuGVÜ, Rz. 13.

851 So konnte sich das vorlegende *LAG München* im Fall „Pugliese", siehe dazu ausführlich S. 93 ff, u.a. deshalb nicht auf Art. 6 S. 1 Entsende-Richtlinie stützen, weil die eingeklagten Miet- und Reisekosten nicht von den in Art. 3 Entsende-Richtlinie genannten Mindestarbeitsbedingungen erfasst werden.

852 Siehe Fn. 846.

linie ergebenden Ansprüche geltend zu machen. In Betracht kommen insbesondere Gewerkschaften sowie Urlaubs- und Lohnausgleichskassen.

(1) Gewerkschaften

Freilich geht es bei den Gewerkschaften grundsätzlich nicht um die Durchsetzung von *Mindest*arbeitsbedingungen i.S.d. Art. 3 Abs. 1 Entsende-Richtlinie, nachdem ihnen an der Verbesserung der bereits erzielten Arbeits- und Beschäftigungsbedingungen gelegen ist. Insoweit fallen sie schon nicht unter den sachlichen Anwendungsbereich von Art. 6 S. 1 Entsende-Richtlinie. Im Gegensatz zum deutschen Recht existiert aber in einigen Rechtsordnungen der Mitgliedstaaten ein Klagerecht zugunsten der Gewerkschaften, welches diese berechtigt, individuelle, sich aus dem Tarifvertrag ergebende Rechte für ihre Mitglieder im eigenen Namen gerichtlich geltend zu machen. So sind beispielsweise in Frankreich nach Art. L 135-4 Code du travail die Gewerkschaften in der Lage, im Wege der gesetzlichen Prozessstandschaft die Rechte ihrer Mitglieder gerichtlich einzufordern. Die französische Umsetzung der Entsende-Richtlinie sieht in Art. L 341-6-2 Code du travail sogar ein derartiges Klagerecht für die *repräsentativen* Gewerkschaften – also unabhängig von der konkreten Mitgliedschaft des betroffenen Arbeitnehmers bei der klagenden Gewerkschaft – vor.[853] D.h. eine französische Gewerkschaft kann die Rechte eines nach Frankreich entsandten Arbeitnehmers vor den französischen Gerichten gerichtlich geltend machen, obwohl dieser Arbeitnehmer nicht Mitglied der klagebefugten französischen Gewerkschaft ist. Dieser Umsetzung steht Art. 6 S. 1 Entsende-Richtlinie weder vom Wortlaut noch von seinem Telos entgegen.[854] Was den Fall einer allgemeinen *mitgliedschaftlichen* Klageberechtigung einer Gewerkschaft angeht (die französische Gewerkschaft klagt in Deutschland auf Durchsetzung der Rechte ihres Mitglieds, eines nach Deutschland entsandten Arbeitnehmers), so stellt sich die Frage, ob eine derartige Klage im Gaststaat zulässig ist. Grundsätzlich ist nach der lex fori, also hier nach deutschem Recht, zu beurteilen, ob jemand fremde Rechte im eigenen Namen gerichtlich geltend machen kann. Da dem deutschen Recht eine derartige gesetzliche Prozessstandschaft unbekannt ist, müsste eine solche Klage an sich als unzulässig abgewiesen werden. Art. 6 S. 1 Entsende-Richtlinie enthält jedoch neben der Gerichtsstandsnormierung auch eine Regelung über die Klageberechtigung. Daher ist von einer mitgliedschaftlichen Klageberechtigung der Gewerkschaften im Rahmen

---

853 Vgl. dazu *Birk*, Die Regelung der internationalen Zuständigkeit in der Entsenderichtlinie, in: Wiesehügel/Sahl, Die Sozialkassen der Bauwirtschaft und die Entsendung innerhalb der Europäischen Union, 1998, S. 111, 118.

europäischer Entsendesachverhalte auszugehen. Diese Sichtweise wird von der allgemeinen, also nicht auf den europäischen Kontext begrenzten Überlegung gestützt, wonach es nicht das ausländische Zivilprozessrecht ist, welches den Gewerkschaften die Prozessstandschaft einräumt, sondern das materielle kollektive Arbeitsrecht.[855] Dies geschieht aber, um einer Rechtsverkürzung zu Lasten des individuellen Arbeitnehmers vorzubeugen.

(2) Urlaubs- und Lohnausgleichskassen

Fraglich erscheint, ob auch die Urlaubs- und Lohnausgleichskassen die ihnen gegen ausländische Arbeitgeber aufgrund allgemeinverbindlich erklärter Tarifverträge zustehenden Beiträge am Entsende-Gerichtsstand des Art. 6 S. 1 Entsende-Richtlinie einklagen können. Bei diesen Beiträgen handelt es sich um eine besondere Form der Anspruchssicherung zugunsten des Arbeitnehmers. Eine derartige Rechtsgestaltung muss den Mitgliedstaaten im Rahmen der Umsetzung von Art. 3 Entsende-Richtlinie möglich sein.[856] Es geht daher um die Geltendmachung der in Art. 3 Abs. 1 genannten Mindestarbeitsbedingungen, so dass der sachliche Anwendungsbereich von Art. 6 S. 1 Entsende-Richtlinie eröffnet ist.[857]

d. Verhältnis zur EuGVVO

Nach Art. 6 S. 2 Entsende-Richtlinie i.V.m. Art. 67 EuGVVO bleiben die arbeitsrechtlichen Zuständigkeitsregelungen der EuGVVO *neben* der Richtlinie anwendbar. Beim Entsende-Gerichtsstand handelt es sich nicht um einen ausschließlichen, sondern um einen *zusätzlichen* Gerichtsstand,[858] der die Durchsetzung der in Art. 3 Entsende-Richtlinie garantierten Mindestarbeitsbedingungen erleichtern soll.

---

854 Ebenso *Birk*, a.a.O.

855 *Birk*, FS Beitzke, 831, 872.

856 *Ders.*, Die Regelung der internationalen Zuständigkeit in der Entsenderichtlinie, in: Wiesehügel/Sahl, Die Sozialkassen der Bauwirtschaft und die Entsendung innerhalb der Europäischen Union, 1998, S. 111, 117.

857 Ebenso *LAG Frankfurt* (zur deutschen Umsetzung von Art. 6 S. 1 Entsende-Richtlinie in § 7 AEntG a.F.), ArbuR 1999, 146 ff, unter Ablehnung der früheren Rechtsprechung, *ArbG Wiesbaden*, DB 1997, 2284 ff, die (noch) von der internationalen Unzuständigkeit der deutschen Gerichte für Klagen der Urlaubs- und Lohnausgleichskassen ausging. A.A. *Kropholler*, Europäisches Zivilprozeßrecht, 7. Aufl. 2002, Art. 19, Rz. 14.

858 So zutreffend *Kropholler*: Art. 6 Entsende-Richtlinie sieht eine internationale Zuständigkeit im Gaststaat vor, „die freilich nicht ausschließlich sein soll", *ders.*, Europäisches Zivilprozeßrecht, 7. Aufl. 2002, Art. 19, Rz. 13; *Birk*, in: Richardi/Wlotzke, Münchener Handbuch zum Arbeitsrecht, Band 1, 2. Aufl. 2000, § 23, Rz. 37; *Schack*, Internationales Zivilverfahrensrecht, 3. Aufl. 2002, Rz. 287a. A.A. wohl *Hüßtege*, in: Thomas/Putzo u.a., ZPO, 26. Aufl. 2004, Vorb. Art. 18 ff EuGVVO, Rz. 1; *Schlosser*, EU-Zivilprozessrecht, 2. Aufl. 2003, Art. 18 Rz. 4, sowie *Micklitz/Rott*, EuZW 2001, 325, 332: „Art. 6 Entsenderichtlinie 96/71 ist gem. Art. 67 Verordnung (EG) Nr. 44/2001 vorrangig."

Überlegungen bestanden dahingehend, die Zuständigkeitsregelungen der EuGVVO mit dem Gerichtsstand der Entsende-Richtlinie zu harmonisieren.[859] Weder in den Verordnungsvorschlägen noch in der EuGVVO lassen sich jedoch derartige Anpassungsregelungen finden. Es war befürchtet worden, dass der bei der Entsende-Richtlinie mühsam erzielte Kompromiss wieder zunichte gemacht werden könnte, „ganz abgesehen davon, daß die Übernahme eines offen als forum legis ausgestalteten Gerichtsstandes in die Übereinkommen einen Systembruch mit schwer einzuschätzenden Folgen bedeuten würde."[860] Darüber hinaus hätte die Aufnahme des Entsende-Gerichtsstands in die EuGVVO die angestrebte Parallelität zum LugÜ in unerreichbare Ferne rücken lassen. Denn auch wenn mit der Vergemeinschaftung des EuGVÜ bereits gewisse Änderungen einhergingen, welche die Parallelität zum LugÜ beeinträchtigt haben, so steht auch dem LugÜ eine Reform bevor.[861] Es kann jedoch nicht erwartet werden, dass von den Lugano-Vertragsstaaten eine forum legis-Regelung übernommen wird. Es verbleibt daher dabei, dass der Entsende-Gerichtsstand außerhalb der EuGVVO in Art. 6 S. 1 Entsende-Richtlinie verankert ist und nach Art. 6 S. 2 Entsende-Richtlinie i.V.m. Art. 67 EuGVVO die bereits nach der EuGVVO gegebenen Klagemöglichkeiten um den Gerichtsstand im Gaststaat ergänzt.

e. Modifizierung durch die Rechtsprechung des *EuGH* im Fall „Mazzoleni"?

Der Entsende-Gerichtsstand bleibt auch in den Fällen bestehen, in denen sich die Anwendung der Mindestlohnvorschriften auf den entsandten Arbeitnehmer als unverhältnismäßig erweist. Der *EuGH* hat in seiner Entscheidung „Mazzoleni"[862] erstmals einen Ausnahmetatbestand bei der Anwendung von Mindestlohnvorschriften bejaht. Diese kann ausnahmsweise unverhältnismäßig sein, soweit es sich um eine sog. Teilzeitentsendung[863] handelt.

---

859 *Wagner*, IPrax 1998, 241, 243.

860 *Kohler*, Die Revision des Brüsseler und des Luganer Übereinkommens über die gerichtliche Zuständigkeit und die Vollstreckung gerichtlicher Entscheidungen in Zivil- und Handelssachen – Generalia und Gerichtsstandsproblematik -, in: Gottwald, Revision des EuGVÜ – Neues Schiedsverfahrensrecht, 2000, S. 1, 18.

861 Um die Konvergenz im Verhältnis zu den Lugano-Vertragsstaaten wiederherzustellen, wird erwogen, in einem Protokoll zum LugÜ die Möglichkeit vorzusehen, einen entsprechenden Gerichtsstand im jeweiligen nationalen Recht festzulegen, *Kohler*, Die Revision des Brüsseler und des Luganer Übereinkommens über die gerichtliche Zuständigkeit und die Vollstreckung gerichtlicher Entscheidungen in Zivil- und Handelssachen – Generalia und Gerichtsstandsproblematik -, in: Gottwald, Revision des EuGVÜ – Neues Schiedsverfahrensrecht, 2000, S. 1, 18.

862 *EuGH* Rs. C-165/98 „Mazzoleni", Slg. 2001, I-2189 ff.

863 Eine Teilzeitentsendung liegt vor, wenn Beschäftigte eines Unternehmens mit Sitz in einer grenznahen Region einen Teil ihrer Arbeit in Teilzeit und für kurze Zeiträume in einem anderen Mitgliedstaat erbringen müssen, *EuGH* Rs. C-165/98 „Mazzoleni", Slg. 2001, I-2189 ff, Tz. 19. Als Grund für die Befreiung von den Mindestlöhnen nennt der *Gerichtshof* die ansonsten unterschiedlich hohen Entgelte der Arbeitnehmer derselben Operationsbasis, welche die gleiche Arbeit leisten, lediglich teilweise in ver-

Dies bedeutet für den entsandten Arbeitnehmer jedoch nicht, dass ihm, nachdem er in diesen Fällen keinen Mindestlohn beanspruchen kann, nun auch der Entsende-Gerichtsstand entzogen ist. Das Urteil betraf ein von den Sozialbehörden des Gaststaates initiiertes Strafverfahren gegen den Arbeitgeber wegen Verletzung der Mindestvorschriften. Der *Gerichtshof* betont, dass im Falle der Teilzeitentsendung die Behörden die Unverhältnismäßigkeit anhand bestimmter Kriterien zu überprüfen haben.[864] Würde dem entsandten Arbeitnehmer der Entsende-Gerichtsstand von vornherein abgesprochen, so hätte er keine Möglichkeit gerichtlich überprüfen zu lassen, ob die Voraussetzungen für die Annahme einer unverhältnismäßigen Anwendung der Mindestlohnvorschriften überhaupt gegeben sind und ob ihm dementsprechend ein Anspruch auf Mindestlohn zusteht. Denn auch die Teilzeitentsendung fällt unter den Anwendungsbereich der Entsende-Richtlinie (Art. 1 Abs. 1 Entsende-Richtlinie), es kommt lediglich zur teleologischen Reduktion von Art. 3 Abs. 1 Entsende-Richtlinie.

2. Deutsche Umsetzung von Art. 6 S. 1 Entsende-Richtlinie: § 8 AEntG

Die Umsetzung von Art. 6 S. 1 Entsende-Richtlinie erfolgte erst durch das Korrekturgesetz vom 19.12.1998 mit § 8 AEntG.[865] § 8 S. 2 AEntG räumt ausdrücklich den gemeinsamen Einrichtungen der Tarifvertragsparteien eine Klagemöglichkeit in Bezug auf die ihnen zustehenden Beiträge ein.[866]

3. Derogation des Entsende-Gerichtsstands durch Gerichtsstandsvereinbarung

Fraglich erscheint, ob der Entsende-Gerichtsstand durch die Vereinbarung eines ausschließlichen Gerichtsstands im Heimatstaat derogiert werden kann. Aus praktischer Sicht dürfte eine derartige, nach Entstehen der Streitigkeit getroffene Gerichtsstandsvereinbarung wahr-

---

schiedenen Mitgliedstaaten. Dies kann zu sozialen Spannungen führen, was wiederum die Kohärenz der im Entsendestaat geltenden Tarifverträge bedrohen könnte, a.a.O., Tz. 36.

864 Gleichwertiger Arbeitnehmerschutz im Entsendestaat, d.h. Höhe von Entgelt, Sozialabgaben, steuerliche Belastung sowie Dauer, Vorhersehbarkeit und tatsächliche Umsetzung bzw. Zugehörigkeit zur Operationsbasis im Entsendestaat, a.a.O., Tz. 38 f.

865 BGBl. I 1998, 3843 ff. – § 8 AEntG lautet:
„Ein Arbeitnehmer, der in den Geltungsbereich dieses Gesetzes entsandt ist oder war, kann eine auf den Zeitraum der Entsendung bezogene Klage auf Gewährung der Arbeitsbedingungen nach §§ 1, 1a und 7 auch vor einem deutschen Gericht für Arbeitssachen erheben. Diese Klagemöglichkeit besteht auch für eine gemeinsame Einrichtung der Tarifvertragsparteien nach § 1 Abs. 3 in Bezug auf die ihr zustehenden Beiträge." Vgl. dazu auch *BAG*, BB 2003, 780.

866 Kritisch *Kropholler*, Europäisches Zivilprozeßrecht, 7. Aufl. 2002, Art. 19, Rz. 14; *Jayme/Kohler*, IPrax 2000, 454, 464. Zur entsprechenden, im Rahmen von Art. 6 Entsende-Richtlinie geführten Diskussion siehe oben S. 160 ff.

scheinlich sein.[867] Soweit sich nämlich der Arbeitnehmer auf den Entsende-Gerichtsstand beruft und die vergleichsweise höheren Mindestansprüche geltend macht, wird dies die Lohnkosten des Arbeitgebers ansteigen lassen. Dadurch wird der Arbeitgeber nicht mehr so günstig kalkulieren können wie aufgrund der Beschäftigungsbedingungen im Heimatstaat und infolgedessen weniger Aufträge erhalten. Der Arbeitgeber wird folglich an einer Prorogation großes Interesse haben.

Ob der Entsende-Gerichtsstand durch eine Gerichtsstandsvereinbarung ausgeschlossen werden kann, lässt sich nicht unmittelbar der Entsende-Richtlinie entnehmen. Insofern muss es bei den allgemeinen Bestimmungen der EuGVVO verbleiben (Art. 67 EuGVVO), so dass nach Art. 21 EuGVVO eine Gerichtsstandsvereinbarung nur dann zulässig ist, wenn sie nach Entstehen der Streitigkeit oder vom Arbeitnehmer geltend gemacht wird, um ein anderes Gericht als das am Wohnsitz des Beklagten oder am vertraglichen Erfüllungsort zuständige Gericht anzurufen.[868]

B. Internationale Zuständigkeit bei Rechtsstreitigkeiten in Zusammenhang mit der Richtlinie über die Errichtung eines Europäischen Betriebsrates (RL 94/45/EG) und dem EBRG

Die Kommission hat am 22.9.1994 die Richtlinie 94/45/EG über die Errichtung eines „Europäischen Betriebsrates" verabschiedet. Zielsetzung der Richtlinie ist die grenzüberschreitende Unterrichtung und Anhörung der Arbeitnehmer in gemeinschaftsweit operierenden Unternehmen und Unternehmensgruppen. Zu diesem Zweck soll ein Europäischer Betriebsrat eingerichtet werden. Umfang, Zusammensetzung und Arbeitsweise des Europäischen Betriebsrats werden nicht durch die EBR-Richtlinie, sondern durch schriftliche Vereinbarung zwischen der „zentralen Leitung" des Unternehmens/Unternehmensgruppe und dem „besonderen Verhandlungsgremium" der Arbeitnehmer festgelegt. Kommt eine derartige Vereinbarung nicht zustande, so sieht die EBR-Richtlinie vor, dass ein Europäischer Betriebsrat kraft Gesetzes eingesetzt wird. Dem besonderen Verhandlungs-

---

[867] *Birk*, in: Richardi/Wlotzke, Münchener Handbuch zum Arbeitsrecht, Band 1, 2. Aufl. 2000, § 23, Rz. 37.

[868] *Franzen*, ZEuP 1997, 1055, 1072. A.A. *Birk*, in: Richardi/Wlotzke, Münchener Handbuch zum Arbeitsrecht, Band 1, 2. Aufl. 2000, § 23, Rz. 37: „Nimmt man die ERL [Entsende-Richtlinie] ernst, wird man daher eine Derogation des Gerichtsstandes nach Art. 6 ERL nicht anerkennen können."

gremium, dem Europäischen Betriebsrat und unter bestimmten Umständen auch den Arbeitnehmervertretungen stehen gewisse Informationsrechte zu.[869]

Bei grenzüberschreitenden Rechtsstreitigkeiten in Zusammenhang mit der EBR-Richtlinie und dem deutschen Umsetzungsgesetz[870] stellt sich die Frage nach der internationalen Entscheidungszuständigkeit.

I. Fehlende Regelung der internationalen Zuständigkeit in der EBR-Richtlinie

Die *EBR-Richtlinie selbst* enthält keine Regelung der internationalen Zuständigkeit.[871] Art. 11 Abs. 1 EBR-Richtlinie statuiert zwar, dass jeder Mitgliedstaat dafür Sorge zu tragen hat, dass die Leitung der in seinem Hoheitsgebiet befindlichen Betriebe eines gemeinschaftsweit operierenden Unternehmens und die Leitung des Unternehmens, das Mitglied einer gemeinschaftsweit operierenden Unternehmensgruppe ist, und ihre Arbeitnehmervertreter oder, je nach dem betreffenden Einzelfall, deren Arbeitnehmer den in dieser Richtlinie festgelegten Verpflichtungen nachkommen, *unabhängig davon, ob die zentrale Leitung sich in seinem Hoheitsgebiet befindet.* Dies bedeutet lediglich, dass die Mitgliedstaaten keine ausschließliche Zuständigkeit der Gerichtsbarkeit des Sitzstaates der zentralen Leitung für länderübergreifende Fragen schaffen dürfen.[872] Ebenso wenig lässt sich Art. 11 Abs. 3 EBR-Richtlinie eine Regelung der internationalen Zuständigkeit entnehmen.[873]

II. Regelung der internationalen Zuständigkeit in den nationalen Umsetzungsakten zur EBR-Richtlinie

Das deutsche EBRG regelt in Art. 2, der den Anwendungsbereich von § 2 Abs. 1 ArbGG modifiziert, lediglich die sachliche und örtliche Zuständigkeit, nicht aber die internationale Zuständigkeit.[874]

---

869 Die EBR-Richtlinie bezweckt keine Harmonisierung der vorhandenen Strukturen betrieblicher Interessenvertretung. Vielmehr wird eine neue Ebene der Kommunikation zwischen betrieblichen Interessenvertretern und Unternehmensleitungen geschaffen, um den Informationsaustausch zwischen diesen Beteiligten zu institutionalisieren.

870 Gesetz über Europäische Betriebsräte vom 28.10.1996 (Europäische Betriebsräte-Gesetz – nachfolgend zitiert als „EBRG"), BGBl. I 1996, 1548 ff, geändert durch Gesetz vom 21.12.2000, BGBl. I 2000, 1983 ff.

871 Ebenso *Hanau*, FS Vieregge, 319, 320.

872 *Weiss*, ArbuR 1995, 438, 441.

873 Art. 11 Abs. 3 EBR-Richtlinie lautet:
„Für den Fall der Nichteinhaltung dieser Richtlinie sehen die Mitgliedstaaten geeignete Maßnahmen vor; sie sorgen insbesondere dafür, dass Verwaltungs- und Gerichtsverfahren vorhanden sind, mit deren Hilfe die Erfüllung der sich aus dieser Richtlinie ergebenden Verpflichtungen durchgesetzt werden kann."

874 „§ 2 Abs. 1 ArbGG betrifft nur die Abgrenzung zu den ordentlichen Gerichten, regelt also nicht die internationale Zuständigkeit", *Geimer*, Internationales Zivilprozessrecht, 5. Aufl. 2005, Rz. 1786. Ebenso

Auch in den Umsetzungsakten der übrigen Mitgliedstaaten[875] lässt sich – bis auf Portugal,[876] Spanien[877] und Österreich[878] – keine Regelung über die internationale Zuständigkeit finden. Die internationale Zuständigkeit kann sich daher nur aus den nationalen Vorschriften[879] ergeben, wenn nicht der Anwendungsbereich der EuGVVO eröffnet ist.[880]

III. Diskussionsstand in der Literatur

In der Literatur wird das Problem der internationalen Zuständigkeit bei Streitigkeiten in Zusammenhang mit dem Europäischen Betriebsrat kaum thematisiert. Es wird zwar erkannt, dass die EBR-Richtlinie kaum absehbare prozessuale Probleme birgt und die Regelung von Streitigkeiten ungeklärt ist.[881] So empfiehlt *Heinze* aus Praktikabilitätsgründen die Vereinbarung einer Gerichtsstandsklausel bei Abschluss einer freiwilligen Vereinbarung i.S.d.

Müller, Europäische Betriebsräte-Gesetz, 1997, Art. 2, Rz. 1 und 2, sowie *Blanke*, Europäisches Betriebsräte-Gesetz, 1999, Art. 2, Rz. 2.

875 Eine kurze Zusammenfassung der jeweiligen Umsetzungsgesetze bzw. Tarifverträge der einzelnen Mitgliedstaaten (Art. 14 EBR-Richtlinie ermöglicht eine Umsetzung per Gesetz oder Tarifvertrag entsprechend den nationalen arbeitsrechtlichen Vorgaben der jeweiligen Mitgliedstaaten) mit Fundstellennachweis findet sich bei *Kolvenbach*, NZA 2000, 518 ff, sowie bei *Birk*, FS Sandrock, 2000, 65 ff.

876 Gemäß Art. 35 Abs. 1 des portugiesischen Umsetzungsgesetzes richtet sich die internationale Zuständigkeit nach allgemeinem (autonomem) Recht, d.h. nach der nationalen portugiesischen Zuständigkeitsordnung; nach Art. 35 Abs. 2 sind die portugiesischen Gerichte jedenfalls dann zuständig, wenn sich die zentrale Leitung in Portugal befindet bzw. mangels einer solchen wird auf den Sitz des Repräsentanten der zentralen Leitung in Portugal abgestellt, lei n.° 40/99 de 9 de junho (assegura a informação e consulta dos trabalhadores em empresas ou grupos de empresas transnacionais e regula a instituição de conselhos de empresas europeus ou de procedimentos simplificados de informação e consulta em empresas e grupos de empresas de dimensão comunitária).

877 Die spanischen Gerichte sind insbesondere dann international zuständig, wenn der (Wohn-)Sitz des Beklagten in Spanien liegt, oder wenn der Anspruch, auf den sich die Klage gründet, auf spanischem Hoheitsgebiet zu erfüllen ist, Art. 36 Abs. 1 ley de 10 abril 1997 sobre derechos de información y consulta de los trabajadores en las empresas y grupos de empresas de dimensión comunitaria.

878 Die internationale Zuständigkeit der österreichischen Gerichte ist gegeben, soweit sich die zentrale Leitung des Unternehmens in Österreich befindet oder es sich um die Ermittlung der im Zusammenhang mit der Bildung eines Europäischen Betriebsrats maßgeblichen inländischen Beschäftigtenzahlen, die Pflichten der inländischen örtlichen Unternehmensleitung, die Entsendung der österreichischen Mitglieder in das Verhandlungsgremium oder um die Einhaltung der Verschwiegenheitspflicht handelt, § 5 lit. b Abs. 2 Arbeits- und Sozialgesetz (geändert durch Art. II Nr. 1 des Bundesgesetzes Nr. 601 vom 17.10.1996) i.V.m. § 172 ArbVG.

879 Nach deutschem Recht bestimmt sich die internationale Zuständigkeit der Arbeitsgerichte ebenso wie die der ordentlichen Gerichte nach den Vorschriften der ZPO über die örtliche Zuständigkeit, §§ 12 ff ZPO. Nach h.M. sind die §§ 12 ff ZPO unmittelbar, und nicht nur „analog“ oder „entsprechend“, hinsichtlich der internationalen Zuständigkeit anzuwenden, da im deutschen Recht bzgl. der internationalen Zuständigkeit keine Gesetzeslücke besteht, *Kropholler*, Internationales Privatrecht, 5. Aufl. 2004, S. 567. Dies gilt auch für das Beschlussverfahren, *Germelmann/Matthes/Prütting/Müller-Glöge*, ArbGG, 5. Aufl. 2004, § 1, Rz. 30.

880 Auch wenn drei der fünfzehn Mitgliedstaaten eine eigene Zuständigkeitsregelung getroffen haben, so spricht dies allein noch nicht gegen die Anwendbarkeit der EuGVVO auf Streitigkeiten in Zusammenhang mit dem Europäischen Betriebsrat.

881 *Heinze*, AG 1995, 385, 394. Ebenso *Willemsen/Hohenstatt*, NZA 1995, 399, 403, die aus Art. 11 Abs. 1 EBR-Richtlinie folgern, dass es möglich sein muss, die Träger der auferlegten Pflichten jeweils an ihrem Sitz verklagen zu können. Ansonsten drohe eine „fatale Zersplitterung der Verantwortlichkeiten und des

§§ 17 ff EBRG.[882] Offenbar geht er von der Unanwendbarkeit der EuGVVO aus, da er auf § 38 Abs. 2 ZPO Bezug nimmt.[883]

Demgegenüber geht einzig *Rademacher* von der Anwendbarkeit der Zuständigkeitsregelungen der EuGVVO aus.[884] Nach Art. 1 Abs. 1 S. 1 EuGVVO ist das Abkommen auf Zivil- und Handelssachen anwendbar, wozu auch das individuelle und kollektive Arbeitsrecht gehören.[885] Nach Art. 2 Abs. 1 EuGVVO ist demnach die internationale Zuständigkeit der Gerichte des Staates gegeben, in dem der Beklagte seinen Wohnsitz hat; bei juristischen Personen ist gemäß Art. 60 EuGVVO auf deren Sitz abzustellen. Daraus wird gefolgert, dass „die im Rahmen der Richtlinie tätigen Akteure" grundsätzlich in ihrem jeweiligen Sitzstaat zu verklagen sind.[886]

Ansonsten finden sich allenfalls Ausführungen zur kollisionsrechtlichen Problematik sowie zur Rechtswahl.[887]

IV. Rechtsprechung zur EBR-Richtlinie: Der Fall „Renault"

Bislang existiert nur wenig Rechtsprechung zur EBR-Richtlinie bzw. zum EBRG. Kein Gericht hat sich bisher ausdrücklich zur internationalen Zuständigkeit geäußert.[888] Allenfalls

Rechtsweges." Die EBR-Richtlinie lasse völlig ungeklärt, welches nationale Recht für die Beantwortung dieser Rechtsfragen maßgeblich sei sowie welche Gerichte hierüber zu entscheiden hätten.

882 „Nur durch eine deutsche, auf den Sitz der zentralen Leitung bzw. der entsprechenden Leitungsebene bezogene Gerichtsstandsklausel kann dem Wirrwarr dieser agierenden Gerichtsstände in den Mitgliedstaaten entgegengewirkt und eine einheitliche Rechtswahl wie Rechtsanwendung sichergestellt werden", *Heinze*, AG 1995, 385, 402; ebenso wörtlich (aber nicht zitiert) bei *Pauly/Ahouzaridi*, DZWir 1996, 221, 227.

883 „... besonderes Augenmerk ist auf die Gerichtsstandsklausel zu richten, weil ... dadurch im Rahmen des § 38 Abs. 2 ZPO zumindest die Chance eröffnet wird, den Unzuträglichkeiten des Art. 11 RL entgegenzuwirken", a.a.O.

884 *Rademacher*, S. 148.

885 A.a.O. *Rademacher* stützt seine Ansicht im Hinblick auf das kollektive Arbeitsrecht auf *Grunsky*, JZ 1973, 641, 642.

886 *Rademacher*, S. 148.

887 Insbesondere *Däubler*, FS Schaub, 95, 97 ff; *Schiek*, RdA 2001, 218, 235.

888 Das mag daran liegen, dass im Falle einer gerichtlichen Auseinandersetzung der Europäische Betriebsrat, beispielsweise bei mangelhafter oder unterbliebener Information, bei den Gerichten desjenigen Staates „klagt" (im untechnischen Sinn; in Deutschland gelangt das Beschlussverfahren, §§ 2, 80 ff ArbGG, zur Anwendung, insoweit ist hier von „beantragen" zu sprechen), in dem sich der Sitz der zentralen Leitung befindet. Hier fehlt jedoch das grenzüberschreitende Element, denn der Europäische Betriebsrat hat zwar als Organ nicht einen eigenen „Sitz", wird aber im Sitzstaat der zentralen Leitung zu lokalisieren sein. Es ergeben sich darüber hinaus auch rein innerstaatliche Streitigkeiten, wenn eine örtliche Arbeitnehmervertretung die örtliche Betriebs-/Unternehmensleitung „verklagen" sollte.

in Zusammenhang mit der Schließung des Renault-Werkes in Vilvoorde/Belgien im Jahre 1997 machte das französische Gericht[889] Bemerkungen zum Territorialitätsprinzip.

In diesem Fall bestand zwischen der zentralen Geschäftsleitung der Renault-Gruppe (Société Renault) und den gewerkschaftlichen Organisationen des Renault-Konzerns eine freiwillige Vereinbarung über Errichtung und Aufgaben eines dem Europäischen Betriebsrat entsprechenden Europäischen Konzernausschusses, der i.S.d. nationalen Umsetzung der EBR-Richtlinie tätig werden sollte. Völlig überraschend und ohne vorherige Anhörung des Europäischen Konzernausschusses gab die zentrale Geschäftsleitung am 22.2.1997 bekannt, dass die der belgischen Tochtergesellschaft Renault Industrie Belgique (R.I.B.) zugehörige Produktionsstätte in Vilvoorde mit Wirkung zum 1.7.1997 geschlossen werden soll. Der Europäische Konzernausschuss beantragte daraufhin beim *Tribunal de Grande Instance Nanterre*, durch gerichtliche Entscheidung der Société Renault zu untersagen, die Schließung fortzuführen, bevor ihm nicht nähere Informationen zugegangen sind.

Nahezu gleichzeitig beantragte ein (belgischer) von der Kündigung betroffener Arbeitnehmer unter Beteiligung zweier belgischer Gewerkschaften vor einem Brüsseler Arbeitsgericht, der R.I.B. die Schließung des Werks wegen unterlassener vorheriger Konsultation zu untersagen.

Das *Tribunal de Grande Instance Nanterre* entsprach dem Antrag des Europäischen Konzernausschusses. Das *Cour d'appel Versailles* bestätigte auf Berufung der Société Renault hin die Untersagung der Schließung des belgischen Werks ohne vorherige Anhörung. Das Brüsseler Arbeitsgericht gab dem Antrag der belgischen Antragsteller ebenfalls statt und stützte seine Entscheidung auf die Richtlinie 75/129/EWG über Massenentlassungen[890] (bzw. deren Neufassung durch die Richtlinie 92/56/EWG) sowie deren Umsetzung in belgisches Recht.

Das französische Gericht verwarf das Argument der Société Renault, ein französisches Gericht könne nicht nach französischem Recht über Vorgänge bei einer belgischen juristischen Person urteilen. Streitgegenstand war eine in Frankreich gefällte Entscheidung eines französischen Unternehmens mit Sitz in Frankreich, die lediglich Auswirkungen in Belgien zeitigte. Das belgische Urteil wendete sich demgegenüber an eine juristische Person

---

889 *Cour d'appel Versailles* vom 7.5.1997 – Urt. Nr. 308, Reg. Nr. 2780/97 (Vorinstanz: *Tribunal de Grande Instance Nanterre* vom 4.4. 1997 – Nr. 97/00992), ArbuR 1997, 299 ff; vgl. dazu *Lorenz/Zumfelde*, RdA 1998, 168 ff, sowie *Kolvenbach/Kolvenbach*, NZA 1997, 695 ff.

890 Richtlinie des Rates über die Angleichung der Rechtsvorschriften der Mitgliedstaaten über Massenentlassungen, ABl. EG 1975 Nr. L 48/29 ff, und ABl. EG 1992 Nr. L 245/3 ff.

belgischen Rechts, die in Belgien nach Maßgabe belgischen Rechts die in Frankreich getroffene Entscheidung umsetzen könne.[891] Das Territorialitätsprinzip ist daher nicht verletzt, wenn sich die Auswirkungen von Unternehmensentscheidungen in anderen Staaten vollziehen und dort gegebenenfalls einer weiteren Rechtskontrolle unterliegen. Im Übrigen handelte es sich um völlig unterschiedliche Streitgegenstände, die den Entscheidungen der französischen und belgischen Gerichte zugrunde lagen. Auf Antragsteller- und Gegnerseite standen vollkommen verschiedene Parteien.

In der Literatur wurde die nicht zur Entscheidung gestellte Frage aufgeworfen, ob vor dem belgischen Arbeitsgericht auch die Nichteinhaltung der Vorschriften über den Europäischen Betriebsrat hätte erfolgreich geltend gemacht werden können und gegebenenfalls von welchem Antragsteller.[892] Aus Art. 11 Abs. 1 EBR-Richtlinie wird gefolgert, dass aufgrund der Verantwortlichkeit der Mitgliedstaaten für die in ihrem Hoheitsgebiet ansässigen Niederlassungen *grundsätzlich auch jede Niederlassung „verklagt" werden kann*, und zwar unabhängig davon, ob sie der eigentliche Entscheidungsträger ist.[893]

V. Denkbare grenzüberschreitende EBR-Streitigkeiten

Dies führt zu der Frage, ob und in welcher Gestalt überhaupt grenzüberschreitende Streitigkeiten in Angelegenheiten des Europäischen Betriebsrates entstehen können.[894]

In Bezug auf das deutsche EBRG kommen zunächst Ansprüche der örtlichen Arbeitnehmervertretungen/Gewerkschaften/Betriebs- oder Unternehmensleitungen gegen die zentrale Leitung mit Sitz im Ausland nach §§ 12, 24 EBRG über die Unterrichtung bezüglich der Mitglieder des besonderen Verhandlungsgremiums bzw. die Mitglieder des Euro-

---

891 Urteilsgründe III.2., siehe Fn. 889.

892 *Lorenz/Zumfelde*, RdA 1998, 168, 170.

893 A.a.O. Soweit im folgenden Text die Begriffe „verklagen" oder „Kläger", „Beklagter" gebraucht werden, so sind sie im untechnischen Sinn zu verstehen; in Deutschland gelangt das Beschlussverfahren, §§ 2a, 80 ff ArbGG, zur Anwendung, insoweit ist hier „beantragen", „Antragsteller", „Antragsgegner" gemeint.

894 Davon zu trennen ist die Frage, ob es – unabhängig von dem Problem des *grenzüberschreitenden* Sachverhalts – Sinn macht, einen auf Erfüllung der Informationspflicht gerichteten Anspruch einzuklagen. In Zusammenhang mit dem Richtlinienvorschlag zur Information und Anhörung der Arbeitnehmer bezweifelt *Giesen*, ob es sinnvoll wäre, einen unmittelbaren Erfüllungsanspruch, gerichtet auf Information und Anhörung, einzuklagen, da dessen Wert von der Arbeitsgeschwindigkeit der Gerichte abhängt, *ders.*, RdA 2000, 298, 302 f. Nachdem es auf die Ebene des Europäischen Betriebsrats auch um die Verwirklichung von Informationsrechten geht, erscheint fraglich, ob diese überhaupt Gegenstand einer „Klage" (im untechnischen Sinn) werden können. Denn nach *Giesens* Kritik ist jedes Informationsverlangen erledigt, sobald Information und Anhörung nicht mehr eine bevorstehende oder laufende Maßnahme, sondern einen abgeschlossenen Tatbestand betreffen. Im Wege des einstweiligen Rechtsschutzes ist es jedoch durchaus denkbar, Informationsrechte als Erfüllungsansprüche gerichtlich geltend zu machen (vgl. Renault-Fall). Zu den sich in Zusammenhang mit dem einstweiligen Rechtsschutz ergebenden Problemen vgl. *Schmidt*, RdA 2001, Sonderbeilage Heft 5, 13, 21 f.

päischen Betriebsrates in Betracht. Diese Ansprüche dürften in der Praxis jedoch kaum die Relevanz der Auskunftsansprüche nach § 5 Abs. 1 u. 2 2. HS EBRG (entspricht Art. 11 Abs. 2 EBR-Richtlinie) erreichen. Nach § 5 Abs. 1 EBRG hat eine Arbeitnehmervertretung[895] gegenüber der zentralen Leitung Anspruch auf Auskünfte über die durchschnittliche Gesamtzahl der Arbeitnehmer, ihre Verteilung etc., um aufgrund dieser Daten selbst beurteilen zu können, ob die Voraussetzungen für Informations- und Anhörungsrechte nach den Vorschriften über den Europäischen Betriebsrat vorliegen.[896] Nach Abs. 2 können sie sich mit diesem Ansinnen auch an die örtliche Betriebs- oder Unternehmensleitung wenden. Auf diese Weise soll den Arbeitnehmervertretungen die Informationsbeschaffung, insbesondere im Fall einer im Ausland ansässigen zentralen Leitung, erleichtert werden.[897]

Wie oben bereits angedeutet wird aus Art. 11 Abs. 1 EBR-Richtlinie der Schluss gezogen, dass aufgrund der Verantwortlichkeit der Mitgliedstaaten für die in ihrem Hoheitsgebiet ansässigen Niederlassungen grundsätzlich auch jede Niederlassung verklagt werden kann, und zwar unabhängig davon, wer der eigentliche Entscheidungsträger im Einzelfall ist. Dies würde konsequenterweise bedeuten, dass jede örtliche Arbeitnehmervertretung nicht nur die zentrale Leitung,[898] sondern darüber hinaus auch jede ausländische Niederlassung verklagen kann.

---

895 Diese – aus rein innerdeutscher Sicht unscharfe – Bezeichnung soll auf das in- und ausländische Recht verweisen: Auskunftsberechtigte „Arbeitnehmervertretungen" i.S.d. § 5 Abs. 1 EBRG sind nicht nur solche des deutschen Rechts (Betriebsrat, Gesamtbetriebsrat, Konzernbetriebsrat), sondern auch die bei einem ausländischen Betrieb oder Unternehmen nach dortigem Recht bestehenden Vertretungen, *Junker*, RdA 2002, 32, 33.

896 Zum Anspruch auf Auskunftserteilung vgl. *EuGH* Rs. C-62/99 „bofrost", EuZW 2001, 275 ff; vgl. dazu *Hänlein*, EuLF 2001, 371 ff; *LAG Düsseldorf*, NZA-RR 2002, 196 ff. Danach besteht auch dann ein Auskunftsanspruch zugunsten der Arbeitnehmervertretung, wenn noch nicht feststeht, ob es sich bei der Unternehmensleitung, an die sich die Arbeitnehmer wenden, um die Leitung eines innerhalb der Unternehmensgruppe *herrschenden* Unternehmens handelt. Vgl. im übrigen auch den Vorlagebeschluss des *BAG* vom 27.6.2000 an den *EuGH*, AP Nr. 1 zu EWG-Richtlinie Nr. 94/45: Hier verlangt der Gesamtbetriebsrat eines deutschen Unternehmens, welches zu einer grenzüberschreitend tätigen Unternehmensgruppe mit Leitung in der Schweiz gehört, vom deutschen Unternehmen Auskunft. Das deutsche Unternehmen kann diesem Ersuchen nicht nachkommen, weil die in der Schweiz ansässige Konzernzentrale sich weigert, die begehrten Auskünfte an das deutsche Unternehmen weiterzuleiten.

897 Begründung des Regierungsentwurfs zum EBRG, BT-Drucks. 13/4520, 19. – Im Fall *EuGH* Rs. C-62/99 „bofrost", EuZW 2001, 275 ff, handelte es sich allerdings um einen rein nationalen Sachverhalt: Antragsteller war der Betriebsrat der bofrost GmbH & Co. KG, Antragsgegnerin die bofrost GmbH & Co. KG mit Sitz in Deutschland. Ebenso verhält es sich in den Fällen von *LAG Düsseldorf*, NZA-RR 2002, 196 ff, sowie *BAG* vom 27.6.2000, AP Nr. 1 zu EWG-Richtlinie Nr. 94/45.

898 *Blanpain*, S. 28, bildet folgendes Beispiel als grenzüberschreitenden Sachverhalt: „If workers in Germany of a multinational, which has its headquarters in Paris, feel that they are not represented in the European Works Council, which national court should they address? The law, applicable to the European Works Council in this case is French law, because that is where the headquarters of the group are located, etc. Where should the workers go? Should they sue the parent company? In other words, do we have transborder legal actions? ... Should they sue the central management, located in Paris, in front of the German court?" In diesem Zusammenhang verweist *Blanpain* auf eine weitere denkbare Fallkonstella-

Dementsprechend wird von *Ahrens*[899] kritisiert, dass Art. 2 EBRG von Art. 11 Abs. 1 EBR-Richtlinie nicht gedeckt ist, weil er die *ausschließliche* örtliche Zuständigkeit deutscher Arbeitsgerichte normiert. Art. 2 EBRG modifiziert § 2 ArbGG, indem die ausschließliche (sachliche) Zuständigkeit[900] der Gerichte für Arbeitssachen in Angelegenheiten des EBRG nach § 2a Abs.1 Nr. 3 lit. b ArbGG begründet wird. Hinsichtlich der örtlichen Zuständigkeit bestimmt Art. 2 EBRG, dass der Sitz des (herrschenden) Unternehmens maßgeblich sein soll (§ 82 S. 4 bzw. 5 BetrVG). Weder Art. 11 Abs. 1 noch Art. 11 Abs. 3 EBR-Richtlinie enthalten aber eine Ermächtigung zur Festschreibung der ausschließlichen örtlichen Zuständigkeit der Arbeitsgerichte.[901]

VI. Anwendbarkeit der EuGVVO auf grenzüberschreitende EBR-Streitigkeiten

Es bleibt damit bei der Frage, ob der Anwendungsbereich der EuGVVO für Angelegenheiten des Europäischen Betriebsrates eröffnet ist. Fraglich erscheint vor allem, ob grenzüberschreitende Streitigkeiten in Zusammenhang mit dem Europäischen Betriebsrat unter den *sachlichen* Anwendungsbereich von Art. 1 EuGVVO fallen. Können insbesondere Angelegenheiten des Europäischen Betriebsrates als „Zivil- und Handelssache" i.S.d. Art. 1 Abs. 1 EuGVVO angesehen werden?

Seit der Entscheidung „Sanicentral"[902] steht fest, dass das Arbeitsrecht grundsätzlich unter den sachlichen Anwendungsbereich der EuGVVO fällt. Dabei ist vorrangig an das Individualarbeitsrecht zu denken,[903] es sind aber auch Fälle im Bereich des kollektiven Arbeitsrechts denkbar.[904]

---

tion: „(There could be) twenty, thirty employees in Belgium with no local management in Belgium as such. ... These employees then relate directly to, e.g., Paris headquarters. These Belgian employees can ask to be represented in the European Works Council. They have no local management to sue, which is responsible in Belgium for those questions. So it may well be that they have to go to another country, in this case to the headquarters in Paris.", a.a.O., S. 29.

899 *Ahrens*, AG 1997, 298, 304.

900 *Müller*, Europäische Betriebsräte-Gesetz, 1997, Art. 2, Rz. 2.

901 *Weiss*, ArbuR 1995, 438, 441: „... die RL nicht den sie in nationales Recht transformierenden Mitgliedstaat ermächtigt, bei länderübergreifenden Fragen die ausschließliche Zuständigkeit der Gerichtsbarkeit des Sitzstaates der zentralen Leitung für länderübergreifende Fragen zu begründen."

902 *EuGH* Rs. 25/79 „Sanicentral", Slg. 1979, 423 ff, Tz. 3.

903 Bislang existieren Entscheidungen des *EuGH* lediglich zum Individualarbeitsrecht.

904 *Geimer/Schütze*, Europäisches Zivilverfahrensrecht, 2. Aufl. 2004, Art. 1, Rz. 27, die auf das Beispiel von *Grunsky*, JZ 1973, 641, 642. Siehe dazu oben unter Fn. 65. Auch *Junker* hält kollektiv-arbeitsrechtliche Streitigkeiten in Zusammenhang mit den Vereinbarungen der europäischen Sozialpartner im Rahmen des sozialen Dialogs und deren Durchführung auf nationaler Ebene für möglich, *ders.*, ZZPInt 3 (1998), 179, 182.

Ausgangspunkt der Überlegungen muss daher die übrige Rechtsprechung des *Gerichtshofs* zu Art. 1 Abs. 1 EuGVVO bilden. Der *EuGH* hat in seiner Entscheidung „Eurocontrol“[905] betont, dass unter „Zivil- und Handelssachen“ ein autonomer Begriff zu verstehen ist, bei dessen Auslegung die Zielsetzungen und die Systematik der Verordnung sowie die allgemeinen Rechtsgrundsätze, die sich aus der Gesamtheit der innerstaatlichen Rechtsordnungen ergeben, berücksichtigt werden müssen. Maßgeblich ist die Abgrenzung zu öffentlich-rechtlichen Streitigkeiten. Rechtsstreitigkeiten, die in Zusammenhang mit der Ausübung hoheitlicher Befugnisse stehen, fallen nach der Rechtsprechung des *Gerichtshofes* nicht unter die EuGVVO.[906] Das *kollektive Arbeitsrecht* ist jedoch dem *Privatrecht* zuzuordnen.[907] Insoweit besteht kein Hindernis hinsichtlich der Anwendbarkeit der EuGVVO.[908]

Im *Jenard*-Bericht wird im Hinblick auf die nach Art. 1 Abs. 2 EuGVÜ ausgeschlossenen Rechtsgebiete darauf hingewiesen, dass die Verfasser des EuGVÜ es vorzogen, einzelne Rechtsbereiche auszuschließen, anstatt den Anwendungsbereich des Übereinkommens positiv zu umschreiben.[909] Hierzu sahen sich die Verfasser aufgrund des noch nicht vereinheitlichten Kollisionsrechts gehindert. Denn dessen Verschiedenheit in den einzelnen Mitgliedstaaten wirkt sich insbesondere bei nichtvermögensrechtlichen Ansprüchen aus, da diese grundsätzlich von der Parteiautonomie ausgenommen sind und den ordre public tangieren.[910] Bei Streitigkeiten um den Europäischen Betriebsrat handelt es sich vorwiegend um durchzusetzende Informationsrechte, also nichtvermögensrechtliche Ansprüche. Diese Informationsrechte sind jedoch gerade nicht der Parteiautonomie entzogen, nachdem Art. 6

---

905 *EuGH* Rs. 29/76 „Eurocontrol“, Slg. 1976, 1551 ff.

906 A.a.O., Tz. 2. – Auf die Art der Gerichtsbarkeit kommt es nach Art. 1 Abs. 1 S. 1 EuGVVO nicht an.

907 *Gamillscheg*, S. 46. *Johner*, S. 40, subsumiert aufgrund der fehlenden Ausübung hoheitlicher Befugnisse kollektive Arbeitsrechtsstreitigkeiten unter den Begriff der „Zivil- und Handelssachen“ i.S.d. Art. 1 Abs. 1 S. 1 LugÜ. Ebenso im Ergebnis *Hoppe*, S. 52, die darauf verweist, dass individualrechtliche Ansprüche häufig lediglich unter Hinzuziehung des kollektiven Arbeitsrechts sachgerecht beurteilt werden können.

908 Dass kollektiv-arbeitsrechtliche Streitigkeiten allgemein unter den Anwendungsbereich des EuGVÜ fallen, ergibt sich implizit aus dem *Jenard/Möller*-Bericht zum LugÜ, was nach dem Konvergenzgedanken für eine entsprechende Geltung im Rahmen des EuGVÜ spricht: In Zusammenhang mit Art. 5 Nr. 1 LugÜ wird darauf hingewiesen, dass diese Vorschrift nur auf individuelle Arbeitsverhältnisse anwendbar ist, „nicht (aber) auf die zwischen Arbeitgebern und Arbeitnehmervertretern geschlossenen Kollektivverträge“, ABl. EG 1990 Nr. C 189/57, 73. Dieser Hinweis wäre obsolet, wenn kollektivrechtliche Arbeitsstreitigkeiten gar nicht unter den Anwendungsbereich fielen.

909 Die Verfasser des EuGVÜ haben bewusst nicht ausdrücklich festgelegt, was unter „Zivil- und Handelssachen“ zu verstehen ist, *Jenard*-Bericht, BT-Drucks. VI/1973, 52, 59.

910 A.a.O. – Aus diesem Grund erachtet *Birk* diejenigen kollektivrechtlichen Streitigkeiten auf dem Gebiet des Arbeitsrechts als *nicht* unter den sachlichen Anwendungsbereich des EuGVÜ fallend, deren Gegenstände *nichtvermögensrechtlicher* Art sind. Dazu zählt er die meisten betriebsverfassungsrechtlichen Angelegenheiten nach § 2a Abs. 1 Nr. 1 ArbGG, nicht aber Ersatz- und Erstattungsansprüche, Ansprüche aus einem Sozialplan sowie Ansprüche nach § 113 BetrVG. Ebenso wenig werden die nichtvermögensrechtlichen Streitigkeiten der in § 2a Abs. 1 Nr. 2 u. 3 ArbGG genannten Fallgruppen sowie die Frage

EBR-Richtlinie den Abschluss einer Vereinbarung zwischen zentraler Leitung und besonderem Verhandlungsgremium vorsieht. Lediglich im Falle des Scheiterns dieser Verhandlungen wird der Europäische Betriebsrat nach Art. 7 Abs. 1 2. und 3. Spiegelstrich EBR-Richtlinie kraft Gesetzes eingesetzt. Dies bedeutet, dass die Gründe, die zum Ausschluss der in Art. 1 Abs. 2 EuGVÜ genannten Rechtsgebiete geführt haben, nicht auf den Rechtsbereich „Europäischer Betriebsrat" übertragbar sind. Da außerhalb der von Art. 1 Abs. 2 EuGVÜ ausgeschlossenen Rechtsgebiete das Übereinkommen aufgrund seines Rechtsvereinheitlichungsgedankens weit auszulegen ist,[911] muss das kollektive Arbeitsrecht, zumindest bei Streitigkeiten in Zusammenhang mit dem Europäischen Betriebsrat, unter den sachlichen Anwendungsbereich des Art. 1 Abs. 1 EuGVÜ fallen.

Auch wenn die Vergemeinschaftung des Kollisionsrechts seit Verabschiedung des EuGVÜ im Jahre 1968 weit voran geschritten ist, so ist das kollektive Arbeitsrecht kaum von einer kollisionsrechtlichen Vereinheitlichung betroffen. Die oben angeführten Überlegungen im *Jenard*-Bericht besitzen für diese Rechtsmaterie immer noch Relevanz. Daher lässt sich das soeben dargestellte Argumentationsmuster auf die EuGVVO übertragen. Ebenfalls unter den sachlichen Anwendungsbereich der EuGVVO fallen daher grenzüberschreitende Streitigkeiten, die in Verbindung mit dem Europäischen Betriebsrat stehen, weil diese nichtvermögensrechtliche Ansprüche betreffen, die gerade nicht der Parteiautonomie entzogen sind.

Diese Sichtweise wird von der Zielsetzung der EBR-Richtlinie gestützt.[912] Nach Art. 1 Abs. 1 der EBR-Richlinie soll das Recht auf Unterrichtung und Anhörung der Arbeitnehmer in gemeinschaftsweit operierenden Unternehmen/Unternehmensgruppen gestärkt werden. Dieses Ziel wird jedoch nicht erreicht, indem die rechtliche Durchsetzung der verliehenen Rechte durch divergierende Gerichtsstände verkompliziert wird. Wie der oben beschriebene Renault-Fall[913] veranschaulicht hat, kommt es bei diesen länder- und betriebsübergreifenden

---

nach der Zulässigkeit von Arbeitskämpfen oder der unmittelbaren Beurteilung von Tarifverträgen vom EuGVÜ erfasst, *ders.*, RdA 1983, 143, 146.

911 *Jenard*-Bericht, BT-Drucks. VI/1973, 52, 59.

912 Als schwierig erweist sich, mit dem „Gleichlauf von ius und forum" zu argumentieren: Das EVÜ ist auf Betriebsvereinbarungen nicht unmittelbar anwendbar, allenfalls analog (wobei durchaus fraglich erscheint, ob die Vereinbarung zwischen zentraler Leitung und besonderem Verhandlungsgremium ohne weiteres als Betriebsvereinbarung qualifiziert werden kann; ihre Rechtsnatur ist strittig, *Däubler*, FS Schaub, 95, 98; sie weist auch Ähnlichkeit zu einem Tarifvertrag auf). Jedenfalls wird be[illegible] Scheitern einer Vereinbarung zwischen zentraler Leitung und besonderem Verhandlungsgremium (Art. [illegible] Abs. 1 EBR-Richtlinie) ein Europäischer Betriebsrat *kraft Gesetzes* eingesetzt. In diesem Fall ist eine analoge Anwendung gänzlich ausgeschlossen. Gegen die Anwendung des EVÜ auf kollektives Arbeitsrecht generell *Birk*, Der Arbeitsvertrag der grenzüberschreitenden Arbeitnehmer, in: Kaufmann/Kessler u.a., Arbeits- und Sozialrecht bei grenzüberschreitenden Sachverhalten, 1998, S. 169, 172.

913 Siehe oben S. 168 ff.

Informationsrechten maßgeblich auf deren rasche Durchsetzung und Geltendmachung an. Ein klare Regelung hinsichtlich der internationalen Zuständigkeit für diese Fälle ist daher unabdingbar. Es ist auch nicht davon auszugehen, dass die internationale Zuständigkeit in der EBR-Richtlinie bewusst nicht geregelt wurde, damit diese durch die Mitgliedstaaten kodifiziert wird. Denn dies würde das gewollte Inkaufnehmen einer Gerichtsstandszersplitterung nach dem jeweiligen nationalen Recht zur Folge haben. Vielmehr bedeutet diese „Lücke" der EBR-Richtlinie, dass deren Verfasser die Anwendbarkeit der EuGVVO bei grenzüberschreitenden Streitigkeiten mit Bezug zum Europäischen Betriebsrat vorausgesetzt haben.

VII. Gerichtsstände nach der EuGVVO bei grenzüberschreitenden EBR-Streitigkeiten

Unter Anwendung der EuGVVO ergibt sich die internationale Zuständigkeit entweder aus Art. 2 Abs. 1, 60 Abs. 1 EuGVVO[914] (Sitzstaat des Unternehmens mit der zentralen Leitung[915] bzw. der jeweiligen örtlichen Unternehmensleitung,[916] wobei der Antragsteller nach Art. 60 Abs. 1 EuGVVO die Wahl zwischen satzungsmäßigem Sitz, Sitz der Hauptverwaltung und Sitz der Hauptniederlassung hat) oder im Falle einer Gerichtsstandsabrede, die im Rahmen einer Vereinbarung nach Art. 6 Abs. 2 EBR-Richtlinie[917] getroffen werden kann, aus Art. Art. 23 EuGVVO.

Aus Art. 19 f EuGVVO lässt sich kein Gerichtsstand ableiten, da diese Vorschriften nur *individual*vertragliche Streitigkeiten betreffen. Eine ausschließliche Zuständigkeit nach Art. 22 Nr. 2 EuGVVO scheidet infolge der auf S. 154 f genannten Gründe aus.

---

914 Ebenso *Rademacher*, S. 148: „die im Rahmen der Richtlinie tätigen Akteure" sind grundsätzlich in ihrem jeweiligen Sitzstaat zu verklagen.

915 Zum gleichen Ergebnis gelangen auch die Umsetzungsgesetze Portugals, Spaniens und Österreichs, die in erster Linie auf den Sitz der zentralen Leitung im Inland abstellen.

916 Beispielsweise macht die Arbeitnehmervertretung im Mitgliedstaat A im Rahmen des Unterrichtungsverfahrens nach Art. 6 Abs. 3 i.V.m. Art. 1 Abs. 4 EBR-Richtlinie Auskunftsansprüche gegenüber der örtlichen Unternehmensleitung im Mitgliedstaat B geltend. Das örtliche Unternehmen verfügt über eine eigene Rechtspersönlichkeit und kann daher nach Art. 2 Abs. 1 i.V.m. Art. 60 EuGVVO an dessen Sitz belangt werden. – Die Parteifähigkeit der Arbeitnehmervertretung ergibt sich aus dem jeweiligen nationalen Umsetzungsgesetz, nach deutschem Recht aus § 10 1. HS ArbGG, wobei § 10 ArbGG zwischen der *Partei*fähigkeit nach § 10 1. HS ArbGG und der *Beteiligten*fähigkeit im Beschlussverfahren nach § 10 2. HS ArbGG differenziert; denn aus Art. 11 Abs. 3 EBR-Richtlinie folgt die Verpflichtung der Mitgliedstaaten, u.a. die Beteiligtenfähigkeit der im Zusammenhang mit dem Europäischen Betriebsrat tätigen Akteure zu regeln, soweit nach nationalem Recht nicht bereits die Beteiligten- bzw. Parteifähigkeit gesetzlich angeordnet ist, so beispielsweise in Frankreich für Gewerkschaften, die kraft Gesetzes über den Status einer juristischen Person verfügen. Die Beteiligtenfähigkeit der nach dem deutschen EBRG beteiligten Personen und Stellen ist in § 10 2. HS ArbGG verankert.

917 In diesem Sinne auch § 17 EBRG: Die materielle Gestaltungsfreiheit muss die Freiheit zum Abschluss einer Gerichtsstandsvereinbarung enthalten.

Der Vertragsgerichtsstand nach Art. 5 Nr. 1 lit. a EuGVVO ist *vor* Abschluss einer Vereinbarung gemäß Art. 6 Abs. 2 EBR-Richtlinie *nicht* anwendbar; *danach* können die sich aus der Vereinbarung ergebenden Ansprüche am Erfüllungsort geltend gemacht werden.

Soweit Ansprüche nicht gegen die zentrale oder örtliche Unternehmensleitung, sondern gegen die örtliche *Betriebs*leitung gerichtet werden, kommt gegebenenfalls ein Gerichtsstand nach Art. 5 Nr. 5 EuGVVO in Betracht: Danach kann bei Streitigkeiten aus dem Betrieb einer Zweigniederlassung, einer Agentur oder einer sonstigen Niederlassung dessen Inhaber vor dem Gericht des Ortes, an dem sich diese befindet, verklagt werden. Seine Rechtfertigung findet Art. 5 Nr. 5 EuGVVO darin, dass der Beklagte seine Geschäftstätigkeit von diesem Ort aus entfaltet hat und es deswegen unbillig erschiene, wenn der Kläger auf den gegebenenfalls fernen allgemeinen Gerichtsstand am (Wohn-)Sitz des Beklagten verwiesen wird. Vergleicht man diesen prozessualen Normzweck mit der materiellrechtlichen Ratio von § 5 Abs. 2 EBRG, so fällt eine gewisse Parallele auf: Der in § 5 Abs. 2 EBRG enthaltene Anspruch gegenüber der örtlichen Betriebsleitung soll die Informationsbeschaffung der Arbeitnehmervertretungen, insbesondere im Fall einer im Ausland ansässigen zentralen Leitung, einfacher gestalten. Auf prozessualer wie auf materiell-rechtlicher Ebene soll dem Kläger bzw. dem Gläubiger die Geltendmachung des Anspruchs erleichtert werden. Während auf materiell-rechtlicher Ebene nach § 5 Abs. 2 EBRG dem Gläubiger ein weiterer Schuldner, nämlich die örtliche Betriebsleitung, eingeräumt wird, wird der klagenden Arbeitnehmervertretung ein weiterer Gerichtsstand dort bereit gestellt, wo der Schuldner – die örtliche Betriebsleitung – lokalisiert ist. Dies bedeutet, dass auch im Vertragsstaat einer örtlichen Betriebsleitung nach Art. 5 Nr. 5 EuGVVO ein besonderer Gerichtsstand gegeben ist.[918] Allerdings verlangt Art. 5 Nr. 5 EuGVVO eine betriebsbezogene Streitigkeit („aus dem Betrieb"). Dieses Erfordernis ist nach Auffassung des *EuGH* erfüllt, soweit es sich um „Rechtsstreitigkeiten (handelt), in denen es um vertragliche oder außervertragliche Rechte und Pflichten in Bezug auf die eigentliche Führung der Agentur, der Zweigniederlassung oder sonstigen Niederlassung selbst geht."[919] Darunter lassen sich auch in Zusammenhang mit dem Europäischen Betriebsrat stehende Streitigkeiten subsumieren, weil hier vorwiegend betriebliche Informations- und Verschwiegenheitsansprüche vertraglicher[920] oder gesetzlicher Art[921] streitgegenständlich sind.[922]

---

918 Ebenso im Ergebnis *Lorenz/Zumfelde*, RdA 1998, 168, 170.
919 *EuGH* Rs. 33/78 „Somafer", Slg. 1978, 2183 ff, Tz. 13.
920 §§ 17 ff EBRG.
921 §§ 5 ff, 21 ff EBRG.

C. Internationale Zuständigkeit bei Rechtsstreitigkeiten in Zusammenhang mit der Richtlinie über die Beteiligung der Arbeitnehmer in der Europäischen Aktiengesellschaft (RL 2001/86/EG)

Nach jahrzehntelangen Verhandlungen[923] konnte in Nizza am 20.12.2000 politisches Einvernehmen über die Europäische Aktiengesellschaft erzielt werden. Diese erste europäische Gesellschaftsform verfügt über den Vorteil, einem einheitlichen, in allen Mitgliedstaaten unmittelbar anwendbaren Recht unterworfen zu sein und damit uneingeschränkt europaweit agieren zu können. Das Statut der Europäischen Aktiengesellschaft beruht auf zwei Rechtsakten: der (gesellschaftsrechtlichen) Verordnung über das Statut der Europäischen Gesellschaft[924] und der Richtlinie über die Arbeitnehmer-Mitbestimmung.[925] Letztere gründet sich – ähnlich wie die EBR-Richtlinie – auf das Verhandlungslösungsmodell: Die Mitbestimmung in der Europäischen Aktiengesellschaft (nachfolgend zitiert als „SE")[926] wird im Rahmen von Verhandlungen zwischen der Unternehmensführung und einem besonderen Verhandlungsgremium auf Seiten der Arbeitnehmer festgelegt. Sollte keine Einigung zustande kommen, so gelangt eine in der Beteiligungs-Richtlinie vorgesehene Auffangregelung zur Anwendung, die unter Berücksichtigung der bisherigen Mitbestimmungssituation in den beteiligten Gesellschaften ein gewisses Maß an Mitbestimmungsrechten für die Arbeitnehmer sicherstellt.

I. Denkbare grenzüberschreitende Streitigkeiten in Zusammenhang mit der Beteiligungs-Richtlinie

Grenzüberschreitende Streitigkeiten sind zunächst im Stadium des Verhandlungsverfahrens (Art. 3 ff Beteiligungs-Richtlinie), insbesondere bei der Bestellung des besonderen Ver-

---

922 Damit sind noch nicht alle Probleme, die sich in Zusammenhang mit der rechtlichen Durchsetzung im Bereich des Europäischen Betriebsrates, gelöst. Beispielsweise hat Norwegen im Rahmen des EWR-Abkommens die EBR-Richtlinie umgesetzt und für Streitigkeiten in Angelegenheiten des Europäischen Betriebsrates das „Kommunal- og arbeidsdepartementet" vorgesehen. Bei diesem Gremium handelt es sich jedoch nicht um ein Gericht im technischen Sinne, sondern um Verwaltungseinrichtung. Das LugÜ als Parallel-Übereinkommen zum EuGVÜ findet jedoch auf Entscheidungen einer „Verwaltungseinrichtung" keine Anwendung, Art. 2 LugÜ. Folglich kann die Rechtsprechung dieser „Verwaltungseinrichtung" nur rein innerstaatliche Sachverhalte mit Bezug zum Europäischen Betriebsrat erfassen, *Evju*, S. 125.

923 Zur historischen Entwicklung vgl. *Herfs-Röttgen*, NZA 2001, 424 f.

924 Verordnung (EG) Nr. 2157/2001 des Rates über das Statut der Europäischen Gesellschaft (SE) vom 8.10.2001, ABl. EG 2001 Nr. L 294/1 ff.

925 Richtlinie 2001/86/EG des Rates zur Ergänzung des Statuts der Europäischen Gesellschaft hinsichtlich der Beteiligung der Arbeitnehmer vom 8.10.2001 (nachfolgend zitiert als „Beteiligungs-Richtlinie"), ABl. EG 2001 Nr. L 294/22 ff.

926 Vgl. Art. 1 Abs. 1 Beteiligungs-Richtlinie.

handlungsgremiums,[927] denkbar. Später kann die getroffene Vereinbarung ursächlich für Auseinandersetzungen sein. Auch bei Scheitern der Verhandlungen kann es in Zusammenhang mit der gesetzlichen Auffangregelung (Art. 7 Beteiligungs-Richtlinie) zu Streit kommen.

II. Fehlende Regelung der internationalen Zuständigkeit in der Beteiligungs-Richtlinie

Auch bei grenzüberschreitenden Rechtsstreitigkeiten mit Bezügen zur Arbeitnehmerbeteiligung in der SE stellt sich die Frage nach der internationalen Entscheidungszuständigkeit. Die Beteiligungs-Richtlinie selbst enthält keine Regelung der internationalen Zuständigkeit. Art. 12 Beteiligungs-Richtlinie[928] entspricht strukturell Art. 11 EBR-Richtlinie[929] und beinhaltet wie dieser keine Gerichtsstandsregelung.[930] Art. 8 Abs. 4 Beteiligungs-Richtlinie erteilt den Mitgliedstaaten den Auftrag, den Arbeitnehmervertretern die Möglichkeit zu verschaffen, Rechtsbehelfe wegen verweigerter Informationen durch das Aufsichts-/Verwaltungsorgan der SE oder der beteiligten Gesellschaft auf dem Verwaltungsweg oder vor Gericht einlegen zu können. Dieser Regelungsauftrag birgt jedoch keine Normierung der internationalen Zuständigkeit. Vielmehr werden durch diese Vorschrift die Mitgliedstaaten u.a. verpflichtet, die Partei- bzw. Beteiligtenfähigkeit der Arbeitnehmervertreter zu regeln.[931] Lediglich in Art. 6 Beteiligungs-Richtlinie findet sich eine international-privat-

---

927 Beispielsweise Streit zwischen den Arbeitnehmervertretungen verschiedener Mitgliedstaaten untereinander, aber auch zwischen den Leitungs- und Verwaltungsorganen der beteiligten Gesellschaften und den jeweiligen Arbeitnehmervertretungen über die Anzahl der aus den einzelnen Mitgliedstaaten zu entsendenden Arbeitnehmervertreter, Art. 3 Abs. 2 lit. a Beteiligungs-Richtlinie. Oder: Streit über Informationsansprüche (Art. 3 Abs. 1 und 3 S. 2 Beteiligungs-Richtlinie), Kostenansprüche (Art. 3 Abs. 7 Beteiligungs-Richtlinie), Verschwiegenheitspflichten (Art. 8 Abs. 1 Beteiligungs-Richtlinie).

928 Art. 12 Beteiligungs-Richtlinie lautet:
(1) „Jeder Mitgliedstaat trägt dafür Sorge, dass die Leitung der Betriebe einer SE und die Aufsichts- oder die Verwaltungsorgane der Tochtergesellschaften und der beteiligten Gesellschaften, die sich in seinem Hoheitsgebiet befinden, und ihre Arbeitnehmervertreter oder gegebenenfalls ihre Arbeitnehmer den Verpflichtungen dieser Richtlinie nachkommen, unabhängig davon, ob die SE ihren Sitz in seinem Hoheitsgebiet hat.
(2) Die Mitgliedstaaten sehen geeignete Maßnahmen für den Fall der Nichteinhaltung dieser Richtlinie vor; sie sorgen dafür, dass Verwaltungs- oder Gerichtsverfahren bestehen, mit denen die Erfüllung der sich aus dieser Richtlinie ergebenden Verpflichtungen durchgesetzt werden kann."

929 Siehe dazu ausführlich S. 166.

930 *Herfs-Röttgen* folgert aus Art. 12 Beteiligungs-Richtlinie, dass die Pflichtenträger jeweils an ihrem Sitz verklagt werden können, *dies.*, NZA 2002, 358, 364. Sie lässt aber offen, ob insoweit nationales oder europäisches Zivilprozessrecht zur Anwendung gelangen soll.

931 „Arbeitnehmervertreter" i.S.d. Beteiligungs-Richtlinie sind nach deren Art. 2 lit. e die nach den Rechtsvorschriften und/oder den Gepflogenheiten der einzelnen Mitgliedstaaten vorgesehenen Vertreter der Arbeitnehmer. In den meisten Fällen werden sie aufgrund ihrer Organeigenschaft über keine eigene Rechtspersönlichkeit verfügen und daher grundsätzlich nicht partei- bzw. beteiligtenfähig sein. Zur parallelen Problematik beim Europäischen Betriebsrat siehe Fn. 916.

rechtliche Regelung hinsichtlich des für das Verhandlungsverfahren maßgeblichen Rechts.[932]

III. Anwendbarkeit der EuGVVO auf grenzüberschreitende Streitigkeiten in Zusammenhang mit der Beteiligungs-Richtlinie

Mangels spezieller Regelung in der Beteiligungs-Richtlinie selbst muss – wie auch bei der EBR-Richtlinie – bezüglich der Frage nach der internationalen Zuständigkeit auf die EuGVVO zurückgegriffen werden. Insbesondere treffen die Erwägungen, die zum Ausschluss bestimmter Rechtsgebiete vom Anwendungsbereich des EuGVÜ geführt haben, auf die Beteiligungs-Richtlinie nicht zu. Aufgrund der ähnlichen Aufbaustruktur von EBR-Richtlinie und Beteiligungs-Richtlinie[933] kann auf ähnliche Weise wie bei der EBR-Richtlinie argumentiert werden: Der Grund für den Ausschluss der in Art. 1 Abs. 2 EuGVÜ genannten Rechtsgebiete besteht in dem noch nicht vereinheitlichten Kollisionsrecht in diesen Bereichen; dessen Verschiedenheit wirkt sich in erster Linie bei nichtvermögensrechtlichen Ansprüchen aus, die der Parteiautonomie entzogen sind und den ordre public berühren.[934] Ähnlich wie bei Streitigkeiten mit Bezug zur EBR-Richtlinie bilden in Zusammenhang mit der Beteiligungs-Richtlinie vorwiegend nichtvermögensrechtliche Ansprüche die Ursache für Auseinandersetzungen.[935] Diese sind jedoch gerade nicht der Parteiautonomie entzogen, nachdem Art. 4 Beteiligungs-Richtlinie den Abschluss einer Vereinbarung über die Arbeitnehmerbeteiligung innerhalb der SE vorsieht. Lediglich im Fall des Scheiterns gelangt die gesetzliche Auffangregelung nach Art. 7 Beteiligungs-Richtlinie zur Anwendung. Dies bedeutet, dass diejenigen Gründe, die zum Ausschluss der in Art. 1 Abs. 2 EuGVÜ genannten Rechtsgebiete geführt haben, nicht auf den Rechtsbereich der Arbeitnehmerbeteiligung in der SE übertragbar sind. Da außerhalb der ausgeschlossenen Rechtsgebiete des Art. 1 Abs. 2 EuGVÜ das Übereinkommen aufgrund seines Rechtsvereinheitlichungsgedankens weit auszulegen ist,[936] müssen kollektiv-arbeitsrechtliche Streitigkeiten, die sich auf die Arbeitnehmerbeteiligung in der SE beziehen, unter den sachlichen Anwendungsbereich des Art. 1 Abs. 1 EuGVÜ fallen.

---

932 Art. 6 Beteiligungs-Richtlinie lautet:
„Sofern in dieser Richtlinie nichts anderes vorgesehen ist, ist für das Verhandlungsverfahren gemäß den Artikeln 3 bis 5 das Recht des Mitgliedstaats maßgeblich, in dem die SE ihren Sitz haben wird."

933 Beide bauen auf dem Modell der Verhandlungslösung auf. – Zum Verhältnis der beiden Richtlinien zueinander vgl. Art. 13 Abs. 1 Beteiligungs-Richtlinie.

934 *Jenard*-Bericht, BT-Drucks. VI/1973, 52, 59.

935 Siehe oben S. 173.

936 *Jenard*-Bericht, BT-Drucks. VI/1973, 52, 59.

Aufgrund der noch nicht erfolgten kollisionsrechtlichen Vereinheitlichung im Bereich des kollektiven Arbeitsrechts beanspruchen die Überlegungen des *Jenard*-Berichts auch unter Geltung der EuGVVO noch Aktualität. Das soeben dargestellte Argumentationsmuster lässt sich daher auf die EuGVVO übertragen. Unter den sachlichen Anwendungsbereich der EuGVVO fallen somit Streitigkeiten über die Arbeitnehmerbeteiligung in der SE, weil diese nichtvermögensrechtliche Ansprüche betreffen, die gerade nicht der Parteiautonomie entzogen sind.

Diese Sichtweise wird von der Zielsetzung der Beteiligungs-Richtlinie gestützt. Die Gründung einer SE darf keinesfalls die bestehenden Rechte in Bezug auf Arbeitnehmerbeteiligung schmälern („Keine Flucht aus der Mitbestimmung“).[937] Dem widerspricht es jedoch, wenn die rechtliche Durchsetzung dieser Rechte durch divergierende Gerichtsstände erschwert wird. Ein klare Regelung hinsichtlich der internationalen Zuständigkeit ist daher unerlässlich. Es ist nicht davon auszugehen, dass man bewusst von einer Normierung der internationale Zuständigkeit in der Beteiligungs-Richtlinie abgesehen hat, um jene durch die Mitgliedstaaten regeln zu lassen. Denn dies würde zu einer nicht gewollten Gerichtsstandszersplitterung führen. Vielmehr bedeutet diese „Lücke“ in der Beteiligungs-Richtlinie, dass deren Verfasser selbstverständlich von der Anwendbarkeit der EuGVVO auf grenzüberschreitende Streitigkeiten ausgingen, die mit der Arbeitnehmerbeteiligung in der SE zusammenhängen.

IV. Gerichtsstände nach der EuGVVO bei grenzüberschreitenden Streitigkeiten in Zusammenhang mit der Beteiligungs-Richtlinie

1. *Vor* Gründung der SE

Unter Anwendung der EuGVVO *vor* Gründung der SE gilt Folgendes: Nachdem noch keine SE existiert, muss konsequenterweise am jeweiligen Sitz der beteiligten Gesellschaften nach Art. 2 i.V.m. Art. 60 EuGVVO geklagt werden.[938] Dies kann – je nach Anzahl der beteiligten Gesellschaften – zu einer an sich unerwünschten Gerichtsstandshäufung führen. Als Beispiel soll eine Klage gegen das besondere Verhandlungsgremium dienen. Dieses konstituiert sich aus den Arbeitnehmervertretern aller beteiligten Gesellschaften.[939] Damit müsste in jedem Sitzstaat der jeweils beteiligten Gesellschaft gegen die diese Gesellschaft

---

937 Vgl. Erwägungsgrund (3) Beteiligungs-Richtlinie.

938 Art. 18 ff EuGVVO betreffen nur individualvertragliche Ansprüche aus Arbeitsverträgen.

939 Beispielsweise auf Einhaltung der Verschwiegenheitspflicht nach Art. 8 Abs. 1 Beteiligungs-Richtlinie.

repräsentierenden Mitglieder[940] des besonderen Verhandlungsgremiums geklagt werden. Denkbar ist es daher, lediglich *einen* Gerichtsstand im Vertrags- bzw. Mitgliedstaat des zukünftigen Sitzes der SE zu fordern. Dafür spricht, dadurch den Gleichlauf von forum und ius zu ermöglichen. Nach Art. 6 Beteiligungs-Richtlinie ist nämlich das für das Verhandlungsverfahren maßgebliche Recht dasjenige des Mitgliedstaates, in dem die SE ihren Sitz haben wird. Zu der im Beispielsfall beschriebenen Gerichtsstandshäufung muss es aber nicht kommen: Um einander widersprechende Entscheidungen zu verhindern, gestattet es Art. 6 Nr. 1 EuGVVO, die Mitglieder des betreffenden Organs an einem Gericht zusammen zu verklagen, soweit zwischen den Klageansprüchen ein gewisse Beziehung besteht.[941] Soll ein Anspruch gegenüber dem gesamten Organ – und nicht nur gegenüber einem bestimmten, einzelnen Mitglied geltend gemacht werden, muss aber wegen mangelnder Partei- bzw. Beteiligtenfähigkeit gegen die einzelnen Mitglieder geklagt werden, so dürfte die geforderte Konnexität ohne weiteres vorliegen.[942]

Fraglich erscheint, ob sich grenzüberschreitende Streitigkeiten, welche sich auf die Beteiligungs-Richtlinie beziehen, unter Art. 22 Nr. 2 EuGVVO subsumieren lassen. Immerhin handelt es sich bei der Beteiligungs-Richtlinie um Mitbestimmungsrecht im engeren Sinn. Wie bereits auf S. 155 dargelegt betreffen „Klagen, welche die Gültigkeit, Nichtigkeit oder Auflösung einer Gesellschaft bzw. juristischen Person oder Beschlüsse ihrer Organe zum Gegenstand haben," primär die gesellschaftsrechtliche Verordnung über das Statut der SE. *Birk* erachtet hingegen Art. 22 Nr. 2 EuGVVO auch bei mitbestimmungsrechtlichen Streitigkeiten über die Besetzung von Gesellschaftsorganen, insbesondere des Aufsichtsrats, sowie über die Wirksamkeit ihrer Beschlüsse als anwendbar.[943] *Vor* Gründung der SE geht es jedoch noch nicht konkret um die Besetzung von Gesellschaftsorganen bzw. die Wirksamkeit ihrer Beschlüsse. Vielmehr wird erst das nach Gründung durchzuführende System der Arbeitnehmerbeteiligung ausgehandelt. Die SE existiert als juristische Person gerade noch nicht. Dies ist aber nach dem Wortlaut Voraussetzung für Art. 22 Nr. 2 EuGVVO. Die beiden Vorschriften sind daher nicht unmittelbar anwendbar. In Bezug auf eine analoge

---

940 Organe sind mangels eigener Rechtspersönlichkeit nicht parteifähig. Ihre Mitglieder können aber als natürliche Personen im jeweiligen Wohnsitzstaat nach Art. 2 EuGVVO verklagt werden.

941 Im Gegensatz zu Art. 6 Nr. 1 EuGVÜ, der über keine Definition des „Zusammenhangs" verfügte und daher auf jene in Art. 22 Abs. 3 EuGVÜ zurückgegriffen werden musste, enthält Art. 6 Nr. 1 EuGVVO erstmals eine Legaldefinition: „... sofern zwischen den Klagen eine so enge Beziehung gegeben ist, dass eine gemeinsame Verhandlung und Entscheidung geboten erscheint, um zu vermeiden, dass in getrennten Verfahren widersprechende Entscheidungen ergehen könnten."

942 Die Partei- bzw. Beteiligtenfähigkeit wird aber auch in den nationalen Umsetzungsmaßnahmen geregelt werden müssen, vgl. den Regelungsauftrag in Art. 12 Abs. 2 Beteiligungs-Richtlinie.

943 *Birk*, RdA 1983, 143, 149.

Anwendung ist strenge Zurückhaltung geboten. Immerhin handelt es sich um eine ausschließliche Zuständigkeitsregelung mit abschließendem Katalog, der restriktiv auszulegen ist. *Vor* Gründung der SE scheidet somit Art. 22 Nr. 2 EuGVVO als Gerichtsstand aus.

Eine internationale Zuständigkeit im zukünftigen Sitzstaat der SE lässt sich der EuGVVO nicht entnehmen. Eine derartige Regelung müsste in die Beteiligungs-Richtlinie aufgenommen werden. Aber auch ohne eine solche Regelung führt die Anwendung des der EuGVVO zu sachgerechten Ergebnissen.

2. *Nach* Gründung der SE

Nach Gründung der SE begründet deren Sitz nach Art. 2 i.V.m. Art. 60 EuGVVO den allgemeinen Beklagtengerichtsstand. Darüber hinaus steht der Vertragsgerichtsstand gemäß Art. 5 Nr. 1 lit. a EuGVVO für Streitigkeiten zur Verfügung, welche Vereinbarungen i.S.d. Art. 4 Beteiligungs-Richtlinie betreffen. Die internationale Zuständigkeit kann sich aber auch aus einer in der Vereinbarung nach Art. 4 Beteiligungs-Richtlinie getroffenen Gerichtsstandsabrede ergeben.[944] Deren Zulässigkeit beurteilt sich nach Art. 23 EuGVVO. Gegebenenfalls kommt der besondere Gerichtsstand nach Art. 5 Nr. 5 EuGVVO unter den auf S.176 beschriebenen Voraussetzungen in Betracht. Nachdem es sich um Fragen der Arbeitnehmerbeteiligung handelt, dürfte das Kriterium der „Betriebsbezogenheit“ in den meisten Fällen erfüllt sein. Folgt man der Ansicht von *Birk*, wonach Art. 22 Nr. 2 EuGVVO auch auf mitbestimmungsrechtliche Auseinandersetzungen um die Besetzung von Gesellschaftsorganen und die Wirksamkeit ihrer Beschlüsse anwendbar ist, so gelangt diese Vorschrift *nach* Gründung der SE bei Streitigkeiten in den genannten Bereichen zur Anwendung. Insoweit scheiden alle zuvor beschriebenen Zuständigkeitsregelungen aufgrund des Ausschließlichkeitscharakters von Art. 22 Nr. 2 EuGVVO aus. Auf Arbeitnehmerbeteiligungs-Streitigkeiten außerhalb dieses eng umgrenzten Bereichs sind jene Gerichtsstandsvorschriften weiter anzuwenden.

---

[944] In Art. 4 Abs. 2 Beteiligungs-Richtlinie werden nur die essentialia einer Vereinbarung angegeben. Die Parteien können über diese Mindestpunkte hinausgehende Regelungen treffen. Dies ergibt sich aus dem Wortlaut dieser Vorschrift: „Unbeschadet der Autonomie der Parteien...“

Zusammenfassung

Auf Grundlage von Art. 65 EG wurde das völkerrechtliche EuGVÜ in eine gemeinschaftsrechtliche Verordnung, die EuGVVO, überführt. Diese ersetzt das Brüsseler Übereinkommen im Verhältnis zu allen Mitgliedstaaten mit Ausnahme von Dänemark. Gegenüber Dänemark beansprucht das EuGVÜ weiter Geltung. Aus intertemporaler Sicht werden von der EuGVVO alle arbeitsvertraglichen Streitigkeiten erfasst, die nach dem 1.3.2002 rechtshängig geworden sind. EuGVÜ und EuGVVO genießen im Verhältnis zu nationalem Zivilprozessrecht Anwendungsvorrang.

Soweit die Vorschriften des EuGVÜ unverändert in die EuGVVO übernommen wurden, ist die unter dem EuGVÜ geltende Auslegung weiterhin maßgeblich.

Der sachliche Anwendungsbereich der EuGVVO erfasst neben individualvertraglichen Streitigkeiten im Grundsatz auch solche auf dem Gebiet des kollektiven Arbeitsrechts. Insbesondere fallen grenzüberschreitende Streitigkeiten, welche die Themenbereiche „Europäischer Betriebsrat" oder die „Arbeitnehmerbeteiligung im Rahmen der Europäischen Aktiengesellschaft" betreffen, unter Art. 1 Abs. 1 EuGVVO. Ansprüche, die auf diesen Gebieten erwachsen, sind zwar nichtvermögensrechtlicher Art und sollen daher tendenziell den Regelungen des nationalen Rechts vorbehalten bleiben; sie zeichnen sich aber gerade dadurch aus, dass sie nicht der Parteiautonomie entzogen sind.

Das europäische Zivilverfahrensrecht gelangt zur Anwendung, wenn der Beklagte seinen (Wohn-)Sitz in einem Vertrags- bzw. Mitgliedstaat hat. Darüber hinausgehende Bezüge zu einem weiteren Vertrags- bzw. Mitgliedstaat sind nicht erforderlich.

Art. 18 bis 21 EuGVVO enthalten nicht nur eine bloße Umgruppierung der arbeitsvertraglichen Zuständigkeitsvorschriften im Vergleich zum EuGVÜ. Die Brüsseler Verordnung verstärkt den Schutz des Arbeitnehmers. Die systematische Zusammenfassung der Gerichtsstände in Arbeitssachen ist folgerichtig und entspricht dem Zweck, den schwächeren Vertragsparteien – seien es Versicherungsnehmer, Verbraucher oder Arbeitnehmer – besonderen zuständigkeitsrechtlichen Schutz zukommen zu lassen. Ein möglichst paralleler Aufbau der Regelungen soll die Rechtsanwendung erleichtern.

Art. 18 Abs. 2 EuGVVO erweitert im Interesse des Arbeitnehmers – entgegen der Regel des Art. 4 EuGVVO – den räumlich-persönlichen Anwendungsbereich der arbeitnehmerschützenden Zuständigkeitsnormen. Verfügt ein Arbeitgeber nicht über einen (Wohn-)Sitz in einem Mitgliedstaat, besitzt er aber eine Zweigniederlassung, Agentur oder sonstige

Niederlassung in einem Mitgliedstaat, so gelangen nach Art. 18 Abs. 2 EuGVVO die arbeitsvertraglichen Gerichtsstände trotzdem zur Anwendung.

Die arbeitsvertraglichen Gerichtsstände nach Art. 18 ff EuGVVO sind gegenüber allen anderen besonderen Zuständigkeiten speziell mit Ausnahme von Art. 5 Nr. 5 EuGVVO. Der Gerichtsstand am gewöhnlichen Arbeitsort (Art. 19 Abs. 2 lit. a EuGVVO) und derjenige am Ort der einstellenden Niederlassung (Art. 19 Abs. 2 lit. b EuGVVO) schließen einander aus.

Erfüllungsortvereinbarungen in Arbeitssachen sind generell unbeachtlich. Auf arbeitnehmerähnliche Personen sind die Art. 18 ff EuGVVO nicht anwendbar.

Lediglich der Arbeitnehmer darf den Gerichtsstand am gewöhnlichen Arbeitsort nach Art. 19 Nr. 2 lit. a EuGVVO nutzen. Der Arbeitgeber ist auf Klagen am Wohnsitz des Arbeitnehmers gemäß Art. 20 Abs. 1 EuGVVO beschränkt. Damit wird versucht, den Zuständigkeitsinteressen des Arbeitnehmers so weit wie möglich gerecht zu werden. Eine reine ausschließliche Zuständigkeitsnormierung in Arbeitssachen am Wohnsitz des Arbeitnehmers, die weltweit Geltung beansprucht, hätte diesem Ziel nicht besser entsprochen und hätte nur einen unzulässigen Klägergerichtsstand geschaffen.

Bei der Ermittlung des gewöhnlichen Arbeitsortes ist die gesamte Beschäftigungsdauer zu berücksichtigen. Der Schwerpunkt des Arbeitsverhältnisses ist anhand der vom *EuGH* entwickelten qualitativen und zeitlichen Kriterien zu bestimmen. Grundsätzlich kann nur ein faktischer Arbeitsort die Qualität eines gewöhnlichen Arbeitsortes aufweisen. Unter bestimmten Voraussetzungen ist jedoch der Einbezug zukünftiger Beschäftigungszeiten zulässig. Teilweise sind zeitliche und qualitative Kriterien eng miteinander verwoben. So lassen sich insbesondere zukünftige Beschäftigungszeiträume nicht ohne die Berücksichtigung des Parteiwillens bewerten. Qualitativen und zeitlichen Kriterien kommt eine unterschiedliche Gewichtung zu. Nach zutreffender Ansicht des *Gerichtshofs* ist der Zeitfaktor bei Tätigkeiten *ohne* festen Standort bzw. Stützpunkt grundsätzlich vorrangig zu berücksichtigen. Die Vermutungswirkung zugunsten des Zeitfaktors kann nur im Einzelfall bei „engerer Verknüpfung mit einem anderen Arbeitsort," also bei in eine andere Richtung weisenden qualitativen Kriterien, widerlegt werden. Dagegen stehen bei Tätigkeiten *mit* festem Standort bzw. Stützpunkt („Büro") Zeitfaktor und qualitativ-wertende Kriterien grundsätzlich gleichberechtigt nebeneinander. M.E. besteht auch hier zugunsten des Zeitfaktors eine Vermutungswirkung, die aber im Einzelfall widerlegt werden kann.

Bei einer teilweisen oder ausschließlichen Arbeitsverrichtung in Drittstaaten scheidet eine Anwendung von Art. 19 Abs. 2 lit. a EuGVVO aus. Es kommt lediglich der Gerichtsstand am Ort der einstellenden Niederlassung nach Art. 19 Abs. 2 lit. b EuGVVO in Betracht. Gleiches gilt für eine Tätigkeitsausübung in staatsfreiem Gebiet.

Liegen im Rahmen eines Arbeitsverhältnisses mehrere gewöhnliche Arbeitsorte vor, so ist nach Art. 19 Nr. 2 lit. a EuGVVO der letzte gewöhnliche Arbeitsort maßgeblich.

Bislang haben sich die arbeitsvertraglichen Gerichtsstände als ein lückenloses Zuständigkeitssystem für sämtliche Streitigkeiten aus einem *einzigen* Arbeitsverhältnis erwiesen. Art. 19 f EuGVVO decken darüber hinaus auch arbeitsvertragliche Streitigkeiten ab, bei denen ein Arbeitnehmer in *mehreren* Arbeitsverhältnissen steht. Soweit die Arbeitsverhältnisse eng miteinander verbunden sind, müssen diese aus Arbeitnehmerschutzgründen einheitlich betrachtet werden. In diesem Fall ist es möglich, den gewöhnlichen Arbeitsort aus dem einen Arbeitsverhältnis dem anderen zuzurechnen. Liegt eine solche enge Verbindung nicht vor, sind die beiden Arbeitsverhältnisse getrennt zu analysieren.

Arbeitsvertragliche Prorogationen sind nach Art. 21 EuGVVO zulässig, wenn sie nach Entstehen der Streitigkeit getroffen werden oder dem Arbeitnehmer einen „dritten" Gerichtsstand einräumen, der sich weder im (Wohn-)Sitzstaat des Arbeitgebers noch am gewöhnlichen Arbeitsort bzw. am Ort der einstellenden Niederlassung befindet.

Tarifvertragliche Gerichtsstandsvereinbarungen sind zulässig. Sie stellen m.E. keine prozessualen Verträge zu Lasten der Arbeitnehmer dar. Sie werden durch den parteiautonomen Verbandseintritt ihrer Mitglieder gerechtfertigt. Ihre Wirksamkeit beurteilt sich nach Art. 23 Abs. 1 EuGVVO. Der Zeitpunkt des Beitritts zur Tarifvertragspartei ist für die Wirksamkeit der Gerichtsstandsklausel ohne Bedeutung.

Die Verletzung arbeitsvertraglicher Zuständigkeitsvorschriften führt weder unter Geltung des EuGVÜ noch unter der EuGVVO zur Versagung von Anerkennung und Vollstreckung. Dies stellt eine gravierende Benachteiligung des Arbeitnehmers im Vergleich zu Versicherungsnehmern und Verbrauchern dar, die systematisch inkonsequent ist und bei künftigen Reformen unbedingt behoben werden sollte.

Art. 6 S. 1 Entsende-Richtlinie gewährleistet einen Gerichtsstand im Gaststaat, der *neben* den arbeitsvertraglichen Zuständigkeiten der EuGVVO besteht.

Weder in der EBR-Richtlinie noch in der Beteiligungs-Richtlinie lassen sich Regelungen über die internationale Zuständigkeit finden. M.E. ist insoweit auf die Gerichtsstandsnormierungen in der EuGVVO zurückzugreifen.

Im Rahmen von EBR-Streitigkeiten kommen bei Ansprüchen gegenüber der zentralen Leitung die Gerichtsstände nach Art. 2 EuGVVO, Art. 23 EuGVVO sowie nach Art. 5 Nr. 1 lit. a EuGVVO in Betracht, soweit eine Vereinbarung i.S.d. Art. 6 Abs. 2 EBR-Richtlinie getroffen wurde. Ansprüche gegenüber der örtlichen Betriebsleitung sind nach Art. 5 Nr. 5 EuGVVO am Gerichtsstand der Zweigniederlassung geltend zu machen.

Bei Auseinandersetzungen, welche die Arbeitnehmerbeteiligung in der SE betreffen, sind *vor* Gründung der SE die Gerichte am jeweiligen Sitz der beteiligten Gesellschaften nach Art. 2 EuGVVO international zuständig. *Nach* Gründung der SE besteht der allgemeine Beklagtengerichtsstand am Sitz der SE gemäß Art. 2 EuGVVO; gemäß Art. 5 Nr. 1 lit. a EuGVVO besteht am Erfüllungsort ein Gerichtsstand, soweit eine Vereinbarung i.S.d. Art. 4 Beteiligungs-Richtlinie existiert. In eine derartige Vereinbarung kann auch eine Gerichtsstandsklausel aufgenommen werden. Ist dies der Fall, so beurteilt sich die internationale Zuständigkeit nach Art. 23 EuGVVO.

Literaturverzeichnis

Agel-Pahlke, Cornelia, Der internationale Anwendungsbereich des Betriebsverfassungsgesetzes. Eine Untersuchung der für das Betriebsverfassungsgesetz geltenden international-arbeitsrechtlichen Kollisionsnormen, 1988

Ahrens, Dieter H., Europäischer Betriebsrat: Fortgeltung und Änderung bestehender freiwilliger Vereinbarungen (§ 41 EBRG), AG 1997, 298-305

Almeida Cruz, Martinho de/*Desantes Real*, Manuel/*Jenard*, Paul, Bericht zum dritten Beitrittsübereinkommen des EuGVÜ vom 26.5.1989 („Beitrittsübereinkommen von Donastia–San Sebastián"), ABl. EG 1990 Nr. C 189/35 ff.

Aull, Jacques Matthias, Der Geltungsanspruch des EuGVÜ: „Binnensachverhalte" und Internationales Zivilverfahrensrecht in der Europäischen Union – Zur Auslegung von Art. 17 Abs. 1 S. 1 EuGVÜ, 1996

Basedow, Jürgen, The communitarization of the conflict of laws under the Treaty of Amsterdam, CML Rev. 2000, 687-708

Benecke, Lars, Die teleologische Reduktion des räumlich-persönlichen Anwendungsbereichs von Art. 2 ff und Art. 17 ff EuGVÜ, 1993

Besse, Dirk, Die justitielle Zusammenarbeit in Zivilsachen, ZEuP 1999, 107-122

Birk, Rolf, Das Arbeitskollisionsrecht der Bundesrepublik Deutschland, RdA 1984, 129-139

Birk, Rolf, Das internationale Arbeitsrecht der Bundesrepublik Deutschland, RabelsZ 46 (1982), 384-417

Birk, Rolf, Der Arbeitsvertrag der grenzüberschreitenden Arbeitnehmer, in: Kaufmann, Otto u.a. (Hrsg.), Arbeits- und Sozialrecht bei grenzüberschreitenden Sachverhalten, 1998, 169-175

Birk, Rolf, Die Bedeutung der Parteiautonomie im internationalen Arbeitsrecht, RdA 1989, 201-207

Birk, Rolf, Die internationale Zuständigkeit in arbeitsrechtlichen Streitigkeiten nach dem Europäischen Gerichtsstands- und Vollstreckungsübereinkommen, RdA 1983, 143-152

Birk, Rolf, Die Regelung der internationalen Zuständigkeit in der Entsenderichtlinie, in: Wiesehügel, Klaus/Sahl, Karl-Heinz (Hrsg.), Die Sozialkassen der Bauwirtschaft und die Entsendung innerhalb der Europäischen Union, 1998, 111-125

Birk, Rolf, Die Umsetzung der Richtlinie 94/45 über die Einsetzung eines Europäischen Betriebsrates in den Mitgliedstaaten der EG, in: Berger, Klaus-Peter u.a. (Hrsg.), Festschrift für Otto Sandrock, 2000, 65-78

Birk, Rolf, Internationales Tarifvertragsrecht, in: Sandrock, Otto (Hrsg.), Festschrift für Günther Beitzke, 1979, 831-872

Blanke, Thomas, Europäisches Betriebsräte-Gesetz, 1999

Blanpain, Roger, Labour Law and Industrial Relations in the European Union, 1998

Blobel, Felix/*Späth*, Patrick, Zum Entwicklungsstand der Lehre vom „forum non conveniens" in England, RIW 2001, 598-604

Borgmann, Bernd, Kollisionsrechtliche Aspekte des Arbeitnehmer-Entsendegesetzes, IPrax 1996, 315-320

Bruneau, Chantal, Les règles européennes de compétence en matière civile et commerciale, La Semaine Juridique (Édition Générale) 2001, 533-541

Buchner, Benedikt, Kläger- und Beklagtenschutz im Recht der internationalen Zuständigkeit, 1997

Buchner, Herbert, Die Sozialvorschriften des EG-Vertrages in der Fassung des Amsterdamer Vertrages, in: Köbler, Gerhard u.a. (Hrsg.), Festschrift für Alfred Söllner, 2000, 175-188

Bülow, Arthur/*Böckstiegel*, Karl-Heinz/*Geimer*, Reinhold/*Schütze*, Rolf A., Der internationale Rechtsverkehr in Zivil- und Handelssachen, 23. EL 2000

Coester-Waltjen, Dagmar, Die Bedeutung des EuGVÜ und des Luganer Übereinkommens für Drittstaaten, in: Heldrich, Andreas/Takeyoshi, Uchida (Hrsg.), Festschrift für Hideo Nakamura, 1996, 89-115

Däubler, Wolfgang, Betriebsverfassung in globalisierter Wirtschaft, 1999

Däubler, Wolfgang, Das neue Internationale Arbeitsrecht, RIW 1987, 249-256

Däubler, Wolfgang, Die Entsende-Richtlinie und ihre Umsetzung in das deutsche Recht, EuZW 1997, 613-618

Däubler, Wolfgang, Die Vereinbarung zur Errichtung eines Europäischen Betriebsrats, in: Schlachter, Monika u.a. (Hrsg.), Festschrift für Günter Schaub, 1998, 95-115

Däubler, Wolfgang, Ein Antidumping-Gesetz für die Bauwirtschaft, DB 1995, 726-731

Däubler, Wolfgang, Grundprobleme des internationalen Arbeitsrechts, AWD 1972, 1-12

Däubler, Wolfgang, Wahl des anwendbaren Arbeitsrechts durch Tarifvertrag?, NZA 1990, 673-675

Demarne, Véronique, Anwendung nationaler Tarifverträge bei grenzüberschreitenden Arbeitsverhältnissen, 1999

Dietze, Jan/*Schnichels*, Dominik, Die aktuelle Rechtsprechung des EuGH zum EuGVÜ, EuZW 2001, 581-585

Droz, Georges A. L., Schlußbericht, in: Duintjer Tebbens, Harry u.a. (Hrsg.), Internationale Zuständigkeit und Urteilsanerkennung in Europa, 1993, 235-251

Droz, Georges A. L./*Gaudemet-Tallon*, Hélène, La transformation de la Convention de Bruxelles du 27 septembre 1968 en Règlement du Conseil concernant la compétence judiciaire, la reconnaissance et l'exécution des décisions en matière civile et commerciale, Rev. crit. dr. internat. privé 2001, 601-652

v. *Eckartsberg*, Christian, Auslandseinsatz von Stammhauspersonal, 1978

Eidenmüller, Horst, Europäische Verordnung über Insolvenzverfahren und zukünftiges deutsches internationales Insolvenzrecht, IPRax 2001, 2-15

Eidenmüller, Horst, Wettbewerb der Gesellschaftsrechte in Euopa, ZIP 2002, 2233-2245

Evju, S., Norway, in: Blanpain, Roger (Hrsg.), Labour Law and Industrial Relations in the European Union, 1998, 113-126

Evrigenis, Dimitrios/*Kerameus*, Konstantinos D., Bericht zum 2. Beitrittsübereinkommen vom 25.10.1982, ABl. EG 1986 Nr. C 298/1 ff

Font i Segura, Albert, Anmerkung zu EuGH Rs. C-381/98 „Ingmar", EuLF 2001, 179-182

Franzen, Martin, „Gleicher Lohn für gleiche Arbeit am gleichen Ort", DZWir 1996, 89-100

Franzen, Martin, Anmerkung zu LAG München vom 11.1.2000, EuLF 2001, 296-298

Franzen, Martin, Arbeitskollisionsrecht und sekundäres Gemeinschaftsrecht: Die EG-Entsende-Richtlinie, ZEuP 1997, 1055-1074

Franzen, Martin, Internationales Arbeitsrecht, AR-Blattei SD (1993)

Franzen, Martin, Internationaie Gerichtsstandsvereinbarungen in Arbeitsverträgen zwischen EuGVÜ und autonomem internationalem Zivilprozeßrecht, RIW 2000, 81-88

Franzen, Martin, Kündigungsschutz im transnational tätigen Konzern, IPrax 2000, 506-512

Freitag, Robert, Anmerkung zu EuGH Rs. C-381/98 „Ingmar“, EWiR 2000, 1061-1062

Freitag, Robert/*Leible*, Stefan, Internationaler Anwendungsbereich der Handelsvertreterrichtlinie – Europäisches Handelsvertreterrecht weltweit?, RIW 2001, 287-295

Gamillscheg, Franz, Ein Gesetz über das internationale Arbeitsrecht, ZfA 1983, 307-373

Gamillscheg, Franz, Internationale Zuständigkeit und Entscheidungsharmonie im internationalen Privatrecht, Bericht der deutschen Gesellschaft für Völkerrecht 1959, 29-51

Gamillscheg, Franz, Kollektives Arbeitsrecht, Band I, 1997

Ganzert, Ludwig, Das internationale Arbeitsverhältnis im deutschen und französischen Kollisionsrecht, 1992

Gaudemet-Tallon, Hélène, Anmerkung zu EuGH Rs. C-383/95 „Rutten“, Rev. crit. dr. internat. privé 1997, 341-346

Gaudemet-Tallon, Hélène, Gerichtsstandsvereinbarungen im Brüsseler Übereinkommen, in: Duintjer Tebbens, Harry u.a. (Hrsg.), Internationale Zuständigkeit und Urteilsanerkennung in Europa, 1993, 117-127

Gaul, Björn, Betriebsverfassungsrechtliche Aspekte einer Entsendung von Arbeitnehmern ins Ausland, BB 1990, 697-703

Gebauer, Martin, Drittstaaten- und Gemeinschaftsbezug im europäischen Recht der internationalen Zuständigkeit, ZEuP 2001, 943-962

Geimer, Reinhold, Anmerkung zu EuGH Rs. C-412/98 „Group Josi“, EuLF 2000, 54-57

Geimer, Reinhold, Auslegung des Begriffs „Zivil- und Handelssachen“ und internationaler Gerichtsstand der Erfüllung nach ZustZHÜbk, NJW 1977, 492-493

Geimer, Reinhold, Internationales Zivilprozessrecht, 5. Auflage 2005

Geimer, Reinhold, Salut für die Verordnung (EG) Nr. 44/2001 (Brüssel I –VO), IPrax 2002, 69-74

Geimer, Reinhold, Ungeschriebene Anwendungsgrenzen des EuGVÜ: Müssen Berührungspunkte zu mehreren Vertragsstaaten bestehen?, IPrax 1991, 31-35

Geimer, Reinhold, Zur internationalen Zuständigkeit nach dem VollstrZustÜk für Arbeitsvertrags- und sonstige Vertragsstreitigkeiten – zur Maßgeblichkeit des jeweiligen Erfüllungsortes, NJW 1987, 1132-1133

Geimer, Reinhold, Zur Prüfung der Gerichtsbarkeit und der internationalen Zuständigkeit bei der Anerkennung ausländischer Urteile, 1966

Geimer, Reinhold, Zuständigkeitsvereinbarungen zugunsten und zu Lasten Dritter, NJW 1985, 533-534

Geimer, Reinhold/*Schütze*, Rolf A., Europäisches Zivilverfahrensrecht, 2. Auflage 2004

Geimer, Reinhold/*Schütze*, Rolf A., Internationale Urteilsanerkennung, Band 1, 1983

Gerken, Lüder/*Löwisch,* Manfred/*Rieble*, Volker, Der Entwurf eines Arbeitnehmer-Entsendegesetzes in ökonomischer und rechtlicher Sicht, BB 1995, 2370-2375

Germelmann, Claas-Hinrich/*Matthes*, Hans-Christoph/*Prütting*, Hanns/*Müller-Glöge*, Rudi, ArbGG, 5. Auflage 2004

Giesen, Richard, EU-Richtlinienvorschlag zur Information und Anhörung der Arbeitnehmer, RdA 2000, 298-304

Giuliano, Mario/*Lagarde*, Paul, Bericht über das auf vertragliche Schuldverhältnisse anzuwendende Recht, BT-Drucksache 10/503, 33 ff

Gnann, Thomas, Arbeitsvertrag bei Auslandsentsendung, 1993

Gottwald, Peter, Gerechtigkeit und Effizienz internationaler Gerichtsstände, R.L.R. 2000, 61-77

Gottwald, Peter, Internationale Gerichtsstandsvereinbarungen, in: Gerhardt, Walter u.a. (Hrsg.), Festschrift für Wolfram Henckel, 1995, 295-309

Gottwald, Peter, Revision des EuGVÜ – Neues Schiedsverfahrensrecht, 2000

Grolimund, Pascal, Drittstaatenproblematik des europäischen Zivilverfahrensrechts, 2000

Grunsky, Wolfgang, Probleme des EWG-Übereinkommens über die gerichtliche Zuständigkeit und die Vollstreckung gerichtlicher Entscheidungen in Zivil- und Handelssachen, JZ 1973, 641-647

Gutiérrez-Solar Calvo, Die Entsendung von Arbeitnehmern nach Spanien, RdA 2001, 350-352

Hanau, Peter, Das Arbeitnehmer-Entsendegesetz, NJW 1996, 1369-1373

Hanau, Peter, Lohnunterbietung („Sozialdumping") durch Europarecht, in: Due, Ole u.a. (Hrsg.), Festschrift für Ulrich Everling I, 1995, 415-431

Hanau, Peter, Nationale Regelungen für internationale (europäische) Betriebsräte, in: Baur, Jürgen u.a. (Hrsg.), Festschrift für Ralf Vieregge,1995, 319-334

Hänlein, Andreas, Anmerkung zu EuGH Rs. C-62/99 „bofrost", EuLF 2001, 371-376

Harris, Jonathan, The Brussels Regulation, C.J.Q. 2001, 218-224

Hartley, Trevor C., Anmerkung zu EuGH Rs. C-125/92 „Mulox", European Law Review 1994, 540-545

Hartley, Trevor C., Antisuit injunctions and the Brussels Jurisdiction and Judgments Convention, I.C.L.Q. 2000, 166-171

Haubold, Jens, Europäisches Zivilverfahrensrecht und Ansprüche im Zusammenhang mit Insolvenzverfahren – zur Abgrenzung zwischen Europäischer Insolvenzverordnung und EuGVO, EuGVÜ und LugÜ, IPrax 2002, 157-163

Hausmann, Rainer, Die Revision des Brüsseler Übereinkommens von 1968, EuLF 2000, 40-49

Heilmann, Frank Sven, Das Arbeitsvertragsstatut, 1991

Heinze, Meinhard, Der Europäische Betriebsrat, AG 1995, 385-402

Heldrich, Andreas, Internationale Zuständigkeit und anwendbares Recht, 1969

Herfs-Röttgen, Ebba, Arbeitnehmerbeteiligung in der Europäischen Aktiengesellschaft, NZA 2001, 424-429

Herfs-Röttgen, Ebba, Probleme der Arbeitnehmerbeteiligung in der Europäischen Aktiengesellschaft, NZA 2002, 358 - 365

Hergenröder, Curt Wolfgang, Internationales Tarifvertragsrecht, AR-Blattei SD (1998)

Herrmann, Hans Joachim/*Basedow*, Jürgen/*Kropholler*, Jan, Handbuch des internationalen Zivilverfahrensrechts, Band 1: Europäisches Zivilprozeßrecht, Generalia, 1982

Heß, Burkhard, Aktuelle Perspektiven der europäischen Prozessrechtsangleichung, JZ 2001, 573-583

Heß, Burkhard, Die „Europäisierung" des internationalen Zivilprozessrechts durch den Amsterdamer Vertrag – Chancen unaufnahme d Gefahren, NJW 2000, 23-32

Heß, Burkhard, Die Integrationsfunktion des Europäischen Zivilverfahrensrechts, IPrax 2001, 389-396

Heß, Burkhard, Die intertemporale Anwendung des europäischen Zivilprozessrechts in den Beitrittsstaaten, IPrax 2004, 374-376

Heß, Burkhard/*Müller*, Achim, Die Verordnung 1206/01/EG zur Beweisaufnahme im Ausland, ZZPInt. 2001, 149-178

Heß, Burkhard, Die Zustellung von Schriftstücken im europäischen Justizraum, NJW 2001, 15-20

Heß, Burkhard, Gerichtsstandsvereinbarungen nach EuGVÜ und ZPO (zu BGH, 14.11.1991 – IX ZR 250/90), IPrax 1992, 358-361

Heß, Burkhard, Steht das geplante weltweite Zuständigkeits- und Vollstreckungsübereinkommen vor dem Aus?, IPrax 2000, 342-343

Hickl, Manfred, Auswirkungen und Probleme des Entsendegesetzes, NZA 1997, 513-518

v. Hoffmann, Bernd, Internationales Privatrecht, 6. Auflage 2000

Holl, Volker, Der Gerichtsstand des Erfüllungsortes gemäß Art. 5 Nr. 1 EuGVÜ, WiB 1995, 462-466

Holl, Volker, Der Gerichtsstand des Erfüllungsortes nach Art. 5 Nr. 1 bei individuellen Arbeitsverträgen, IPrax 1997, 88-90

Hoppe, Jeannine, Die Entsendung von Arbeitnehmern ins Ausland, 1999

Huber, Peter, Internationales Insolvenzrecht in Europa, ZZP (114) 2001, 133-166

Huber, Peter, Forum non conveniens und EuGVÜ, RIW 1993, 977-983

Hunold, Wolf, Arbeitsrecht im Außendienst, 1993

Ipsen, Knut/*Menzel*, Eberhard/*Epping*, Volker, Völkerrecht, 5. Auflage 2004

Jametti Greiner, Monique, Die Revision des Brüsseler und des Lugano-Übereinkommens, AJP 1999, 1135-1139

Jayme, Erik, Der Gerechtigkeitsgehalt des Europäischen Gerichtsstands- und Vollstreckungsübereinkommens, in: Reichelt, Gerte (Hrsg.), Europäisches Kollisionsrecht, 1993, 33-48

Jayme, Erik/*Kohler*, Christian, Europäisches Kollisionsrecht 1997 – Vergemeinschaftung durch „Säulenwechsel"?, IPrax 1997, 385-401

Jayme, Erik/*Kohler*, Christian, Europäisches Kollisionsrecht 1999 – Die Abendstunde der Staatsverträge, IPrax 1999, 401-413

Jayme, Erik/*Kohler*, Christian, Europäisches Kollisionsrecht 2000: Interlokales Privatrecht oder universelles Gemeinschaftsrecht?, IPrax 2000, 454-465

Jenard, Paul, Bericht zu dem Übereinkommen über die gerichtliche Zuständigkeit und die Vollstreckung gerichtlicher Entscheidungen in Zivil- und Handelssachen vom 27.9.1968, BT-Drucksache VI/1973, 52 ff

Jenard, Paul/*Möller*, G., Bericht zum Lugano Übereinkommen vom 16.9.1988, ABl. EG 1990 Nr. C 189/57 ff

Johner, Erik, Die direkte Zuständigkeit der Schweiz bei internationalen Arbeitsverhältnissen, 1995

Junker, Abbo, Die internationale Zuständigkeit deutscher Gerichte in Arbeitssachen, ZZPInt 3 (1998), 179-202

Junker, Abbo, Internationales Arbeitsrecht im Konzern, 1992

Junker, Abbo, Internationales Arbeitsrecht in der Praxis im Blickpunkt: Zwanzig Entscheidungen der Jahre 1994–2000, RIW 2001, 94-107

Junker, Abbo, Neues zum Europäischen Betriebsrat, RdA 2002, 32-35

Junker, Abbo, Vom Brüsseler Übereinkommen zur Brüsseler Verordnung – Wandlungen des Internationalen Zivilprozessrechts, RIW 2002, 569-577

Kaye, Peter, The New Private International Law of Contract of the European Community, 1993

Kennett, Wendy, The Brussels I Regulation, I.C.L.Q. 2001, 725-737

Kerameus, Konstantinos D., Erweiterung des EuGVÜ-Systems und Verhältnis zu Drittstaaten, in: Gottwald, Peter (Hrsg.), Revision des EuGVÜ – Neues Schiedsverfahrensrecht, 2000, 75-91

Kerameus, Konstantinos D./*Prütting*, Hanns, Die Revision des EuGVÜ – Bericht über ein Grotius-Projekt, ZZPInt 3 (1998), 265-271

Killias, Laurent, Die Gerichtsstandsvereinbarungen nach dem Lugano-Übereinkommen, 1993

Kindler, Peter, Rechtswahlfestigkeit des Handelsvertreterausgleichs bei Tätigkeitsausübung in Mitgliedstaat, aber Sitz des Unternehmens in Drittstaat, BB 2001, 11-13

Koberski, Wolfgang/*Sahl*, Karl-Heinz/*Hold*, Dieter, Arbeitnehmer-Entsendegesetz, 1997

Koch, Harald, Kanadische Versicherungen gegen europäische Rückversicherer: Zuständigkeit nach EuGVÜ?, NVersZ 2001, 60-61

Koenigs, Folkmar, Lohngleichheit am Bau? – Zu einem Arbeitnehmer-Entsendegesetz, DB 1995, 1710-1711

Kohler, Christian, Die Formung eines europäischen Kollisionsrechts durch den Gerichtshof der Europäischen Gemeinschaften, in: Reichelt, Gerte (Hrsg.), Europäisches Kollisionsrecht, 1993, 15-31

Kohler, Christian, Die Revision des Brüsseler und des Luganer Übereinkommens über die gerichtliche Zuständigkeit und die Vollstreckung gerichtlicher Entscheidungen in Zivil- und Handelssachen – Generalia und Gerichtsstandsproblematik -, in: Gottwald, Peter (Hrsg.), Revision des EuGVÜ – Neues Schiedsverfahrensrecht, 2000, 1-35

Kohler, Christian, Einheit, Vielheit und Relativität im Kollisionsrecht der EG-Mitgliedstaaten, IPrax 1992, 277-284

Kohler, Christian, Interrogations sur les sources du droit international privé européen après le traité d'Amsterdam, Rev. crit. dr. internat. privé 1999, 1-30

Kohler, Christian, Vom EuGVÜ zur EuGVVO: Grenzen und Konsequenzen der Vergemeinschaftung, in: Schütze, Rolf A. (Hrsg.), Festschrift für Reinhold Geimer, 2002, 461-484

Kolvenbach, Walter, Europäische Betriebsräte, NZA 2000, 518-527

Kolvenbach, Walter/*Kolvenbach*, Dirk, Massenentlassungen bei Renault in Belgien, NZA 1997, 695-697

Krebber, Sebastian, Änderungskündigung einer Ortskraft der US-Botschaft in Bonn: Arbeitskollisionsrecht und Souveränitätsfragen vor dem BAG, IPrax 1999, 164-167

Krebber, Sebastian, Die Bedeutung von Entsenderichtlinie und Arbeitnehmer-Entsendegesetz für das Arbeitskollisionsrecht, IPrax 2001, 22-28

Krebber, Sebastian, Gerichtsstand des Erfüllungsortes bei mehreren, aber aufeinander abgestimmten Arbeitsverhältnissen, IPrax 2004, 309-315

Kröll, Stefan, Gerichtsstandsvereinbarungen aufgrund Handelsbrauchs im Rahmen des GVÜ, ZZP 113 (2000), 135-159

Kronisch, Gerhard, Auslandstätigkeit will gut vorbereitet sein, AuA 2001, 119-122

Kronke, Herbert, Der Gerichtsstand nach Art. 5 Nr. 5 EuGVÜ – Ansätze einer Zuständigkeitsordnung für grenzüberschreitende Unternehmensverbindungen, IPrax 1989, 81-84

Kropholler, Jan, Das Unbehagen am forum shopping, in: Henrich, Dieter/von Hoffmann, Bernd (Hrsg.), Festschrift für Karl Firsching, 1985, 165-173

Kropholler, Jan, Europäisches Zivilprozeßrecht, 7. Auflage 2002

Kropholler, Jan, Internationales Privatrecht, 5. Auflage 2004

Kropholler, Jan, Problematische Schranken der europäischen Zuständigkeitsordnung gegenüber Drittstaaten, in: Heldrich, Andreas/Sonnenberger, Hans-Jürgen (Hrsg.), Festschrift für Murad Ferid, 1988, 239-250

Kruger, Thalia, Group Josi Reinsurance Company S.A. v. Universal General Insurance Company, Columbia Journal of European Law 2001, 134-140

Kubis, Sebastian, Gerichtspflicht durch Schweigen? – Prorogation, Erfüllungsortvereinbarung und internationale Handelsbräuche, IPrax 1999, 10-14

Lagarde, Paul, Anmerkung zu EuGH Rs. C- 125/92 „Mulox", Rev, crit. dr. internat. privé 1994, 574-577

Leible, Stefan/*Staudinger*, Ansgar, Art. 65 EGV im System der EG-Kompetenzen, EuLF 2001, 225-235

Leipold, Dieter, Zuständigkeitsvereinbarung und rügelose Einlassung nach dem Europäischen Gerichtsstands- und Vollstreckungsübereinkommen, IPrax 1982, 222-225

de Lind van Wijngaarden-Maack, Martina, Vorlage an den EuGH zur Vereinbarkeit von antisuit injunctions mit dem EuGVÜ (zu Turner v. Grovit and Others, House of Lords, 13.12.2001), IPrax 2003, 153-158

Linke, Hartmut, Zur Auslegung des ZustZHÜbk Artikel 11 Abs. 1 und Artikel 5 Nr. 1, RIW 1977, 43-47

Lorenz, Frank/*Zumfelde*, Meinhard, Der Europäische Betriebsrat und die Schließung des Renault-Werkes in Vilvoorde/Belgien, RdA 1998, 168-173

Lyon-Caen, Gérard, La convention collective de travail en droit international privé, Journal du droit international (Clunet) 1964, 247-255

Mankowski, Peter, Arbeitskräfte bei Staaten und staatsnahen Einrichtungen im Internationalen Privat- und Prozeßrecht, IPrax 2001, 123-127

Mankowski, Peter, Das Internationale Arbeitsrecht und die See – die Fortsetzung folgt -, IPrax 2005, 58-61

Mankowski, Peter, Der gewöhnliche Arbeitsort im Internationalen Privat- und Prozeßrecht, IPrax 1999, 332-338

Mankowski, Peter, Die Qualifikation der culpa in contrahendo – Nagelprobe für den Vertragsbegriff des europäischen IZPR und IPR – (zu EuGH, 17.9.2002 – Rs. C-334/00 – Fonderie Officine Meccaniche Tacconi SpA/Heinrich), IPrax 2003, 127-135

Mankowski, Peter, Europäisches Internationales Arbeitsprozessrecht – Weiteres zum gewöhnlichen Arbeitsort – (zu EuGH, 27.2.2002 – Rs. C-37/00 – Herbert Weber/Universal Ogden Services Ltd.), IPrax 2003, 21-28

Mankowski, Peter, Internationales Arbeitsrecht, AR-Blattei ES (1999)

Markus, Alexander R., Revidierte Übereinkommen von Brüssel und Lugano: Zu den Hauptpunkten, SZW 1999, 205-220

Mayer, Udo R., Betriebsverfassungs- und tarifvertragsrechtliche Fragen bei grenzüberschreitendem Arbeitsverhältnis, in: Kaufmann, Otto u.a. (Hrsg.), Arbeits- und Sozialrecht bei grenzüberschreitenden Sachverhalten, 1998, S. 177-189

Mezger, Ernst, Einheitlicher Gerichtsstand des Erfüllungsorts verschiedenartiger Ansprüche eines Handelsvertreters (Art. 5 Nr. 1 GVÜ), IPrax 1983, 153-156

Mezger, Ernst, Zur Bestimmung des Erfüllungsorts im Sinne von Art. 5 Nr. 1 EuGVÜ bei einem gegenseitigen Vertrag, IPrax 1987, 346-349

Micklitz, Hans-W./*Rott*, Peter, Vergemeinschaftung des EuGVÜ in der Verordnung (EG) Nr. 44/2001, EuZW 2001, 325-334

Müller, Andreas, Die Entsendung von Arbeitnehmern in der Europäischen Union, 1997

Müller, Christopher, Europäische Betriebsräte-Gesetz, 1997

Müller, Cornelia, Die internationale Zuständigkeit deutscher Arbeitsgerichte und das auf den Arbeitsvertrag anwendbare Recht, 2004

Münchener Handbuch zum Arbeitsrecht, Band 1: Individualarbeitsrecht, hrsg. von Reinhard Richardi und Ottfried Wlotzke, 2. Auflage 2000

Münchener Kommentar zur Zivilprozeßordnung, Band 3: §§ 803-1066, EGZPO, GVG, EGGVG, Internationales Zivilprozeßrecht, hrsg. von Gerhard Lüke und Peter Wax, 2. Auflage 2001

Neuner, Jörg, Die Rückwirkung von Tarifverträgen, ZfA 1998, 83-104

Niboyet, Marie-Laure, La révision de la convention de Bruxelles du 27 septembre 1968 par le règlement du 22 décembre 2000, Gazette du Palais 2001, Nr. 161-163, 10-17

Oberklus, Volkmar, Die rechtlichen Beziehungen des zu einem Tochterunternehmen im Ausland entsandten Mitarbeiters zum Stammunternehmen, 1991

Ojeda Avilés, Antonio, Sind Europäische Tarifverträge „bloße Empfehlungen"?, in: Klebe, Thomas u.a. (Hrsg.), Festschrift für Wolfgang Däubler, Recht und soziale Arbeitswelt, 1999, 519-542

Oppertshäuser, Joachim, Das Internationale Privat- und Zivilprozessrecht im Spiegel arbeitsgerichtlicher Rechtsprechung, NZA-RR 2000, 393-400

Paefgen, Walter G., Auslandsgesellschaften und Durchsetzung deutscher Schutzinteressen nach „Überseering", DB 2003, 487-492

Palandt, Otto, Bürgerliches Gesetzbuch, 64. Auflage 2005

Pauly, Stephan/*Ahouzaridi*, Irini, Europäischer Betriebsrat oder Europa-Forum, DZWir 1996, 221-230

Persiani, Mattia, Diritto sindicale, 7. Auflage 2000

Pertegás Sender, Marta, Anmerkung zu EuGH Rs. C-383/95 „Rutten", Columbia Journal of European Law 1997, 292-298

Pfeiffer, Thomas, Internationale Zuständigkeit und prozessuale Gerechtigkeit, 1995

Pfeiffer, Thomas, Materialisierung und Institutionalisierung im Recht der Internationalen Zuständigkeit, in: Canaris, Claus-Wilhelm u.a. (Hrsg.), 50 Jahre Bundesgerichtshof, Band 3, 2000, 617-643

Pietras, Kathrin/*Thomas*, Holger, Die konzerninterne Entsendung von ausländischen Arbeitnehmern nach Deutschland, RIW 2001, 691-698

Piltz, Burghard, Die Zuständigkeitsordnung nach dem EWG-Gerichtsstands- und Vollstreckungsübereinkommen, NJW 1979, 1071-1075

Piltz, Burghard, Vom EuGVÜ zur Brüssel-I-Verordnung, NJW 2002, 789-794

Rademacher, Ulf, Der Europäische Betriebsrat: Die Richtlinie 94/45/EG des Rates vom 22.9.1994 und ihre Umsetzung in nationales Recht, 1996

Rauscher, Thomas, Arbeitnehmerschutz – ein Ziel des Brüsseler Übereinkommens, in: Geimer, Reinhold (Hrsg.), Festschrift für Rolf A. Schütze, 1999, 695-710

Rauscher, Thomas, Der Arbeitnehmergerichtsstand im EuGVÜ (zu *EuGH*, 15.2.1989 – Rs. 32/88 „Six Constructions Ltd. v. Humbert"), IPrax 1990, 152-157

Rauscher, Thomas, Europäisches Zivilprozeßrecht, 2004

Reich, Norbert, Handelsvertreterrichtlinie unabdingbar gegenüber Drittlandprinzipal, EuZW 2001, 51-52

Remien, Oliver, European Private International Law, the European Community and its emerging area of freedom, security and justice, CML Rev. 2001, 53-86

Rosenkranz, Werner, Auslandsentsendung – Klärung der wichtigsten Begriffe, Der Arbeitgeber 1978, 51-52

Saenger, Ingo, Internationale Gerichtsstandsvereinbarungen nach EuGVÜ und LugÜ, ZZP 110 (1997), 477-498

Saggio, Antonio, Perspektiven des Systems der Freizügigkeit für Gerichtsentscheidungen auf der Grundlage des Brüsseler Übereinkommens, in: Duintjer Tebbens, Harry u.a. (Hrsg.), Internationale Zuständigkeit und Urteilsanerkennung in Europa, 1993, 177-196

Samtleben, Jürgen, Europäische Gerichtsstandsvereinbarungen und Drittstaaten – viel Lärm um nichts?, RabelsZ 59 (1995), 670-712

Samtleben, Jürgen, Internationale Gerichtsstandsvereinbarungen nach dem EWG-Übereinkommen und nach der Gerichtsstandsnovelle, NJW 1974, 1590-1594

Schack, Haimo, Die EG-Kommission auf dem Holzweg von Amsterdam, ZEuP 1999, 805-808

Schack, Haimo, Internationales Zivilverfahrensrecht, 3. Auflage 2002

Schaub, Günter/*Koch*, Ulrich/*Linck*, Rüdiger, Arbeitsrechtshandbuch, 11. Auflage 2005

Schaub, Günter, Globalisierung des Arbeitsrechts, in: Köbler, Gerhard u.a. (Hrsg.), Festschrift für Alfred Söllner, 2000, 997-1015

Schiek, Dagmar, Europäische Betriebsvereinbarungen, RdA 2001, 218-236

Schlachter, Monika, Grenzüberschreitende Arbeitsverhältnisse, NZA 2000, 57-65

Schlosser, Peter, Bericht zum 1. Beitrittsübereinkommen vom 9.10.1978, ABl. EG 1979 Nr. C 59/71 ff

Schlosser, Peter, EU-Zivilprozessrecht, 2. Auflage 2003

Schlüpers-Oehmen, Reinhold, Betriebsverfassung bei Auslandstätigkeit, 1984

Schmidt, Ingrid, Betriebliche Arbeitnehmervertretung insbesondere im Europäischen Recht, RdA 2001, Sonderbeilage Heft 5, 13-23

Schoibl, Norbert A., Zum zeitlichen Anwendungsbereich und zum Ratifikationsstand des Brüsseler Übereinkommens und zum Konkurrenzverhältnis der beiden Europäischen Gerichtsstands- und Vollstreckungsübereinkommen EuGVÜ – LGVÜ, ÖstJZ 2000, 481-489

Schröder, Jochen, Internationale Zuständigkeit, 1971

Schulz, Martin, (Schein-)Auslandsgesellschaften in Europa – Ein Schein-Problem?, NJW 2003, 2705-2708

Simons, Thomas, Gerichtsstand und Vertragsstatut im komplexen Anstellungsverhältnis, EuLF 2003, 163-167

Springer, Stephanie, Virtuelle Wanderarbeit, 2003

Staudinger, Ansgar, Vertragsstaatenbezug und Rückversicherungsverträge im EuGVÜ, IPrax 2000, 483-488

Stein, Friedrich/*Jonas*, Martin, Kommentar zur Zivilprozeßordnung, Band 1: §§ 1-90, 21. Auflage 1993

Steinmeyer, Heinz-Dietrich, Sozialdumping in Europa, DVBl 1995, 962, 963

Stone, Peter A., The Lugano Convention on Civil Jurisdiction and Judgments, YbEuL 1988 (1989), 105-111

Thomas, Heinz/*Putzo*, Hans/Reichold, Klaus/*Hüßtege*, Rainer, Zivilprozeßordnung, 26. Auflage 2004

Trenner, Claus, Internationale Gerichtsstände in grenzüberschreitenden Arbeitsvertragsstreitigkeiten – unter besonderer Berücksichtigung individualvertraglicher Gerichtsstandsvereinbarungen, 2001

Trunk, Alexander, Die Erweiterung des EuGVÜ-Systems am Vorabend des Europäischen Binnenmarktes, 1991

Valloni, Lucien William, Der Gerichtsstand des Erfüllungsortes nach Lugano- und Brüsseler Übereinkommen, 1998

Verdross, Alfred/*Simma*, Bruno, Universelles Völkerrecht, 3. Auflage 1984

Vischer, Frank, Bemerkungen zum Verhältnis von internationaler Zuständigkeit und Kollisionsrecht, in: Stoffel, Walter A./Volken, Paul (Hrsg.), Mélanges en l'honneur d'Afred E. von Overbeck, Kollision und Vereinheitlichung, 1990, 349-377

Wagner, Rolf, Die geplante Reform des Brüsseler und des Lugano-Übereinkommens, IPrax 1998, 241-244

Wagner, Rolf, Vom Brüsseler Übereinkommen über die Brüssel I-Verordnung zum Europäischen Vollstreckungstitel, IPrax 2002, 75-95

Walz, Stefan, Multinationale Unternehmen und internationaler Tarifvertrag. Eine arbeitskollisionsrechtliche Untersuchung, 1981

Weiss, Manfred, Die Umsetzung der Richtlinie über Europäische Betriebsräte, ArbuR 1995, 438-441

Weiß, Josef, Die Konkretisierung der Gerichtsstandsregeln des EuGVÜ durch den EuGH: Effektivität des Rechtsschutzes für den Kläger oder effektiver Beklagtenschutz?, 1997

Wieczorek, Bernhard/*Schütze*, Rolf A., Zivilprozessordnung und Nebengesetze, Band 1: Einleitung; §§ 1-49; EuGVÜ, 3. Auflage 1994

Willemsen, Heinz-Josef/*Hohenstatt*, Klaus Stefan, Chancen und Risiken von Vereinbarungen gemäß Art. 13 der „Euro-Betriebsrat"-Richtlinie, NZA 1995, 399-403

Wimmer, Norbert, Die Gestaltung internationaler Arbeitsverhältnisse durch kollektive Normenverträge, 1992

Windbichler, Christine, Arbeitsrechtliche Vertragsgestaltung im Konzern, 1990

Wirth, Ekkehard, Mitarbeiter im Auslandseinsatz, 1992

Zachert, Ulrich, Europäische Tarifverträge – von korporatistischer zu autonomer Normsetzung?, in: Schlachter, Monika u.a. (Hrsg.), Festschrift für Günter Schaub, 1998, 811-828

Zimmer, Daniel, Wie es Euch gefällt? Offene Fragen nach dem Überseering-Urteil des EuGH, BB 2003, 1-7

Zöller, Richard, Zivilprozeßordnung, 25. Auflage 2005

STUDIEN ZUM VERGLEICHENDEN UND INTERNATIONALEN RECHT

Herausgeber: Bernd von Hoffmann, Erik Jayme und Heinz-Peter Mansel

Band 1 Ferdinand Henke: Die Datenschutzkonvention des Europarates. 1986.

Band 2 Peter Czermak: Der express trust im internationalen Privatrecht. 1986.

Band 3 Peter Kindler: Der Ausgleichsanspruch des Handelsvertreters im deutsch-italienischen Warenverkehr. Eine rechtsvergleichende und kollisionsrechtliche Untersuchung. 1987.

Band 4 Wilhelm Denzer: Stellung und Bedeutung des Engineers in den FIDIC-Bauvertragsbedingungen. 1988.

Band 5 Marijan-Maximilian Lederer: Die internationale Enteignung von Mitgliedschaftsrechten unter besonderer Berücksichtigung der französischen Enteignungen 1982. 1989.

Band 6 Rainer Esser: Klagen gegen ausländische Staaten. 1990.

Band 7 Chang Jae-Ok: Auf dem Weg zu einer Materialisierung des Immateriellen? Personen-, Persönlichkeitsschutz und Geldersatz des immateriellen Schadens in rechtsvergleichender Hinsicht am Beispiel des koreanischen und japanischen Zivilrechts unter besonderer Berücksichtigung des deutschen Rechts. 1990.

Band 8 Paul-Frank Weise: Lex mercatoria. Materielles Recht vor der internationalen Handelsschiedsgerichtbarkeit. 1990.

Band 9 Werner Born: Der Auftrittsvertrag für Musikgruppen im Bereich der Rock- und Popmusik. 1990.

Band 10 Ralf Erich Jürgens: IPR und Verfassung in Italien und in der Bundesrepublik Deutschland. 1990.

Band 11 Rainer Gildeggen: Internationale Schieds- und Schiedsverfahrensvereinbarungen in Allgemeinen Geschäftsbedingungen vor deutschen Gerichten. 1991.

Band 12 Klaus Grabinski: Die kollisionsrechtliche Behandlung des Durchgriffs bei rechtlich verselbständigten Unternehmen in privater oder öffentlicher Hand. 1991.

Band 13 Dieter Stummel: Konkurs und Integration. Konventionsrechtliche Wege zur Bewältigung grenzüberschreitender Insolvenzverfahren. 1991.

Band 14 Joachim Güntzer: Die Rechtsstellung des Geschäftsführers im spanischen Aktienrecht. Die Neuregelung des spanischen Aktienrechts nach dem Beitritt Spaniens zur EG. 1991.

Band 15 Sabine Isenburg-Epple: Die Berücksichtigung ausländischer Rechtshängigkeit nach dem Europäischen Gerichtsstands- und Vollstreckungsübereinkommen vom 27.9.1968. Untersuchungen zum Anwendungsbereich von Art. 21 EuGVÜ unter schwerpunktmäßiger Behandlung der Frage nach der Bestimmung eines europäischen Streitgegenstandsbegriffs. 1992.

Band 16 Ulrich Nickl: Die Qualifikation der culpa in contrahendo im Internationalen Privatrecht. 1992.

Band 17 Theo Rauh: Leistungserschwerungen im Schuldvertrag. Eine rechtsvergleichende Untersuchung des englischen, US-amerikanischen, französischen und deutschen Rechts unter besonderer Berücksichtigung der gerichtlichen Praxis. 1992.

Band 18 Bernadette Chaussade-Klein: Vorvertragliche "obligation de renseignements" im französischen Recht. 1992.

Band 19 Josef Sievers: Verbraucherschutz gegen unlautere Vertragsbedingungen im französischen Recht. Vom Code civil zum "Code de la consommation" – die Entstehung eines Sonderprivatrechts für Verbraucher. 1993.

Band 20 Achim Schäfer: Grenzüberschreitende Kreditsicherung an Grundstücken, unter besonderer Berücksichtigung des deutschen und italienischen Rechts. 1993.

Band 21 Eugenio Hernández-Breton: Internationale Gerichtsstandsklauseln in Allgemeinen Geschäftsbedingungen. Unter besonderer Berücksichtigung des deutsch-südamerikanischen Rechtsverkehrs (dargestellt am Beispiel Argentinien, Brasilien und Venezuela). 1993.

Band 22 Ingo Reng: Unterhaltsansprüche aufgrund nichtehelicher Lebensgemeinschaft – Internationales Privatrecht und ausländisches materielles Recht. 1994.

Band 23 Stefanie Roloff: Die Geltendmachung ausländischer öffentlicher Ansprüche im Inland. 1994.

Band 24 Katharina Ludwig: Der Vertragsschluß nach UN-Kaufrecht im Spannungsverhältnis von Common Law und Civil Law. Dargestellt auf der Grundlage der Rechtsordnungen Englands und Deutschlands. 1994.

Band 25 Malte Diesselhorst: Mehrparteienschiedsverfahren. Internationale Schiedsverfahren unter Beteiligung von mehr als zwei Parteien. 1994.

Band 26 Manfred Kost: Konsensprobleme im internationalen Schuldvertragsrecht. 1995.

Band 27 Wolff-Heinrich Fleischer: Das italienische Wettbewerbsrecht und die Probleme des selektiven Parfümvertriebs unter Berücksichtigung der Rechtslage in Frankreich und Deutschland. 1995.

Band 28 Angelika Fuchs: Lateinamerikanische Devisenkontrollen in der internationalen Schuldenkrise und Art. VIII Abschn. 2 b) IWF-Abkommen. 1995.

Band 29 Jacques Matthias Aull: Der Geltungsanspruch des EuGVÜ: "Binnensachverhalte" und Internationales Zivilverfahrensrecht in der Europäischen Union. Zur Auslegung von Art. 17 Abs. 1 S. 1 EuGVÜ. 1996.

Band 30 Hartmut Ost: EVÜ und fact doctrine. Konflikte zwischen europäischer IPR-Vereinheitlichung und der Stellung ausländischen Rechts im angelsächsischen Zivilprozeß. 1996.

Band 31 Stefan Wagner: Die Testierfähigkeit im Internationalen Privatrecht. 1996.

Band 32 Wolfgang Jakob Hau: Positive Kompetenzkonflikte im Internationalen Zivilprozeßrecht. Überlegungen zur Bewältigung von *multi-fora disputes*. 1996.

Band 33 Markus Schütz: UN-Kaufrecht und *Culpa in contrahendo*. 1996.

Band 34 Volker Geyrhalter: Das Lösungsrecht des gutgläubigen Erwerbers. Ein "vergessener" Kompromiß und die Auswirkungen auf das heutige deutsche Recht unter besonderer Berücksichtigung des internationalen Sachenrechts. 1996.

Band 35 Andreas Kramer: Abwicklungsstörungen bei Kaufverträgen. Die Lieferung vertragswidriger Sachen im deutschen und italienischen Recht. 1996.

Band 36 Petra Krings: Erfüllungsmodalitäten im internationalen Schuldvertragsrecht. 1997.

Band 37 Tonja Gaibler: Der rechtsgeschäftliche Irrtum im französischen Recht. 1997.

Band 38 Dirk Otto: Rechtsspaltung im indischen Erbrecht. Bedeutung und Auswirkungen auf deutsch-indische Nachlaßfälle. 1997.

Band 39 Gregor W. Decku: Zwischen Vertrag und Delikt. Grenzfälle vertraglicher und deliktischer Haftung dargestellt am Beispiel der Berufs- und Expertenhaftung zum Schutze des Vermögens Dritter im deutschen und englischen Recht. 1997.

Band 40 Ulrike Höpping: Auswirkungen der Warenverkehrsfreiheit auf das IPR unter besonderer Berücksichtigung des Internationalen Produkthaftungsrechts und des Internationalen Vertragsrechts. 1997.

Band 41 Andreas Bartosch: Die vermögensrechtlichen Beziehungen der Ehegatten bei bestehender Ehe im englischen Recht – Eigentum, Besitz, Schuldvertrag. 1997.

Band 60 Islamisches und arabisches Recht als Problem der Rechtsanwendung. Symposium zu Ehren von Professor Emeritus Dr. iur. Omaia Elwan. Veranstaltet vom Institut für ausländisches und internationales Privat- und Wirtschaftsrecht der Universität Heidelberg und der Gesellschaft für Arabisches und Islamisches Recht e.V. Herausgegeben von Herbert Kronke, Gert Reinhart und Nika Witteborg. 2001.

Band 61 Patrick Fiedler: Stabilisierungsklauseln und materielle Verweisung im internationalen Vertragsrecht. 2001.

Band 62 Werner Mangold: Die Abtretung im Europäischen Kollisionsrecht. Unter besonderer Berücksichtigung des spanischen Rechts. 2001.

Band 63 Eike Dirk Eschenfelder: Beweiserhebung im Ausland und ihre Verwertung im inländischen Zivilprozess. Zur Bedeutung des US-amerikanischen discovery-Verfahrens für das deutsche Erkenntnisverfahren. 2002.

Band 64 Bernd Ehle: Wege zu einer Kohärenz der Rechtsquellen im Europäischen Kollisionsrecht der Verbraucherverträge. 2002.

Band 65 Heiko Lehmkuhl: Das Nacherfüllungsrecht des Verkäufers im UN-Kaufrecht. 2002.

Band 66 Jochen Nikolaus Schlotter: Erbrechtliche Probleme in der Société Privée Européenne. IPR-Harmonisierung im einheitlichen Europäischen Rechtsraum. 2002.

Band 67 Konrad Ost: Doppelrelevante Tatsachen im Internationalen Zivilverfahrensrecht. Zur Prüfung der internationalen Zuständigkeit bei den Gerichtsständen des Erfüllungsortes und der unerlaubten Handlung. 2002.

Band 68 Tobias Bosch: Die Durchbrechungen des Gesamtstatuts im internationalen Ehegüterrecht. Unter besonderer Berücksichtigung deutsch-französischer Rechtsfälle. 2002.

Band 69 Ursula Philipp: Form im amerikanischen Erbrecht. Zwischen Formalismus und harmless error. 2002.

Band 70 Christian Stefan Wolf: Der Begriff der wesentlich engeren Verbindung im Internationalen Sachenrecht. 2002.

Band 71 André Fomferek: Der Schutz des Vermögens Minderjähriger. Ein Vergleich des deutschen und des englischen Rechts unter Berücksichtigung des schottischen und irischen Rechts. 2002.

Band 72 nicht erschienen

Band 73 Markus Dreißigacker: Sprachenfreiheit im Verbrauchervertragsrecht. Der Verbraucher im Spannungsfeld zwischen kultureller Identität und Privatautonomie. 2002.

Band 74 Vassiliki Myller-Igknay: Auskunftsansprüche im griechischen Zivilrecht. Auswirkungen im deutsch-griechischen Rechtsverkehr sowie im deutschen internationalen Privat- und Verfahrensrecht. 2003

Band 75 Stefan Bruinier: Der Einfluss der Grundfreiheiten auf das Internationale Privatrecht. 2003.

Band 76 Nika Witteborg: Das gemeinsame Sorgerecht nichtverheirateter Eltern. Eine Untersuchung im soziologischen, rechtsgeschichtlichen, verfassungsrechtlichen, rechtsvergleichenden und internationalen Kontext. 2003.

Band 77 Peter Stankewitsch: Entscheidungsnormen im IPR als Wirksamkeitsvoraussetzungen der Rechtswahl. 2003.

Band 78 Jan Wilhelm Ritter: Euro-Einführung und IPR unter besonderer Berücksichtigung nachehelicher Unterhaltsverträge. Eine Untersuchung mit Blick auf das deutsche, französische und schweizerische Recht. 2003.

Band 79 Wolf Richard Herkner: Die Grenzen der Rechtswahl im internationalen Deliktsrecht. 2003.

Band 80 Ira Ditandy: Internationale Zuständigkeit. Neuregelung durch die LOPJ 1985. Vergleich mit dem europäischen Vorbild und Auswirkungen auf das spanische internationale Zivilverfahrensrecht. 2003.

Band 81 Andrea Verena Schefold: Werbung im Internet und das deutsche Internationale Privatrecht. 2004.

Band 82 Klaus Herkenrath: Die Umsetzung der Richtlinie 93/13/EWG über missbräuliche Klauseln in Verbraucherverträgen in Deutschland, dem Vereinigten Königreich, Frankreich und Italien. Auswirkungen nationaler Umsetzungstechniken auf dem Harmonisierungserfolg. 2003.

Band 83 Alexander Thünken: Das kollisionsrechtliche Herkunftslandprinzip. 2003.

Band 84 Barbara v. Daumiller: Die Rechtswahl im italienischen internationalen Erbrecht: und ihre Auswirkungen im deutsch-italienischen Rechtsverkehr. 2003.

Band 85 Robert Mödl: Macht, Verantwortlichkeit und Zurechnung im Konzern. Eine rechtsvergleichende Untersuchung auf der Grundlage des deutschen, spanischen und US-amerikanischen Rechts. 2003.

Band 86 Ursula Kerpen: Das Internationale Privatrecht der Persönlichkeitsrechtsverletzungen. Eine Untersuchung auf rechtsvergleichender Grundlage. 2003.

Band 87 Barbara Ploeckl: Umgangsrechtsstreitigkeiten im deutsch-französischen Rechtsverkehr. Bestehende internationale und nationale Regelungen und der geplante *europäische Besuchstitel*. 2003.

Band 88 Katrin Wannemacher: Die Außenkompetenzen der EG im Bereich des Internationalen Zivilverfahrensrechts. Der räumliche Anwendungsbereich des Art. 65 EGV am Beispiel der EuGVO und der EheVO. 2003.

Band 89 Maren B. Eilinghoff: Das Kollisionsrecht der ungerechtfertigten Bereicherung nach dem IPR-Reformgesetz von 1999. 2004.

Band 90 Patrick Niehr: Die zivilprozessuale Dokumentenvorlegung im deutsch-englischen Rechtshilfeverkehr nach der deutschen und der englischen Prozessrechtsreform. 2004.

Band 91 Anna Christina Gördes: Internationale Zuständigkeit, Anerkennung und Vollstreckung von Entscheidungen über die elterliche Verantwortung. Die VO(EG) Nr. 1347/2000, ihre geplanten Änderungen und das Verhältnis beider zum Minderjährigen- und Kinderschutzabkommen. 2004.

Band 92 Martin Rädler: Rechtsbehelfe des Käufers eines Unternehmens oder einer unternehmerischen Beteiligung gegen den Verkäufer im deutschen und französischen Recht. 2004.

Band 93 Marc-Yngve Dietrich: Rechtsstellung und Beteiligung der Gläubiger im französischen Insolvenzverfahren. 2004.

Band 94 Katia Niemann: Die rechtsgeschäftliche und organschaftliche Stellvertretung und deren kollisionsrechtliche Einordnung. Deutschland und England im Vergleich. 2004.

Band 95 Daniel Ludwig: Neuregelungen des deutschen Internationalen Insolvenzverfahrensrechts. Eine Untersuchung unter vergleichender Heranziehung der Europäischen Insolvenzverordnung. 2004.

Band 96 Cordelia Faulenbach: Der gemeinschaftsrechtliche Vorbehalt im europäischen Wettbewerbsrecht. Die Herkunftslandanknüpfung der E-Commerce-Richtlinie unter dem Einfluss der Grundfreiheiten. 2004.

Band 97 Ulf Dörner: Der Vertragsgerichtsstand nach dem Protokoll von Buenos Aires. 2004.

Band 98 Martin Schmidhuber: Verhaltenskodizes im nationalen und grenzüberschreitenden elektronischen Geschäftsverkehr. Zur Frage der Integration der Selbstregulierung durch Private in die staatliche Rechtsordnung. 2004.

Band 99 Florian Kienle: Die fehlerhafte Banküberweisung im internationalen Rechtsverkehr. Unter besonderer Berücksichtigung des Artikels 4A US Uniform Commercial Code. 2004.

Band 100 Thomas Alexander Brandt: Die Adoption durch eingetragene Lebenspartner im internationalen Privat- und Verfahrensrecht. 2004.

Band 101 Florian Pulkowski: Subunternehmer und Internationales Privatrecht. Der Subunternehmer als Quasi-Verbraucher im Europäischen Kollisionsrecht. 2004.

Band 102 Ulrich Becker: Grundrechtsschutz bei der Anerkennung und Vollstreckbarerklärung im europäischen Zivilverfahrensrecht. Bestimmung der Grenzen für die Einführung eines europäischen Vollstreckungstitels. 2004.

Band 103 Thomas Badelt: Aufrechnung und internationale Zuständigkeit unter besonderer Berücksichtigung des deutsch-spanischen Rechtsverkehrs. 2005.

Band 104 Florian D. Wagner: Vorvertragliche Aufklärungspflichten im internationalen Franchising. Zur Harmonisierung von Delikts- und Vertragsstatut im internationalen Privatrecht unter besonderer Berücksichtigung der Franchise-Gesetzgebung des US-Bundesstaates Kalifornien. 2005.

Band 105 Vera Heine: Die Umsetzung der *EG-Richtlinie über missbräuchliche Klauseln in Verbraucherverträgen* im englischen und deutschen Recht. 2005.

Band 106 Alexander Franz: Überregionale Effektentransaktionen und anwendbares Recht. Eine kollisionsrechtliche Untersuchung unter besonderer Berücksichtigung der Vorschrift des § 17 a DepotG. 2005.

Band 107 Hanna-Maria Uhlenbrock: Gesetzliche Regelungen für nichteheliche Lebensgemeinschaften in Deutschland und Frankreich. Ein Vergleich des Unterhaltsrechts bei der eingetragenen Lebenspartnerschaft und beim Pacte civil de Solidarité. 2005.

Band 108 Katrin Stieß: Anknüpfungen im internationalen Urheberrecht unter Berücksichtigung der neuen Informationstechnologien. 2005.

Band 109 Hendrik Otto: Der gesetzliche Abschlussprüfer im italienischen Recht. Eine rechtsvergleichende Untersuchung unter besonderer Berücksichtigung der zivilrechtlichen Haftung. 2005.

Band 110 Frauke Stuphorn: Bankhaftung für Kreditauskünfte im deutschen und französischen Recht. 2005.

Band 111 Nina Fürer: Die zivilrechtliche Haftung für Raucherschäden. 2005.

Band 112 Giovanni B. Barillà: *Contratto autonomo di garanzia* e *Garantievertrag*. Categorie civilistiche e prassi del commercio. 2005.

Band 113 Timo Torz: Gerichtsstände im Internationalen Insolvenzrecht zur Eröffnung von Partikularinsolvenzverfahren. 2005.

Band 114 Martina Schmid: Die Grenzen der Auslegungskompetenz des EuGH im Vorabentscheidungsverfahren nach Art. 234 EG. Dargestellt am Beispiel der überschießenden Richtlinienumsetzung. 2005.

Band 115 Stephan Lesage-Mathieu: Dispositives Kollisionsrecht im prozessualen Kontext. 2005.

Band 116 Jürgen Görtz: Die subjektiven Grenzen der Rechtskraft US-amerikanischer Urteile. 2005.

Band 117 Vera Hoppe: Die Einbeziehung ausländischer Beteiligter in US-amerikanische class actions. Unter Berücksichtigung des Class Action Fairness Act 2005. 2005.

Band 118 Silke Pütz: Parteiautonomie im internationalen Urhebervertragsrecht – Eine rechtsdogmatische und rechtspolitische Betrachtung der Grenzen freier Rechtswahl im internationalen Urhebervertragsrecht unter besonderer Berücksichtigung des neuen deutschen Urhebervertragsrechts. 2005.

Band 119 Alice Nieroba: Die europäische Rechtshängigkeit nach der EuGVVO (Verordnung (EG) Nr. 44/2001) an der Schnittstelle zum nationalen Zivilprozessrecht. 2006.

Band 120 Jan Kayser: Alternative Formen gerichtlicher und außergerichtlicher Streitbeilegung im deutschen und französischen Zivilprozess. Les modes alternatifs judiciaires et extrajudiciaires de résolution des conflits en procédure civile allemande et française. 2006

Band 121 Mirko Ehrich: Der internationale Anwendungsbereich des deutschen und französischen Rechts gegen irreführende Werbung. Freie Wahl von Form und Mittel, Rom II und Herkunftslandprinzip. 2006.

Band 122 Daniel Thelen: Die Haftung des Sekundärschädigers für Gewalttaten anderer im US-amerikanischen Deliktsrecht. Ausgehend von dem Problem rechtsextremistisch motivierter Gewalttaten. 2006.

Band 123 Anne Winterling: Die Entscheidungszuständigkeit in Arbeitssachen im europäischen Zivilverfahrensrecht. 2006.

Kolibri 360 GmbH
Ferdinand-Jühlke-Straße 7
99095 Erfurt, Deutschland
produktsicherheit@kolibri360.de

Druck:
CPI Druckdienstleistungen GmbH
im Auftrag der
Kolibri 360 GmbH
Ferdinand-Jühlke-Str. 7
99095 Erfurt